Uwe Hess / Günther Karl

XHTML 1.0
Das bhv Taschenbuch

Die Informationen im vorliegenden
Buch werden ohne Rücksicht auf
einen eventuellen Patentschutz
veröffentlicht.

Warennamen werden ohne
Gewährleistung der freien
Verwendbarkeit benutzt.

Bei der Zusammenstellung von Texten
und Abbildungen sowie Material auf
dem beiliegenden Datenträger wurde
mit größter Sorgfalt vorgegangen.
Trotzdem können Fehler nicht
vollständig ausgeschlossen werden.
Verlag, Herausgeber und Autoren
können für fehlerhafte Angaben und
deren Folgen weder eine juristische
Verantwortung noch irgendeine
Haftung übernehmen.

Für Verbesserungsvorschläge und
Hinweise auf Fehler sind Verleger
und Herausgeber dankbar.

Alle Rechte vorbehalten, auch die der
fotomechanischen Wiedergabe und
der Speicherung in elektronischen
Medien.

Die gewerbliche Nutzung der in
diesem Buch und auf der beiliegenden
CD gezeigten Modelle und Arbeiten ist
nicht zulässig.

Dieses Buch wurde der Umwelt
zuliebe auf chlorfrei gebleichtem Papier
gedruckt.

Copyright © 2000 by
bhv Verlags GmbH
Novesiastraße 60
41564 Kaarst
Germany
Telefax: (0 21 31) 765-101
www.bhv.net

1. Auflage
04 03 02 01 00
10 9 8 7 6 5 4 3 2 1
ISBN 3-8287-5050-8
Printed in Germany

Inhaltsverzeichnis

Einleitung — 15
Zu diesem Buch — 15
Die Buch-CD — 15

Teil I Installation und erste Schritte — 17

1 Von HTML zu XHTML — 19
Entwicklung — 21
Neuerungen in XHTML — 23
Aufteilung in Module — 24
  Basis-Module — 24
  Erweiterte Module — 25

2 Das Grundgerüst einer XHTML-Datei — 27
DTD (Dokumententypendefinition) — 29
Header — 32
  Inhaltliche Informationen — 32
  Titel — 34
Body — 34
Ein vollständiges Grundgerüst — 35

Teil II Techniken und Praxis — 37

3 Darstellen von Text — 39
Erste Schritte mit Textabschnitten — 41
Überschriften — 42
Einfacher Text — 44
  Schriftgröße — 44
  Schriftfamilie — 44
  Schriftfarbe — 45
  Dateiweite Textfarben angeben — 48
Weitere Formatierungsmöglichkeiten — 49
  Zeilenumbrüche — 49
  Absätze in Textbereichen — 49

Abstände zwischen Wörtern	51
Ausrichten von Textabschnitten	52
Hervorheben von Textabschnitten	54
Text mit gleichen Absätzen wiedergeben	56
Sonderzeichen	58
Verwenden von Sonderzeichen	58
Sonderzeichen einsetzen	59

4 Arbeiten mit Tabellen 63

Grundaufbau einer Tabelle	65
Verwendungsmöglichkeiten für Tabellen	65
Grundaufbau und Definition	65
Einfügen von Zeilen und Spalten	66
Erweitern der Tabelle	67
Verbinden von Spalten	69
Verbinden von Zeilen	71
Feintuning am Tabellenlayout	74
Festlegen der Tabellengröße	74
Beeinflussen der Tabellenränder	78
Gitternetzlinien beeinflussen	80
Abstände innerhalb der Tabelle	81
Tabellen logisch aufteilen	84
Tabellenbeschriftungen	86
Tabellen verschachteln	88
Mit Tabellen Seiten aufteilen	90
Arbeiten mit Zellen	94
Zelleninhalte anordnen	94
Tabellen farbig gestalten	99
Zellen und Rahmen farbig gestalten	99
Grafiken und Verweise als Zelleninhalt	102

5 Arbeiten mit Listen 105

Aufbau einer Liste	107
Aufzählungslisten	107
Definitionslisten	109
Nummerierte Listen	111
Verschachtelte Listen	114

6 Verweise (Hyperlinks) — 117

- Definieren eines Verweises — 119
- Verweise innerhalb einer Datei — 120
  - Setzen der Sprungmarke — 121
  - Setzen des Sprungziels (Anker) — 121
  - Verweise innerhalb des WWW — 121
  - Download-Verweise — 122
  - Verweise zu FTP, Gopher, Telnet, Newsgroups — 123
  - E-Mail-Verweise — 124
  - Verweise in neues Browserfenster — 124
  - Grafiken als Verweise — 125
  - Farbeinstellungen für Verweise — 126

7 Einbinden von Grafiken — 129

- Alternativer Text zu einer Grafik — 133
- Grafik in Textabschnitte einbinden — 135
- Abstände von Grafik zu Text — 137
- Verschiedene Anzeigemöglichkeiten von Grafiken — 139
  - Höhe und Breite der Grafik angeben — 139
  - Grafik mit Rahmen versehen — 140
  - Größe der Grafik verändern — 142
- Client Side ImageMaps — 143
- Erstellen von ImageMaps — 146

Teil III Know-how für Fortgeschrittene — 151

8 Arbeiten mit Formularen — 153

- Funktionsweise von Formularen — 156
- Grundgerüst eines Formulars — 158
- Festlegen der Übertragungsart — 158
- Elemente eines Formulars — 160
  - Elemente zur Texteingabe (Textfelder) — 160
  - Mehrzeilige Textfelder — 163
  - Schaltflächen für Formulare — 166
  - Radiobutton und Checkbox — 168
  - Auswahllisten — 171
- Tabulatorreihenfolgen — 175
- Elementgruppen — 175

9 Aufteilen mit Frames — 179

- Aufbau von Frames — 182
  - Die Startseite — 182
  - Aufteilung in vertikale Frames — 184
  - Aufteilung in horizontale Frames — 186
- Verschachteln von Frames — 188
- Framefreie Zonen — 189
- Beeinflussen des Frame-Rands — 190
- Abstände innerhalb der Frames — 192
- Verweise in Frames — 194
- Eingebettete Frames — 196

10 Weitere Möglichkeiten — 199

- Zusammenfassen von Elementen — 205
- Sonderzeichen — 207
- Farben definieren — 209
- Multimedia und Applets einbinden — 213
  - Videos abspielen — 214
  - Sounds einbinden — 216
  - Einbinden von Applets — 217
- Counter verwenden (Zugriffszähler) — 218

11 Style Sheets — 223

- Die neuen Aufgaben der CSS in XHTML — 226
- CSS-Versionen — 226
- Definition eines Style Sheets — 227
  - Style Sheets definieren — 227
  - Tags zentral formatieren — 229
  - Formate in externen Dateien anlegen — 231
  - Tags im Text formatieren — 233
  - Klassen verwenden — 235
- Sonstige Angaben und Maßeinheiten — 238
  - Maßeinheiten — 238
  - Kommentare — 241
  - Farbangaben — 241
- Formatieren von Schrift — 242
  - Schriftfamilie: font-family — 242
  - Schriftstil: font-style — 244
  - Schriftgröße: font-size — 246
  - Schriftgewicht: font-weight — 248

Abstände zwischen Elementen 250
  Zeichenabstand: letter-spacing 250
  Randabstände: padding 252
  Abstände von Absätzen: margin 255
Ausrichten von Text 257
  Zeilenhöhe: line-height 257
  Text einrücken: text-indent 259
  Textdekoration: text-decoration 260
Weitere Möglichkeiten 262
  Text mit Rahmen versehen: border 262
  Hintergrundbilder: background-image 265
Formate für Elemente einer Webseite 267
  Verweise: a 267
  Listen: list-style 268
Arbeiten mit Bereichen 273
  Definieren eines Bereichs 273
  Festlegen der Position eines Bereichs 273

12   XML – Zukunft für XHTML   277

Grundlagen zu XML 279
  Ein einfaches Beispiel 280
  Die DTD 282
  Interne und externe DTDs 283
  Pfadangaben bei externen DTDs 285
  Elemente 286
  Inhaltstypen von Elementen 288
  Attribute 288
  Kommentare 289
  Namensregeln 289
Anwendungsbeispiel: eine Datenbank 290
  Mehrfache Verwendung von Elementen 292
  Die Verwendung von Tags beschränken 296
  Entities 296
XML ausgeben 298
XML und CSS 299
XML und HTML 301
  Namensräume und XML 302
  Anwendungsmöglichkeiten für HTML 303
  Dateninseln – XML in HTML 305

13 Planen von Webprojekten — 307
Welche Textinhalte? — 309
Beschaffung der Bildressourcen — 309
Die zukünftige Zielgruppe — 310
Technik und Ausführung — 310
    Statisch oder dynamisch? — 310
    Finanzieller Aufwand — 311
    Providerwahl — 311
Wahl der Arbeitsumgebung — 312
    FrontPage 2000 — 312
    FrontPage Express — 314
    HTML Editor Phase 5 — 314
    Microsoft Skript-Editor — 315
Testen und Veröffentlichen des Projekts — 317
    Arbeiten mit einem FTP-Programm — 318
    Testen des Projekts und Fehlersuche — 319

14 Arbeiten mit einem Webserver — 321
Arbeiten mit dem Personal Webserver — 323
    Installation des PWS — 324
    Testen des PWS — 324
    Weitere Einstellungen — 326
    Assistenten des PWS — 327
Arbeiten mit IIS unter Windows 2000 — 328
    Installation des IIS — 328
    Testen des IIS — 330
    Bearbeiten der Standardeinstellungen — 331

15 Grafiken für das WWW vorbereiten — 335
Das JPG-Format — 337
Das GIF-Format — 339
    Merkmale des GIF-Formats — 339
    Darstellung: Interlaced — 339
    Transparente Farben — 340
    Animierte Grafiken — 340
Einsatz der verschiedenen Formate — 341
Grafikressourcen im Web — 342
Vorbereiten von Grafiken — 343

Bearbeiten von Grafiken	344
Animierte Grafiken	344
Grafiken mit transparentem Hintergrund	347
Grafische Schaltflächen erstellen	349
Wasserzeichen für den Hintergrund	350

16 JavaScript — 353

Die Funktionsweise von JavaScript	355
Werkzeuge für JavaScript	357
JavaScript einbinden	358
JavaScript verwenden	359
Ein kleines Beispiel	359
JavaScript in externen Dateien	361
JavaScript verstehen	364
Objekte, Methoden und Eigenschaften	364
Funktionen	366
Eigene Funktionen erstellen	366
Parameter und Rückgabewerte von Funktionen	367
Ereignisse (Events)	372
Variablen und Datentypen	373
Gültigkeit von Variablen	374
Regeln bei der Vergabe von Namen	375
Datentypen	376
Ändern von Variableninhalten	378
Arrays	380
Operatoren	383
Vergleichsoperatoren	384
Logische Operatoren	385
Arithmetische Operatoren	386
Kontrollstrukturen	387
Die while-Schleife	389
Die do-Schleife	391
Die for-Schleife (Zählerschleife)	393
Bedingte Anweisungen	395
Vereinfachte Abfragen	398
Fallunterscheidungen	399
Arbeiten mit Ereignissen (Events)	402
onAbort (bei Abbruch)	403
onBlur (beim Verlassen)	403
onChange (bei Änderung)	405

onClick, onDblClick 406
onFocus (beim Aktivieren) 409
onLoad (beim Laden einer Datei) 411
onMouseout (beim Verlassen des Elements mit der Maus) 412
onMouseover (beim Überfahren des Elements mit der Maus) 413
onReset (beim Zurücksetzen des Formulars) 414
onSubmit (beim Absenden des Formulars) 416
onUnload (beim Verlassen der Datei) 418
Arbeiten mit dem Fenster 420
  open() 420
  closed 423
Fenster verwalten 424
  captureEvents() 425
  locationbar 427
  menubar 428
  focus() 429
  blur() 429
  close() 431
Informationen in der Statusleiste 432
  defaultStatus 433
  status 435
  setTimeout() 435
Arbeiten mit dem Dokument 437
Informationen über ein Dokument 439
  referrer 440
  title 441
  lastModified 441
  URL 442
Dialoge mit dem Anwender 444
  alert() 444
  confirm() 445
  prompt() 447
  find() 448
Mit JavaScript den Bildschirm erkunden 450
  colorDepth 451
  height, width 452
Grafik und JavaScript 453
  complete 454
  length 455

name	457
src	458
Navigieren mit dem History-Objekt	460
length	460
back(), forward()	461
Arbeiten mit Zeichenketten	463
length	463
charAt()	465
indexOf(), lastindexOf()	466
substr(), substring()	467

17 Interaktive Webseiten mit XHTML und ASP — 469

Möglichkeiten und Funktionsweise von ASP	471
Webserver und Skriptsprachen für ASP	473
Grundlagen über ASP in XHTML-Seiten	475
ASP-Objekte	479
ASP-Error-Objekt	480
Das Request-Objekt	485
Cookies	486
Formulare mit ASP auswerten	491
Die Formularmethoden POST und GET	493
QueryString – Parameter in der URL	495
ServerVariables-Datenaustausch zwischen Browser und Webserver	499
TotalBytes und BinaryRead – alle Daten im HTTP-Header auslesen	502
Das Response-Objekt	502
Das Server-Objekt	514
Das Application-Objekt	528
Das Session-Objekt	534

18 VBScript – Die Skriptsprache für ASP — 545

Allgemeines zu VBScript	547
Einführung und Grundsätzliches zu VBScript	547
Variablen in VBScript	548
Prozeduren	559
Schleifen und Vergleiche in VBScript	562
Datum- und Zeit-Funktionen	571
Zeichen oder Zeichenketten in Texten suchen oder vergleichen	582
Funktionen zur Formatierung von Zeichenfolgen	592
Benutzereingaben und Benutzerdaten auswerten	599

	Systemfunktionen in VBScript	602
	Text und Zeichenfolgen aus Dateien lesen oder in Dateien schreiben	604
	Informationen aus Dateien und Ordnern auslesen und bei Bedarf ändern	612

Teil IV Tipps, Tricks und Tuning 649

19 Allgemeine Regeln und Tipps fürs eigene Webprojekt 651
Erstellen Sie ein Konzept 653
Anregungen aus dem WWW 654

20 Beispiele zum direkten Einsatz ins eigene Webprojekt 673
Verschiedene Browser erkennen 675
News-Ticker in JavaScript 677
Formulardaten auslesen 679
Mit Tabellen Texte positionieren 681

Teil V Anhang 685

A Glossar 687

B XHTML 701

C CSS 721

D JavaScript 727
Anweisungen 729
Operatoren 730
Ereignis-Handler 732
Objekte 733

E VBScript 743

Index 755

Einleitung

Zu diesem Buch

HTML, die *HyperText Markup Language*, wurde seit ihren Anfängen stetig verbessert und erweitert. In der letzten Zeit haben sich die Anforderungen an die Auszeichnungssprache HTML allerdings so stark gewandelt, dass einfache Erweiterungen und Neuerungen nicht mehr ausreichten.

Wurde HTML bisher zum Darstellen und zum Gestalten von Webdokumenten eingesetzt, so ist jetzt eine Auszeichnungssprache gefragt, mit der Inhalte strukturiert und aufgenommen werden können. Die Darstellung der Inhalte soll in Zukunft ausschließlich mit anderen Sprachen erfolgen. Um diesen neuen Anforderungen gerecht zu werden, wurde nun die Version 1.0 der so genannten *eXtensible HyperText Markup Language* (XHTML) verabschiedet, die eine Weiterentwicklung von HTML auf der Basis von XML darstellt.

Das Buch gibt Ihnen einen ausführlichen Überblick über die Arbeit mit XHTML und den Neuerungen und Erweiterungen im Vergleich zu HTML. Zusätzlich erhalten Sie einen kleinen Einblick in die Skriptsprache JavaScript, die nach wie vor ein fester Bestandteil von Webseiten sein wird.

Die Buch-CD

Auf der beiliegenden Buch-CD finden Sie im Ordner *Listings* alle Beispiellistings des Buches als XHTML- bzw. XML-Dokument.

Der Ordner *Programme* enthält diverse Test- und Freeware-Programme zu den entsprechenden Themen des Buches. Zu jedem Programm gehört eine Datei mit dem Namen *info.txt*, in der Sie weitere Hinweise zu dem jeweiligen Programm finden. Beachten Sie bitte die urheberrechtlichen Vorschriften der einzelnen Hersteller und befolgen Sie unbedingt die rechtlichen Hinweise zur Nutzung der Programme. Beachten Sie auch, dass die meisten Programme einer zeitlich beschränkten Nutzung unterliegen.

Weitere Informationen zum Inhalt der CD entnehmen Sie bitte der *readme*-Datei auf der Buch-CD.

TEIL I

Installation und erste Schritte

Im ersten Teil des Buches werden eine Einleitung zur Geschichte von XHTML sowie die Neuerungen gegenüber HTML im Vordergrund stehen.

KAPITEL

Von HTML zu XHTML

XHTML – das wird für viele, die sich bereits mit der Entwicklung von Webseiten befasst haben, nichts absolut Neues bedeuten. Genau genommen stellt XHTML in seiner ersten Fassung 1.0 den Nachfolger von HTML 4.1 dar. Wie es dazu kam und welche Ziele mit XHTML verfolgt werden, werden Sie in den folgenden Abschnitten erfahren.

1

Von HTML zu XHTML

Entwicklung

Angefangen hatte alles 1991, als HTML 1.0 das Licht der Welt erblickte. Mit dieser Version von HTML wurde eine Auszeichnungssprache geschaffen um Webdokumente auf einem Rechner in übersichtlicher Form darzustellen. Damals galt die Darstellung von Überschriften, Absätzen, Listen und Grafiken als großer Fortschritt, doch schnell wurde deutlich dass sich dieser Zustand bald ändern würde.

Leider erst 1995 wurde der nächste Standard, und zwar HTML 2.0, verabschiedet. Mit der zwischenzeitlichen Entwicklung von verschiedenen Browsern, in denen die jeweiligen Firmen auch ihre eigenen Vorstellungen von der Darstellung von Webdokumenten integrierten, war dann das Chaos schon perfekt. Daran änderte auch die Verabschiedung des nächsten Standards, HTML 3.0, nichts.

Doch inzwischen wurden in HTML weitere Stilelemente wie z.B. Tabellen integriert. Mit der rasanten Entwicklung des WWW und der stetig steigenden Usergemeinde des Internet, stiegen jetzt auch die Ansprüche an die Funktionalität von Webdokumenten. 1998 kam dann die letzte Version von HTML – HTML 4.0. Inzwischen haben neben Institutionen und privaten Anwendern auch kommerzielle Anwender das Internet als Plattform entdeckt. Mit der Erschaffung von virtuellen Kaufhäusern und dem kommerziellen Vermarkten von Informationen hat sich die Nutzung von HTML von der Darstellung von Daten zur Basis für grafische Oberflächen gewandelt – seine ursprüngliche Aufgabe trat zunehmend in den Hintergrund. Dazu kommen immer komplexere Datenstrukturen, die mit HTML allein ohnehin schwer handhabbar sind.

Bald zeichnete sich ab, dass in der Zukunft die Darstellung von Daten mit Nicht-Desktop-Systemen wie Handys und Handheld-PCs, die aber nicht über die Leistungsfähigkeit eines PCs verfügen, notwendig wird. Damit wird klar, dass eine neue Möglichkeit zur Strukturierung von Daten benötigt wird. Diese Thematik wurde bereits vor einiger Zeit erkannt und deshalb wurden bereits 1996 die ersten Arbeitsgruppen gegründet, die sich mit dieser Problematik auseinander setzen sollten.

Als Ergebnis dieser Arbeit wurde 1998 XML vorgestellt. Mit XML wurde ein universelles Datenformat zur Beschreibung, zum Austausch und zur Manipulation von Datenbeständen geschaffen. Doch das allein reicht nicht – nun wird noch eine Sprache zur Darstellung der beschriebenen Daten benötigt, denn mit HTML allein sind diese Aufgaben nicht zu lösen.

Als Konsequenz daraus wurde mit XHTML eine Verbindung von XML und HTML geschaffen und im Frühjahr 2000 mit der Version XHTML 1.0 verabschiedet. Wer sich nun von der ersten XHTML-Version bahnbrechende Neuerungen erwartet, der wird mit Sicherheit enttäuscht sein. In erster Linie besteht das neue XHTML aus Plänen und Vorschlägen – ansonsten wurde größtenteils das bisherige HTML überarbeitet und mit einigen neuen und vor allem strengen Regelungen auf die kommenden Versionen von XHTML vorbereitet.

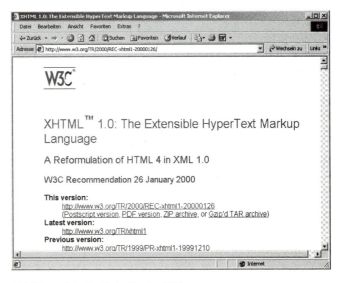

Abbildung 1.1: Die Webseite des W3C

Neuerungen in XHTML

Mit XHTML wird HTML in einigen grundlegenden Punkten überarbeitet. Im Prinzip geht es dabei in erster Linie um eine exaktere Auszeichnung. Da jedoch feststeht, dass HTML in seiner bisherigen Form nicht weiterentwickelt wird, legen diese Punkte den Grundstein für das weitere Arbeiten mit XHTML. Im Folgenden finden Sie die wichtigsten Neuerungen gegenüber HTML.

- Alle Dokumente müssen *wohlgeformt* sein. Das bedeutet, dass die Regeln von XHTML exakt eingehalten werden müssen. So ist es z.B. notwendig, alle Tags zwingend abzuschließen.

    HTML: `<p>`

    XHTML: `<p>...<p/>`

- Alle Elemente müssen *kleingeschrieben* werden. Während bei HTML dies bisher unerheblich war, wird in der Zukunft streng zwischen Groß- und Kleinschreibung unterschieden. XML nimmt bereits eine Überprüfung der Schreibweise vor.

    HTML: `<FONT>...</FONT>`

    XHTML: `<font>...<font/>`

- Alle so genannten *leeren Elemente* müssen zwingend *geschlossen* werden.

    HTML: `<img src="bild.gif" >`

    XHTML: `<img src="bild.gif" />`

- Attributwerte müssen ab sofort mit *Anführungszeichen* markiert werden. Dies ist bei numerischen Angaben ebenso notwendig wie bei der Angabe von Ausdrücken.

    HTML: `<TABLE BORDER=1>`

    XHTML: `<table border="1">`, `<font face="Arial">`

- Die bisher bei HTML mögliche *Überlappung* von Elementen muss vermieden werden. Bei der Definition von Tags muss also das zuletzt definierte Tag als erstes wieder geschlossen werden, anschließend das als vorletztes definierte Tag usw.

HTML: `<p><b>...<p><b>`

XHTML: `<p><b>...</b></p>`

- *Style Sheets* und *Skripten*, bei denen die Zeichen: &, < oder > auftauchen, werden wie in dem folgenden Beispiel ausgeklammert. Laut Empfehlung vom W3C sollen derartige Style Sheets und/oder Skripten in externe Dateien ausgelagert werden.

  Beispiel:

  ```
  <script>
  <![CDATA[
  ... unescaped script content ...
  ]]>
  </script>
  ```

- *Formatierungen* sollen ausschließlich über *Style Sheets* verfasst werden, aus diesem Grund werden einige Tags aus HTML entfernt.

Aufteilung in Module

XHTML soll in *Module* aufteilbar sein. Dieser Punkt existiert momentan nur in der Form von Plänen – doch hier ist wirklich eine große Neuerung zu erwarten. Mit der Aufteilung von XHTML in Module kann sich der Entwickler sein Projekt aus den gerade benötigten Komponenten selbst zusammenstellen. Diese Module sollen schon in der Version 1.1 verfügbar sein.

Basis-Module

Die Basis-Module werden benötigt zum Aufbau einer XHTML-konformen DTD.

Modul	Beschreibung
Struktur Modul	Hier sind die grundlegenden Module zum Aufbau eines Dokuments enthalten Elemente: body, head, html, title
Basis Text Modul	Dieses Modul enthält die meisten einfachen Elemente Elemente: br, div, h1, h2, h3, h4, h5, h6, p, pre, span
Hypertext Modul	Unterstützt Elemente zur Definition von Hypertext Links Elemente: a
Listen Modul	Unterstützt – wie der Name schon sagt – Elemente zum Aufbau von Listen. Elemente: dl, dt, dd, ol, ul, li
Applet Modul	Unterstützt – Elemente zum Aufbau einer Referenz auf externe Applikationen Elemente: applet, param

Tabelle 1.1: Basis-Module

Erweiterte Module

Modul	Beschreibung
Basic Formular Modul	Unterstützt auf HTML 3.3 basierende Formulare, bedeutend für die Abwärtskompatibilität... Elemente: form, input, select, option, textarea
Formular Modul	Unterstützt alle auf HTML 4.0 basierenden Formulare... Elemente: form, input, select, option, textarea, button, fieldset, label, legend, optgroup
Basic Tabellen Modul	Unterstützt relevante Elemente für Tabellen in beschränkter Form... Elemente: caption, table, td, th, tr

Modul	Beschreibung
Tabellen Modul	Unterstützt alle Elemente für Tabellen... Elemente: table, td, th, tr, col, colgroup, tbody, thead, tfoot
Image Modul	Unterstützt das Einbetten von Grafiken... Elemente: img
Image Map Modul	Unterstützt das Einbinden einer Image Map Elemente: a&, area, img&, map, object&
Frame Modul	Unterstützt alle Elemente für Frames... Elemente: frameset, frame, noframe, a&, area&
Scripting Modul	Definiert Elemente, welche weitere Informationen zum Ausführen von Skriptsprachen enthalten Elemente: noscript, script
Style Sheet Module	Enthält Elemente zur Ausführung von Style Sheets... Elemente: style
Link Modul	Enthält Module zur Definition von Verweisen auf externe Ressourcen. Elemente: link

Tabelle 1.2: Weitere Module für XHTML

Die beiden Tabellen sollen einen Vorgeschmack auf die Zukunft von XHTML geben, die Implementation der Module ist derzeit noch in der Entwicklung – und mit ihrer offiziellen Verabschiedung ist noch lange nichts darüber gesagt, wie sie sich durchsetzen wird.

KAPITEL

Das Grundgerüst einer XHTML-Datei

Das Grundgerüst einer XHTML-Datei enthält eine bestimmte Struktur und Informationen, die der Browser zur korrekten Interpretation und Anzeige der Datei benötigt. Mit den in diesem Abschnitt enthaltenen Informationen legen Sie den Grundstein für eine solide Webseite.

Das Grundgerüst einer XHTML-Datei

Alle XHTML-Dateien haben eines gemeinsam – sie verfügen über ein so genanntes *Grundgerüst*. Dieses Grundgerüst nimmt die Elemente des darzustellenden Dokuments auf. Ein solches Grundgerüst besteht immer aus drei Teilen: *Doctype*, *Header* und *Body*. Im Doctype-Teil erfolgt die genaue Beschreibung des verwendeten Sprachstandards. Der Header enthält inhaltliche Informationen des Dokuments und der Body beinhaltet die Elemente des Dokuments.

DTD (Dokumententypendefinition)

Um eine korrekte Interpretation des Dokuments durch den Browser zu gewährleisten erfolgt in der *DTD* die Beschreibung der in dem Dokument verwendeten Sprachversion. Deshalb sollte er stets auf diejenige zurückgreifen, die den Sprachstandard für das vorliegende Dokument exakt beschreibt. Die Beschreibung der DTD erfolgt mit einer öffnenden Klammer, der ein Ausrufezeichen folgt. Anschließend erfolgt die Angabe des Doctype-Attributs, mit dem auf die DTD verwiesen wird. Mit der folgenden Adresse wird angegeben, wo sich diese DTD befindet, in diesem Fall beim W3C. Um die Sprache der Dokumentdefinition anzugeben verwenden Sie den Zusatz EN – was auf die Sprache Englisch verweist. Wie gesagt – hier ist nicht die in Ihrem Dokument verwendete Sprache gemeint, sondern die verwendete Sprachversion.

XHTML unterscheidet momentan drei DTDs. Jede dieser DTDs ist für einen speziellen Aufgabenbereich vorgesehen – Sie sehen also, welche Bedeutung die Planung einer Webseite bereits in der Anfangsphase einnimmt.

XHTML 1.0 Transitional

Diese DTD verwenden Sie bei Dokumenten, in denen frühere Versionen von HTML eingesetzt werden. Dazu gehört auch der Fall, dass die

Zielgruppe der Webseite ältere Browser verwendet, die insbesondere kein CSS (Cascading Style Sheets) verstehen.

XHTML 1.0 Strict

Bei der Verwendung von reinen XHTML nach den neuen und strengen Regeln. Hier ist außerdem die Verwendung von CSS möglich.

XHTML 1.0 Frameset

Diese DTD wird bei der Verwendung von Frames eingesetzt. Frames ermöglichen das Aufteilen des Bildschirms in mehrere unabhängige Bereiche und werden im Teil III näher erläutert.

Neben den hier erläuterten aktuellen DTDs werden Sie des Öfteren noch auf die bisher verwendeten DTDs stoßen. Damit Sie diese richtig einordnen können, finden Sie nachfolgend eine Übersicht über alle bisher verwendeten Definitionstypen:

- Das Dokument verwendet HTML 1.0:

  ```
  <!DOCTYPE HTML PUBLIC" - //IETF//DTD HTML Level 1//EN">
  ```

- Das Dokument verwendet HTML 2.0:

  ```
  <!DOCTYPE HTML PUBLIC "- //IETF//DTD HTML//EN">
  ```

- Das Dokument verwendet HTML 3.0:

  ```
  <!DOCTYPE HTML PUBLIC "- //IETF//DTD HTML 3.0//EN">
  ```

- Das Dokument verwendet HTML 3.2:

  ```
  <!DOCTYPE HTML PUBLIC "- //W3C//DTD HTML 3.2//EN">
  ```

- Das Dokument richtet sich streng nach dem Standard HTML 4.0:

  ```
  <!DOCTYPE HTML PUBLIC "- //W3C//DTD HTML 4.0//EN"
  "DTD/xhtml1-strict.dtd">
  ```

- Das Dokument richtet sich nach dem Standard HTML 4.0, ältere Tags werden jedoch ebenfalls verwendet:

  ```
  <!DOCTYPE HTML PUBLIC "- //W3C//DTD HTML 4.0
  Transitional//EN"
  "DTD/xhtml1-transitional.dtd">
  ```

- ✔ Das Dokument verwendet Framesets:

  ```
  <!DOCTYPE HTML PUBLIC "- //W3C/DTD HTML 4.0 Frameset//EN"
  "DTD/xhtml1-frameset.dtd">
  ```

- ✔ Die Definition des neuen Standards XHTML 1.0:

  ```
  <!DOCTYPE HTML PUBLIC "-//W3C//DTD XHTML 1.0 Strict//EN"
  http://www.w3.org/TR/xhtml1/DTD/strict.dtd">
  ```

In der Zukunft – und die heißt XHTML 1.1 – werden die unterschiedlichen Dokumenttypen mit der Modularisation von XHTML abgelöst werden. Dann kommt XHTML mit nur noch einer DTD aus. Damit soll sichergestellt werden, dass sich XHTML auf wirklich allen Systemen einsetzen lässt.

Abbildung 2.1: Im Web finden Sie bereits viele Infos zu XHTML

Header

Der *Header* kann um Informationen über den Inhalt der Datei und die eingesetzte Version von HTML oder XHTML ergänzt werden. Doch wozu ist das notwendig? Nach den Informationen des vorhergehenden Abschnitts soll ein minimales Grundgerüst doch für eine Webseite ausreichen.

Weit gefehlt – die zusätzlichen Informationen tragen wesentlich zum späteren Erfolg Ihrer Webseite bei. Mit diesen Informationen ist z.B. der Browser in der Lage die von Ihnen eingesetzte Sprachversion richtig einzuordnen. Das ist momentan zwar noch nicht unbedingt erforderlich – doch für die Zukunft sind Sie damit auf alle Fälle besser gerüstet.

Inhaltliche Informationen

Zum Darstellen von Informationen über den Inhalt Ihrer Seite steht Ihnen das Tag `<meta>` zur Verfügung. Die darin dargestellten Informationen dienen den Suchmaschinen zur Erkennung und Indizierung der Seite.

Wie das funktioniert? Ganz einfach. Die Suchmaschinen suchen gezielt nach diesem Tag und analysieren die darin enthaltenen Informationen. Dies kann manuell oder auch durch so genannte *Roboter* (softwaremäßig aufgebaute Suchmechanismen) erfolgen. Je nachdem wie das Tag `<meta>` eingesetzt und die dahinter enthaltenen Informationen aufgeführt wurden, erfolgt die Bewertung der Seite innerhalb einer Datenbank. Und genau das kann der Schlüssel zum Erfolg Ihrer Webseite sein – schließlich werden die meisten Webseiten von den Benutzern über Suchmaschinen ermittelt und gefunden.

Das Tag `<meta>` kann beliebig innerhalb des Headers angeordnet werden. Es kann in Zusammenhang mit verschiedenen Attributen eingesetzt werden, deren Verwendung stets optional, also nicht zwingend ist.

Tag/Attribut	Beschreibung
`<meta>`	Erzeugt Informationen über die HTML-Datei
content=»...«	Die Art der Information
name=»...«	Information über den Seiteninhalt

Tabelle 2.1: Das Tag <meta>

Das Attribut content enthält die Beschreibung der Art der angegebenen Information. Das sind z.B. der Autor der Seite oder verwendete Schlüsselwörter. Das Attribut name enthält dagegen die Information selbst. Wenn es z.B. um den Autor der Seite geht, dann ist die Angabe ja sicher klar. Hingegen bei dem content="keywords" geben Sie aussagekräftige Stichwörter an, die sich auf die Themen der Seite beziehen.

Attribut/Werte	Beschreibung
name	Nimmt verschiedene inhaltliche Informationen auf
author=»...«	Der Name des Autors der Seite
description=»...«	Eine aussagekräftige Inhaltsangabe
date=»...«	Das Erstellungsdatum der Seite
keywords=»...«	Schlüsselwörter, die mit den Suchbegriffen einer Suchmaschine verglichen werden
audience=»...«	Die Zielgruppe für den dargestellten Seiteninhalt

Tabelle 2.2: Mögliche Werte für das Attribut name

Beispiel:

In dem Beispiel sehen Sie einen Vorschlag für <meta>-Angaben für eine Webseite, die sich inhaltlich mit der Gliederung von XHTML-Dateien befasst. Die hier aufgeführten Angaben werden vollständig in dem Bereich von <head>...</head> eingefügt.

```
<head>
  <meta name="author" content="Max Müller">
  <meta name="description" content="Aufbau und
  Struktur einer Webseite">
  <meta name="keywords" content="HTML,
  Dateistruktur">
  <meta name="date" content="2000-19-02">
  <meta name="audience" content="HTML Programmierer">
</head>
```

Die `<meta>`-Angaben sollten aber auf alle Fälle mit dem Seiteninhalt übereinstimmen und eine korrekte Beschreibung wiedergeben. Sicher ist es möglich, an dieser Stelle etwas zu übertreiben und damit eine große Anzahl von Besuchern anzulocken. Letztendlich werden die Besucher der Seite dann aber recht schnell von dem tatsächlichen Inhalt der Seite enttäuscht sein und einen weiteren Besuch mit Sicherheit vermeiden.

Titel

Mit dem Tag `<title></title>` können Sie eine weitere Zusatzinformation im Header der XHTML-Datei platzieren. Für die Anzeige des Dateiinhalts an sich hat der Titel keine weitere Bedeutung. Er wird jedoch vom Browser des Benutzers ermittelt und in dessen Titelleiste angezeigt. Damit dient der Titel einer XHTML-Datei immerhin zur Vervollständigung des Gesamteindrucks der Seite.

Body

Im dritten Teil, dem *Body*, befindet sich gemeinsam mit dem anzuzeigenden Inhalt der Datei der XHTML-Programmcode. Hier können Sie außerdem Programmcode von weiteren webfähigen Programmiersprachen platzieren, so z.B. JavaScript, ASP oder VBScript.

Die Verwendung von Programmcode weiterer Programmiersprachen in diesem Bereich sagt jedoch nichts über dessen tatsächliche Ausführung aus. Sie müssen bedenken, dass nicht jeder Browser jede Programmiersprache interpretieren kann – hier müssen Sie bereits bei der Planung des zukünftigen Projekts die Zielgruppe und den Einsatzbereich der Webseite genau bedenken.

Tags	Beschreibung
`<html></html>`	Legt den Anfang und das Ende einer XHTML-Datei fest
`<head></head>`	Beinhaltet inhaltliche Informationen
`<body></body>`	Beinhaltet den Code der XHTML-Datei

Tabelle 2.3: Grundlegende Tags für eine XHTML-Datei

Ein vollständiges Grundgerüst

Wenn Sie nun die Ergebnisse der vorangegangenen Abschnitte zusammenfassen, dann können Sie ein Grundgerüst erstellen, welches allen Ansprüchen gerecht werden sollte. Wenn Sie dieses Grundgerüst als Standard für Ihre weitere Arbeit verwenden, dann sind Sie mit Ihren Projekten auf alle Fälle für die Zukunft gewappnet und stets auf dem aktuellen Stand.

Sie können das Grundgerüst als Standarddatei in ein bestimmtes Verzeichnis kopieren und es beim Anlegen einer neuen XHTML-Datei als Vorlage verwenden. Damit ersparen Sie sich das erneute Erstellen eines Grundgerüsts.

Das Beispiel ist auf der CD zum Buch enthalten.

```
<!DOCTYPE html PUBLIC "-//W3C//DTD XHTML 1.0
 Strict//EN" "DTD/xhtml1-strict.dtd">
<html xmlns="http://www.w3.org/TR/xhtml1">
<head>
<title>Grundgeruest</title>
</head>
<body>
<p>
Dies ist ein XHTML Dokument
</p>
</body>
</html>
```

TEIL

Techniken und Praxis

Im zweiten Teil des Buches finden Sie alle notwendigen Grundlagen über XHTML, um eine Webseite zu erstellen.

II

KAPITEL 3

Darstellen von Text

Der wohl am häufigsten auftretende Inhalt von XHTML-Seiten dürfte mit Sicherheit aus Text bestehen. Gerade hier finden Sie einen der Punkte, die in XHTML überarbeitet wurden.

Darstellen von Text

Das Darstellen von *Text* an sich ist nicht besonders schwierig – doch das erstellte Webdokument wird mit Sicherheit keinen Leser so richtig überzeugen können. Der Grund dafür ist der, dass zu einem anspruchsvollen Webdokument auch eine entsprechend anspruchsvolle Gestaltung des Textes gehört.

In den folgenden Abschnitten werden alle Möglichkeiten zum Darstellen und Gestalten von Texten in XHTML behandelt.

Erste Schritte mit Textabschnitten

Wie einfach die Verwendung von XHTML ist, sehen Sie bereits mit der Eingabe von irgendeinem Text innerhalb des Bereichs `<body></body>` eines Grundgerüsts. Nach dem Speichern der Seite und ihrem anschließenden Anzeigen in einen Browser werden Sie genau diesen Text im Hauptfenster des Browsers wieder sehen.

Doch bereits hier wird deutlich, dass es noch einiger zusätzlicher Handgriffe bedarf, um diesen Text in einer ansprechenden Form und mit der gewünschten Wirkung darzustellen. Denn egal welchen Text Sie auch immer eingeben – er wird Ihnen immer wieder in der gleichen Größe und mit der gleichen Schriftart angezeigt.

Um nun den Text eines Dokuments entsprechend zu gestalten stehen Ihnen die verschiedensten Möglichkeiten zur Verfügung. Prinzipiell unterscheiden sich diese Möglichkeiten nicht von denen eines Textdokuments einer gängigen Textverarbeitung wie z.B. Microsoft Word. Sie können verschiedenen Schriftgrößen und Schriftarten wählen, können Textabschnitte hervorheben oder auch den Text in Absätze gliedern. Ja sogar das farbige Gestalten von Text oder das zusätzliche Einfügen von Grafiken stellt kein Problem dar.

Überschriften

Beginnen wir also mit dem Anfang eines Textdokuments. Dort befindet sich in aller Regel eine *Überschrift*, schließlich soll der Leser doch wissen, worum es in dem folgenden Text geht. Um einen Textabschnitt als Überschrift kenntlich zu machen steht Ihnen in XHTML ein spezielles Tag zur Verfügung. Mit diesem Tag können bis zu sechs verschiedene Größen einer Überschrift festgelegt werden und es lautet <h1></h1>, <h2></h2> bis <h6></h6>. Dabei geben die in den Tags enthaltenen Zahlenangaben die Größe der Überschrift an, wobei die Größe mit steigender Zahl zunimmt. Außerdem erfolgt die Darstellung des mit diesen Tags versehenen Textes mit fett hervorgehobenen Buchstaben. Um die Überschrift innerhalb der Seite entsprechend platzieren zu können, ist die gemeinsame Verwendung mit dem Attribut align möglich.

Beispiel:

Die Wirkung des Attributs align beschränkt sich immer auf den aktuellen Abschnitt. Mit der Platzierung einer Überschrift erreichen Sie eine bessere Wirkung innerhalb der gesamten Gestaltung einer Webseite.

Das Beispiel ist auf der CD zum Buch enthalten.

```
<!DOCTYPE html PUBLIC "-//W3C//DTD XHTML 1.0
 Strict//EN" "DTD/xhtml1-strict.dtd">
<html xmlns="http://www.w3.org/TR/xhtml1">
<head>
<title>Ueberschrift</title>
</head>
<body
    <h1 align=left>&Uuml;berschrift der 1. Stufe</h1>
    <h4 align=center>&Uuml;berschrift der 4. Stufe</h4>
```

```
            <h6 align=right>&Uuml;berschrift der 6. Stufe</h6>
    </body>
</html>
```

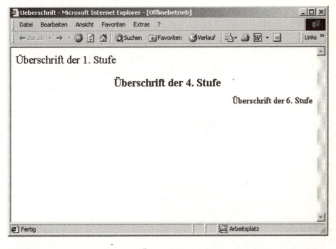

Abbildung 3.1: Verschiedene Überschriftengrößen

Tag/Attribute	Beschreibung
`<h1></h1>`, `<h2></h2>`, `<h3></h3>`, `<h4></h4>`, `<h5></h5>`, `<h6></h6>`	Definiert eine Überschrift bestimmter Größenordnung
`align="(left | center | right | justify)"`	Richtet die Überschrift in der Zeile aus

Tabelle 3.1: Die Tags für Überschriften

Einfacher Text

Nachdem die Überschrift des Dokuments erstellt wurde, können Sie mit der Eingabe des eigentlichen Textes beginnen. Dies erfolgt auf die gleiche Weise wie bei der Überschrift, nur dass diesmal keine einleitenden und abschließenden Tags notwendig sind – zumindest nicht bei einfachen Dokumenten. Dann erfolgt allerdings die Darstellung des Textes im Browser in einer Standardschrift.

Wer sich allerdings nicht mit der vom Browser verwendeten Standardschriftart zufrieden geben will, der kann auf entsprechende Tags zurückgreifen. Um den Text in seiner Größe, Art, Ausrichtung und Farbe zu formatieren verwenden Sie das Tag <font></font>. Dieses Tag wurde bisher in HTML bevorzugt zum Formatieren von Schrift verwendet. In XHTML soll nach den Vorstellungen des W3C die Formatierung von Schrift über Style Sheets erfolgen und dieses Tag nach und nach verschwinden. Aus Gründen der Kompatibilität wird es jedoch noch weiterhin von den Browsern interpretiert werden.

Da dieses Tag jedoch voraussichtlich noch lange Zeit in den vielen Dokumenten des WWW vorhanden sein wird, wollen wir es hier nicht undokumentiert lassen.

Schriftgröße

Um die Größe des Textes zu beeinflussen können Sie das Tag <font></font> um das Attribut size erweitern. Mit ihm erreichen Sie die einfache Veränderung der *Schriftgröße* relativ zur Standardschrift. So erfolgt mit dem Zuweisen eines Zahlenwerts zwischen 1 und 7 an das Attribut size eine Größenänderung der Schrift in einem beliebigen Abschnitt.

Beispiel:

```
<font size="6">Mein Text</font>
```

Schriftfamilie

Neben der Schriftgröße können Sie auch die darzustellende *Schriftfamilie* beliebig beeinflussen. Das erfolgt mit dem Attribut face. Ihm übergeben Sie einfach den Namen der gewünschten Schriftfamilie. Rein theoretisch können Sie hier jede beliebige Schriftfamilie angeben. Sie müssen aber wissen, dass der Browser bei der Interpretation dieser Angabe auf die beim Benutzer installierten Schriftarten zurückgreift. Es ist also immer ratsam auf standardmäßig installierte Schriften zurückzugreifen – im anderen Fall verwendet der Browser die von ihm als Standard verwendete Schrift.

Doch woher wissen Sie nun, welche Schriften bei Ihnen vorhanden sind und wie sie exakt bezeichnet werden? Öffnen Sie dazu in der *Systemsteuerung* den Ordner *Schriftarten*, dort finden Sie alle auf Ihrem System installierten Schriften. Dabei sollten Sie nach Möglichkeit auf die Wahl seltener Schriften verzichten – deren Anzeige setzt ja bekanntlich ihr Vorhandensein auf dem Rechner des Besuchers Ihrer Seite voraus.

Beispiel:

```
<font face="Verdana">Mein Text</font>
```

Schriftfarbe

Um Text in verschiedenen *Farben* darstellen zu können, setzen Sie das Attribut color ein. Hier ist es erforderlich, einen entsprechenden Farbwert anzugeben. Die Angabe des Farbwerts erfolgt entweder als Hexadezimalwert oder als Ausdruck. Die Verwendung von Ausdrücken für dieses Attribut wird in dem späteren Abschnitt zum Einsatz von Farbeinstellungen in XHTML besprochen. Hier findet vorerst nur die Angabe von Hexadezimalwerten Verwendung.

Beispiel:

```
<font color="#ff0000">Mein Text</font>
```

Abschließend sehen Sie eine Zusammenfassung über die bisher eingesetzten Attribute für das Tag <font></font> sowie ein funktionsfähiges Beispiel einer XHTML-Datei.

Das Beispiel ist auf der CD zum Buch enthalten.

Tag/Attribute	Beschreibung
`<font></font>`	Leitet die Schriftdefinition ein
`size="..."`	Bestimmt die Schriftgröße
`color="..."`	Bestimmt die Schriftfarbe
`face="..."`	Bestimmt die Schriftart

Tabelle 3.2: Die Attribute für das Tag font

Beispiel:

Sie sehen hier die Verwendung des Tags `<font></font>`. Innerhalb des Tags können Sie die Größe, Farbe und Schriftfamilie beliebig einstellen. Die getroffenen Einstellungen verlieren ihre Gültigkeit mit dem Beenden des Tags.

Das Beispiel ist auf der CD zum Buch enthalten.

```
<!DOCTYPE html PUBLIC "-//W3C//DTD XHTML 1.0
 Strict//EN" "DTD/xhtml1-strict.dtd">
<html xmlns="http://www.w3.org/TR/xhtml1">
<head>
<title>Farbe und Größe</title>
</head>
<body>
  <font size=1>kleine Schrift</font>
  <br/>
  <font size=5>gr&ouml;ßere Schrift</font>
  <font size=4> für alle folgenden
  <br/>
```

```
<font face=»ARIAL»>Arial wird oft verwendet</font>
<br/>
<font face="verdana">Diese Schrift hei&szlig;t
Verdana</font>
<br/>
<font face=»TIMES NEW ROMAN»>Diese Schrift hei&szlig;t
Times New Roman</font>
<br/>
<font color="#ff0000">roter Text ist selten</font>
</body>
</html>
```

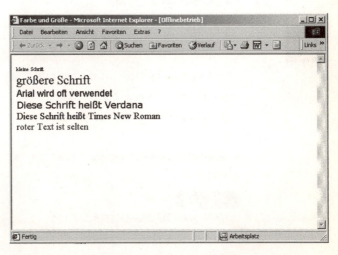

Abbildung 3.2: Text kann in beliebiger Weise formatiert werden

Dateiweite Textfarben angeben

In dem vorhergehenden Abschnitt wurden die Farben für Texte in dem Tag des entsprechenden Textabschnitts angegeben – mit dem Ergebnis, dass die Farbeinstellung nur für diesen Textabschnitt gültig war. Nach dem Ende des entsprechenden Textabschnitts wurde dann der Text wieder in Schwarz angezeigt – offenbar ist das die Standardfarbe für Text. Wenn Sie nun das Attribut color in der Definition des Tags <body></body> verwenden, dann passiert genau das Gleiche wie beim Verwenden des Attributs im Tag <font></font>. Damit erfolgt die Anzeige von Text innerhalb der Webseite in eben dieser Farbe – Sie haben gerade die Standardfarbe zum Anzeigen von Text geändert.

Beispiel:

Im eröffnenden Tag <body></body> wurde mit dem Attribut text eine neue Standardfarbe für den Text definiert. Diese Textfarbe ist jetzt für das gesamte Dokument gültig.

Das Beispiel ist auf der CD zum Buch enthalten.

```
<!DOCTYPE html PUBLIC "-//W3C//DTD XHTML 1.0
 Strict//EN" "DTD/xhtml1-strict.dtd">
<html xmlns="http://www.w3.org/TR/xhtml1">
<head>
<title>Dateiweite Textfarben</title>
</head>
<body text="#800080">
  <font size="7">Das ist die
    neue Standardtextfarbe</font>
</body>
</html>
```

Weitere Formatierungsmöglichkeiten

Neben der bisher beschriebenen Formatierung von Text können Sie diesen auch mit Hilfe von Absätzen oder erzwungenen Zeilenumbrüchen gestalten. Damit erreichen Sie eine übersichtliche Aufteilung und Darstellung eines XHTML-Dokuments.

Zeilenumbrüche

Sie werden bald feststellen, dass der Textfluss in Ihrem Dokument lediglich von der im Browser angezeigten Seitenbreite bestimmt wird. Um zur Gliederung des Textes an einer bestimmten Textstelle einen *Zeilenumbruch* zu erzwingen, steht Ihnen deshalb das Tag <br/> zur Verfügung. Jetzt erfolgt aber immer noch am Ende jeder Zeile ein automatischer Zeilenumbruch. Um nun genau das Gegenteil zu erreichen, also einen automatischen Zeilenumbruch durch eine zu kleine Seite im Browser zu verhindern, fügen Sie den gewünschten Text zwischen das Tag <nobr> ... </nobr> ein. Falls der so eingefasste Text länger ist, als es der Browser zulässt, so erscheint am unteren Rand der Seite ein Rollbalken, mit dem der Leser die Seite im Browser horizontal bewegen kann.

Absätze in Textbereichen

Mit der Verwendung von Zeilenumbrüchen sind Sie in der Lage, Text wesentlich übersichtlicher darzustellen und seine Aufteilung im Dokument zu kontrollieren. Wenn Sie jedoch Text in *Absätzen* gliedern wollen, können Sie das Tag <p></p> verwenden. Der in diesem Bereich angegebene Text wird von dem übrigen Text am Anfang und am Ende mit Hilfe eines Absatzes getrennt, womit er sich von den anderen Textbereichen deutlich hervorhebt.

Beispiel:

Das folgende Beispiel zeigt die Verwendung der Tags <br/> und <p></p>. Dabei ist deutlich der Unterschied zwischen der Wirkung eines Zeilenumbruchs mit dem Tag <br/> gegenüber eines neuen Absatzes mit dem Tag <p> zu sehen.

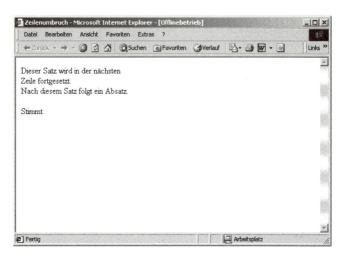

Abbildung 3.3: Einfache Gestaltung von Sätzen mit den Tags <br> und <p>

Das Beispiel ist auf der CD zum Buch enthalten.

```
<!DOCTYPE html PUBLIC "-//W3C//DTD XHTML 1.0
 Strict//EN" "DTD/xhtml1-strict.dtd">
<html xmlns="http://www.w3.org/TR/xhtml1">
<head>
<title>Zeilenumbruch</title>
</head>
<body>
   Dieser Satz wird in der nächsten<br>
   Zeile fortgesetzt.<br/>
```

```
                Nach diesem Satz folgt ein Absatz.
                <p>Stimmt.</p>
        </body>
</html>
```

Das Tag <p></p> fügt einen Zeilenumbruch ein und lässt den folgenden Text als neuen Absatz beginnen. Seit der Einführung von XHTML ist es Ihnen bei der Anwendung dieses Tags nicht mehr freigestellt, ob Sie <p> allein stehend verwenden oder ob Sie mit </p> einen Abschnitt wieder schließen wollen. Das hat dann natürlich auch die Konsequenz, dass alle in diesem Absatz genannten Attribute und Formatierungen auch nur dort ihre Gültigkeit besitzen. Das kann z.B. die Ausrichtung eines Textes mit dem Attribut align sein.

Abstände zwischen Wörtern

Abschließend folgt noch eine Besonderheit, mit der Sie die *Trennung* einzelner Wörter kontrollieren können. Mit dem Sonderzeichen   lassen sich Wörter unabhängig von einem Zeilenumbruch miteinander verbinden. Das kann besonders dann notwendig sein, wenn die Trennung zweier Wörter deren gemeinsame Bedeutung verändern würde. Wie Sie beim Verwenden dieses Sonderzeichens feststellen werden, erfolgt bei seinen Einsatz die Darstellung eines *Leerzeichens*. Auf diese Weise können Sie auch den Abstand zwischen zwei Wörtern mit Hilfe mehrerer Leerzeichen einstellen.

Beispiel:

Im Falle eines automatischen Zeilenumbruchs zwischen der Zahl 25 und dem Wort Jahren würde deren Zusammenhang mit ihrer Darstellung über zwei Zeilen nicht deutlich werden. Mit der Verwendung des Sonderzeichens   erfolgt die Darstellung der beiden Wörter stets zusammenhängend.

Beispiel:

```
Im Alter von 25   Jahren wurde er zum Kaiser...
```

Tags	Beschreibung
 	Fügt einen Zeilenumbruch ein
<nobr>	Verhindert einen Zeilenumbruch
<p></p>	Fügt einen Absatz ein

Tabelle 3.3: Tags zum Gestalten des Zeilenverlaufs

Ausrichten von Textabschnitten

Mit dem Attribut align erzielen Sie die Ausrichtung des Seiteninhalts eines Abschnitts entweder links-/rechtsbündig oder in der Mitte des Dokuments. Diese Darstellungsweise ist Ihnen sicher vom Arbeiten mit Textverarbeitungsprogrammen wie z.B. Microsoft Word bekannt. Nach dem Beenden des Abschnitts werden dann wieder alle Standardeinstellungen gültig.

Beispiel:

Die Ausrichtung von Textabschnitten erfolgt nicht relativ, sondern immer absolut. Dies bedeutet, dass der Text immer am Rand des aktuellen Fensters ausgerichtet wird und nicht an dem zuletzt ausgerichteten Element einer Webseite.

Das Beispiel ist auf der CD zum Buch enthalten.

```
<!DOCTYPE html PUBLIC "-//W3C//DTD XHTML 1.0
 Strict//EN" "DTD/xhtml1-strict.dtd">
<html xmlns="http://www.w3.org/TR/xhtml1">
<head>
<title>Text ausrichten</title>
</head>
<body>
```

```
        <p align="left">Dieser Satz steht links</p>
        <p align="center">Dieser Satz steht zentriert</p>
        <p align="right">Dieser Satz steht rechts</p>
    </body>
</html>
```

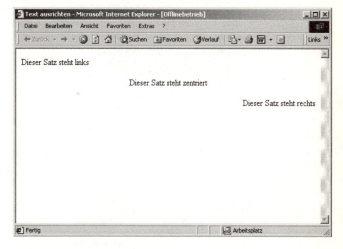

Abbildung 3.4: Die Ausrichtung von Text mit dem Attribut align

Attribut/Werte	Beschreibung
align="(left | center | right) "	Richtet einen Textabschnitt in der Zeile aus
left	Ausrichtung links
right	Ausrichtung rechts
center	Ausrichtung zentriert

Tabelle 3.4: Die Werte für das Attribut align

Hervorheben von Textabschnitten

Eine weitere Möglichkeit zur Gestaltung eines Dokuments besteht im *Hervorheben* von Textpassagen. Das ist gerade bei Texten notwendig, in denen Sie auf Zitate zurückgreifen oder in denen bestimmte Passagen wegen ihrer besonderen Bedeutung besonderes Augenmerk verdienen. Nach dem Abschluss eines der nachfolgend beschriebenen Tags erhält die zuletzt definierte Schrift bzw. die aktuelle Standardschrift wieder ihre Gültigkeit. Hier sehen Sie lediglich eine kleine Auswahl der möglichen Tags zum Hervorheben von Textstellen. Eine Gesamtübersicht finden Sie im Anhang des Buchs.

Tag	Beschreibung
<em></em>	Kursiv
<strong></strong>	Fett
<code></code>	Formatierung von Listings
<samp></samp>	Formatierung von Beispieltexten
<cite></cite>	Formatierung von Zitaten
<big></big>	Größerer Text
<small></small>	Kleinerer Text
	Tiefergestellter Text
	Hochgestellter Text
<b></b>	Fett
<tt></tt>	Teletype (format)
<i></i>	Kursiv
<s></s>	Durchgestrichen

Tabelle 3.5: Einige Tags zum Hervorheben von Text

| Kapitel 3 | Darstellen von Text | 55 |

Das in der Tabelle beschriebene Tag <s></s> gehört ebenfalls zu den Elementen, die demnächst nicht mehr verwendet werden sollten.

Beispiel:

Da nicht alle Browser eine einheitliche Darstellung von Sonderzeichen aufweisen, erfordert die Verwendung der Attribute zum Hervorheben von Text hin und wieder etwas Geduld. Im Listing sehen Sie einige häufig verwendete Attribute, deren Einsatz in der Regel keine Probleme bereitet.

Das Beispiel ist auf der CD zum Buch enthalten.

```
<!DOCTYPE html PUBLIC "-//W3C//DTD XHTML 1.0
 Strict//EN" "DTD/xhtml1-strict.dtd">
<html xmlns="http://www.w3.org/TR/xhtml1">
<head>
<title>Text hervorheben</title>
</head>
<body
   <b>Fetter Text</b><br>
   <tt>Das ist das Format Teletype</tt><br/>
   <i>Kursiv formatiert</i><br/>
   <s>Durchgestrichen kommt auch vor</s><br/>
</body>
</html>
```

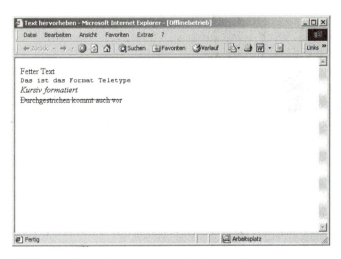

Abbildung 3.5: Das Hervorheben von Text ist ganz einfach

Text mit gleichen Absätzen wiedergeben

Wer jetzt seine große Begeisterung für XHTML entdeckt hat und auf seiner Homepage eine Seite mit z.B. Tricks und Tipps zu XHTML anlegen möchte, der steht vor dem Problem, Abschnitte mit Quelltext originalgetreu, also mit allen Abständen und Einzügen, wiederzugeben. Zur Lösung dieser Aufgabe können Sie zu dem Tag <pre></pre> greifen, das eine diktengleiche Schriftwiedergabe ermöglicht.

Wenn Ihnen das Erstellen einer kleinen Tabelle zu aufwendig ist, dann stellt die Verwendung dieses Tags eine brauchbare Notlösung dar.

Beispiel:

Hier wird mit Hilfe des Tags <pre></pre> ein Programmcode von Visual Basic wiedergegeben. Die Darstellung erfolgt originalgetreu mit allen Abständen und Absätzen, wie sie aus der Visual-Basic-Entwicklungsumgebung übernommen und in den XHTML-Editor eingegeben wurden.

Das Beispiel ist auf der CD zum Buch enthalten.

```
<!DOCTYPE html PUBLIC "-//W3C//DTD XHTML 1.0
 Strict//EN" "DTD/xhtml1-strict.dtd">
<html xmlns="http://www.w3.org/TR/xhtml1">
<head>
<title>Gleiche Absaetze</title>
</head>
<body>
<pre>
   Private Sub CmdRefresh_Click()
       logEvent ("REFRESH")
       While Inet1.StillExecuting
           DoEvents
       Wend
       Inet1.Execute Text1.Text, "DIR"
   End Sub
</pre>
</body>
</html>
```

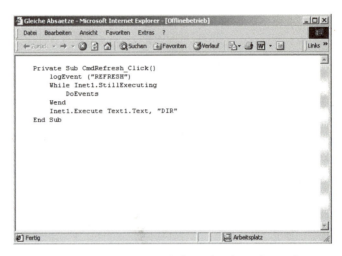

Abbildung 3.6: Dieses Tag ist gerade für Listings besonders geeignet

Sonderzeichen

Wie Sie bereits gesehen haben, stehen Ihnen zum Formatieren von Text zahllose Möglichkeiten zur Verfügung. Im Abschnitt zum Erzwingen von Abständen zwischen Wörtern wurden Sie bereits mit dem Sonderzeichen   bekannt gemacht. Was es mit *Sonderzeichen* auf sich hat und wozu deren Einsatz notwendig ist, das erfahren Sie im folgenden Abschnitt.

Verwenden von Sonderzeichen

Prinzipiell haben die meisten Browser keine Probleme mit der Darstellung aller darzustellenden Zeichen, außer einige ältere Browser, die Sonderzeichen und Umlaute nicht in der originalen Form interpretieren und darstellen können. Um diese Probleme zu umgehen, steht dem XHTML-Programmierer die Verwendung von *Entities* zur Verfügung.

Entities, das sind Ausdrücke, mit denen bestimmte Zeichen umschrieben werden und somit eine einheitliche Darstellung dieser Zeichen gewährleistet wird. Das beste Beispiel dafür sind die immer wiederkehrenden Umlaute wie *Ä*, *Ü* und *Ö*. Ein anderes gutes Beispiel für die Nützlichkeit von Entities sind spitze Klammern (<>). Diese beiden Zeichen sind in XHTML für die Darstellung von Tags reserviert und können somit theoretisch nicht mehr als Bestandteil eines Textabschnitts dargestellt werden. Mit einer Entity umschreiben Sie diese reservierten Zeichen und können sie somit wieder als darzustellende Textbestandteile verwenden.

Sonderzeichen einsetzen

Wie alle anderen Bestandteile von XHTML benötigen natürlich auch Sonderzeichen eine bestimmte Form der Deklaration. Als Erstes ist die Angabe eines kaufmännischen Und (&), anschließend der Name des darzustellenden Zeichens gefolgt von einem abschließenden Semikolon erforderlich. Das folgende Beispiel zeigt die Darstellung eines *Ä* als Sonderzeichen.

Beispiel:

Ä

Um ein solches Zeichen mitten in einem Textbereich darzustellen, wird dieser einfach unterbrochen und das Sonderzeichen anstelle des entsprechenden Zeichens gesetzt. Demzufolge geben Sie zur Darstellung des Worts *Kälte* folgende Zeichenkette an:

Beispiel:

Kälte

Beispiel:

Die XHTML-Datei enthält einen Firmennamen, der insgesamt drei Sonderzeichen enthält.

Das Beispiel ist auf der CD zum Buch enthalten.

```
<!DOCTYPE html PUBLIC "-//W3C//DTD XHTML 1.0
 Strict//EN" "DTD/xhtml1-strict.dtd">
<html xmlns="http://www.w3.org/TR/xhtml1">
<title>Sonderzeichen</title>
</head>
<body>
   <h1>H&auml;usler &amp; M&auml;rger</h1>
   <b/>
   http://www.handelundwandel.de
</body>
</html>
```

Abbildung 3.7: Sonderzeichen benötigen Sie immer wieder

Als Beispiel für die Vielfältigkeit der Darstellungsmöglichkeiten folgt hier eine Tabelle mit einigen oft verwendeten Sonderzeichen. Alternativ zu der Angabe einer Entity können Sie auch einen Wert des *Unicodes* angeben. Im Standard des Unicode-Systems finden Sie den gesamten verwendbaren Zeichensatz wieder. Der Unicode soll hier nicht Bestandteil des Buchs sein, die Angaben dazu sind lediglich der Vollständigkeit halber aufgeführt. Außerdem sind die meisten gebräuchlichen Entities relativ einprägsam und lassen sich gut mit dem Sonderzeichen in Verbindung bringen.

Sonderzeichen	Entity	Angabe als Unicode
Ä	&Auml;	&#196;
ä	&auml;	&#228;
ü	&uuml;	&#252;
ö	&ouml;	&#246;
ß	&szlig;	&#223;
Leerzeichen		
&	&amp;	&#38;

Tabelle 3.6: Einige der häufig verwendeten Sonderzeichen

Damit sind wir wieder einmal bei dem Thema »XHTML und Weiterentwicklung« angelangt. Leider unterliegt auch der Bereich der auf diese Art und Weise darzustellenden Zeichen einer ständigen Veränderung. Deshalb sollten Sie bei der Verwendung solcher Zeichen stets eine gewisse Kompatibilität mit älteren Browsern beachten, sonst ist es durchaus möglich, dass Ihr Text nicht bzw. nicht richtig im Browser des Lesers Ihrer Seite erscheint. Im Anhang des Buchs finden Sie eine ausführliche Auflistung aller Sonderzeichen sowie deren Darstellung im Browser.

KAPITEL

Arbeiten mit Tabellen

Neben der Gestaltung von Textabschnitten gehört die Verwendung von Tabellen zu den häufigsten Gestaltungsmitteln bei XHTML-Dokumenten. Kaum eine anspruchsvoll gestaltete Webseite kommt heute ohne dieses Element aus. Wie Sie Tabellen einsetzen, erfahren Sie in diesem Kapitel.

4

Arbeiten mit Tabellen

Grundaufbau einer Tabelle

Verwendungsmöglichkeiten für Tabellen

Eine *Tabelle* bietet Ihnen eine einzigartige Möglichkeit zur Darstellung von Seiteninhalten. Sie können innerhalb einer Tabelle verschiedene Stilelemente eines Webdokuments unterbringen, so z.B. Textabschnitte und Grafiken. Sie können Tabellen verwenden, um mit ihnen Webseiten aufzuteilen, und Sie können Tabellen auch ineinander verschachteln. Wenn Sie auf Ihrer Webseite Datenbestände mit Hilfe einer Skriptsprache ausgeben, dann werden Sie ebenfalls auf Tabellen zurückgreifen. Gerade bei der Anzeige einer unterschiedlichen Anzahl von Datensätzen erweisen sich Tabellen als besonders nützliches Hilfsmittel.

Grundaufbau und Definition

Eine Tabelle besteht immer aus einem *Grundgerüst* und dem *Tabelleninhalt*. Die Erstellung des Grundgerüsts erfolgt mit deren *Definition* – hier verwenden Sie das Tag `<table></table>`. Bereits im Grundgerüst können Sie mit Hilfe von optionalen Attributen das gesamte Erscheinungsbild der Tabelle beeinflussen. Für den Anfang beschränken wir uns auf die Verwendung des Attributs border, mit dem der Rahmen der Tabelle definiert wird. Mit dem Weglassen dieses Attributs erfolgt die Ausgabe einer Tabelle ohne Rahmen. Die Angabe des Attributs ohne weitere Angabe eines Zahlenwerts bewirkt die Darstellung der Tabelle mit einem Standardrahmen. Die Angabe eines Zahlenwerts bewirkt die Darstellung eines entsprechend starken Tabellenrahmens. Damit eröffnet sich bereits eine der vielseitigen Gestaltungsmöglichkeiten für eine Webseite mit Hilfe von Tabellen. So können Sie mit dem geschickten

Einsatz von Tabellen Seiteninhalte an beliebiger Stelle innerhalb eines Webdokuments platzieren bzw. anordnen.

Einfügen von Zeilen und Spalten

In das erstellte Grundgerüst können Sie dann eine beliebige Anzahl von Spalten und Zeilen einfügen. Zuerst beginnen Sie mit der Definition der ersten Zeile. Dazu verwenden Sie das Tag `<tr></tr>`. Innerhalb dieser Zeile fügen Sie nun mit dem Tag `<td></td>` eine beliebige Anzahl von Spalten ein.

Beispiel:

In dem folgenden Beispiel sehen Sie eine Tabelle, welche eine Zeile enthält. Innerhalb dieser Zeile wurden zwei Spalten angelegt. Jede Spalte wird mit dem Tag `<td></td>` erstellt. Die gesamte Tabelle wird von dem Tag `<table></table>` eingefasst.

Das Beispiel ist auf der CD zum Buch enthalten.

```
<!DOCTYPE html PUBLIC "-//W3C//DTD XHTML 1.0
 Strict//EN" "DTD/xhtml1-strict.dtd">
<html xmlns="http://www.w3.org/TR/xhtml1">
<head>
<title>Einfache Tabelle</title>
</head>
<body>
<h4>Tabelle mit einer Zeile und zwei Spalten</h4>
<table border="1">
   <tr>
   <td>Erste Spalte</td>
   <td>zweite Spalte</td>
```

```
        </tr>
    </table>
    </body>
</html>
```

Wenn Sie – aus welchem Grund auch immer – eine leere Tabellenspalte verwenden wollen, dann fügen Sie in die Spalte das Sonderzeichen   ein. Damit enthält die Spalte ein nicht sichtbares, aber gültiges Zeichen und die gesamte Tabelle wird in jedem Fall richtig interpretiert.

Abbildung 4.1: Eine einfache Tabelle mit Standardrahmen

Erweitern der Tabelle

Die im vorherigen Abschnitt erstellte Tabelle stellt ein vollwertiges Grundgerüst zur weiteren Verwendung dar und ist beliebig erweiterbar.

Um der Tabelle weitere Zeilen anzufügen, definieren Sie im Anschluss an die erste Tabellenzeile mit dem Tag <tr></tr> eine weitere Zeile. Innerhalb dieser Zeile fügen Sie nun wie im vorhergehenden Abschnitt weitere Spalten ein. Auf diese Weise können Sie ohne allzu großen Aufwand Tabellen von beliebiger Dimension anlegen.

Achten Sie darauf, dass in den folgenden Zeilen unbedingt die gleiche Anzahl von Spalten vorhanden ist wie in der ersten Zeile. Ansonsten kann es bei verschiedenen Browsern zu Fehldarstellungen der Tabelle kommen.

Beispiel:

In dieser Tabelle erfolgte die Definition einer zweiten Zeile. Mit dem Fortführen weiterer Bereiche mit <tr></tr> würden der Tabelle ebenso viele Zeilen angefügt werden.

Das Beispiel ist auf der CD zum Buch enthalten.

```
<!DOCTYPE html PUBLIC "-//W3C//DTD XHTML 1.0

 Strict//EN" "DTD/xhtml1-strict.dtd">

<html xmlns="http://www.w3.org/TR/xhtml1">

<head>

<title>Erweiterte Tabelle</title>

</head>

<body>

<h4>Tabelle mit zwei Zeilen und zwei Spalten</h4>

<table border="1">

   <tr>

      <td>Zeile 1, Spalte1</td>

      <td>Zeile 1, Spalte 2</td>

   </tr>
```

```
    <tr>
        <td>Zeile 2, Spalte1</td>
        <td>Zeile 2, Spalte 2</td>
    </tr>
</table>
</body>
</html>
```

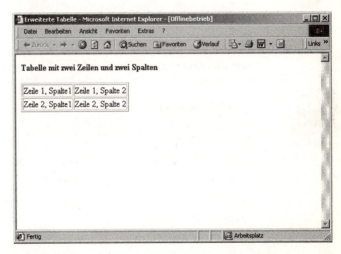

Abbildung 4.2: Die um eine weitere Zeile erweiterte Tabelle

Verbinden von Spalten

Beim Erweitern einer Tabelle kommt es schnell vor, dass Sie sich entweder für weitere Inhalte in der Tabelle entscheiden oder dass Sie Inhalte der Tabelle zusammenfassen wollen. Zu diesem Zweck können Sie benachbarte Zellen einer Tabelle miteinander verbinden oder auch benachbarte Zellen aufteilen.

Zum Verbinden von Spalten verwenden Sie das Attribut colspan, dem die Anzahl der zu verbindenden Spalten übergeben wird. Das Attribut wird in der Definition der ersten zu verbindenden Spalten angegeben und behält seine Gültigkeit für die angegebene Anzahl von Spalten. Dieses Prinzip können Sie auch auf Spalten in der Mitte einer Tabelle anwenden. Es ist nicht auf bestimmte Bereiche begrenzt.

Denken Sie daran, dass die Anzahl der verbundenen Spalten immer mit der Anzahl der darunter oder darüber vorhandenen Spalten übereinstimmen muss.

Beispiel:

Das Beispiel enthält eine Tabelle mit zwei Zeilen und jeweils zwei Spalten. In der ersten Zeile wurden die beiden Spalten miteinander verbunden.

Das Beispiel ist auf der CD zum Buch enthalten.

```
<!DOCTYPE html PUBLIC "-//W3C//DTD XHTML 1.0
 Strict//EN" "DTD/xhtml1-strict.dtd">
<html xmlns="http://www.w3.org/TR/xhtml1">
<head>
<title>Spalten verbinden</title>
</head>
<p><h2>Verbundene Spalten</h2></p>
<body>
   <table border="1">
   <tr>
      <th colspan="2">Verbundene Spalte</th>
   </tr><tr>
```

| Kapitel 4 | Arbeiten mit Tabellen | | 71 |

```
            <td>erste Spalte</td>
            <td>zweite Spalte</td>
        </tr>
        </table>
    </body>
</html>
```

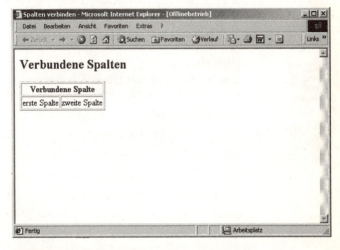

Abbildung 4.3: Das Verbinden von Zellen mit colspan

Für verbundene Zellen und Spalten können Sie auch Farbeinstellungen vergeben oder Grafiken darin darstellen.

Verbinden von Zeilen

Auf die gleiche Weise, wie Sie Spalten miteinander verbinden, können Sie auch Zeilen miteinander verbinden. Dazu verwenden Sie das Attribut rowspan, dem die Anzahl der zu verbindenden Zeilen übergeben wird. Wie beim Verbinden von Spalten müssen Sie hier daran denken, dass die Anzahl der vorhergehenden und der nachfolgenden Zeilen die gleiche sein muss wie die verbundenen Zeilen. Das Attribut rowspan wird immer gemeinsam mit der ersten zu verbindenden Zeile angegeben. Damit entfällt die Definition weiterer Zeilen um die Anzahl der zu verbindenden Zeilen.

Beispiel:

In dieser Tabelle wurden die Zeilen der ersten Spalte miteinander verbunden. Da sich die obere Zeile der ersten Spalte über zwei Zellen erstreckt, ist die Definition einer zweiten Zeile in der ersten Spalte nicht notwendig.

Das Beispiel ist auf der CD zum Buch enthalten.

```
<!DOCTYPE html PUBLIC "-//W3C//DTD XHTML 1.0
 Strict//EN" "DTD/xhtml1-strict.dtd">
<html xmlns="http://www.w3.org/TR/xhtml1">
<head>
<title>Zeilen verbinden</title>
</head>
<body>
  <p><h2>Verbundene Zeilen</h2></p>
  <table border="1">
   <tr>
      <th rowspan="2">Verbundene Zeile</th>
      <td>erste Zeile</td>
   </tr>
   <tr>
```

```
            <td>zweite Zeile</td>
        </tr>
        </table>
    </body>
</html>
```

Abbildung 4.4: Mit rowspan verbundene Zellen einer Tabelle

Attribute	Beschreibung
colspan="..."	Verbindet mehrere Spalten
rowspan="..."	Verbindet mehrere Zeilen

Tabelle 4.1: Die Attribute zum Verbinden von Zellen

Feintuning am Tabellenlayout

Festlegen der Tabellengröße

Wie Sie in den beiden vorangegangenen Beispielen sehen, passt sich die Höhe und Breite der Tabelle automatisch an deren Inhalt an, und zwar immer an die Zellen mit dem jeweils umfangreichsten Inhalt.

Sie können auch die Höhe und Breite der Tabelle selbst festlegen, und zwar unabhängig vom Inhalt der Tabelle. Dazu geben Sie bei der Definition der Tabelle im Tag <table></table> die Attribute width (Breite) und height (Höhe) an. Beide Attribute sind universell für die gesamte Tabelle oder auch nur für einzelne Zellen einsetzbar. Ihre Anwendung erweist sich ebenfalls als sehr vielseitig. Den Attributen übergeben Sie einen Wert, der der gewünschten Höhe oder Breite der Tabelle entspricht. Dabei gibt es zwei unterschiedliche Möglichkeiten bei der Angabe des Werts.

Zum einen Sie können den Attributen einen reinen Zahlenwert übergeben (width="500"). Damit erfolgt in diesem Beispiel das Einstellen der Breite eines Abschnitts mit 500 Pixel. Diese Methode hat den Vorteil, dass immer eine einheitliche Darstellung der Tabelle in Bezug auf ihre Größe gewährleistet ist, unabhängig von den Bildschirmeinstellungen des Benutzers.

Um die Tabelle stets optimal an die Bildschirmverhältnisse des Benutzers anzupassen, können Sie auch einen Prozentwert angeben (width="80%"). Dann erfolgt die Einstellung der Größe, ebenfalls in Prozent, der zur Verfügung stehenden Bildschirmfläche.

> Die Angabe der beiden Attribute kann sowohl im Tag <table></table> als auch im Tag <td></td> erfolgen. Wenn das Attribut im Tabellenkopf angewendet wird, dann wird die Breite oder Höhe der Zellen gleichmäßig auf die gesamte Tabelle aufgeteilt.

Mit diesen beiden Möglichkeiten können Sie jede Tabelle optimal einsetzen. Sie müssen sich lediglich vorher ein Konzept über die zukünftige Bedeutung der Tabelle in Bezug auf die Gestaltung der gesamten Seite machen.

Beispiel:

In dem folgenden Beispiel sehen Sie eine Tabelle mit drei Spalten. Die erste Spalte wurde bei ihrer Definition mit dem Attribut width versehen, sodass hier eine bestimmte Spaltenbreite erzwungen wird. Die Breite der anderen Zellen richtet sich nach deren Inhalt.

Das Beispiel ist auf der CD zum Buch enthalten.

```
<!DOCTYPE html PUBLIC "-//W3C//DTD XHTML 1.0
 Strict//EN" "DTD/xhtml1-strict.dtd">
<html xmlns="http://www.w3.org/TR/xhtml1">
<head>
<title>Hoehe und Breite</title>
</head>
<body>
<p><h2> H&ouml;he und Breite festlegen</h2></p>
        <table border="1" width="500">
        </captiom>
</table>
</br>
<table border="1">
   <tr>
     <th width="300">Fenster links</th>
     <th>Fenster Mitte</th>
     <th>Fenster rechts</th>
   </tr>
   <tr>
     <td>100x120</td>
```

```
      <td>100x100</td>
      <td>100x120</td>
    </tr>
    <tr>
      <td>100x120</td>
      <td>100x100</td>
      <td>100x120</td>
    </tr>
</table>
</body>
</html>
```

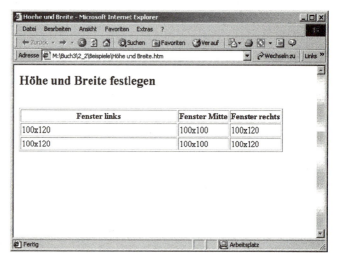

Abbildung 4.5: Zwei Beispiele für angepasste Tabellen

Tag/Attribute	Beschreibung
`<table></table>`	Erstellt eine Tabelle
`<tr></tr>`	Definiert eine Zeile
`<th></th>`	Definiert eine Zeile mit hervorgehobenem Eintrag
`<td></td>`	Definiert einen Tabelleneintrag und somit eine Spalte
`align="(left | center | right)"`	Bestimmt die horizontale Ausrichtung der Tabelle oder des Inhalts
`border="..."`	Legt den Tabellenrahmen fest
`caption="..."`	Definiert die Über- oder Unterschrift einer Tabelle
`heigth="..."`	Bestimmt die Höhe einer Tabelle oder Zelle
`valign="(top | middle | bottom | baseline)"`	Bestimmt die vertikale Ausrichtung der Tabelle oder des Inhalts
`width="..."`	Bestimmt die Breite einer Tabelle oder Zelle

Tabelle 4.2: Die Tags zum Erstellen einer Tabelle

Beim Definieren einer Tabelle sollten Sie darauf achten, dass alle Spalten mit Text gefüllt werden, da diese sonst unter Umständen nicht angezeigt werden. Während allerdings neuere Browserversionen eine leere Tabellenspalte anzeigen, wird eine solche von Browsern der älteren Generation ignoriert. Die Folge davon ist, dass die gesamte Tabelle unvollständig interpretiert und falsch dargestellt wird.

Im vorherigen Abschnitt haben Sie den prinzipiellen Aufbau einer Tabelle gesehen. Doch damit allein werden Sie bei der Gestaltung Ihrer Webseite auf die Dauer keine befriedigenden Ergebnisse erzielen. Zur weiteren Gestaltung enthält der XHTML-Standard einige Erweiterungen, mit denen sich maßgeschneiderte Tabellen für jeden Einsatzbereich erstellen lassen.

Beeinflussen der Tabellenränder

In den vorhergehenden Abschnitten haben wir die Tabellen immer mit einem Rand dargestellt. Wussten Sie, dass dieser Rand unterschiedlich gestaltet werden kann? Dazu ist es lediglich notwendig dem Attribut border einen entsprechenden Zahlenwert zu übergeben. Dieser Zahlenwert steht dann für die Breite des Tabellenrahmens in Pixel. Die Darstellung des Rahmens erfolgt stets zweifarbig mit einer Schattenseite, also dreidimensional hervorgehoben.

Syntax:

```
<table border="7">
   ...
</table>
```

> Ein *Pixel* ist eine bildschirmunabhängige Maßeinheit und stellt genau einen Bildschirmpunkt dar, was für den Laien etwas gewöhnungsbedürftig ist. Am besten Sie ermitteln den für Sie günstigsten Wert durch mehrmaliges Probieren.

Nachfolgend sehen Sie eine Zusammenfassung der wichtigsten Attribute, um das Layout des Tabellenrahmens individuell einzustellen. Die aufgezählten Attribute können Sie unabhängig voneinander einsetzen.

Attribut	Beschreibung
border="..."	Bestimmt die Dicke des Außenrahmens
frame="(void | above | below | hsides | vsides | lhs | rhs | box | border) "	Bestimmt, welche der Außenseiten angezeigt wird
rules="(none | cols | rows | groups)"	Bestimmt, welche Gitternetzlinien angezeigt werden
all	Alle Gitternetzlinien werden angezeigt

Tabelle 4.3: Mit diesen Attributen beeinflussen Sie den Tabellenrahmen

Kapitel 4 — Arbeiten mit Tabellen

Attribut/Werte	Beschreibung
frame	Bestimmt, welche der Außenseiten angezeigt wird
void	Keine Seite
above	Nur die obere Seite
below	Nur die untere Seite
hsides	Nur die obere und untere Seite
vsides	Nur die rechte und linke Seite
lhs	Nur die linke Seite
rhs	Nur die rechte Seite
box, border	Alle vier Seiten

Tabelle 4.4: Diese Werte sind als Angabe für das Attribut frame zulässig

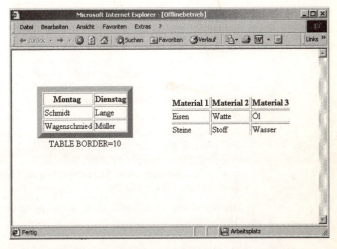

Abbildung 4.6: Zwei Tabellen mit beeinflussten Tabellenrändern

Bis auf frame und rules erwarten alle anderen Attribute immer die Angabe eines Zahlenwerts. Bei der Anwendung des Attributs frame ist die genaue Kenntnis der möglichen Parameter notwendig. Mit ihnen ist es möglich, die Anzeige des Außenrahmens auf bestimmte Seiten zu beschränken.

Die Verwendung dieser Angaben zur Gestaltung einer Webseite ist jedoch mit Vorsicht zu genießen, da sie nicht von allen Browsern unterstützt werden. Die Parameter für das Attribut rules finden Sie im folgenden Abschnitt.

Gitternetzlinien beeinflussen

Neben dem Rahmen der Tabelle können Sie auch deren Gitternetzlinien beliebig beeinflussen. Damit erhalten Sie z.B. Tabellen, deren Daten in Spalten oder Zeilen ohne visuelle Unterbrechung angeordnet sind. Das Attribut zur Beeinflussung der Gitternetzlinien lautet rules und muss in Zusammenhang mit dem Attribut border verwendet werden.

Syntax:

```
<table border="1" rules="rows">

...

</table>
```

Der eben dargestellte Befehl erzwingt z.B. die Darstellung einer Tabelle ohne Spaltenlinien. Je nachdem, was für Daten Sie darstellen wollen, können Sie so u.a. Zusammenhänge zwischen Datenreihen visuell besser verdeutlichen.

In der folgenden Tabelle finden Sie mögliche Parameter für dieses Attribut. Testen Sie ruhig alle möglichen Varianten durch. Sie werden von den Ergebnissen überrascht sein! Beim Einsatz der Parameter stellt groups eine Ausnahme dar. Es erfordert die Aufteilung der Tabelle in Tabellenkopf, Körper und Fuß.

Die Aufteilung einer Tabelle in diese drei Bereiche folgt im nächsten Abschnitt.

Attribut/Werte	Beschreibung
rules	Bestimmt die Darstellung der Gitternetzlinien
all	Alle Gitternetzlinien werden angezeigt
cols	Keine Zeilen
groups	Nur Linien zwischen Kopf, Körper und Fuß
none	Keine Gitternetzlinien
rows	Keine Spalten

Tabelle 4.5: Die Werte für das Attribut rules

Abstände innerhalb der Tabelle

Wenn Sie die bisherigen Abschnitte genau betrachten, dann wird Ihnen auffallen, dass der Zelleninhalt stets direkt am Zellenrand anliegt. Im Prinzip stellt das kein Problem dar, doch vom gestalterischen Gesichtspunkt her ist das nicht gerade optimal.

Um einen Abstand zwischen dem Zelleninhalt zu definieren verwenden Sie das Attribut cellpadding. Mit der Zuweisung eines Zahlenwerts an dieses Attribut bestimmen Sie den Randabstand des Tabellenrands zum Zelleninhalt in Pixeln.

Syntax:

```
<table border="1" cellpadding="10">

...

</table>
```

Neben dem Abstand des Zelleninhalts zum Zellenrand können Sie auch die Breite der Gitternetzlinien beeinflussen. Dazu steht Ihnen das Attribut cellspacing zur Verfügung.

Syntax:

```
<table border="1" cellspacing="4">
...
</table>
```

Die nachfolgende Tabelle enthält die beiden Attribute zum Beeinflussen der Abstände innerhalb einer Tabelle.

Attribut	Beschreibung
cellpadding="..."	Randabstand vom Zelleninhalt zum Zellenrand
cellspacing="..."	Dicke der Gitternetzlinien

Tabelle 4.6: Die Attribute für Abstände innerhalb der Tabelle

Beispiel:

In dem folgenden Beispiel wurden die Tabelleninhalte mit Hilfe des Attributs cellpadding innerhalb der Zellen ausgerichtet. Zusätzlich erfolgt mit dem Attribut cellspacing eine individuelle Beeinflussung der Breite der Gitternetzlinien.

Das Beispiel ist auf der CD zum Buch enthalten.

```
<!DOCTYPE html PUBLIC "-//W3C//DTD XHTML 1.0
 Strict//EN" "DTD/xhtml1-strict.dtd">
<html xmlns="http://www.w3.org/TR/xhtml1">
<head>
<title>Abstände in der Tabelle</title>
</head>
<body>
<p><h2> Abst&auml;nde in der Tabelle </h2></p>
```

Kapitel 4 — Arbeiten mit Tabellen

```
<table border="1" cellspacing="7" cellpadding="8"
 bgcolor="#ffff00">
    <tr>
      <th>Fenster links</th>
      <th>Fenster Mitte</th>
    </tr>
    <tr>
      <td>100x120</td>
      <td>100x100</td>
    </tr>
</table>
</body>
</html>
```

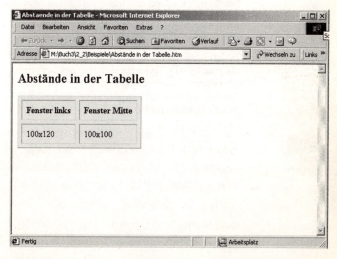

Abbildung 4.7: Hier wurden die Zelleninhalte individuell ausgerichtet

Tabellen logisch aufteilen

Eine Möglichkeit um Tabelleninhalte übersichtlicher darzustellen besteht darin, die Tabelle logisch aufzuteilen. Das ist an sich recht einfach, da Sie jede Tabelle in Kopf, Körper und Fuß aufteilen können. Damit erreichen Sie eine effektivere Strukturierung von komplexeren Tabelleninhalten. Zum logischen Aufteilen der Tabelle verwenden Sie die Attribute thead, tbody, und tfoot. Mit der Anwendung dieser Attribute erfolgt automatisch eine veränderte Darstellung der Gitternetzlinien. Allerdings müssen Sie selbst darauf achten, die Attribute in den richtigen Bereichen der Tabelle einzusetzen.

Tag	Beschreibung
`<thead></thead>`	Tabellenkopf
`<tbody></tbody>`	Tabellenkörper
`<tfoot></tfoot>`	Tabellenfuß

Tabelle 4.7: Die Tags zum logischen Gliedern von Tabellen

Beispiel:

In der Tabelle wurden mit Hilfe der Anweisung rules="groups", welche eine visuelle Trennung der drei Tabellenbereiche bewirkt, die inneren Gitternetzlinien entfernt. Damit ist eine Gliederung in drei eigenständige Bereiche erfolgt, was in bestimmten Fällen die Übersichtlichkeit der Tabelle erhöht.

Das Beispiel ist auf der CD zum Buch enthalten.

```
<!DOCTYPE html PUBLIC "-//W3C//DTD XHTML 1.0
 Strict//EN" "DTD/xhtml1-strict.dtd">
<html xmlns="http://www.w3.org/TR/xhtml1">
<head>
```

```html
<title>Tabellen aufteilen</title>
<body>
<p><h2>Aufgeteilte Tabelle</h2></p>
<table border="1"  rules="groups">
<thead>
<tr>
   <td><b>Material 1</b><td><b>Material 2</b></td>
   <td><b>Material 3</b></td>
</tr>
</thead>
<tbody>
<tr>
   <td>Eisen<td>Watte<td>&Ouml;l</td>
</tr><tr>
   <td>Steine<td>Stoff<td>Wasser</td>
</tr><tr>
   <td>Keramik<td>Fell<td>Milch</td>
   </tr>
</tbody>
<tfoot>
<td><i>Hart</i><td><i>Weich</i><td><i>Fl&uuml;ssig</i></td>
</tfoot>
</table>
</body>
</html>
```

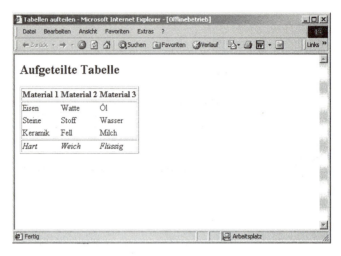

Abbildung 4.8: Eine Tabelle mit Tabellenkopf, -körper und -fuß

Tabellenbeschriftungen

Allein mit dem Darstellen der Tabelleninhalte ist es nicht immer getan. Oft benötigen Sie noch zusätzlich die Möglichkeit die Tabelle mit einer Überschrift oder Unterschrift zu versehen oder den Tabellenkopf besonders hervorzuheben. Zum Hinzufügen einer Unter- oder Überschrift können Sie das Tag <caption></caption> anwenden. Das Tag kann innerhalb von <table></table> frei platziert werden, hier wird Ihnen nichts vorgeschrieben. Mit dem zusätzlichen Attribut align können Sie die Tabellenbeschriftung frei ausrichten. Hier sind die Einstellungen top (oben), left (links), right (rechts) und bottom (unten) möglich.

Um den Tabellenkopf hervorzuheben verwenden Sie bei der Definition des Zelleninhalts statt des Tags <td></td> das Tag <th></th>. Damit wird der Zelleninhalt fett dargestellt und ist somit als Tabellenkopf besser erkennbar. Die so formatierten Zelleninhalte werden stets zentriert ausgerichtet. Näheres dazu erfahren Sie im Abschnitt *Arbeiten mit Zelleninhalten*.

Beispiel:

Das Beispiel enthält einen mit <th></th> hervorgehobenen Tabellenkopf sowie eine Tabellenunterschrift. Die Tabellenunterschrift wurde hier zwar am Ende der Tabelle definiert, doch dies erfolgte lediglich aus logischen Gründen. Sie können die Unterschrift genauso gut in der Mitte der Tabelle oder an deren Anfang definieren.

Das Beispiel ist auf der CD zum Buch enthalten.

```
<!DOCTYPE html PUBLIC "-//W3C//DTD XHTML 1.0
 Strict//EN" "DTD/xhtml1-strict.dtd">
<html xmlns="http://www.w3.org/TR/xhtml1">
<head>
<title>Tabellenbeschriftung </title>
</head>
<body>
<p><h2>Beschriftete Tabelle</h2></p>
<table border="1">
    <tr>
      <th>Holzarten</th>
      <th>Preis</th>
    </tr>
    <tr>
      <td>Pinie</td>
      <td>55 DM</td>
    </tr>
    <tr>
```

```
    <td>Ahorn</td>
    <td>64 DM</td>
  </tr>
  <caption align="bottom">Holzangebote</caption>
</table>
</body>
</html>
```

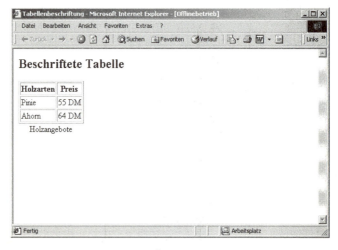

Abbildung 4.9: Eine Tabelle mit Über- und Unterschrift

Tabellen verschachteln

Gerade beim Darstellen von Datenstrukturen benötigen Sie Elemente um die darzustellenden Daten aufzunehmen. Umso komplexer und tiefer die Struktur der darzustellenden Datensätze ist, als desto schwieriger erweist sich deren übersichtliche Darstellung. Wenn Sie bei der

| Kapitel 4 | Arbeiten mit Tabellen |

Aufteilung einer Tabelle an Ihre Grenzen stoßen, dann verwenden Sie doch einfach eine Tabelle in einer Tabelle! In dem Fall spricht man von einer verschachtelten Tabelle. Dabei wird einfach eine Tabelle als Inhalt einer anderen, der übergeordneten Tabelle, eingefügt.

Beispiel:

In dem Beispiel sehen Sie die Anzeige des typischen Warenkorbes eines Webshops. Die verschachtelte Tabelle wurde in der zweiten Spalte der unteren Zeile untergebracht. Wenn Sie nun die Anzeige der Tabellenrahmen ausschalten, dann ist dieser Trick nicht mehr sichtbar.

Das Beispiel ist auf der CD zum Buch enthalten.

```
<!DOCTYPE html PUBLIC "-//W3C//DTD XHTML 1.0
 Strict//EN" "DTD/xhtml1-strict.dtd">
<html xmlns="http://www.w3.org/TR/xhtml1">
<head>
<title>Tabellen verschachteln</title>
</head>
<body>
<p><h2>Ihr Warenkorb:</h2></p>
   <table border="1">
   <tr><td> Artikelnummer </td>
       <td>Anzahl/Preis</td>
     </tr>
   <tr><td>3GR-44FT</td>
       <td><table border="1">
           <tr><td>1</td><td>15,35 DM</td></tr>
           </table>
         </td></tr>
```

```
    </table>
  </body>
</html>
```

Abbildung 4.10: Verschachtelte Tabellen

Mit Tabellen Seiten aufteilen

Denken Sie doch einmal an eine Tabelle, die neben Textelementen auch Grafiken und Verweise enthält. Und jetzt stellen Sie sich diese Tabelle noch etwas größer vor – ungefähr so groß wie eine gesamte Webseite. Dabei wird Ihnen auffallen, dass sich die in der Tabelle enthaltenen Elemente ähnlich wie in eigenen Bereichen bearbeiten und gliedern lassen. Die logische Schlussfolgerung daraus ist die, dass man genauso gut mit Tabellen ganze Webseiten gestalten kann. Der Vorteil liegt hier in der einfachen Anordnung der Seitenelemente und der vereinfachten Wartung der Seite. Gerade wenn Sie auf dieser Seite im Nachhinein Aktualisierungen vornehmen müssen, wie z.B. Bilder gegen aktuelleres

Material austauschen, dann werden Sie dies zu schätzen wissen. Diese Tabellen, auch *blinde Tabellen* genannt, finden Sie auf zahllosen Webseiten. Zu den bekanntesten Seiten dieser Art dürften wohl die Seiten von Microsoft gehören. Hier finden Sie ein mit Hilfe von blinden Tabellen professionell gestaltetes Layout vor.

Um das Vorhandensein solcher Tabellen zu prüfen, können Sie während der Anzeige einer Webseite in der Menüleiste die Option *Ansicht / Quelltext anzeigen* wählen. Damit erfolgt die Anzeige des Quelltextes der Seite in einem separaten Fenster.

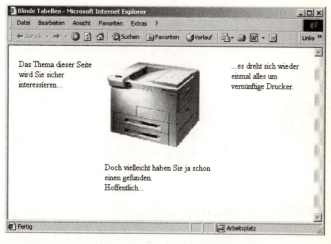

Abbildung 4.11: Eine mit blinden Tabellen gestaltete Seite

Um eine Seite mit Hilfe einer Tabelle zu gestalten, benötigen Sie auf alle Fälle ein Konzept. Dazu legen Sie zuerst eine Skizze mit Ihren Vorstellungen über den zukünftigen Seitenaufbau an. Anschließend unterteilen Sie die skizzierte Seite in horizontale und vertikale Bereiche – und fertig ist die Struktur der zukünftigen Tabelle. Nun legen Sie in dem Webdokument diese Tabelle an und fügen die Seiteninhalte ein. Am Schluss entfernen Sie die Anzeige des Tabellenrahmens. Im Prinzip ist diese Vorgehensweise nicht schwer und erweist sich letztendlich als sehr effektiv.

Falls bei Tabellen keine feste Größe definiert wurde, haben sie den Nachteil, dass die Seiteninhalte erst nach dem vollständigen Laden der Tabelle an ihrem korrekten Platz angezeigt werden.

In der Einführung zu diesem Abschnitt sehen Sie eine Abbildung mit einer so gestalteten Seite. Nachfolgend sehen Sie den Code dieser Seite und anschließend die gleiche Seite noch einmal, nur diesmal mit dem sichtbaren Tabellenrand.

Beispiel:

Die Tabelle gliedert die Seite in drei Textbereiche und einen Bereich mit einer Grafik. Dabei ist jeder einzelne Bereich in einer eigenen Zelle untergebracht. Hier wurde auf eine feste Größenangabe der Tabelle verzichtet, sodass sich die Seitenaufteilung stets an der zur Verfügung stehenden Fenstergröße orientiert.

Das Beispiel ist auf der CD zum Buch enthalten.

```
<!DOCTYPE html PUBLIC "-//W3C//DTD XHTML 1.0
 Strict//EN" "DTD/xhtml1-strict.dtd">
<html xmlns="http://www.w3.org/TR/xhtml1">
<head>
<title>Blinde Tabellen</title>
</head>
<body>
<table cellpadding=8>
   <tr valign="top">
      <td>Das Thema dieser Seite wird Sie sicher
         interessieren...</td>
```

```html
            <td><img src="printer_01.gif" height=174
             width=200></td>
            <td>...es dreht sich wieder einmal alles um
                vernünftige Drucker.</td>
        </tr>
        <tr>
            <td></td>
            <td>Doch vielleicht haben Sie ja schon einen
                gefunden.<br>Hoffentlich...</td>
        </tr>
    </table>
</body>
</html>
```

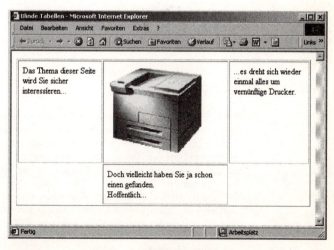

Abbildung 4.12: Diesmal ist der Rand der Tabelle noch zu sehen

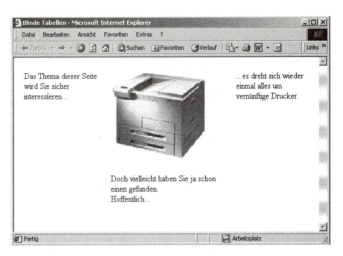

Abbildung 4.13: Nun ist der Rand der Tabelle nicht mehr zu sehen

Arbeiten mit Zellen

Zelleninhalte anordnen

Prinzipiell wird bei der Anordnung von Zelleninhalten zwischen *Tabellenkopf* und *Tabellendaten* unterschieden. Im ersten Fall, also bei dem Tabellenkopf, erfolgt die Anordnung des Inhalts zentriert, während die Ausrichtung bei den Tabellendaten linksseitig erfolgt. Diese standardmäßige Anordnung ist an die Deklaration der einzelnen Tabellenbereiche mit den Tags <td></td> (Tabellendaten) und <th></th> (Tabellenkopf) gebunden. Um nun eine andere Anordnung des Zelleninhalts zu erreichen, können Sie in Verbindung mit den Tags <td></td> oder <th></th> das Attribut align einsetzen. Diese Anweisung ist auf die bezeichnete Zelle beschränkt und muss demnach bei Bedarf jedesmal aufgeführt werden.

Beispiel:

In der Tabelle ist die unterschiedliche Ausrichtung der Zelleninhalte gut zu erkennen. Hier wurde eine zusätzliche Ausrichtung der Tabelleninhalte vorgenommen, sodass zusammen mit der im Zelleninhalt angegebenen Beschreibung die unterschiedliche Ausrichtung in den beiden Tabellenbereichen besser erkennbar ist.

Das Beispiel ist auf der CD zum Buch enthalten.

```
<!DOCTYPE html PUBLIC "-//W3C//DTD XHTML 1.0
 Strict//EN" "DTD/xhtml1-strict.dtd">
<html xmlns="http://www.w3.org/TR/xhtml1">
<head>
<title>Zelleninhalte anordnen</title>
</head>
<body>
<table border="1" width="500">
   <tr>
       <th align="left">links ausgerichtet</th>
       <th>standard</th>
       <th align="right">rechts ausgerichtet</th>
   </tr>
   <tr>
       <td>standard</td>
       <td align="center">zentriert ausgerichtet</td>
       <td align="right">rechts ausgerichtet</td>
   </tr>
</table>
```

Handschriftliche Notiz: `<th>` ohne Angabe zentriert

```
</body>

</html>
```

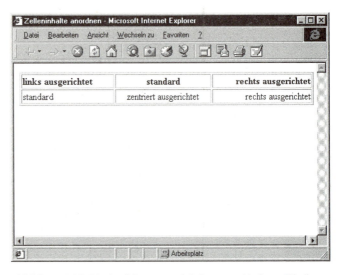

Abbildung 4.14: Die Ausrichtung von Inhalten verschiedener Tabellenbereiche

Die Ausrichtung von Zelleninhalten in vertikaler Richtung erfolgt mit dem Attribut valign und ebenfalls in Zusammenhang mit den Tags <th></th> oder <td></td>. Diese Wirkung wird natürlich erst in dem Moment sichtbar, wenn mindestens eine Zelle mehrere Zeilen Text oder ein größeres Schriftformat enthält als die übrigen Zellen. Insofern dürfte dieser Anwendungsfall weniger häufig auftreten. Die folgenden Codezeilen zeigen die Anweisungen zur Ausrichtung des Zelleninhalts am oberen Rand der Zelle (valign=»top«) und am unteren Rand der Zelle (valign=»bottom«).

Syntax:

```
<td valign="top">...</td>

<td valign="bottom">...</td>
```

Die eben genannten Regeln gelten übrigens auch für die gesamte Tabelle. Standardmäßig erfolgt die Anordnung einer Tabelle nach ihrer Definition am linken Rand der Webseite. Ein anschließend angegebener Text folgt normalerweise nach der Tabelle, also unterhalb. So wie Sie das Attribut align auf den Inhalt einer Zelle anwenden, können Sie dies auch auf die gesamte Tabelle anwenden. Damit wird diese entsprechend platziert und nachfolgender Text an der freien Seite der Tabelle angezeigt. Wenn dieser Text dann die Seitenkante der Tabelle voll ausfüllt, wird er automatisch links in der nächsten Zeile unter der Tabelle weitergeführt.

Beim Anwenden dieser Technik ist es allerdings besser, zum Festlegen der Tabellenbreite mit dem Attribut width prozentuale Angaben zu verwenden, da ja die Aufteilung des umfließenden Textes ebenfalls von den jeweiligen Bildschirmverhältnissen abhängig ist.

Beispiel:

Hier sehen Sie die horizontale Ausrichtung der Tabelle. Der nächste Textabschnitt schließt dabei direkt an den Tabellenrand an.

Das Beispiel ist auf der CD zum Buch enthalten.

```
<!DOCTYPE html PUBLIC "-//W3C//DTD XHTML 1.0
 Strict//EN" "DTD/xhtml1-strict.dtd">
<html xmlns="http://www.w3.org/TR/xhtml1">
<head>
<title>Tabellen anordnen</title>
</head>
<body>
  <p><h2>Tabellen anordnen</h2></p>
  <table width="50%" align="right" border="1">
    <tr>
```

```
        <th>Siemens</th>
        <th>Nokia</th>
    </tr>
            <tr>
        <td>C25</td>
        <td>4713</td>
    </tr>
  </table>
Hier pr&auml;sentieren wir Ihnen unser aktuelles
Angebot an neuen Handys ohne Kartenvertrag.
</body>
</html>
```

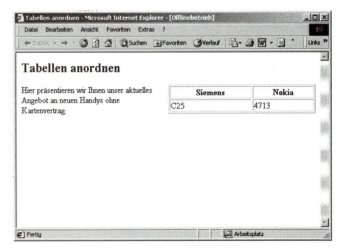

Abbildung 4.15: Mit Text kombinierte Tabellen können Sie beliebig ausrichten

Tabellen farbig gestalten

Um eine Tabelle wirkungsvoll vom Hintergrund einer Webseite abzuheben oder um mit ihr das Gesamtbild der Seite zu gestalten, können Sie die gesamte Tabelle farbig darstellen. Dazu erfolgt in der Definition des Tags <table></table> die zusätzliche Verwendung des Attributs bgcolor, welchem ein hexadezimaler Zahlenwert übergeben wird, der die gewünschte Farbe bezeichnet.

Syntax:

```
<table border="1" bgcolor="#ffff00">
....
</table>
```

Zellen und Rahmen farbig gestalten

Vielleicht legen Sie überhaupt keinen Wert darauf, eine ganze Tabelle mit Hilfe einer durchgehenden Färbung in den Vordergrund zu rücken, sondern wollen das Augenmerk lieber auf bestimmte Zelleninhalte lenken? Dazu verzichten Sie auf eine Hintergrundfarbe für die gesamte Tabelle und setzen das Attribut bgcolor gemeinsam mit den Tags <tr></tr> oder <td></td> ein. Diese Einstellung ist dann nur innerhalb der jeweiligen Spalte oder Zeile gültig und hat keinerlei Auswirkung auf die anderen Bereiche der Tabelle.

Beispiel:

In der XHTML-Datei befinden sich zwei Tabellen. Die obere Tabelle wurde mit verschiedenen Farbeinstellungen für einzelne Zellen versehen. Um die Einstellung der einzelnen Zellenfarben zu verdeutlichen, wird die Farbeinstellung jeder Zelle im Zelleninhalt angezeigt. Die untere Tabelle erhielt über das Attribut bordercolor einen farbigen Tabellenrand.

Das Beispiel ist auf der CD zum Buch enthalten.

```
<!DOCTYPE html PUBLIC "-//W3C//DTD XHTML 1.0
 Strict//EN" "DTD/xhtml1-strict.dtd">
<html xmlns="http://www.w3.org/TR/xhtml1">
<head>
<title>Zellen farbig gestalten</title>
</head>
<body>
<p><h2> Zellen farbig gestalten </h2></p>
<table border="1">
    <tr bgcolor="#ff8000">
      <th>bgcolor="#ff8000"</th>
      <th>bgcolor="#ff8000"</th>
    </tr>
    <tr>
      <td bgcolor="#ffffff"> bgcolor="#ffffffF"</td>
      <td bgcolor="#c0c0c0"> bgcolor="#c0c0c0"</td>
    </tr>
</table><br>
<table border="1" bordercolor="#800000">
    <tr>
      <th>bordercolor="#80000"</th>
      <th>bordercolor="#80000"</th>
    </tr>
    <tr>
      <td>bordercolor="#80000"</td>
      <td>bordercolor="#80000"</td>
    </tr>
```

```
</table>
</body>
</html>
```

Neben dem individuellen Einstellen der Farbe einer Zelle ist auch eine farbige Gestaltung des Tabellenrahmens möglich. Dazu verwenden Sie zusammen mit dem Tag <table> das Attribut bordercolor. Damit erfolgt die Färbung des Tabellenrahmens in der angegebenen Farbe.

Syntax:

```
<table border="1" bordercolor="#800000">
```

Wem die damit verbundene gleichmäßige Färbung des gesamten Tabellenrahmens nicht zusagt, kann dem Rahmen auch zwei verschiedene Farben zuweisen. Mit den gemeinsam eingesetzten Attributen bordercolordark und bordercolorlight erzeugen Sie eine dunkle und eine helle Rahmenlinie. Damit entsteht ein Rahmen mit einem schattierten Effekt.

Syntax:

```
<table border="1" bordercolordark="#004000">
   bordercolorlight="#008040">
```

...

```
</table>
```

Attribute	Beschreibung
bgcolor="..."	Bestimmt die Hintergrundfarbe einer Tabelle oder Zelle
bordercolor="..."	Bestimmt die Farbe des Tabellenrands
bordercolorlight="..."	Farbangabe für einen zweifarbigen Tabellenrand
bordercolordark="..."	Farbangabe für einen zweifarbigen Tabellenrand

Tabelle 4.8: Die Attribute zum farbigen Gestalten von Tabellen

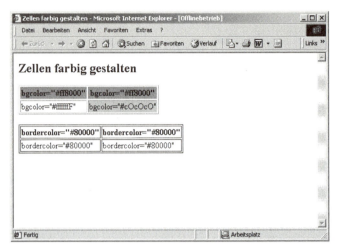

Abbildung 4.16: Sie können auch einzelne Zellen und den Rahmen mit Farben versehen

Grafiken und Verweise als Zelleninhalt

So wie Sie Textabschnitte als Zelleninhalt verwenden, können Sie auch andere Stilelemente in Tabellen einbinden. Das können auch Grafiken oder Verweise sein. Das einzubindende Stilelement wird dabei genau so bei seiner Definition innerhalb einer Webseite eingebunden – nur eben innerhalb des Tags der entsprechenden Zelle. Bei Grafiken und Verweisen behalten die sonst angewendeten Regeln für Pfadangaben ebenfalls ihre Gültigkeit – somit ergeben sich keine Änderungen gegenüber der sonstigen Arbeitsweise.

> Grafiken und Verweise lassen sich in Tabellen, darüber hinaus übrigens innerhalb der Tabelle, wie auch andere Zelleninhalte mit dem Attribut align ausrichten.

Kapitel 4 — Arbeiten mit Tabellen

Beispiel:

Die Tabelle der folgenden Beispielseite enthält zwei Zellen, in denen eine Grafik und ein Verweis dargestellt werden. Der Verweis ist voll funktionsfähig und leitet den Besucher auf die Webseite eines Hardwareherstellers um.

> Das Beispiel ist auf der CD zum Buch enthalten.

```
<!DOCTYPE html PUBLIC "-//W3C//DTD XHTML 1.0
 Strict//EN" "DTD/xhtml1-strict.dtd">
<html xmlns="http://www.w3.org/TR/xhtml1">
<head>
<title>Elemente einbinden</title>
</head>
<body>
<p><h2>Elemente in Tabellen</h2></p>
    <table border="1">
    <tr>
       <td><img src="printer_01.gif"></td>
    </tr>
    <tr>
       <th>
       <a href="http://www.hewlett-packard.de">
       Hewlett Packard</a>
       </th>
    </tr>
    </table>
</body>
</html>
```

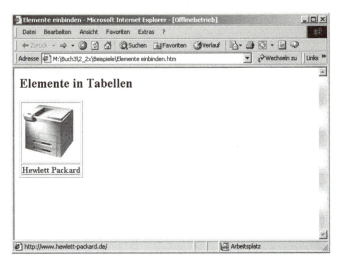

Abbildung 4.17: Eine Tabelle mit eingefügter Grafik

Mit einer Tabelle erhalten Sie einen gleichmäßigen Rahmen um eine Grafik und können in eine weitere Zeile eine Beschreibung mit einbeziehen. Damit erreichen Sie bei der Darstellung mehrerer Grafiken als Vorschau einen interessanten Präsentationseffekt.

KAPITEL

Arbeiten mit Listen

Im vorhergehenden Kapitel haben Sie gelernt, Dokumenteninhalte mit Tabellen anzuordnen und in übersichtlicher Form zu präsentieren. Eine weitere Form der Darstellung von Dokumenteninhalten stellt die Liste dar. In XHTML stehen Ihnen verschiedene Listentypen zur Verfügung, deren Beschreibung Sie in diesem Kapitel finden.

Arbeiten mit Listen

Aufbau einer Liste

Prinzipiell besteht eine *Liste* aus zwei Teilen – dem *Listenkopf* und dem *Listenkörper*. Dabei enthält der Listenkopf die Definition der Listenart. Es existieren mehrere unterschiedliche Arten – Sie können zwischen der Darstellung von Aufzählungszeichen, Zahlen oder Buchstaben wählen. Der Listenkörper enthält dann die Elemente der Liste, also die Listenzeichen und den eigentlichen Inhalt der Liste.

Aufzählungslisten

Bei einer *Aufzählungsliste* werden als Listenzeichen so genannte *Aufzählungszeichen* verwendet. Hier können Sie zwischen Kreisen, Rechtecken oder Punkten wählen. Die Definition einer Aufzählungsliste erfolgt mit dem Tag <ul></ul>. Anschließend geben Sie mit dem Attribut type den gewünschten Typ von Aufzählungszeichen an.

> Die Aufzählungszeichen werden nicht in allen Browsern gleich dargestellt, doch die prinzipielle Funktion bereitet den Browsern keine Schwierigkeiten.

Innerhalb des Listenkörpers erfolgt die Definition der Listeninhalte innerhalb des Tags <li></li>. Hier reicht es, wenn Sie einfach den anzuzeigenden Text angeben. Um die Zuordnung der Listenzeichen brauchen Sie sich nicht zu kümmern, dies wird von dem Browser automatisch erledigt.

Beispiel:

In dem folgenden Beispiel wird eine Aufzählungsliste mit drei Einträgen erstellt. Als Listenzeichen findet hier ein Kreis Verwendung.

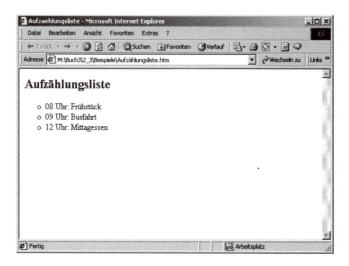

Abbildung 5.1: Eine Aufzählungsliste mit Kreiszeichen

Das Beispiel ist auf der CD zum Buch enthalten.

```
<!DOCTYPE html PUBLIC "-//W3C//DTD XHTML 1.0
 Strict//EN" "DTD/xhtml1-strict.dtd">
<html xmlns="http://www.w3.org/TR/xhtml1">
<head>
<title>Aufzaehlungsliste</title>
</head>
<body>
<p><h2>Aufz&auml;hlungsliste</h2></p>
<ul type="circle">
   <li>08 Uhr: Fr&uuml;hst&uuml;ck</li>
```

```
    <li>09 Uhr: Busfahrt</li>
    <li>12 Uhr: Mittagessen</li>
</ul>
</body>
</html>
```

Definitionslisten

Die *Definitionsliste* ist ein Element, das es sozusagen in sich hat. Bei dieser Listenart kann jeder Listeneintrag aus zwei Teilen bestehen – dem eigentlichen Listeneintrag und einem diesem Eintrag untergeordneten Eintrag. Dabei kann der untergeordnete Eintrag z.B. als Erläuterung für den übergeordneten Eintrag verwendet werden. Als Anwendungsbeispiel ist ein Stichwortverzeichnis vorstellbar.

Die Definition einer Definitionsliste erfolgt mit dem Tag <dl></dl>. Die Definition der Listeneinträge erfolgt mit dem Tag <dt></dt> für die Listeneinträge und mit dem Tag <dd></dd> für die untergeordneten Listeneinträge..

Tag	Beschreibung
<dl></dl>	Eröffnet eine Definitionsliste
<dt></dt>	Erstellt einen Listeneintrag
<dd></dd>	Erläuterung zu einem Listeneintrag

Tabelle 5.1: Die Tags zum Erstellen einer Definitionsliste

Beispiel:

Um die praktische Anwendung der eben aufgeführten Tags zu verdeutlichen, sehen Sie jetzt den Quellcode zur Erstellung einer Definitionsliste. Der eigentliche Listeneintrag wird mit dem Tag <dt></dt> dargestellt, während die Erläuterung zu diesem Eintrag unter dem Tag

<dd></dd> vorgenommen wird. In diesem Beispiel enthält der Listeneintrag ein Stichwort, während der untergeordnete Listeneintrag die zu dem Stichwort gehörende Seite eines Katalogs oder Buchs enthält.

Das Beispiel ist auf der CD zum Buch enthalten.

```
<!DOCTYPE html PUBLIC "-//W3C//DTD XHTML 1.0
 Strict//EN" "DTD/xhtml1-strict.dtd">
<html xmlns="http://www.w3.org/TR/xhtml1">
<head>
<title>Definitionsliste</title>
</head>
<body>
<p><h2>Seiten&uuml;bersicht</h2></p>
<dl>
<dt>Tabellen</dt>
   <dd>Seite 33-45</dd>
<dt>Listen</dt>
   <dd>Seite 52-54</dd>
<dt>Formulare</dt>
   <dd>Seite 68-82</dd>
</dl>
</body>
</html>
```

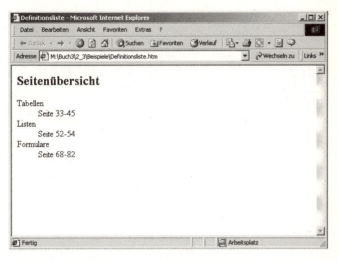

Abbildung 5.2: Damit erstellen Sie Übersichten und Indexe

Nummerierte Listen

Die gebräuchlichste Form von Listen stellen *nummerierte Listen* dar. Nummerierte Listen verwenden statt Aufzählungszeichen eine alphabetische oder numerische Nummerierung der Listeneinträge. Die Definition einer nummerierten Liste erfolgt mit dem Tag <ol></ol>. Die Definition jedes Listeneintrags erfolgt mit dem Tag <li></li>. Wenn Sie keine weiteren Einstellungen vornehmen, dann wird jedem Listeneintrag automatisch eine fortlaufende Nummerierung, beginnend mit der Nummer 1, vorangestellt.

Alternativ dazu können Sie auch eine andere Art der Nummerierung verwenden. Dazu geben Sie das zusätzliche Attribut type an, mit dem, statt einer numerischen Aufzählung, auch eine alphabetische oder römisch-numerische Aufzählung eingestellt werden kann.

Beispiel:

```
<ol type="A">
```

Attribut/Werte	Beschreibung
type="A"	Alphanumerischer Zähler A,B,C...
type="a"	Alphanumerischer Zähler a,b,c...
type="I"	Römische Nummerierung I,II,III,IV...
type="i"	Römische Nummerierung i,ii,iii.iv...

Tabelle 5.2: Einstellungen für das Attribut type

Beispiel:

In dem folgenden Beispiel wurde eine nummerierte Liste erstellt, die eine alphabetische Aufzählung verwendet.

> Das Beispiel ist auf der CD zum Buch enthalten.

```
<!DOCTYPE html PUBLIC "-//W3C//DTD XHTML 1.0
 Strict//EN" "DTD/xhtml1-strict.dtd">
<html xmlns="http://www.w3.org/TR/xhtml1">
<head>
<title>Nummerierte Liste</title>
</head>
<body>
    <p><h2>Veranstaltungsplan</h2></p>
    <ol type="A">
       <li>Vorgespr&auml;ch</li>
       <li>Diskussion</li>
```

```
        <li>Verabschiedung</li>
    </ol>
</body>
</html>
```

In diesem Beispiel beginnt die Nummerierung mit dem Wert 1. Mit der Verwendung des Attributs start in der Eröffnung des Listen-Tags, sind Sie in der Lage, einen Startwert festzulegen, ab dem die fortlaufende Nummerierung beginnt. Im folgenden Beispiel erfolgt die Nummerierung ab dem Wert 7.

Beispiel:

```
<ol start="7">
```

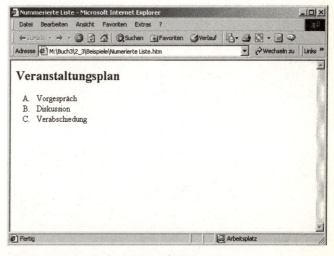

Abbildung 5.3: Eine alphabetisch sortierte Liste

Verschachtelte Listen

Das Arbeiten mit Definitionslisten bietet zwar viele Möglichkeiten, doch leider ist dabei nur der Einsatz eines einheitlichen Listenzeichens möglich. Um dieses Problem zu umgehen, können Sie auch Listen ineinander verschachteln. Dabei wird eine eigenständige Liste innerhalb eines Listeneintrages einer anderen Liste angelegt. In dieser inneren Liste können Sie dann ein neues Listenzeichen verwenden. Bei dieser Technik spricht man auch von *verschachtelten Listen*.

Beispiel:

Als Hauptliste wurde hier eine nummerierte Liste gewählt. Innerhalb des zweiten Listeneintrages wurde dann eine weitere Aufzählungsliste eingefügt, die eine alphanumerische Aufzählung verwendet.

Das Beispiel ist auf der CD zum Buch enthalten.

```
<!DOCTYPE html PUBLIC "-//W3C//DTD XHTML 1.0
 Strict//EN" "DTD/xhtml1-strict.dtd">
<html xmlns="http://www.w3.org/TR/xhtml1">
<head>
<title>Verschachtelte Liste</title>
</head>
<body>
<p><h2>Unser Angebot an Jahreswagen</h2></p>
    <ol>
    <li><b>Alpha Romeo</b></li>
    <li><b>BMW</b></li>
            <ul type="square">
            <li>316i</li>
            <li>318i</li>
```

| Kapitel 5 | Arbeiten mit Listen |

```
            <li>320i</li>
        </ul>
    <li><b>Ford</b></ul>
    </ol>
</body>
</html>
```

Bei der Darstellung umfangreicher Datenbestände mit dieser Technik ist es überlegenswert, ob die Ausgabe der Listen nicht mit einer Skriptsprache wie z.B. ASP realisiert werden sollte. In diesem Buch finden Sie ein Kapitel, welches sich mit dem Auslesen und Darstellen von Daten aus einer Datenbank befasst.

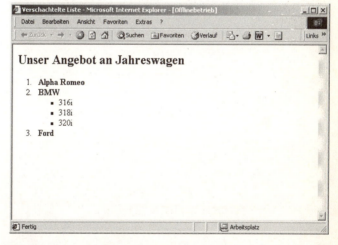

Abbildung 5.4: Eine verschachtelte Liste

Tag/Attribute	Beschreibung
`<ol></ol>`	Leitet eine nummerierte Liste ein
`<ul></ul>`	Leitet eine Aufzählungsliste ein
`<li></li>`	Erstellt einen Listeneintrag
`type="(circle | disc | square)"`	Definiert das Aufzählungszeichen
`start="..."`	Definiert den Startwert der Aufzählung
`compact`	Erzeugt eine kompakte Darstellung der Liste

Tabelle 5.3: Tags zum Erstellen von Listen

KAPITEL 6

Verweise (Hyperlinks)

Verweise sind sozusagen das A und O einer jeden Webseite. Erst die Möglichkeit, Verweise zu definieren, hat das Internet mit seinen heutigen Dimensionen Wirklichkeit werden lassen. Durch sie wird es erst möglich, ein komplexes Projekt übersichtlich darzustellen und den Besucher der Webseiten durch ein Thema zu führen.

Verweise (Hyperlinks)

Definieren eines Verweises

Doch was ist denn ein *Verweis* nun wirklich? Mit einem Verweis verknüpfen Sie ein Element einer XHTML-Seite (z.B. eine Textpassage oder eine Grafik) mit einem Ziel im Internet (z.B. einem Zieldokument oder einem anderen Abschnitt innerhalb des aktuellen Dokuments). Der als Verweis verwendete Textabschnitt wird oft auch als *Sprungmarke* und das Ziel als *Sprungziel* bezeichnet. Um den entsprechenden Textabschnitt als solchen kenntlich zu machen, wird er automatisch farbig hervorgehoben und unterstrichen, außerdem verändert sich der Mauszeiger beim Überfahren der Textstelle.

Alle Verweise haben prinzipiell den gleichen Aufbau. Dabei ist es erst einmal unerheblich, wohin der Verweis den Benutzer führen soll. Zum Eröffnen eines Verweises benutzen Sie den so genannten *Anker-Tag*, mit dem der Verweis auch wieder geschlossen werden muss. Der Befehl enthält zwei wesentliche Bestandteile: den Namen des Sprungziels und den Text, der den Benutzer darauf aufmerksam machen soll.

Beispiel:

```
<a href="Ziel">Verweistext</a>

<a href="neueSeite.htm">bitte klicken Sie hier</a>
```

Mit der Angabe des Ziels wird eine Zeichenkette erwartet, die entweder auf eine Datei oder eine Sprungmarke verweist. Die Angabe der Zeichenkette muss mit Anführungszeichen erfolgen.

Der Verweis kann entweder ein frei stehender Textabschnitt oder ein Bestandteil eines Textabschnitts sein. Um dem Benutzer Ihrer Seite die Arbeit mit dem Dokument zu erleichtern, sollten Sie den Text eines Verweises in Zusammenhang mit der entsprechenden Thematik bringen. Wenn also z.B. in einem Dokument mit dem Thema Dachausbau ein Verweis zu einer Seite mit dem Thema Wärmeschutz führen soll, dann würde sich eine Textpassage, welche das Wort *Dämmung* enthält, für einen sinnvollen Verweis eignen.

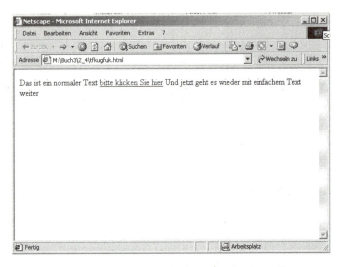

Abbildung 6.1: Ein Verweis mitten in einer normalen Textstelle

Die Server einiger Provider unterstützen keine langen Dateinamen. Wenn Ihr Provider dazu gehört und Sie das nicht beachten, werden die Verweise zu Ihren eigenen Webseiten nie funktionieren. Sie sollten sich also vor dem Anlegen eines Projekts bei Ihrem Provider erkundigen.

Verweise innerhalb einer Datei

Verweise können auf eine andere Seite innerhalb des WWW verweisen oder auf einen Abschnitt innerhalb der aktuellen Seite. Auf fast jeder Webseite haben Sie die Möglichkeit, zu verschiedenen Bereichen der Seite und oft auch vom Ende der Seite zurück an ihren Anfang zu springen. Dabei ist es unerheblich, an welcher Stelle der Webseite ein Verweis eingerichtet wird. Ein solcher Verweis benötigt außer einer Sprungmarke auch ein Sprungziel.

Setzen der Sprungmarke

Das Setzen der Sprungmarke erfolgt mit der eben beschriebenen Standardsyntax eines Verweises. Dabei ist es ohne Bedeutung, welche Stellung der Text, der auf den Verweis hinweist, im Dokument einnimmt. Hier kann es sich um einen frei stehenden Text, eine Textpassage, eine Überschrift, eine Tabellenunterschrift oder auch eine Grafik handeln.

Beispiel:

```
<a href="#ende">Hier geht es zum Ende des Textes</a>
```

Setzen des Sprungziels (Anker)

Um nun zu dem eben definierten Sprungziel zu gelangen, müssen Sie diese Stelle des Dokuments mit einem so genannten *Anker* markieren. Im Gegensatz zu der Sprungmarke ist hier die Angabe eines sichtbaren Textes nicht notwendig. Der Anker ist für den Benutzer unsichtbar, sein Name erscheint allerdings beim Überfahren des Verweises mit dem Mauszeiger in der Statusleiste. Mit dem Anklicken der Sprungmarke zeigt der Browser den Zielabschnitt des Dokuments an.

Beispiel:

```
<a name="ende"></a>
```

Verweise innerhalb des WWW

Verweise zu anderen Seiten innerhalb des WWW haben Sie sicher schon oft bemerkt. Viele Webseiten enthalten einen Bereich, in dem auf weitere interessante Seiten zu einem bestimmten oder weiterführenden Thema verwiesen wird. Eine große Sammlung von Verweisen zu anderen Seiten wertet das Thema einer Webseite weder auf, noch macht es die Seite interessanter. Diese Art von Verweisen sollten lediglich als Ergänzung verwendet werden.

Bei dieser Art von Verweisen ist die Angabe der vollständigen URL der Zielseite erforderlich. In dem folgenden Beispiel sehen Sie lediglich die

Adresse eines Servers. In diesem Fall erfolgt auf dem Server die automatische Weiterleitung an eine Default-Seite, die Angabe eines Dateinamens ist somit nicht erforderlich.

Beispiel:

```
<a href="http://www.web.de">Zur Suchmaschine</a>
```

Wenn Sie einen Verweis zu einer Datei innerhalb Ihres Projekts einrichten und diese sich im gleichen Verzeichnis befindet, dann ist lediglich die Angabe des Dateinamens erforderlich.

Beispiel:

```
<a href="seite2.htm">nächste Seite</a>
```

Falls der Leser zu einem bestimmten Bereich dieser Seite geführt werden soll, definieren Sie dort einfach einen Anker. Diesen Anker brauchen Sie dann nur noch in dem Verweis direkt hinter dem Seitennamen anzugeben. In diesem Beispiel soll der entsprechende Abschnitt *Absatz3* heißen.

Beispiel:

```
<a href="seite2.htm#Absatz3">nächste Seite</a>
```

Download-Verweise

Der Verweis auf eine Datei zum Downloaden unterscheidet sich nicht von Verweisen zu anderen HTML-Dateien. Wenn der Browser die entsprechende Datei nicht öffnen kann (z.B. ZIP-Dateien), dann bietet er Ihnen in einem Dialogfeld an, diese Datei zu laden (Downloaden) und auf dem lokalen Rechner zu speichern. Nach dem Beenden des Vorgangs finden Sie diese Datei in dem zu diesem Zweck bei der Installation des Browsers eingerichteten Verzeichnis.

Beispiel:

```
<a href="archiv.zip">Projekt downloaden</a>
```

Abbildung 6.2: Mit diesem Dialogfeld entscheiden Sie über die nächste Aktion

Verweise zu FTP, Gopher, Telnet, Newsgroups

Selbstverständlich können Sie auch eine direkte FTP-Verbindung aufbauen, was aber die Unterstützung von FTP durch den entsprechenden Browser voraussetzt.

Beispiel:

```
<a href="ftp://ftp.microsoft.de/">Microsoft</a>
```

Wer sich mit Internet-Diensten wie etwa Gopher beschäftigt, der kann auch einen Verweis auf eine Gopher-Adresse einrichten. Die Syntax ist auch hier prinzipiell die gleiche wie bei einer FTP-Adresse, nur das diesmal ein Bezug zu diesem Dienst angegeben wird.

Beispiel:

```
<a href="gopher://....>Verweis zu Gopher</a>
```

Auch Verweise zu Telnet sind möglich, doch auch dabei ist es erforderlich, dass der Browser den Dienst unterstützt.

Beispiel:

```
<a href="telnet://....>Verweis zu Telnet</a>
```

Wenn Ihr Browser einen Newsreader enthält oder bei Bedarf ein solches Programm automatisch startet, dann können Sie auch einen Verweis zu einer Newsgroup einrichten.

Beispiel:

```
<a href="news://....>Verweis zu einer Newsgroup</a>
```

E-Mail-Verweise

Auf der Hitliste der Verweise dürften mit Sicherheit Verweise zu einem anderen E-Mail-Postfach stehen. Ein solcher Verweis bietet dem Leser Ihrer Seite die Möglichkeit, Ihnen eine direkte Nachricht zukommen zu lassen. Aber: Auch diesmal muss der Browser ein E-Mail-Programm unterstützen, was aber meistens der Fall sein sollte. Diesmal ist die Angabe des Ausdrucks `mailto:` gefolgt von der vollständigen E-Mail-Adresse des Empfängers notwendig.

Beispiel:

```
<a href="mailto: name@provider">Mail</a>
```

Verweise in neues Browserfenster

Haben Sie das auch schon erlebt? Nach dem Besuchen verschiedener Links wollen Sie zurück zu einer bestimmten Seite und müssen sich mühselig durch die bisher besuchten Seiten wühlen. Wenn nun die neuen Verweise in einem neuen Fenster geöffnet wären, dann hätten Sie ein Problem weniger. Selbstverständlich ist es möglich, einem Verweis diese Eigenschaft mit auf den Weg zu geben. Dazu ergänzen Sie den Verweis lediglich um das Attribut `target`. Dieses Attribut dient ursprünglich zum Verweisen auf einen Ziel-Frame und erwartet die Angabe dessen Namens. In diesem Fall können Sie allerdings irgendeinen beliebigen Namen angeben. Damit wird der Browser in einer neuen Instanz gestartet und die neue Seite in einem eigenen Fenster angezeigt.

Beispiel:

```
<a href="seite2.htm" target="Fenster">nächste Seite</a>
```

Grafiken als Verweise

Bis jetzt wurden Sie immer mit einem hinweisenden Textabschnitt auf einen Verweis aufmerksam gemacht – war das wirklich alles? Natürlich nicht! Sie können einen Verweis auch über eine Grafik starten. Dazu geben Sie innerhalb des Anker-Tags eine Grafikquelle an und lassen dafür den beschreibenden Text aus. Jetzt verändert sich der Mauszeiger beim Überfahren der Grafik und der Name der Zielseite erscheint wie auch bei Textverweisen in der Statuszeile des Browsers.

Beispiel:

```
<a href="seite2.htm"><img src="grafik.jpg"></a>
```

Beim Verwenden einer Grafik als Verweis wird automatisch ein Rahmen um die Grafik gezogen. Gerade bei Grafiken mit ausfließendem Rand wirkt dieser Effekt eher störend. Mit der Angabe des Attributs border=0 wird die Anzeige des Rahmens ignoriert.

Beispiel:

```
<a href="datei.htm"><img src="bild.gif" border=0></a>
```

Tag/Attribute	Beschreibung
`<a></a>`	Leitet einen Verweis ein
`href ="..."`	Adresse der Zieldatei/Sprungmarke
`name="..."`	Name des Sprungziels
`target="..."`	Name des Ziel-Frames

Tabelle 6.1: Tags zum Erstellen eines Verweises

Abbildung 6.3: Die Zieladresse ist deutlich in der Statusleiste sichtbar

Farbeinstellungen für Verweise

Ein typisches Merkmal von Webseiten ist das Vorhandensein von Verweisen. Das Auffällige an ihnen ist die Tatsache, dass sie ihre aktuelle Farbe je nach ihrem Status ändern. Damit können Sie jederzeit zwischen bereits besuchten und noch nicht besuchten Adressen unterscheiden.

Natürlich besteht auch hier die Möglichkeit, die entsprechenden Farbeinstellungen zu beeinflussen. Insgesamt stehen Ihnen dazu drei verschiedene Attribute zur Verfügung. Diese Attribute können einzeln oder nur teilweise aufgeführt werden, je nachdem, wie weit Sie die Standardeinstellungen verändern wollen.

Kapitel 6 — Verweise (Hyperlinks)

Attribut	Beschreibung
link="..."	Generelle Standardfarbe
vlink="..."	Farbe für bereits besuchte Verweise
alink="..."	Farbe während des Markierens eines Verweises

Tabelle 6.2: Die Attribute für Farben von Verweisen

Beispiel:

```
<body link="#00ff00" vlink="#0000ff" alink="#ff00ff">
```

Mit der hier vorgeschlagenen zentralen Formatierung von Verweisen ersparen Sie sich bei nachträglichen Änderungen dieser Einstellungen später viel Arbeit. Da sich Verweise in der Regel im gesamten Dokument verteilt befinden, erweist sich das Bearbeiten einzelner Einstellungen in der Regel als sehr zeitaufwendig.

Tag/Attribut	Beschreibung
<body></body>	Der Codekörper
background="..."	Definiert ein Hintergrundbild
bgcolor="..."	Definiert die dateiweite Hintergrundfarbe
bgproperties="..."	Fixiert das Hintergrundbild
link="..." vlink="..." alink="..."	Definiert die dateiweiten Textfarben für Verweise
text="..."	Definiert die dateiweite Textfarbe

Tabelle 6.3: Das Tag <body> und mögliche Attribute

KAPITEL

Einbinden von Grafiken

Was wäre ein Webdokument ganz ohne Bilder? Sein Inhalt könnte noch so interessant sein – doch nur aus Text bestehend, wäre es mit Sicherheit recht langweilig und nicht sehr anschaulich. Auch in dieser Hinsicht werden Sie in XHTML viele Möglichkeiten und Varianten zum Gestalten von Webseiten finden.

Einbinden von Grafiken

Das Einbinden einer Grafik gehört zu den einfachsten Schritten beim Erstellen eines XHTML-Dokumentes. Prinzipiell können Sie dabei kaum einen Fehler machen, lediglich beim Anpassen der Grafik an das Seitenlayout ist etwas mehr Fingerspitzengefühl notwendig – doch dazu später. Das Einbinden der Grafik selbst erfolgt mit Hilfe des Tags <img.../>. Innerhalb des Tags geben Sie mit dem Attribut src, den Namen des Bildes an.. Das Tag <img.../> stellt im neuen XHTML-Standard eine kleine Besonderheit dar – es wird ausnahmsweise nicht abgeschlossen. Beim Einbinden einer Grafik sind Ihnen allerdings bei der Auswahl des Grafikformates einige Grenzen gesetzt. Hier sind die Möglichkeiten auf WWW-gerechte Bildformate beschränkt, und zwar auf Grafiken der Formate .JPG, .GIF und .PNG.

Beispiel:

Hier sehen Sie die einfachste Möglichkeit zum Einbinden einer Grafik in eine XHTML-Datei.

Das Beispiel ist auf der CD zum Buch enthalten.

```
<!DOCTYPE html PUBLIC "-//W3C//DTD XHTML 1.0
 Strict//EN" "DTD/xhtml1-strict.dtd">
<html xmlns="http://www.w3.org/TR/xhtml1">
<head>
<title>Grafik einbinden</title>
</head>
<body>
   <img src="screen_01.gif" />
</body>
</html>
```

In dem obigen Beispiel erfolgt die Angabe der Grafik ohne einen Pfad – sie befindet sich also im gleichen Verzeichnis wie das Webdokument. Wenn sich die Grafik in einem anderen Verzeichnis befindet, dann müssen Sie selbstverständlich den entsprechenden Pfad angeben. Bei vielen Providern können Sie auch via FTP eigene Unterverzeichnisse zum Ablegen der Grafiken anlegen, was durchaus empfehlenswert ist. In diesem Fall geben Sie den Pfad der Datei, beginnend mit dem Namen des Unterverzeichnisses an. Achten Sie dabei darauf, dass der Server in einigen Fällen nicht unter Windows läuft, sondern unter LINUX bzw. UNIX. Diese Betriebssysteme kennen als Trennzeichen von Verzeichnisnamen keinen Backslash (\), sondern verwenden einen Slash (/).

Beispiel:

```
<img src="pictures/bild.jpg">
```

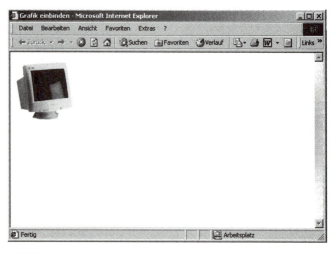

Abbildung 7.1: Das Einfügen einer Grafik stellt kein Problem dar

Beim Ablegen der Grafiken innerhalb des Projektes ist es durchaus ratsam, eigene Verzeichnisse nur für die Grafiken anzulegen. Diese Vorgehensweise ist gerade bei umfangreicheren Webprojekten empfehlenswert. Spätestens dann, wenn Sie Ihr Projekt und dessen Inhalte aktualisieren wollen, werden Sie eine solche, übersichtliche Aufteilung zu schätzen wissen.

Wenn der Speicherplatz Ihrer Homepage bereits ausgelastet ist und Sie Ihr Projekt trotzdem erweitern wollen, dann können Sie Grafiken auch auf einer anderen URL ablegen. In dem Fall geben Sie beim Verweis auf die Grafik einfach die neue URL und den entsprechenden Pfad an.

Pfadangabe	Beschreibung
`<img src="images/Bild.img" />`	Grafik liegt im untergeordneten Verzeichnis *images*
`<img src="../images/Bild.img " />`	Grafik liegt im benachbarten Verzeichnis *images*
`<img src="../Bild.img " />`	Grafik liegt im übergeordneten Verzeichnis
`<img src="../../Bild.img " />`	Grafik liegt zwei Verzeichnisse über dem aktuellen Verzeichnis
`<img src="http://www.provider.de/images/Bild.img"/>`	Grafik befindet sich unter einer anderen URL

Tabelle 7.1: Verschiedene Pfadangaben und ihre Bedeutung

Alternativer Text zu einer Grafik

Eine Grafik hat in einem Webdokument die Aufgabe, Inhalte zu vermitteln – das ist klar. Doch was geschieht, wenn die Grafik aus irgendeinem Grund nicht angezeigt wird?

Dazu kann es die unterschiedlichsten Gründe geben. So wird z.B. die Seite noch geladen, oder der Benutzer verzichtet auf das Anzeigen der Grafiken, um vor dem endgültigen Laden, den Inhalt der Seite auf interessante Themen zu überprüfen.

In beiden Fällen haben Sie die Möglichkeit, dem Benutzer trotzdem Informationen über die zu erwartenden Bilder zu liefern. Dazu können Sie das Attribut alt verwenden, mit dem ein alternativer Text im Bereich der nicht geladenen Grafik angezeigt wird.

Die meisten Browser zeigen diesen Text auch in einem Tooltip-Fenster beim Überfahren des Bildes mit dem Cursor an.

> Die Übergabe des Textes an das Attribut alt erfolgt als eine Zeichenkette, er muss also unbedingt in Anführungszeichen gesetzt werden.

Beispiel:

Die in der XHTML-Datei angegebene Grafik ist auf der CD zum Buch nicht enthalten. Beim Öffnen der Datei tritt damit der gleiche Effekt ein wie bei einer Grafik, deren Ladevorgang unterbrochen wurde. Anstelle der Grafik wird nun lediglich ein Platzhalter mit dem angegebenen Alternativtext angezeigt.

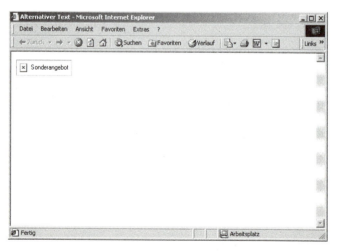

Abbildung 7.2: Der alternative Text liefert dem Benutzer Informationen über das Bild

Das Beispiel ist auf der CD zum Buch enthalten.

```
<!DOCTYPE html PUBLIC "-//W3C//DTD XHTML 1.0
 Strict//EN" "DTD/xhtml1-strict.dtd">
<html xmlns="http://www.w3.org/TR/xhtml1">
<head>
<title>Alternativer Text</title>
</head>
<body>
   <img src="bild.jpg" alt="Sonderangebot" />
</body>
</html>
```

Grafik in Textabschnitte einbinden

Um mit Grafiken das Thema einer Webseite zu untermalen, sollten diese auch dementsprechend in den entsprechenden Textabschnitt integriert werden. Sie sollten also auf keinen Fall eine Grafik irgendwie in die Webseite einbinden und darauf hoffen, dass das Ganze schon einigermaßen zusammenpasst. Das ergänzende Attribut align wird Ihnen sicher schon lange nicht mehr unbekannt sein. Mit seiner Hilfe erreichen Sie eine Platzierung der Grafik auf der linken oder rechten Seite des nachfolgenden Textes. Sobald die Textmenge den Seitenrand der Grafik überschreitet, wird er unterhalb der Grafik am linken Seitenrand fortgesetzt. Dem Attribut align können Sie drei verschiedene Einstellungen zuweisen. Mit align="left" erzielen Sie eine linksseitige Ausrichtung, mit align="center" eine mittige Ausrichtung, und schließlich gibt es noch align="right" für eine Ausrichtung an der rechten Seite.

Beispiel:

In diesem Beispiel sehen Sie, wie die Anordnung der Grafik unterhalb des ersten Textabschnitts und des folgenden Textabschnitts neben der rechts ausgerichteten Grafik erfolgt. Die Aufteilung von Text und Grafik erfolgt immer in Abhängigkeit von der zur Verfügung stehenden Bildschirmbreite.

Abbildung 7.3: Sie können die Grafik auch von Text umfließen lassen

Das Beispiel ist auf der CD zum Buch enthalten.

```
<!DOCTYPE html PUBLIC "-//W3C//DTD XHTML 1.0
 Strict//EN" "DTD/xhtml1-strict.dtd">
<html xmlns="http://www.w3.org/TR/xhtml1">
<head>
<title>Grafik in Textabschnitten</title>
</head>
```

```
<body>
    Text Text Text Text Text Text Text Text Text Text Text Text
    Text Text Text Text Text Text Text Text Text Text Text Text
    Text Text Text Text Text Text Text Text Text Text Text Text
    <img src="keybord_01.gif" align="right" />
    Text Text Text Text Text Text Text Text Text Text Text Text
    Text Text Text Text Text Text Text Text Text Text Text Text
    Text Text Text Text Text Text Text Text Text Text Text Text
</body>
</html>
```

Abstände von Grafik zu Text

Im obigen Abschnitt sehen Sie, wie eine Grafik in einen Textabschnitt integriert werden kann. Dabei schließt der Text bündig an die Grafik an, was sicher nicht immer in Ihrem Sinne ist. Mit den Attributen vspace und hspace erreichen Sie, dass der die Grafik umgebende Text, stets mit einem bestimmten Abstand zur Grafik angezeigt wird.

Beispiel:

```
<img src="datei.gif" hspace="20" vspace="15" />
```

Das Attribut hspace erzeugt einen horizontalen Abstand zum Text und vspace einen vertikalen Abstand. Wie immer erwarten diese beiden Attribute auch hier die Angabe des Abstandes zur Grafik in Pixel.

Beispiel:

Die XHTML-Datei enthält eine Grafik und einen Textabschnitt. Beide Elemente sind nebeneinander angeordnet, wobei sich die Grafik mit Hilfe des Attributs align="left" links vom Text befindet. Zusätzlich wurde mit hspace und vspace ein Abstand vom Textbereich definiert. Der Textfluss um die Grafik herum wird hier von der zur Verfügung stehenden Fensterbreite und der vorhandenen Textmenge bestimmt.

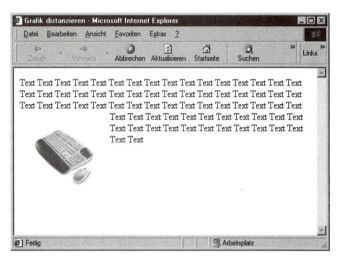

Abbildung 7.4: Auf diese Weise erzielen Sie eine perfekte Gestaltung

Das Beispiel ist auf der CD zum Buch enthalten.

```
<!DOCTYPE html PUBLIC "-//W3C//DTD XHTML 1.0
 Strict//EN" "DTD/xhtml1-strict.dtd">
<html xmlns="http://www.w3.org/TR/xhtml1">
<head>
<title>Grafik distanzieren</title>
</head>
<body>
  Text Text Text Text Text Text Text Text Text Text Text Text
  Text Text Text Text Text Text Text Text Text Text Text Text
  Text Text Text Text Text Text Text Text Text Text Text Text
```

```
    <img src="keybord_01.gif" align="left" hspace="25"
vspace="25" />
    Text Text Text Text Text Text Text Text Text Text Text Text
    Text Text Text Text Text Text Text Text Text Text Text Text
    Text Text Text Text Text Text Text Text Text Text Text Text
</body>
</html>
```

Tag/Attribut	Beschreibung
`<img.../>`	Bindet eine Grafik ein
`align="(top | middle | bottom) "`	Bestimmt die horizontale Ausrichtung der Grafik
`alt="..."`	Bezeichnet einen alternativ angezeigten Text
`height="..."`	Bestimmt die Höhe der Grafik
`width="..."`	Bestimmt die Breite der Grafik
`border="..."`	Definiert den Rand um die Grafik

Tabelle 7.2: Das Tag zum Einbinden einer Grafik

Verschiedene Anzeigemöglichkeiten von Grafiken

Neben dem einfachen Anzeigen von Grafiken innerhalb eines Textabschnitts haben Sie noch die Möglichkeit, das Erscheinungsbild der Grafik zu beeinflussen. Sie können ihre Größe beeinflussen sowie die Grafik mit einem Rahmen versehen.

Höhe und Breite der Grafik angeben

Beim Laden einer Webseite, in die eine Grafik so einfach wie im vorherigen Abschnitt eingebunden ist, fehlt dem Browser zur Interpretation des XHTML-Codes die Größe der Grafik. Also verzögert er die Anzeige der Webseite, bis ihm alle benötigten Informationen zur Verfügung stehen. Bei dem Besucher einer Webseite hinterlässt das allerdings keinen besonders guten Eindruck.

Mit der Angabe der Größe einer Grafik mittels der Attribute width und height können Sie diesen Zustand beenden. Der Browser beginnt dann auch bei noch nicht geladener Grafik mit dem Aufbau der Seite und stellt anstelle der Grafik einen entsprechenden Leerraum zur Verfügung.

Beispiel:

```
<img src="bild.jpg" width="300" height="420" />
```

Die erforderlichen Größenangaben erfolgen wie immer in Pixel. Wenn Sie Ihre Webseite lediglich mit einem einfachen Texteditor erstellen, dann können Sie die erforderlichen Angaben mit jedem beliebigen Grafikprogramm ermitteln. Laden Sie dazu die Grafik in das Programm und lassen Sie sich anschließend die Eigenschaften des Bilds anzeigen. In der Regel ist das unter dem Menüpunkt *Datei / Eigenschaften* oder *Bild / Eigenschaften* möglich. Dort finden Sie alle erforderlichen Angaben. Wer aber mit einem XHTML-Editor arbeitet, der wird in aller Regel auf diesen Schritt verzichten können. Die meisten Editoren lesen die benötigten Informationen automatisch aus der Datei aus und fügen sie dem XHTML-Code hinzu.

Grafik mit Rahmen versehen

Standardmäßig wird eine eingebundene Grafik ohne Rahmen angezeigt. Wem das nun zu wenig ist, der kann auf Wunsch auch einen Rahmen um die Grafik anzeigen lassen. Dazu verwenden Sie wieder einmal das bekannte Attribut border, das die Breite des anzuzeigenden Rahmens in Pixel erwartet. Leider erscheint dieser Rahmen standardmäßig in Schwarz.

Beispiel:

Die XHTML-Datei enthält zwei gleiche Grafiken, die jeweils einen Rahmen mit unterschiedlicher Stärke enthalten.

Das Beispiel ist auf der CD zum Buch enthalten.

```
<!DOCTYPE html PUBLIC "-//W3C//DTD XHTML 1.0
 Strict//EN" "DTD/xhtml1-strict.dtd">
<html xmlns="http://www.w3.org/TR/xhtml1">
<head>
<title>Rahmen</title>
</head>
<body>
   <img src="keybord_01.gif" " border="2" />
   <img src="scanner_01.gif" border="8" />
</body>
</html>
```

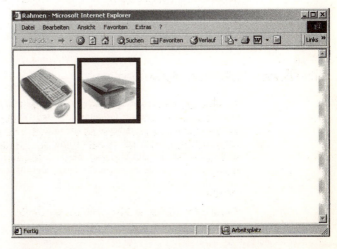

Abbildung 7.5: Zwei Grafiken mit verschieden starken Rahmen

Größe der Grafik verändern

Standardmäßig erfolgt die Anzeige einer Grafik innerhalb eines Webdokuments in ihrer Originalgröße. In einem der vorhergehenden Abschnitte wurden Sie bereits auf die Möglichkeit der Angabe der Größenverhältnisse der Grafik hingewiesen. Doch haben Sie schon einmal die Vergabe von anderen Werten als die der Originalwerte getestet? Sie werden sich wundern. Die Grafik wird dann in horizontaler bzw. in vertikaler Richtung verzerrt dargestellt – je nachdem wie stark Sie die Größenangaben verändert haben. Wenn Sie nun also die Werte für beide Richtungen um die gleiche Differenz verändern, dann wird die Grafik vergrößert bzw. verkleinert. Auf diese Weise ist es möglich, eine kleine Grafik vergrößert darzustellen. Doch warum wird dann nicht gleich eine entsprechend große Grafik verwendet? Diese Art und Weise der Darstellung ist eben dann sinnvoll, wenn eine Grafik mehrmals in verschiedenen Größen angezeigt wird, so z.B. in einer Übersichtsleiste als Vorschau und anschließend weiter unten in Originalgröße. Gerade wer nur über einen stark beschränkten Speicherplatz auf dem Server seines Providers verfügt, wird diese Technik gern anwenden. Diese Technik gehört zwar nicht zum offiziellen XHTML-Standard, sie findet aber immer wieder Verwendung.

Beachten Sie, dass eine stark vergrößerte Grafik eine relativ schlechte Qualität aufweist. Sie sollten daher eine zusätzliche Grafik eher verkleinert darstellen. Das Verkleinern der Grafik erfolgt allerdings durch den Browser – sie wird trotzdem in vollem Umfang geladen.

Im folgenden Bild sehen Sie als Beispiel eine Grafik, welche insgesamt dreimal in verschiedenen Größen dargestellt wird. Die Anzeige der mittleren Grafik erfolgt dabei in Originalgröße, während die beiden anderen mit Hilfe der Attribute width und height verkleinert bzw. vergrößert wurden. Bereits hier sind, bei etwas genauerem Hinsehen, die Qualitätsunterschiede zwischen der Originalgröße und dem vergrößerten Bild sichtbar.

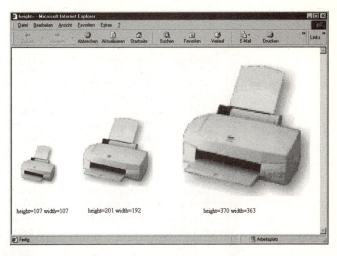

Abbildung 7.6: Eine Grafik in drei verschiedenen Größenverhältnissen

Client Side ImageMaps

Hin und wieder begegnen Sie einer Webseite mit einer relativ großen Grafik. Das an sich ist noch lange nichts Besonderes, doch einige Grafiken bestehen aus mehreren Bereichen. Mit einem Klick auf einen solchen Bereich innerhalb dieser Grafik gelangen Sie plötzlich zu einer weiteren Seite. In diesem Moment haben Sie Bekanntschaft mit einer *Client Side ImageMap* gemacht. Und meistens erweist sich deren Bekanntschaft als äußerst praktisch. In der nächsten Abbildung sehen Sie z.B. ein solches Bild, welches als Einstieg in die Webseiten einer gesamten Region fungiert. Statt mit langweiligen Schaltflächen oder gar Textlinks kann der Benutzer in einer Landkarte einen Ort wählen und erhält damit sogleich einen Eindruck über die geografische Lage seines Ziels. Statt einer geografischen Landkarte ist z.B. auch eine Grafik mit verschiedenen Produkten denkbar. Am Ende dieses Kapitels finden Sie ein Beispiel zur Realisation einer ImageMap mit einer solchen Grafik.

Abbildung 7.7: Eine Landkarte als ImageMap

Was steckt nun eigentlich hinter einer ImageMap? Nun, dahinter verbirgt sich eine Grafik, die in mehrere Bereiche, so genannte *Zonen*, aufgeteilt wurde. Natürlich nicht richtig aufgeteilt, die Grafik ist schon noch zusammenhängend vorhanden. Es wurden lediglich mit einem geeigneten Programm mehrere dieser Bereiche in Form von Koordinaten ermittelt und diese dann im Code der XHTML-Datei hinterlegt. Sobald nun der Benutzer über einem dieser Bereiche einen Mausklick ausführt, erkennt der Browser diese Aktion und führt den dazugehörigen Verweis aus.

Definition einer ImageMap

Die Definition einer ImageMap erfolgt mit dem Tag <map></map>. Zusätzlich wird zu Beginn der Definition der Name der entsprechenden Grafik angegeben. Schließlich muss der Browser wissen, wo er die hier definierten Bereiche später überprüfen soll. Anschließend erfolgt die Bezeichnung der einzelnen Bereiche der ImageMap mit dem Tag <area.../>. Hier übergeben Sie dem Attribut shape die Art der Figuren, welche von den ermittelten Koordinaten dargestellt werden. Anschließend folgen die Koordinaten sowie mit href das Ziel des entsprechenden Verweises. Nach dem Abschluss des Bereichs map wird die eigentliche Grafik zusammen mit dem Attribut usemap angegeben, welches wieder den im Bereich von <map></map> angegebenen Namen enthält.

Figur	Beschreibung	Koordinaten
rect	Rechteck	x1,y1,x2,y2 (oben links, rechts / unten links, rechts)
circle	Kreis	x1,y1, Radius (Mittelpunkt, Radius)
polygon	Vieleck	x1,y1,x2,y2,x3,y3,x4,y4,...

Tabelle 7.3: Die möglichen Figuren und ihre Koordinaten

Beispiel:

In die XHTML-Datei wurde eine Grafik eingebunden, die über drei Bereiche aufgeteilt wurde. Der erste Bereich verweist auf ein Sprungziel innerhalb der eigenen Seite, während die beiden anderen Bereiche auf eine separate HTML-Datei verweisen.

Das Beispiel ist auf der CD zum Buch enthalten.

```
<!DOCTYPE html PUBLIC "-//W3C//DTD XHTML 1.0
 Strict//EN" "DTD/xhtml1-strict.dtd">
<html xmlns="http://www.w3.org/TR/xhtml1">
<head>
<title>Titel</title>
</head>
<body>
    <map name="bild1">
    <area shape="rect" coords="20,30,150,145"
```

```
    href="#Anker" />
   <area shape="circle" coords="50,50,130"
    href="Datei1.htm" />
   <area shape="polygon" coords="1,1,60,15,75,17"
    href="Datei2.htm" />
   </map>
   <img src="landkarte.gif" usemap="#bild1" border="0" />
</body>
</html>
```

Tag/Attribute	Beschreibung
<map></map>	Definiert eine ImageMap
name="..."	Enthält den Namen des Bereichs
<area.../>	Definiert einen Bereich der Grafik
shape="(circle | polygon | rect)"	Bezeichnet die Figur, die den Bereich erstellt
coords="..."	Bezeichnet die Koordinaten einer Figur
href="..."	Enthält die Adresse des Sprungziels
<img.../>	Definiert die Grafik für eine ImageMap
src="..."	Enthält den Pfad der verwendeten Grafik
usemap="..."	Verknüpft die Grafik mit den Angaben zur ImageMap

Tabelle 7.4: Das Tag zum Definieren einer ImageMap

Erstellen von ImageMaps

Die Verwendung einer ImageMap an sich ist ja offenbar nicht besonders schwierig. Doch wie erhalten Sie die benötigten Koordinaten der einzelnen Bereiche auf den Grafiken? Hierzu sind verschiedene Lösungsansätze möglich. Zum einen können Sie die Koordinaten mit Hilfe eines gewöhnlichen Grafikprogramms ermitteln. Dieser Weg ist jedoch recht mühselig. Zum anderen können Sie dies mit Hilfe eines geeigneten Programms erledigen. Die Frage ist nur – woher bekommen Sie ein solches Programm und was kostet es? Um ein solches Programm zu finden geben Sie am einfachsten in eine Suchmaschine den Begriff *ImageMap* ein. In der Liste der gefundenen Einträge finden Sie mit Sicherheit ein geeignetes Programm sowie weitere Informationen zu diesem Thema. Oder Sie durchstöbern die CDs zu verschiedenen Fachzeitschriften aus dem Computerbereich – hier sind oft geeignete Programme als Shareware beigelegt.

Bei den Recherchen zu diesem Thema bin ich auf eine besonders interessante Webseite gestoßen: *http://www.em-page.de*. Hier finden Sie zahlreiche Beiträge zur Gestaltung von Webseiten sowie verschiedene zum Teil kostenlose Programme zum Bearbeiten von Grafiken und Webseiten.

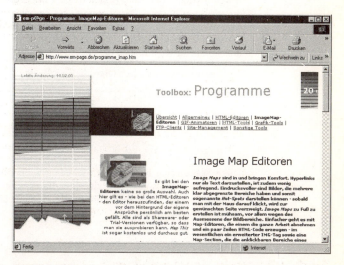

Abbildung 7.8: Hier finden Sie auch Editoren für ImageMaps

Die Funktionsweise solcher Programme ist fast immer die gleiche: Zuerst wird die Grafik mit dem Programm geladen. Anschließend können Sie mit Hilfe von Dialogfeldern die gewünschte Figur festlegen. Das Ermitteln der Koordinaten erfolgt dann durch Anklicken der entsprechenden Bereiche auf der Grafik. Die ermittelten Koordinaten werden dann von dem Programm angezeigt. In der Regel besteht dann die Möglichkeit die ermittelten Koordinaten zu speichern oder gar direkt in den XHTML-Code einzufügen.

Koordinaten mit einem Grafikprogramm ermitteln

Das Ermitteln der Koordinaten von Figuren einer ImageMap können Sie auch mit einem beliebigen Grafikprogramm erledigen. Das Grafikprogramm muss lediglich zwei Eigenschaften aufweisen: Es muss die entsprechenden Grafikformate verarbeiten können und zudem das Anzeigen eines Lineals mit der Maßeinheit in Pixel unterstützen.

Wenn all diese Voraussetzungen erfüllt sind, dann lassen Sie die Grafik wie in der folgenden Abbildung anzeigen. Dort sehen Sie eine Grafik, die vier verschiedene Hardwareprodukte enthält. In diesem Beispiel wird davon ausgegangen, dass mit dem Anklicken jedes dieser Produkte ein entsprechender Verweis zu einer Webseite geöffnet werden soll. Also müssen Sie die Koordinaten der einzelnen vier Bildbereiche festlegen.

In diesem Fall ergeben sich folgende Koordinaten:

- Bild1: 10,9 / 86,86
- Bild2: 99,9 / 177,86
- Bild3: 190,9 / 267,86
- Bild4: 279,9 / 356, 86

Diese Koordinaten beziehen sich jeweils auf die Eckpunkte x,y links oben und x,y rechts unten der einzelnen Bildabschnitte. Anschließend können Sie diese ermittelten Koordinaten im Code der ImageMap einsetzen (siehe Abbildung 7.9).

Beispiel:

In dem folgenden Beispiel sehen Sie den Quellcode einer ImageMap. Diese besteht aus der Grafik des obigen Beispiels zum Ermitteln der Koordinaten von Figuren einer ImageMap. Mit dem Aktivieren eines Verweises dieser ImageMap wird das gewünschte Ziel in einem eigenen Browserfenster geöffnet.

| Kapitel 7 | Einbinden von Grafiken | 149 |

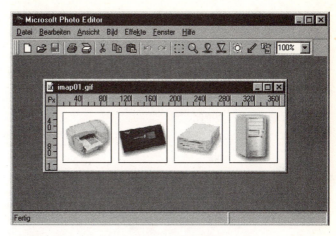

Abbildung 7.9: In der Statusleiste werden die benötigten Koordinaten angezeigt

Das Beispiel ist auf der CD zum Buch enthalten.

```
<!DOCTYPE html PUBLIC "-//W3C//DTD XHTML 1.0
 Strict//EN" "DTD/xhtml1-strict.dtd">
<html xmlns="http://www.w3.org/TR/xhtml1">
<head>
<title>ImageMap</title>
</head>
<body>
   <map name="bild1">
      <area shape="rect" coords="10,9,86,86"
        href="./ImageMap/452.htm" target="_neu" />
      <area shape="rect" coords="99,9,177,86"
```

```
            href="./ImageMap/63.htm" target="_neu" />
        <area shape="rect" coords="190,9,267,86"
            href="./ImageMap/686.htm" target="_neu" />
        <area shape="rect" coords="279,9,356,86"
            href="./ImageMap/887.htm" target="_neu" />
    </map>
    <img src="imap01.gif" usemap="#bild1" border="0" />
</body>
</html>
```

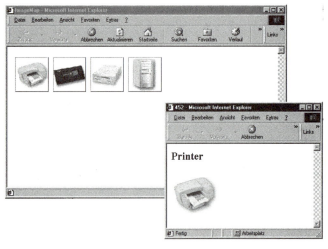

Abbildung 7.10: Eine ImageMap mit dem Zielfenster im Vordergrund

Know-how für Fortgeschrittene

Nachdem im zweiten Teil alle notwendigen Grundkenntnisse zum Erstellen von XHTML-Dokumenten vermittelt wurden, werden wir uns im dritten Teil fortgeschrittenen Techniken widmen. Außerdem werden Sie einiges über die Strukturierung von Daten mit Hilfe von XML erfahren.

KAPITEL

Arbeiten mit Formularen

Um von dem Besucher Ihrer Webseite Informationen zu erhalten, benötigen Sie keine komplizierte Programmiersprache oder Zusatzprogramme. XHTML bietet Ihnen mit Formularen die Möglichkeit der Eingabe, der Auswahl und des Versendens von Daten. Wie einfach Formulare in eine Webseite eingebunden werden können, zeigt Ihnen das folgende Kapitel.

Arbeiten mit Formularen

Der Sinn und Zweck eines Webdokuments ist in der Regel das Anbieten von Dienstleistungen und Informationen. Doch dies stellt im gewissen Maße eine Einbahnstraße dar. Der Grund dafür ist, dass hier die Informationen immer vom Server zum Benutzer transportiert werden. Webdokumente lassen sich allerdings auch in der anderen Richtung nutzen, und zwar vom Benutzer zum Server.

Diese Möglichkeit haben Sie sicher schon öfter genutzt. So z.B. bei Suchmaschinen oder Webshops. Dort werden die Kriterien für eine Suche nach Themen oder Produkten bzw. persönliche Daten in spezielle Elemente des Webdokuments eingetragen und anschließend nach dem Betätigen einer Schaltfläche zum Server transportiert. Auf dem Server werden diese Daten dann ausgewertet und weiterverarbeitet. Doch dies ist schon wieder ein Thema für sich, wir wollen uns hier erst einmal mit dem Eintragen und Versenden der Daten mit Hilfe des Webdokuments befassen.

Wenn ein Webdokument Elemente zur Dateneingabe bereitstellt, dann handelt es sich dabei um ein so genanntes *Formular*. Formulare im herkömmlichen Sinne gibt es allerdings in XHTML nicht. Tatsächlich erfolgt hier bei Formularen die Definition verschiedener Eingabeelemente innerhalb eines bestimmten Abschnitts. Dabei kann es sich um Textfelder oder Auswahlfelder handeln.

Dass solche Abschnitte oft das typische Erscheinungsbild eines herkömmlichen Formulars aufweisen, liegt einfach an dem mehr oder weniger regelmäßigen Umgang mit solchen Blättern. In unserem Unterbewusstsein schleicht sich das nun bei der Entwicklung einer Webseite mit ein, zumal eine entsprechende Gestaltung aus Gewohnheit praktisch erscheint. In letzter Zeit beinhalten Webdokumente jedoch verstärkt Formulare, die auf den ersten Blick nicht als solche zu erkennen sind – hier ist dann das Eingabefeld in den Dokumentinhalt integriert.

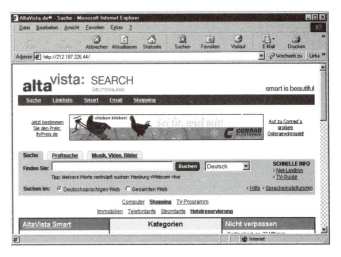

Abbildung 8.1: Ein etwas ungewöhnliches Formular

Funktionsweise von Formularen

Bei einem Formular erhält der Benutzer die Möglichkeit, aus einer Anzahl von Eingabeelementen verschiedene Optionen auszuwählen oder Eingaben vorzunehmen. Die Auswahl von Optionen kann z.B. in Elementen mit Checkboxen erfolgen, Eingaben dagegen in Form von Text (siehe Abbildung 8.2).

Außer den Elementen zur Eingabe enthält das Formular mindestens eine Schaltfläche zum Absenden der Daten. Oft ist zusätzlich eine weitere Schaltfläche vorhanden, mit der die eingegebenen Daten wieder gelöscht werden können. Mit dem Betätigen der Schaltfläche zum Absenden erfolgt dann die Übermittlung der Daten an den Server des Betreibers des Formulars, wo deren Auswertung erfolgt. Mit dem Absenden der Daten des Formulars teilt sich nun das Lager der Anwender in zwei Teile.

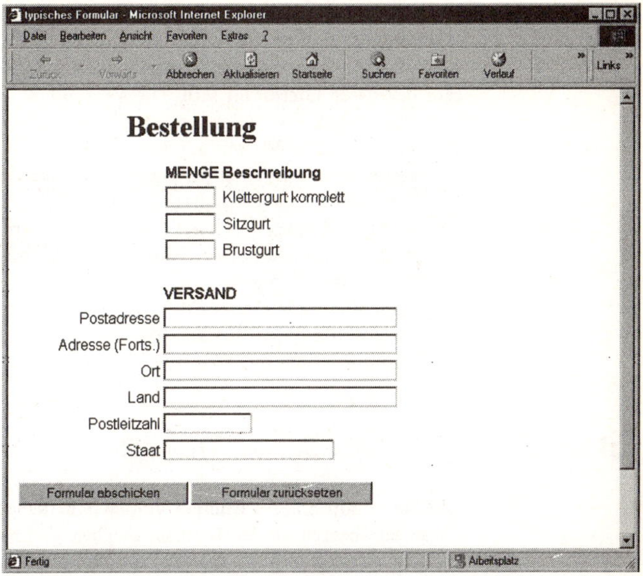

Abbildung 8.2: Ein typisches Bestellformular in gewohntem Layout

Zum einen können Sie diese Daten mit einem *CGI-Skript (Common Gateway Interface)* weiterverarbeiten lassen. Dieses setzt jedoch die Bereitstellung der Möglichkeit eines Zugriffs auf eine entsprechende Programmschnittstelle durch Ihren Provider voraus. Das dürfte bei den wenigsten Lesern dieses Buchs der Fall sein, zumal der Umgang mit CGI-Skripten ein Kapitel für sich ist und entsprechende Vorkenntnisse erfordert. Zur Programmierung eines solchen Skripts findet häufig die Programmiersprache *Perl* Verwendung. In einem solchen Fall ist das Vorhandensein eines Perl-Interpreters auf dem Server des Providers notwendig. Um diesen zu nutzen, sind zusätzlich die entsprechenden Zugriffsrechte notwendig.

Alternativ dazu können Sie die Daten serverseitig mit *ASP* weiterverarbeiten. Entgegen allen Vorurteilen hat sich ASP als stabile und sichere Anwendungssprache erwiesen. Immer mehr umfangreiche Webprojekte werden damit realisiert und aus diesem Grund ist in diesem Teil ein eigener Abschnitt dafür vorgesehen.

Ein weiterer Weg besteht im Zusenden der Daten eines Formulars an den Betreiber in Form einer *E-Mail*. Diese Art der Übertragung ist relativ einfach zu bewerkstelligen und dürfte mit Sicherheit für die Mehrzahl der Leser interessant sein. Die Verwendung von Formularen zur Datenübertragung ist außerdem für all diejenigen interessant, die eine Webseite mit einem Verweis auf die eigene E-Mail betreiben. Falls diese ein regelmäßiges Feedback der Leser der Seite erwarten, so wird es in der Regel eher spärlich ausfallen. Der Grund hierfür ist klar: Zum Versenden einer E-Mail muss erst ein Mail-Programm gestartet werden und nicht jedem ist dessen Verwendung geläufig. Außerdem beansprucht das Ganze einiges an Online-Zeit und die ist teuer. Mit dem Bereitstellen eines Textfelds zur direkten Eingabe und zum Absenden eines Textes dürfte dieser Zustand über kurz oder lang der Vergangenheit angehören.

Grundgerüst eines Formulars

Die Definition eines Formulars erfolgt mit dem Tag `<form></form>`. Diese Tags begrenzen den Bereich, welcher die Elemente des zukünftigen Formulars aufnimmt. Die Art und Weise, wie Sie die Elemente des Formulars anordnen, ist dabei Ihnen überlassen – auf die Funktionsfähigkeit des Formulars hat dies keinen Einfluss.

Festlegen der Übertragungsart

Um einem Formular seine Funktionsfähigkeit zu verleihen wird außerdem noch die Art und Weise der Datenübermittlung benötigt. Diese Angabe erfolgt im Kopf des Formulars. Dazu müssen Sie zwei Attribute einsetzen, welche die erforderlichen Angaben aufnehmen.

Eines der beiden Attribute lautet `action`. Der Wert, der diesem Attribut übergeben wird, legt fest, wohin die Daten gesendet werden sollen. Hier können Sie z.B. die Adresse eines auf einem Server vorhandenen CGI-Programms angeben oder schlicht und einfach die E-Mail-Adresse des Empfängers. Wenn Sie das Formular mit Hilfe von ASP verarbeiten, dann geben Sie hier einfach die Adresse der entsprechenden ASP-Datei an – Sie sehen, dass es hier viele Möglichkeiten zur Weiterverarbeitung des Formulars gibt.

| Kapitel 8 | Arbeiten mit Formularen | 159 |

Das andere der beiden Attribute legt die Übertragungsart der Formulardaten fest. Hier wird zwischen den beiden Arten get und post unterschieden. Für welche der beiden Übertragungsarten Sie sich entscheiden, hängt von der Art und Weise der Verarbeitung des Formulars ab. Wenn Sie das Formular per E-Mail versenden, dann verwenden Sie auf alle Fälle die Übertragungsart post. Die Übertragungsart get kommt nur bei einer Weiterverarbeitung durch eine Skriptsprache in Frage. Näheres dazu erfahren Sie auch in dem ASP-Teil dieses Buchs.

Bei der Übertragung der Formulardaten per E-Mail sollen die Daten mit Sicherheit vom Empfänger direkt gelesen werden können. Um die zugesendeten Formulardaten auch in einem leicht lesbaren Format zu erhalten, können Sie zusätzlich das Attribut enctype mit dem Wert "text/plain" angeben.

Bei der Auswertung des Formulars auf dem Server oder bei der Überprüfung der Formulardaten per JavaScript muss das Formular eindeutig identifizierbar sein können. Dazu verwenden Sie das Attribut name, dem wie gesagt der von Ihnen gewählte Name übergeben wird. Dabei sollten Sie sicherheitshalber die üblichen Regeln zur Vergabe von Namen beachten.

Anschließend sehen Sie das Listing für eine vollständige Definition eines Formulars, welches seine Daten an eine E-Mail-Adresse sendet.

Beispiel:

Die Datei enthält das Grundgerüst eines Formulars, welches seine Daten an eine bestimmte E-Mail-Adresse sendet.

```
<!DOCTYPE html PUBLIC "-//W3C//DTD XHTML 1.0
 Strict//EN" "DTD/xhtml1-strict.dtd">
<html xmlns="http://www.w3.org/TR/xhtml1">
<head>
<head>
<title>Einfaches Formular</title>
</head>
<body>
  <form method="post" action="mailto:name@provider"
```

```
    enctype="text/plain" name="Form1">
  ...
  </form>
</body>
</html>
```

Tag/Attribut	Beschreibung
`<form></form>`	Erstellt ein Formular
`action="..."`	Zieladresse beim Absenden der Daten
`method="(get | post)"`	Ausführungsart beim Versenden der Formulardaten
`enctype="..."`	Legt die Formatierung der gesendeten Formulardaten fest
`name="..."`	Name des Formulars

Tabelle 8.1: Die Attribute des Tags form

Elemente eines Formulars

In das eben erstellte Grundgerüst eines Formulars können Sie nun eine beliebige Anzahl von verschiedensten Elementen einfügen. Diese Elemente ermöglichen es dann dem Benutzer seine Daten einzugeben oder bereitgestellte Daten auszuwählen.

Elemente zur Texteingabe (Textfelder)

Elemente zur Eingabe von Text gehören sicher zu den am meisten eingesetzten Elementen in Formularen. Das Tag zum Erstellen eines *einzeiligen Textfelds* lautet `<input.../>` und erfordert kein abschließendes Element. Stattdessen erfolgt der Abschluss des Tags innerhalb seiner Eröffnung.

Beispiel:

Die Datei enthält ein Formular, das in seinem Erscheinungsbild einem üblichen Formular in Papierform ähnelt. Dieser Effekt wurde unter anderem mit einer entsprechenden Farbgebung über das Attribut bgcolor im Body-Bereich erzielt. Das Formular enthält zwei Eingabefelder mit den Namen Gehalt1 und Gehalt2. Beide Eingabefelder können aufgrund der Verwendung des Attributs maxlength nur eine begrenzte Anzahl von Zeichen aufnehmen.

Das Beispiel ist auf der CD zum Buch enthalten.

```
<!DOCTYPE html PUBLIC "-//W3C//DTD XHTML 1.0
 Strict//EN" "DTD/xhtml1-strict.dtd">
<html xmlns="http://www.w3.org/TR/xhtml1">
<head>
<title>Einfaches Formular</title>
</head>
<body>
   <p><h2>Einfaches Formular</h2></p>
   <form method="post" action="mailto:name@provider">
   Vorname: <input name="v_name" size="20"
   maxlength="15" />
   <br/>
   Nachname: <input name="n_name"
   size="25" maxlength="30" />
</form>
</body>
</html>
```

Das Tag `<input.../>` erfordert einige zusätzliche Angaben. Zuerst ist die Vergabe eines Namens für das erstellte Textfeld notwendig. Das wird mit dem Attribut name erledigt. Hier müssen Sie auf die Syntax achten, es sind weder Sonderzeichen noch Leerzeichen erlaubt. Die Angabe von size ist optional und legt die Länge des Textfelds fest. Mit dem Weglassen dieser Angabe wird eine Standardlänge vergeben, mit der die meisten Anwendungsfälle ganz gut zurechtkommen. Schließlich ist, ebenfalls optional, die Angabe von maxlength möglich. Damit erreichen Sie eine Beschränkung der maximal einzugebenden Zeichenlänge. Die vorgegebene Textlänge kann dann nicht mehr überschritten werden. Das ist insbesondere dann sinnvoll, wenn die Formulardaten serverseitig ausgewertet und in einer Datenbank gespeichert werden sollen.

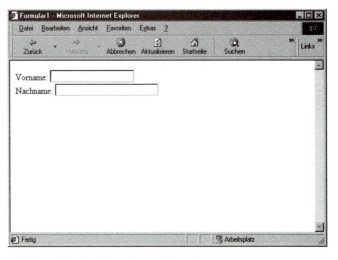

Abbildung 8.3: Zwei einfache Eingabefelder

Der Benutzer soll aber in Textfelder nicht nur Text eingeben, er soll auch eventuell vorgegebenen Text übernehmen oder ändern können. Um dem Benutzer einen bestehenden Text vorzuschlagen, können Sie das Attribut value verwenden. Damit erscheint der diesem Attribut übergebene Text beim Anzeigen des Formulars in dem entsprechenden

| Kapitel 8 | Arbeiten mit Formularen |

Textfeld. Beachten Sie aber, dass das Attribut eine Zeichenkette erwartet und der Text deshalb in Anführungsstriche gesetzt werden muss.

Beispiel:

```
<input name="Gehalt1" size="25" maxlength="15" value ="65.000 DM" />
```

Tag/Attribute	Beschreibung
<input.../>	Definiert ein Eingabefeld
maxlength="..."	Die maximale Länge des einzugebenden Textes
name="..."	Der Name des Eingabefelds
size="..."	Legt die Länge des Eingabefelds fest
value="..."	Legt einen vordefinierten Text fest

Tabelle 8.2: Attribute für das Tag <input.../>

Mehrzeilige Textfelder

Die eben besprochenen einzeiligen Textfelder erweisen sich bei der Eingabe von größeren Textmengen oft als zu klein. Gerade bei dem in der Einführung dieses Kapitels beschriebenen Anwendungsfall als Eingabefeld für so genannte *Feedbacks* will damit keine rechte Freude aufkommen. Zur einfachen Eingabe würde ein einzeiliges Textfeld schon reichen, doch eine Kontrolle des eingegebenen Textes erweist sich als äußerst umständlich. In diesem Fall bietet sich die Verwendung eines *mehrzeiligen Textfelds* an. Dessen Definition ist auch nicht wesentlich komplizierter, die zusätzlichen Angaben sind hier schnell erläutert (siehe Abbildung 8.4).

Ein mehrzeiliges Textfeld wird mit dem Tag <textarea></textarea> eingeleitet und im Gegensatz zu einzeiligen Textfeldern benötigen Sie diesmal ein abschließendes Element.

Syntax:

```
<textarea>...</textarea>
```

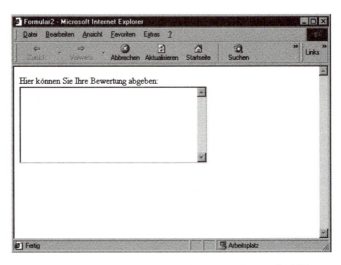

Abbildung 8.4: Hier können Sie eingegebenen Text besser überblicken

Ebenfalls notwendig ist die Angabe eines eindeutigen Namens für das Element. Dafür gelten die gleichen Regeln wie für einzeilige Textfelder. Zusätzlich geben Sie mit den Attributen rows und cols die Anzahl der Spalten und Zeilen (also Höhe und Breite) des Textfelds an.

Beispiel:

Das Formular verfügt über ein mehrzeiliges Eingabefeld. Die Höhe des Eingabefelds ist auf 8 Zeilen und seine Breite auf 40 Zeichen beschränkt.

Das Beispiel ist auf der CD zum Buch enthalten.

```
<!DOCTYPE html PUBLIC "-//W3C//DTD XHTML 1.0
 Strict//EN" "DTD/xhtml1-strict.dtd">
<html xmlns="http://www.w3.org/TR/xhtml1">
<head>
```

```html
<title>Formular2</title>
</head>
<body>
   <form method="post" action="mailto:name@provider">
   Hier können Sie Ihre Bewertung abgeben:
   <br/>
   <textarea name="Feedback" rows="8" cols="40">
   </textarea>
   </form>
</body>
</html>
```

Auch bei mehrzeiligen Textfeldern ist es möglich, einen vorgegebenen Text anzugeben. Anders als bei einzeiligen Textfeldern benötigen Sie hier kein ergänzendes Attribut, sondern geben den Text innerhalb des Bereichs <textarea></textarea> an. Außerdem entfällt die Angabe des Textes als Zeichenkette, Sie können ihn also als ganz normalen Textabschnitt behandeln.

Beispiel:

```html
<textarea name="Feedback" rows="8" cols="40">
   Bitte arbeiten Sie sorgfältiger!
</textarea>
```

Tag/Attribute	Beschreibung
<textarea></textarea>	Definiert ein mehrzeiliges Textfeld
rows="..."	Bestimmt die Höhe des Elements in Zeilen
cols="..."	Bestimmt die Breite des Elements in Zeichen

Tabelle 8.3: Attribute für das Tag <textarea></textarea>

Schaltflächen für Formulare

Nachdem nun alle Eingaben in ein Formular getätigt sind, soll der Benutzer in der Regel die Möglichkeit erhalten, deren Weiterverarbeitung zu steuern. Darunter verstehen wir in erster Linie das Löschen und das Absenden des Formularinhalts. Um nun diese Aktionen ausführen zu können, stehen unter XHTML standardmäßig zwei Arten von *Schaltflächen* zur Verfügung.

Zum Erstellen einer Schaltfläche verwenden Sie generell das Tag `<input.../>` zusammen mit dem Attribut type. Anschließend übergeben Sie dem Attribut type den Typ der gewünschten Schaltfläche. In XHTML steht zum Bearbeiten von Formularen entweder der Typ submit (Absenden der Formulardaten) oder reset (Löschen aller Eingaben) zur Verfügung. Mit der Definition einer der beiden Schaltflächen innerhalb eines Formulars erfolgt automatisch die Zuordnung der Funktion der Schaltflächen zu diesem Formular.

Mit dem Attribut name ist die Vergabe eines eindeutigen Namens für die Schaltfläche möglich. Dieser Name ist für den Benutzer nicht sichtbar. Die Angabe ist nicht unbedingt notwendig, sie wird jedoch benötigt, wenn die Schaltfläche mit JavaScript-Code angesprochen werden soll (siehe Abbildung 8.5).

Um die Daten des Formulars an den Empfänger zu senden, ist eine weitere Angabe für die Aktion submit nicht erforderlich. Beim Betätigen der Schaltfläche interpretiert der Browser die bereits beim Erstellen des Formulars mit dem Attribut action festgelegte Verarbeitungsart. Damit versteht es sich von selbst, dass die Definition einer solchen Schaltfläche innerhalb des Bereichs des entsprechenden Formulars erfolgen muss.

Beispiel:

Dieses Formular verfügt neben einem Eingabefeld auch über zwei Schaltflächen zum Auslösen der Aktionen des Formulars. Mit dem Betätigen der beiden Schaltflächen wird der Inhalt des Eingabefelds an den angegebenen Empfänger gesendet bzw. gelöscht. Damit ist dieses Formular voll funktionsfähig und kann bereits zum Versenden von Daten eingesetzt werden.

Kapitel 8   Arbeiten mit Formularen

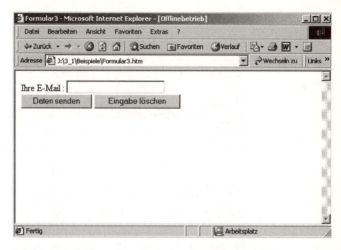

Abbildung 8.5: Dieses Formular ist bereits voll funktionsfähig

Das Beispiel ist auf der CD zum Buch enthalten.

```
<!DOCTYPE html PUBLIC "-//W3C//DTD XHTML 1.0
 Strict//EN" "DTD/xhtml1-strict.dtd">
<html xmlns="http://www.w3.org/TR/xhtml1">
<head>
<title>Formular3</title>
</head>
<body>
   <form method="post" action="mailto:name@provider">
      Ihre E-Mail : <input name="mail" size="25" />
      <br/>
      <input type="submit" value="Daten senden" />
```

```
    <input type="reset" value="Eingabe löschen" />
</form>
</body>
</html>
```

Tag/Attribute	Beschreibung
`<input.../>`	Definiert eine Schaltfläche
`type="(reset | submit | text | hidden | image | send file)"`	Bestimmt den Typ der Schaltfläche
`value="..."`	Legt die Beschriftung der Schaltfläche fest
`name="..."`	Name der Schaltfläche

Tabelle 8.4: Das Tag <input.../> zum Erstellen einer Schaltfläche

Werte	Beschreibung
`reset`	Schaltfläche zum Löschen der Daten des Formulars
`submit`	Schaltfläche zum Absenden der Daten des Formulars

Tabelle 8.5: Die Werte für das Attribut input

Radiobutton und Checkbox

Da kaum ein Windows-Dialog ohne diese beiden Eingabeelemente auskommt, werden sie Ihnen sicher vertraut vorkommen. In der folgenden Abbildung sehen Sie bspw. die Darstellung einer Gruppe von Radiobuttons mit Hilfe von XHTML.

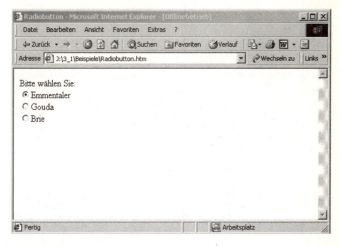

Abbildung 8.6: Radiobuttons

Bei der Definition eines Textfelds und einer Schaltfläche fand jeweils das Tag <input.../> Verwendung. Spätestens hier fällt auf, dass dieses Tag allgemein für Eingabeelemente (der Name sagt es ja schon) vorgesehen ist und mit dem Attribut type lediglich das entsprechende Element bezeichnet wird. Die Bezeichnung des entsprechenden Elements ist relativ einfach, da diese mit dem Namen des Elements verwandt ist. Für *Checkboxen* benutzen Sie type="checkbox" und für *Radiobuttons* type="radio". Die Bezeichnung radio ist gar nicht so fremd, wie es im ersten Moment klingen mag. Sie erinnert vielmehr an ältere Radiogeräte, bei denen zum Einstellen der Sender noch Drucktasten Verwendung fanden, von denen jeweils nur eine aktiv sein konnte.

Innerhalb des Tags <input.../> ist mit dem Attribut name die Vergabe eines Namens notwendig. Mit der Vergabe eines gemeinsamen Namens für mehrere Elemente fassen Sie diese zu einer Gruppe zusammen. Während innerhalb einer Gruppe von Checkboxen eine Mehrfachauswahl möglich ist, können Sie in einer Gruppe von Radiobuttons stets nur ein Element auswählen.

Außerdem ist mit dem Attribut value die Vergabe eines Werts für jedes Element vorgesehen. Dieser Wert wird zusammen mit den übrigen Daten des Formulars verarbeitet und an den Empfänger gesendet. Für den Benutzer ist dieser Wert unsichtbar.

Um dem Benutzer des Formulars eine Auswahl vorzuschlagen, können Sie mit dem Attribut checked eine Vorauswahl treffen. Der Benutzer kann diese Auswahl entweder übernehmen oder löschen und eine eigene Auswahl treffen. Im Gegensatz zu HTML dürfen Attribute wie checked nicht mehr minimiert angegeben werden. Ab jetzt muss jedem Attribut auch ein Wert übergeben werden. In diesem Fall ist also die Definition wie folgt notwendig:

checked="checked"

Beispiel:

Das Formular enthält eine Gruppe von Radiobuttons. In der Abbildung zu diesem Abschnitt ist gut zu sehen, dass nur ein Element ausgewählt werden kann. Beim Öffnen des Formulars wird das erste Element der oberen Gruppe mit Hilfe des Attributs checked vorselektiert.

Das Beispiel ist auf der CD zum Buch enthalten.

```
<!DOCTYPE html PUBLIC "-//W3C//DTD XHTML 1.0
 Strict//EN" "DTD/xhtml1-strict.dtd">
<html xmlns="http://www.w3.org/TR/xhtml1">
<head>
<title>Radiobutton</title>
</head>
<body>
<form method="post" action="mailto:name@provider">
    Bitte wählen Sie:
    <br/>
    <input type="radio" name="Marke" value="Emmentaler"
    checked="checked" />Emmentaler
    <br/>
```

| Kapitel 8 | Arbeiten mit Formularen |

```
            <input type="radio" name="Marke" value="Gouda" />
            Gouda
            <br/>
            <input type="radio" name="Marke" value="Brie" />
            Brie
            <br/>
    </form>
    </body>
</html>
```

Tag/Attribut	Beschreibung
`<input.../>`	Erstellt ein Eingabeelement
type="(checkbox | radio)"	Legt den Typ des Elements fest
name="..."	Enthält den Namen des Elements
value="..."	Der Wert des Elements bei der Übertragung der Formulardaten
checked=" checked "	Selektiert ein Element

Tabelle 8.6: Attribute für Radiobuttons und Checkboxen

Auswahllisten

In dem Element der *Auswahlliste* werden Sie sicher auch ein bekanntes Element wiederfinden. Hier können Sie in einer vertikal angeordneten Liste aus einem oder mehreren Texteinträgen eine Auswahl treffen. Dabei können Sie für das Auswahlfenster verschiedenste Einstellungen treffen. Die Definition einer Auswahlliste erfolgt mit dem Tag-Paar `<select></select>`. Innerhalb dieses Abschnitts erfolgt die Angabe der Inhalte des Auswahlfelds mit dem Tag `option`. Wie immer benötigt auch dieses Element mit dem Attribut `name` einen eindeutigen Namen. Mit dem optionalen Attribut `size` lassen sich zweierlei Arten von Listen erzeugen. Mit seiner Angabe gefolgt von einem Zahlenwert wird eine Liste mit der entsprechenden Anzahl von Textzeilen angezeigt. Dabei ist es unerheblich, ob alle angegebenen Zeilen genutzt werden oder nicht. Sie können dieses Attribut allerdings auch weglassen. Dann erhalten Sie ein Textfeld, welches an der rechten Seite eine Schaltfläche mit einem Pfeil enthält. Diese Darstellung wird Ihnen sicher als aufklappbares Listenfeld aus zahlreichen Windows-Anwendungen bekannt vorkommen.

Beispiel:

```
<select name="Mahlzeit" />
```

Wenn Sie dem Benutzer einen bestimmten Eintrag zur Auswahl vorschlagen wollen, dann können Sie dies mit dem Attribut selected bewerkstelligen. Tragen Sie es dazu in Zusammenhang mit dem Listeneintrag unmittelbar hinter dem Tag <option> ein. Beim Anzeigen des Formulars wird dieser Eintrag farbig hinterlegt dargestellt.

Beispiel:

```
<option selected="selected" /> Suppe
```

Standardmäßig ist bei Auswahllisten lediglich die Auswahl eines Eintrags möglich. Mit dem Attribut multiple können Sie das Auswahlfeld um die Fähigkeit einer Mehrfachauswahl erweitern. Um jetzt mehrere Einträge mit der Maus zu selektieren, ist zusätzlich das Betätigen der [Strg]-Taste notwendig.

Beispiel:

```
<select name="Mahlzeit" size="6" multiple="multiple" />
```

Und abschließend folgt noch das ergänzende Attribut value. Es erwartet als Übergabewert eine Zeichenkette, Sie müssen den Text also in Anführungszeichen setzen. Ohne dieses Attribut werden beim Absenden der Formulardaten die unter <option></option> angegebenen Einträge übermittelt. Mit seiner Angabe erhalten Sie stattdessen spezielle Rückgabewerte, die für den Benutzer nicht sichtbar sind und dann an den Empfänger gesendet werden.

Beispiel:

Die in dem Formular enthaltene Auswahlliste präsentiert sich dem Benutzer als aufgeklappte Liste mit einer Höhe von sechs Zeilen (size=»6"), bei der alle Einträge sichtbar sind. Beim Öffnen des Formulars wird der zweite Eintrag automatisch selektiert, was an dem dunklen Hintergrund des Eintrags sichtbar ist.

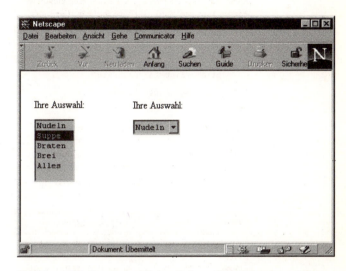

Abbildung 8.7: Eine Auswahlliste mit size=»6" und eine Auswahlliste mit size="1"

Das Beispiel ist auf der CD zum Buch enthalten.

```
<!DOCTYPE html PUBLIC "-//W3C//DTD XHTML 1.0
 Strict//EN" "DTD/xhtml1-strict.dtd">
<html xmlns="http://www.w3.org/TR/xhtml1">
<head>
<title>Auswahlliste</title>
</head>
<body bgcolor ="#dcdcdc">
```

```html
<form method="post" action="mailto:name@provider">
<p>Ihre Auswahl:</p>
<select name="Mahlzeit" size="6">
   <option value="1" /> Nudeln
   <option selected="selected" value="2"> Suppe
   <option value="3" /> Braten
   <option value="4" /> Brei
   <option value="5" /> Alles
</select>
</form>
</body>
</html>
```

Tag/Attribute	Beschreibung
<select></select>	Definiert eine Auswahlliste
name="..."	Name der Liste
size="..."	Anzahl der sichtbaren Einträge
multiple="multiple"	Ermöglicht eine Mehrfachauswahl
<option />	Definiert einen Eintrag innerhalb der Auswahlliste
selected="selected"	Selektierter Eintrag
value="..."	Der Wert des Elements bei der Übertragung der Formulardaten

Tabelle 8.7: Attribute des Tags <select></select>

Tabulatorreihenfolgen

Wenn Sie dem Benutzer Ihres Formulars etwas mehr Komfort bieten wollen, dann können Sie *Tabulatorreihenfolgen* festlegen. Auf diese Weise kann sich der Benutzer mit der ⇄-Taste von Feld zu Feld bewegen. Das ist besonders dann sinnvoll, wenn sich der Cursor nach dem Ausfüllen des letzten Felds automatisch auf die Schaltfläche zum Absenden der Daten bewegen soll. Diese Verhaltensweise realisieren Sie mit dem Attribut tabindex, welches glücklicherweise von den beiden am meisten verwendeten Browsern (Internet Explorer und Netscape) richtig interpretiert wird.

```
<input type maxlength="20" tabindex="4" />

<input type maxlength="20" tabindex="1" />

<input type="submit" value="Daten_senden" tabindex="3" />
```

In der Regel kann der Benutzer des Formulars vorgegebene Texte bzw. eine vorgeschlagene Auswahl übernehmen oder auch durch eigene Angaben ersetzen. Hin und wieder tritt auch der seltene Fall auf, dass bestimmte Einstellungen übernommen werden müssen und diese aber trotzdem angezeigt werden sollen. In diesem Fall können Sie das Element mit dem Attribut readonly versehen. Damit wird es für Eingaben und Änderungen gesperrt. Äußerlich ist dieser Zustand nicht erkennbar, der Benutzer bemerkt es leider erst bei dem Versuch, einen Eintrag vorzunehmen.

Attribut	Beschreibung
readonly="readonly"	Sperrt ein Element für den Benutzer
tabindex="..."	Legt die Tabulatorreihenfolge fest

Tabelle 8.8: Weitere Attribute für Formulare

Elementgruppen

Sie können die Elemente eines Formulars auch optisch zu einer *Elementgruppe* zusammenfassen. Das hat in umfangreicheren Formularen den Vorteil der höheren Übersichtlichkeit. Die Funktion der Elemente wird damit nicht beeinflusst. Das Zusammenfassen von Elementen erfolgt mit dem Tag <fieldset></fieldset>. Alle innerhalb dieses Tags vorkommenden Elemente werden von einem Rahmen umschlossen. Zusätzlich ist mit dem ergänzenden Tag <legend></legend> das Einfügen einer Überschrift möglich. Beide Tags benötigen einen eröffnenden und einen abschließenden Tag, sie bilden also einen abgeschlossenen Bereich. Die mit <legend></legend> eingefügte Überschrift erscheint über der oberen Linie des Rahmens und kann zusätzlich mit dem Attribut align ausgerichtet werden.

Beispiel:

Hier wurden alle Elemente des Formulars als eine gemeinsame Elementgruppe optisch zusammengefasst. Die Breite des damit entstandenen Rahmens richtet sich automatisch nach der zur Verfügung stehenden Fensterbreite des Browsers.

Das Beispiel ist auf der CD zum Buch enthalten.

```
<!DOCTYPE html PUBLIC "-//W3C//DTD XHTML 1.0
 Strict//EN" "DTD/xhtml1-strict.dtd">
<html xmlns="http://www.w3.org/TR/xhtml1">
<head>
<title>Elementgruppe</title>
</head>
<body>
   <form method="post" action="mailto:name@provider">
   <fieldset>
   <legend align="left">Treffen Sie Ihre
   Auswahl</legend>
     <br/>
     Feld1:<input   size=25><br/>
     Feld2:<input   size=25><br/>
```

```
        Feld3:<input  size=25><br/>
        Feld4:<input  size=25><br/>
        <br/>
        <input type="submit" value="Daten senden" />
        <input type="reset" value="Eingabe löschen" />
        <br/>
      </fieldset>
  </form>
 </body>
</html>
```

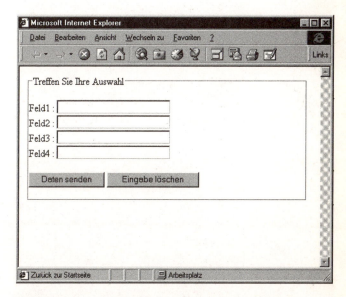

Abbildung 8.8: Zusammengefasste Elemente eines Formulars

Tag/Attribute	Beschreibung
`<fieldset></fieldset>`	Erstellt eine Elementgruppe
`<legend></legend>`	Fügt eine Überschrift in den Rahmen der Gruppe ein
`align="(left | center | right)"`	Richtet die Überschrift aus

Tabelle 8.9: Die Tags zum Gruppieren von Elementen

KAPITEL

Aufteilen mit Frames

Mit Frames sind Sie in der Lage, den Bildschirm in mehrere, voneinander unabhängige Bereiche aufzuteilen. Hier finden Sie das notwendige Wissen, um diese Technik erfolgreich in Ihrem Webprojekt einzusetzen.

Aufteilen mit Frames

Frames, was ist das denn nun schon wieder? Frames, das ist für XHTML-Programmierer Segen und Fluch zugleich. Frames haben erreicht, was kaum ein Gestaltungsmittel so gründlich nachmachen könnte. Sie haben das Lager der XHTML-Programmierer in zwei Teile gespalten. Während die einen leidenschaftliche Verfechter dieser Technik sind, neigen andere dazu, beim Anblick von Frames in eine Art Erstarrung zu verfallen. Was beide Gruppen auch immer zu ihrer Haltung bewegen mag, für alle Parteien existieren reichlich Argumente.

Frames ermöglichen die Aufteilung des Browserfensters in verschiedene, voneinander unabhängige Bereiche. Jeder dieser Bereiche (Frames) fungiert dabei als eigenständige Webseite. Meistens wird dabei der linke Frame als Übersichtsseite benutzt, während sich im rechten Bereich die eigentliche Hauptseite befindet.

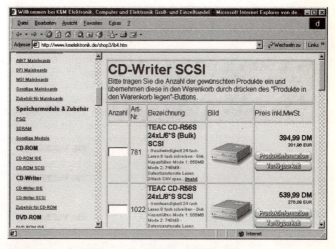

Abbildung 9.1: Eine typische Webseite mit Frames

Und wo stecken dabei die Vorteile? Zum einen ermöglichen Frames eine übersichtliche Navigation durch tief verzweigte Seitenstrukturen. Mit dem Bereitstellen eines Bereichs ausschließlich zum Navigieren hat der Benutzer nie das Gefühl, irgendwo in der Seitenstruktur verloren zu gehen.

Zum anderen sind Frames eine sehr fehleranfällige Technik und leider können vor allem ältere Browser nicht viel damit anfangen. Davon abgesehen verfügt nicht jeder Benutzer über einen ausreichend großen Bildschirm, um eine sinnvolle Darstellung der Seiteninhalte zu erzielen. Wenn Sie sich vorstellen, dass der ohnehin schon knapp bemessene Bildschirmplatz in zwei oder gar drei Bereiche aufgeteilt wird, dann ist eine sinnvolle Darstellung erst ab einem 17"-Bildschirm möglich.

Sie sind aber auch ohne Frames in der Lage, gut und übersichtlich gegliederte Webprojekte zu erstellen. Dafür gibt es genügend gute Beispiele, deren Realisierung mit einfachsten Mitteln erfolgt. Aber wie gesagt, das ist letztendlich eine Geschmacks- und vor allem auch eine Glaubensfrage.

Aufbau von Frames

Eine Webseite, die aus Frames besteht, werden Sie nie zu Gesicht bekommen. Warum? Weil jeder Frame aus einer eigenen Webseite besteht. Die Startseite selbst wird vom Browser nicht angezeigt. Der Browser benötigt lediglich die in dieser Seite enthaltenen Informationen über alle anzuzeigenden Frame-Seiten. Und aus wieviel XHTML-Seiten besteht nun ein Projekt mit Frames genau? Mindestens aus so vielen HTML-Seiten, wie Bereiche mit Frames angezeigt werden plus der nicht sichtbaren Startseite. Ist also der sichtbare Bereich des Browsers in zwei Bereiche mit Frames aufgeteilt, benötigen Sie insgesamt drei XHTML-Dateien.

Die Startseite

Die *Startseite* ist die Seite, welche alle Informationen über die Aufteilung des Bildschirms und die darin anzuzeigenden Seiten enthält. Die Definition dieser Informationen erfolgt zwischen den Tags </head> und <body>. Die Definition selbst wird mit dem Tag-Paar <frameset></frameset> durchgeführt und enthält alle relevanten Angaben zu den

Kapitel 9 — Aufteilen mit Frames

Frames. Mit dem ersten Aufruf dieser Seite interpretiert der Browser diese Informationen und teilt die Bildschirmfläche in die angegebenen Bereiche auf. Anschließend lädt er die angegebenen Webseiten und zeigt diese in den definierten Bereichen an. Wenn eine dieser Seiten nicht verfügbar ist, bleibt der entsprechende Bereich leer und wird nicht genutzt.

```
<!DOCTYPE html PUBLIC "-//W3C//DTD XHTML 1.0
 Strict//EN" "DTD/xhtml1-frameset.dtd">
<html xmlns="http://www.w3.org/TR/xhtml1">
<head>
<title>Titel</title>
</head>
   <frameset>
      ...
   </frameset>
</html>
```

Um nun den weiteren Aufbau des Tags <frameset></frameset> zu verstehen, müssen Sie sich zuerst mit den verschiedenen Grundkonzepten von Frames vertraut machen.

Die Einteilung in Frames kann in horizontaler (rows) und in vertikaler Richtung (cols) erfolgen. Selbstverständlich können Sie auch beide Richtungen miteinander mischen, also Definitionen mit frameset untereinander verschachteln.

Gehen wir also vom einfachsten Fall, einem vertikal zweigeteilten Fenster, aus. In der Definition von <frameset></frameset> erfolgt wie gesagt die Angabe über die Größenverhältnisse der Fenster in Form von Zahlenwerten. Hier sehen Sie, wie mit dem Attribut cols durch die Angabe von zwei Größenangaben der Bildschirm in zwei Bereiche unterteilt wird.

Syntax:

```
<frameset cols=»20%,80%»>
   ...
</frameset>
```

Im obigen Beispiel erfolgt also die Aufteilung in ein vertikal geteiltes Fenster zu 20% und ein zweites zu 80% der zur Verfügung stehenden Bildschirmbreite. Statt Prozentangaben sind auch absolute Zahlenangaben in Pixel möglich. So können Sie z.B. auch folgende Definition angeben:

Syntax:

```
<frameset cols=»100,*»>
    ...
</frameset>
```

Damit erfolgt die Aufteilung in ein linkes Fenster zu 100 Pixel und ein rechtes Fenster, welches aufgrund der Verwendung eines Platzhalters den restlichen Platz ausfüllt.

Tag/Attribute	Beschreibung
`<frameset></frameset>`	Definiert einen Frame-Bereich
`<noframes></noframes>`	Ermöglicht alternative Angaben
`<frame.../>`	Definiert einen Frame
`name="..."`	Bestimmt den Namen eines Frames
`src="..."`	Definiert die Adresse der Seite
`rows="..."`	Legt die Anzahl der horizontalen Elemente fest
`cols="..."`	Legt die Anzahl der vertikalen Elemente fest

Tabelle 9.1: Das Tag zum Erstellen von Frames

Aufteilung in vertikale Frames

Nachdem der Browser diese Informationen verarbeitet hat, benötigt er noch die Namen der Seiten, welche in den neuen Frames angezeigt werden sollen. Diese Angaben erfolgen in dem Raum zwischen `<frameset></frameset>` mit dem Tag Frame und dem ergänzenden Attribut src. Hier werden die gewünschten Seitendefinitionen untereinander aufgelistet. Dabei wird die zuerst genannte Seite in das linke Fenster, die zweite in das rechts folgende Fenster usw. geladen.

Beispiel:

In der Startseite erfolgt die Aufteilung des Fensters in zwei Bereiche. Der erste Bereich mit dem Namen *index* befindet sich auf der linken Hälfte, während sich der zweite Bereich auf der rechten Seite befindet.

Das Beispiel ist auf der CD zum Buch enthalten.

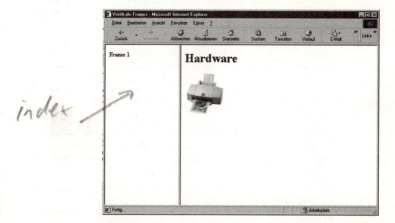

Abbildung 9.2: Die wohl am meisten verbreitete Darstellungsart mit Frames

```
<!DOCTYPE html PUBLIC "-//W3C//DTD XHTML 1.0 Strict//EN"
"DTD/xhtml1-frameset.dtd">

<html xmlns="http://www.w3.org/TR/xhtml1">

<head>

<title>Vertikale Frames</title>

</head>
```

```
<frameset cols="200,*">
    <frame src="Frame1.htm" name="index" />
    <frame src="Frame2.htm" name="uebersicht" />
</frameset>
</html>
```

name

In dem obigen Listing sehen Sie, dass in der Definition des Tags <frame.../> mit dem Attribut name ein Name für jedes Fenster vergeben wurde. Dies ist insofern wichtig, als dass über diesen Namen die einzelnen Fenster über Verweise angesprochen werden können. In der Definition der Hauptseite wurde die Breite der Frames bereits festgelegt. Bewegen Sie doch einmal den Mauszeiger über den schmalen Rand zwischen den beiden Fenstern. Sie werden feststellen, dass dieser sich zu einem Doppelpfeil verändert. Versuchen Sie ruhig, die Größe der beiden Fenster zu verändern. Diese Funktionalität wird von allen Browsern unterstützt und dürfte kein Problem darstellen.

Aufteilung in horizontale Frames

Als Nächstes wollen wir uns der Unterteilung des Browserfensters in horizontal getrennte Fenster widmen. Dieses Prinzip unterscheidet sich nicht sonderlich vom vorhergehenden Anwendungsfall. Hier müssen Sie lediglich das Attribut cols gegen rows austauschen, alles andere lassen Sie unverändert. Auch in diesem Fall gelten für die Größenangaben der Fenster die gleichen Regeln.

Beispiel:

In diesem Beispiel sehen Sie die Aufteilung in drei Frames. Die Aufteilung erfolgt auch hier wieder in der Reihenfolge der Aufzählung, also oben ein Fenster mit 20 Prozent, in der Mitte eines mit 55 Prozent und schließlich unten ein Fenster, welches den zur Verfügung stehenden Rest nutzt.

Das Beispiel ist auf der CD zum Buch enthalten.

```
<!DOCTYPE html PUBLIC "-//W3C//DTD XHTML 1.0
Strict//EN" "DTD/xhtml1-frameset.dtd">
<html xmlns="http://www.w3.org/TR/xhtml1">
<head>
<title>Horizontale Frames</title>
</head>
<frameset rows="20%,55%,*">
   <frame src="Frame1.htm" name="oben" />
   <frame src="frame2.htm" name="mitte" />
   <frame src="frame3.htm" name="unten" />
</frameset>
</html>
```

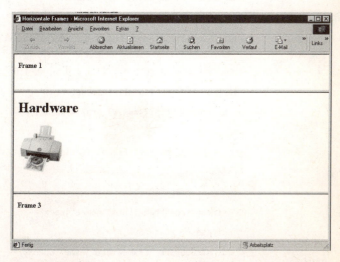

Abbildung 9.3: Ein in drei horizontal angeordnete Frames unterteilter Bildschirmbereich

Verschachteln von Frames

Abschließend soll noch eine dritte und häufig genutzte Variante zur Sprache kommen. Diese Variante stellt eine Kombination aus den beiden vorherigen Möglichkeiten dar. Im folgenden Beispiel wird der Bildschirmbereich zuerst mit <frameset cols="20%,*"> vertikal aufgeteilt. Anschließend erfolgt eine weitere Definition mit <frameset rows="80%,*"> und damit die horizontale Aufteilung der rechten Hälfte. Eine solche Verschachtelung können Sie beliebig wiederholen, prinzipiell sind Ihnen da keinerlei Grenzen gesetzt. Doch immerhin müssen Sie die Verschachtelungen auch verwalten und irgendwann wirkt ein solches Projekt auf den Benutzer eher unübersichtlich als strukturiert. Ein großes Problem bei solchen Verschachtelungen ist auch die mangelnde Offline-Fähigkeit solcher Seiten. Viele Benutzer laden erst ganze Projekte in den Cache, um anschließend die Verbindung zu trennen und die Webseiten online in aller Ruhe zu lesen. Dann aber hat der Browser oft Schwierigkeiten, das Projekt korrekt anzuzeigen, und das liegt dann meistens an den vielen Frames.

Das Beispiel ist auf der CD zum Buch enthalten.

```
<!DOCTYPE html PUBLIC "-//W3C//DTD XHTML 1.0
 Strict//EN" "DTD/xhtml1-frameset.dtd">
<html xmlns="http://www.w3.org/TR/xhtml1">
<head>
<title>Verschachtelte Frames</title>
</head>
<frameset cols="20%,*">
   <frame src="Frame1.htm" name="index">
   <frameset rows="80%,*">
      <frame src="Frame2.htm" name="oben" />
      <frame src="Frame3.htm" name="unten" />
   </frameset>
```

(handschriftliche Anmerkung: ="index/")

```
</frameset>
</html>
```

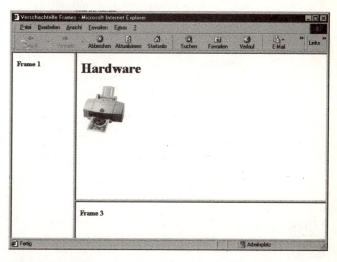

Abbildung 9.4: Mehr als drei Bereiche sollten Sie nicht verwenden

Framefreie Zonen

Wie gesagt, nicht alle Browser unterstützen Frames. Deshalb sollten Sie den Benutzern von älteren Browsern die Möglichkeit geben, trotzdem einige Informationen über die Seiten zu erlangen. Für diesen Zweck wird der Bereich `<noframe></noframe>` verwendet. Damit erzeugen Sie eine *framefreie Zone*, die in älteren Browsern statt der Frames angezeigt wird.

Beispiel:

Hier sehen Sie die Anordnung des Bereichs noframe mit einem Textabschnitt. Der Bereich befindet sich in einem freien Bereich der XHTML-Datei.

```
<!DOCTYPE html PUBLIC "-//W3C//DTD XHTML 1.0
Strict//EN" "DTD/xhtml1-frameset.dtd">
<html xmlns="http://www.w3.org/TR/xhtml1">
<head>
<title>Titel</title>
</head>
   <frameset>
      ...
   </frameset>
   <noframes>
      Ihr Browser kann leider keine Frames anzeigen.
   </noframe>
</html>
```

Beeinflussen des Frame-Rands

Zum Glück erfolgt bei den neueren Versionen der Browser eine einheitliche Darstellung des Rands. Doch trotzdem kann sich dieser als störend erweisen, und zwar genau dann, wenn beide Bereiche lediglich durch einen Farbübergang getrennt werden sollen. Oder wenn z.B. die funktionale Trennung der beiden Bereiche gegenüber der Gestaltung in den Hintergrund treten soll. Zum Entfernen des Rahmens verwenden Sie das Attribut frameborder und übergeben ihm den Wert 0.

Beispiel:

Frameborder="0"

Sie können den Rand des Frames auch so beeinflussen, dass der Benutzer seine Größe nicht mehr verändern kann. Mit dem Attribut noresize muss dieser sich dann mit der Fenstereinteilung ein für allemal abfinden und hat darauf keinerlei Einfluss mehr.

Beispiel:

```
<frame src="Frame1.htm" name="index"
 noresize="noresize">
```

Und letztendlich können Sie den Rahmen auch noch farbig darstellen. Dazu ergänzen Sie die Definition des Bereichs <frameset> in der Startdatei um das Attribut bordercolor und übergeben ihm einen Zahlenwert, welcher eine gültige Farbe repräsentiert. Hier gelten übrigens wie immer die allgemeinen Angaben zur Verwendung von Farben in XHTML.

Beispiel:

Die HTML-Datei enthält zwei vertikale Frames, die mit einem farbigen Rand angezeigt werden. Die Angabe des Attributs noresize erfolgt in der zweiten Definition eines Frames, was jedoch keine Bedingung darstellt. Die Angabe des Attributs in der ersten Definition würde die gleiche Wirkung erzielen.

> Das Beispiel ist auf der CD zum Buch enthalten.

```
<!DOCTYPE html PUBLIC "-//W3C//DTD XHTML 1.0
Strict//EN" "DTD/xhtml1-frameset.dtd">
<html xmlns="http://www.w3.org/TR/xhtml1">
<head>
<title>Rahmen beeinflussen</title>
</head>
<frameset cols="200,*" bordercolor="#00ff00">
   <frame src="Frame1.htm" name="index" />
   <frame src="Frame2.htm" name="uebersicht"
    noresize="noresize" />
</frameset>
</html>
```

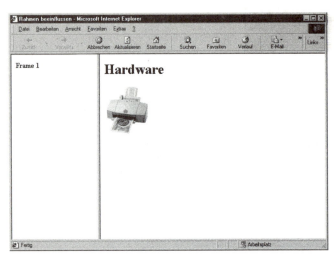

Abbildung 9.5: Ein Seite mit farbigem Rahmen

Abstände innerhalb der Frames

Wie Sie im vorherigen Abschnitt gesehen haben, können Sie in der Startdatei einige Einstellungen für Frames zentral vornehmen. Jetzt folgt noch eine weitere Einstellung, von der man normalerweise nicht annehmen würde, dass sie ebenfalls zentral erfolgt. Dabei handelt es sich um die Abstände zwischen dem Seiteninhalt und dem Frame-Rand. Die entsprechenden Attribute lauten `marginheight` (horizontaler Abstand) und `marginwidth` (vertikaler Abstand) und erwarten die Angabe eines absoluten Zahlenwerts oder eines relativen Prozentualwerts. Diese Einstellung gilt für alle Elemente, welche zu der in diesem Frame angezeigten Webseite gehören. Dieses Vorgehen birgt Vorteile, aber auch Nachteile in sich. Mit der zentralen Einstellung der Abstände vom Seiteninhalt zum Rand erreichen Sie zum einen eine einheitliche Darstellung und ersparen sich das Ausrichten einzelner Elemente der verschiedenen Webseiten. Zum anderen müssen Sie diese Einstellungen während der Gestaltung jeder einzelnen Seite beachten und diesen Umstand in das Gesamtkonzept einbeziehen.

Beispiel:

Hier wurden für die Anzeige der Seiteninhalte des oberen Frames Abstände zum Rand angegeben. Die Anzeige der Inhalte des unteren Frames erfolgt in herkömmlicher Weise.

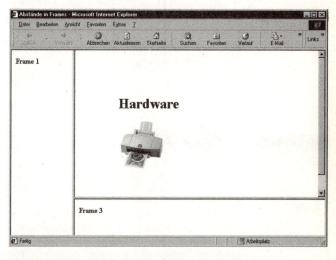

Abbildung 9.6: Abstände können bereits zentral festgelegt werden

Das Beispiel ist auf der CD zum Buch enthalten.

```
<!DOCTYPE html PUBLIC "-//W3C//DTD XHTML 1.0
Strict//EN" "DTD/xhtml1-frameset.dtd">
<html xmlns="http://www.w3.org/TR/xhtml1">
<head>
```

```
<title>Abstände in Frames</title>
</head>
<frameset cols="20%,*">
     <frame src="Frame1.htm" name="index" />
     <frameset rows="80%,*">
        <frame src="Frame2.htm" name="uebersicht"
       marginwidth="100" marginheight="100" />
        <frame src="frame3.htm" name="unten" />
     </frameset>
</frameset>
</html>
```

Verweise in Frames

Was würde wohl geschehen, wenn Sie innerhalb einer Seite mit Frames einen ganz normalen Verweis zu einer weiterführenden Seite Ihres Projekts aktivieren würden? Richtig, die Zielseite erscheint im Browser, aber, oh Schreck, von den Frames ist nichts mehr zu sehen. Das ist auch kein Wunder, schließlich müssen Sie dem Browser mitteilen, dass er die Zielseite in einem der Frame-Fenster darstellen soll. Das kann das gleiche Frame-Fenster oder auch ein anderes sein. So können Sie z.B. das linke Fenster permanent als Seite mit allen Links anzeigen, während im rechten Hauptfenster die Hauptseiten des Projekts angezeigt werden.

Um dem Browser das Zielfenster des Verweises anzugeben, benutzen Sie in der Deklaration des Verweises das Attribut target und übergeben ihm den Namen des Zielframes. Dessen Name wurde bereits in der Startseite zusammen mit <frame src="..." name="..." /> angegeben. Alternativ dazu sind für das Attribut verschiedene Voreinstellungen möglich, die Sie in der Tabelle am Ende dieses Abschnitts finden.

Beispiel:

Der hier definierte Verweis lädt eine XHTML-Datei in das Fenster mit dem Namen *Übersicht*. In dem Beispiel auf der CD zum Buch wurde dieser Name für das Fenster vergeben, in dem auch diese XHTML-Datei angezeigt wird. Die neue XHTML-Datei wird also im gleichen Frame angezeigt.

Das Beispiel ist auf der CD zum Buch enthalten.

```
<!DOCTYPE html PUBLIC "-//W3C//DTD XHTML 1.0
 Strict//EN" "DTD/xhtml1-frameset.dtd">
<html xmlns="http://www.w3.org/TR/xhtml1">
<head>
<title>Verweise in Frames</title>
</head>
<body>
   <a href="Frame2.htm" target="uebersicht">neues
   Projekt</a>
</body>
</html>
```

Diese Technik bewährt sich allerdings nicht, wenn Sie einen externen Verweis in das WWW aktivieren wollen. Schließlich gehört dieser zu einem eigenständigen Projekt, welches auf fremdem Gedankengut beruht. Mit dessen Darstellung innerhalb Ihres Projekts würden Sie diesem Umstand ungenügend Rechnung tragen und es würde der Eindruck des Ideenraubs aufkommen. Deshalb sollte aus Respekt vor der Arbeit anderer jeder Link zu einem fremden Projekt auch als solcher erkennbar in einem neuen Fenster angezeigt und nicht als Bestandteil des eigenen Projekts dargestellt werden.

Zur Übersicht können Sie aus der folgenden Tabelle die verschiedenen Einstellungen für Verweise und deren Zielfenster entnehmen.

Attribut/Werte	Beschreibung
target =""	Legt ein Zielfenster fest
_blank	Die Zielseite erscheint in einem neuen Fenster
_self	Die Zielseite erscheint im gleichen Frame
_parent	Die Zielseite erscheint in einem übergeordneten Frame
_top	Die Zielseite erscheint in einem Fenster über dem Frame

Tabelle 9.2: Verschiedene Werte für das Attribut target

Eingebettete Frames

Am Ende dieses Abschnitts soll noch eine besondere Neuerung zu Frames erwähnt werden. Dabei handelt es sich um *Inline-Frames*. Sie ermöglichen das Einbinden einer anderen Webseite in eine bestehende Seite oder eine bestehende Frame-Seite. Damit können Sie z.B. dem Besucher Ihrer Seite einen schnellen Ausblick auf eine weitere eigene Seite verschaffen oder auch eine andere Seite mit weiterführenden Themen zu Ihrer Seite anzeigen. Es versteht sich von selbst, dass im letzteren Fall die Urheberrechte der anderen Seite gewahrt bleiben müssen und deren Inhalt nicht ohne weiteres als Bestandteil der eigenen Seite ausgegeben werden kann. Das Ganze hat allerdings auch den Nachteil, dass sich zum einen die Downloadzeit der gesamten Seite erhöht und zum anderen der Netscape Navigator diese Technik leider (noch) nicht unterstützt. Das ist aber noch lange kein Grund, darauf zu verzichten. Sie können für diesen Fall auch einen Alternativtext angeben und vielleicht schon mit der nächsten verbesserten Version des Netscape Navigator rechnen. Das Einbinden eines Inline-Frames erfolgt mit dem Tag <iframe></iframe>, anschließend folgen die für Frames üblichen Angaben. Da die eingebundene Frame-Seite mit Sicherheit das Fassungsvermögen Ihres Fensters übersteigt, können Sie mit dem ergänzenden Attribut scrolling die Anzeige von Rollbalken steuern.

Kapitel 9 — Aufteilen mit Frames

Attribut/Werte	Beschreibung
`scrolling=""`	Legt fest, ob ein Frame Rollbalken enthält
auto	Die Anzeige der Rollbalken erfolgt automatisch
yes	Es werden Rollbalken angezeigt
no	Es werden keine Rollbalken angezeigt

Tabelle 9.3: Die Werte für das Attribut scrolling

Beispiel:

Die XHTML-Seite enthält einen Inline-Frame, dessen Fenster mit Rollbalken versehen wurde. Innerhalb des Bereichs <iframe> </iframe> befindet sich ebenfalls ein Alternativtext, der vom Netscape Navigator statt des Inline-Frames angezeigt wird.

Das Beispiel ist auf der CD zum Buch enthalten.

```
<!DOCTYPE html PUBLIC "-//W3C//DTD XHTML 1.0
 Strict//EN" "DTD/xhtml1-frameset.dtd">
<html xmlns="http://www.w3.org/TR/xhtml1">
<head>
<title>iframe</title>
</head>
<body>
<h2>Das W3C und Inline-Frames</h2><p>
   <iframe src="Frame2.htm" width="400" height="150"
     scrolling="auto" frameborder="1" />
   Leider kann Ihr Browser keine Inline-Frames anzeigen
   </iframe><p>
</body>
</html>
```

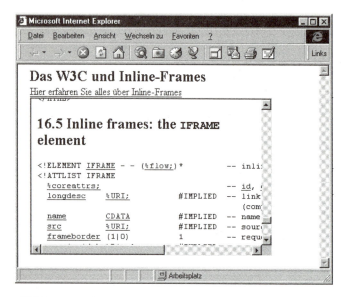

Abbildung 9.7: Eine Seite mit Inline-Frame zu einer Seite des W3C-Konsortiums

Tag/Attribute	Beschreibung
`<iframe></iframe>`	Definiert einen eingebetteten Frame
`scrolling`	Legt fest, ob Rollbalken verwendet werden

Tabelle 9.4: Das Tag <iframe></iframe> für eingebettete Frames

KAPITEL

Weitere Möglichkeiten

In dem folgenden Kapitel lernen Sie weitere Möglichkeiten zum Gestalten einer Webseite kennen. Dabei findet das Thema Sonderzeichen ebenso Beachtung wie die Angabe von Farbwerten und das Gestalten von Bereichen einer Seite mit verschiedenen Stilelementen.

10

Weitere Möglichkeiten

Zum Gestalten des *Hintergrunds* stehen Ihnen prinzipiell zwei Möglichkeiten zur Verfügung: entweder mit Farbe oder mit Grafiken. Beide Möglichkeiten können Sie auf einfache Art und Weise realisieren – und zwar mit Hilfe von Attributen im Tag <body></body>. Zum Festlegen einer Hintergrundfarbe geben Sie dort das Attribut bgcolor ein, dem Sie einen Wert für die gewünschte Farbe übergeben. Diese Einstellung ist dann nur für den Hintergrund gültig und beeinflusst nicht die weitere Vergabe von Farben für z.B. Tabellenspalten oder andere Elemente der Seite.

Syntax:

<body bgcolor="#00ffff">

So wie Sie mit einem Handgriff eine zentrale Hintergrundfarbe vergeben, so können Sie auch ein Hintergrundbild definieren. Dazu verwenden Sie im Tag <body></body> das Attribut background. Diesem Attribut übergeben Sie den Pfad und den Dateinamen einer beliebigen Grafik im GIF- oder JPG-Format. Die mit eingebundene Grafik wird automatisch immer wieder neben – und übereinander angeordnet. Damit entsteht ein so genannter *Tapeteneffekt* (*Wallpaper*), der sich über die gesamte Seite auswirkt.

Diese beiden Gestaltungsmöglichkeiten sollen nach den Vorstellungen des W3C in der Zukunft nicht mehr zum Einsatz kommen – bekanntermaßen sollen demnächst alle Formatierungen mit CSS erfolgen. Erfahrungsgemäß wird diese Gestaltungsmöglichkeit trotzdem noch lange Zeit Verwendung finden.

Beispiel:

Im body-Tag der XHTML-Datei wurde eine Grafik eingebunden. Die Grafik wird über den gesamten sichtbaren Bereich wiederholt und liegt immer unter den in diesem Bereich <body></body> befindlichen Elementen.

Das Beispiel ist auf der CD zum Buch enthalten.

```
<!DOCTYPE html PUBLIC "-//W3C//DTD XHTML 1.0
 Strict//EN" "DTD/xhtml1-strict.dtd">
<html xmlns="http://www.w3.org/TR/xhtml1">
<head>
<title>Hintergrundbild</title>
</head>
<body background="printer_02.gif">
   <h2>Hintergrundbild</h2>
</body>
</html>
```

Abbildung 10.1: Dieses Ergebnis ...

Abbildung 10.2: ... wurde mit diesem kleinen Bild erzeugt

Eine weitere Möglichkeit zum Gestalten einer Seite besteht in der Verwendung von horizontalen *Trennlinien*. Dieses Stilelement stammt noch aus den Anfangszeiten von HTML und wurde früher sehr intensiv genutzt. Mit der zunehmenden Verwendung von Grafiken und dem Wandel der gestalterischen Ansprüche hat es allerdings immer mehr an Bedeutung verloren. Das entsprechende Tag lautet <hr/> und kann mit zahlreichen Attributen ergänzt werden. Dieses Tag ist ein so genanntes leeres oder auch inhaltsloses Tag und enthält den abschließenden Schrägstrich. Da die dargestellte Trennlinie standardmäßig schattiert dargestellt wird, können Sie mit Hilfe des Attributs noshade eine eindimensionale Darstellung erzwingen. Zusätzlich können Sie mit width die Breite in Pixel oder Prozent sowie mit size die Höhe der Linie angeben. Die Voreinstellung dieses Attributs enthält den Wert 2. Wem das immer noch zu wenig Möglichkeiten sind, für den ist sicher das Attribut color von Interesse. Damit ist die farbige Darstellung einer Trennlinie möglich.

Beispiel:

Hier sehen Sie die Verwendung von vier Trennlinien mit unterschiedlichen Formatangaben.

Das Beispiel ist auf der CD zum Buch enthalten.

```
<!DOCTYPE html PUBLIC "-//W3C//DTD XHTML 1.0
 Strict//EN" "DTD/xhtml1-strict.dtd">
<html xmlns="http://www.w3.org/TR/xhtml1">
```

```html
<head>
<title>Trennlinien</title>
</head>
<body>
    <p><h2>Verschiedene Trennlinien</h2></p>
    <hr>
    <hr size="4" />
    <hr noshade align=right width="150" />
    <hr color="#ff0000" width="200" />
</body>
</html>
```

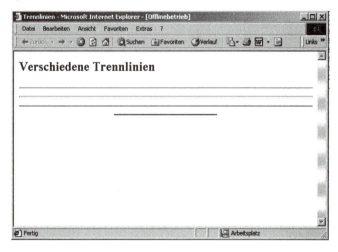

Abbildung 10.3: Mit Trennlinien teilen Sie Dokumente in verschiedene Bereiche

Tag/Attribute	Beschreibung
`<hr/>`	Definiert eine horizontale Trennlinie
`align="(left | center | right)"`	Richtet die Trennlinie horizontal aus
`color="..."`	Legt die Farbe der Trennlinie fest
`noshade="noshade"`	Erzeugt eine eindimensionale Trennlinie
`size="..."`	Legt die Höhe der Trennlinie fest
`width="..."`	Bestimmt die Breite der Trennlinie

Tabelle 10.1: Das Tag zum Erstellen von Trennlinien

Zusammenfassen von Elementen

Gerade bei umfangreichen Seiten wächst die Anzahl von Stilelementen und die Nachbearbeitung der Seite erweist sich bald als sehr unübersichtlich. Um diesen Zustand zu beenden und Elemente, die gleiche Formatierungen aufweisen sollen, zusammenzufassen können Sie diese in einen *gemeinsamen* Bereich deklarieren. Um mehrere Elemente zusammenzufassen können Sie das Tag <div></div> verwenden. Innerhalb dieses Bereichs können Sie nun alle enthaltenen Elemente gemeinsam mit dem Attribut align ausrichten. Es besteht auch die Möglichkeit, innerhalb dieses Bereichs CSS-Definitionen zu verwenden. Diese haben dann für alle Elemente innerhalb des mit <div></div> definierten Bereichs Gültigkeit.

Das Beispiel ist auf der CD zum Buch enthalten.

```
<!DOCTYPE html PUBLIC "-//W3C//DTD XHTML 1.0

 Strict//EN" "DTD/xhtml1-strict.dtd">

<html xmlns="http://www.w3.org/TR/xhtml1">
```

```
<head>
<title>Gemeinsame Bereiche</title>
</head>
<body>
<p><h2>Ein gemeinsamer Bereich</h2></p>
<div align="right">
   <img src="netcard_01.gif" align="middle" />
   Hardware
   <img src="intel_01.gif" align="middle" />
</div>
<i>Dieser Text gehört nicht mehr zu diesem Bereich</i>
</body>
</html>
```

Abbildung 10.4: Ein gemeinsamer Bereich mit dem Tag div

Tag/Attribute	Beschreibung
`<div></div>`	Legt einen gemeinsamen Bereich fest
`align="(left | center | right | justify)"`	Richtet den gemeinsamen Bereich innerhalb der Seite aus

Tabelle 10.2: Das Tag zum Erstellen gemeinsamer Bereiche

Sonderzeichen

Sonderzeichen – das sind allgemein Zeichen, die nicht im so genannten normalen Alphabet vorkommen, also alle Tasten, die keinem Buchstaben entsprechen, oder Umlaute. Dazu gehören Klammern, mathematische und wissenschaftliche Zeichen. Um eine einheitliche Interpretierung dieser Sonderzeichen auf allen Systemen und unabhängig von den verwendeten länderspezifischen Zeichensätzen zu ermöglichen, wurden die Sonderzeichen eingeführt. Dabei handelt es sich um besondere Zeichenfolgen, mit denen die zu interpretierenden Sonderzeichen umschrieben werden. Damit der Browser die Angabe eines Sonderzeichens erkennt, werden diese in einer bestimmten Syntax angegeben. Diese wird von einem kaufmännischen UND (&) eingeleitet und mit einem Semikolon (;) abgeschlossen. Dazwischen befindet sich die Umschreibung des Sonderzeichens.

Beispiel:

`&auml;`

In dem Beispiel sehen Sie die Ausgabe des Buchstabens *ä* als Sonderzeichen. Auf diese Weise können Sie alle Zeichen, die sonst vom Browser nicht oder nur ungenügend interpretiert würden, wiedergeben.

In der folgenden Tabelle sehen Sie einige der Sonderzeichen. Eine umfassende Übersicht finden Sie in der Referenz im Anhang des Buchs.

Sonderzeichen	Beschreibung	Sonderzeichen	Beschreibung
&auml;	ä	&Auml;	Ä
&uuml;	ü	&Uuml;	Ü
&ouml;	ö	&Öuml;	Ö
&lt;	<	&gt;	>
&amp;	&	&quot;	"

Tabelle 10.3: Einige Sonderzeichen

Beispiel:

In dem folgenden Beispiel sehen Sie die Erläuterung eines Tags mit Hilfe von Sonderzeichen. Das Besondere hieran ist die Darstellung der spitzen Klammern in einem Webdokument. Diese Zeichen sind als reservierte Zeichen ausgezeichnet und dürfen nicht im Code vorkommen, da der Browser diese zur Interpretation von Code verwendet. Mit der Umschreibung der Sonderzeichen wird ihre Darstellung trotzdem ermöglicht.

Das Beispiel ist auf der CD zum Buch enthalten.

```
<!DOCTYPE html PUBLIC "-//W3C//DTD XHTML 1.0
 Strict//EN" "DTD/xhtml1-strict.dtd">
<html xmlns="http://www.w3.org/TR/xhtml1">
<head>
<title>Sonderzeichen</title>
</head>
<body>
<p><h2>Erl&auml;uterung eines Tags</h2></p>
Das Tag &lt;br &frasl;&gt; bewirkt einen
Zeilenumbruch
```

```
</body>
</html>
```

Abbildung 10.5: Sonderzeichen in XHTML

Diese Form der Sonderzeichen wird auch als Entity bezeichnet. Mit der Einführung von XHTML erhält die Verwendung von Entities eine neue Bedeutung. Die Verwendung von Entities ist bekanntermaßen ein Bestandteil von XML. Mit der geplanten Zusammenführung von HTML und XML wird das Arbeiten mit Entities zur Selbstverständlichkeit werden. Mehr zur Verwendung von Entities im XML-Code erfahren Sie im Kapitel zu XML.

Farben definieren

Kaum eine Eigenschaft ist bei so vielen Stilelementen gemeinsam einsetzbar wie die Eigenschaft *Farbe*. Sie können bei fast jedem Stilelement dessen Farbe und oft sogar noch dessen Hintergrundfarbe individuell einstellen. Diese Möglichkeit besteht bereits seit den Anfangszeiten von HTML und jedes neu hinzugekommene Stilelement verfügte über diese nützliche Eigenschaft.

Um eine Farbe für ein Element zu definieren stehen Ihnen zwei Wege offen: Zum einen können Sie den Namen einer Farbe als Ausdruck angeben. Das ist möglich, da in der XHTML-Spezifikation mehrere Ausdrücke für Farben festgehalten sind. Leider beschränkt sich diese Auswahl auf eine geringe Anzahl von vordefinierten Farbwerten und damit bleiben Ihre Möglichkeiten relativ eingeschränkt. Prinzipiell dürften die bekannten Farbnamen für einen großen Anteil der Anwendungsfälle ausreichen, doch leider werden die Farbnamen nicht unbedingt auch von den weniger bekannten Browsern richtig interpretiert.

Der andere Weg zur Definition einer Farbe führt über die Angabe ihres Farbwerts in **hexadezimaler Form.** Das ist sicher nicht immer der einfachste Weg, dafür stehen Ihnen bis zu 16,7 Millionen Farben zur Verfügung. Um diese Technik zu verstehen, sind allerdings einige Erläuterungen zu ihren Grundlagen notwendig.

Die Interpretation von Farben richtet sich maßgeblich nach dem so genannten *RGB-Modell*. Nach diesem Farbmodell werden alle Farben aus nur drei Farben, Rot, Grün und Blau, zusammengesetzt. Um nun entsprechend viele Farben anzuzeigen, werden diese drei Farben in verschiedenen Wertigkeiten gemischt. Dabei kann jede der drei Farben einen Wert zwischen 0 und 255 (entspricht der hexadezimalen Zahl FF) besitzen, also von 0 = nicht vorhanden bis 255 (FF) = höchster Farbanteil.

Und genau diese Werte der Anteile der drei Grundfarben werden zur Angabe einer Farbe benötigt. Zur Verdeutlichung dieser Thematik sehen Sie in der folgenden Tabelle die Art und Weise, in der eine aus sechs Ziffern bestehende hexadezimale Zahl aus den einzelnen Farbwerten zusammengesetzt wird.

	Rotanteil	**Grünanteil**	**Blauanteil**
RGB-Farbanteile	255	0	128
Hexadezimaler Wert	ff	00	80
	ff + 00 + 80		
Farbdefinition	bgcolor="#ff0080"		

Tabelle 10.4: Die Zusammensetzung eines Farbwerts

Und wie erhalten Sie die hier angegebenen Farbwerte? Ganz einfach – über die in Ihrem Betriebssystem enthaltenen Standardprogramme. Die RGB-Farbanteile können Sie mit dem Zeichenprogramm *Paint* ermitteln. Dazu führen Sie auf einem beliebigen Farbeintrag der Farbenpalette einen Doppelklick aus. Anschließend erscheint der Farbdialog. Dort wählen Sie die Schaltfläche *Farben definieren*. Daraufhin wird das Dialogfeld erweitert und Sie können in dem erscheinenden Farbspektrum einen beliebigen Eintrag auswählen.

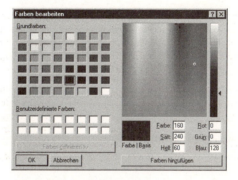

Abbildung 10.6: Der Farbendialog von Paint

In der obigen Abbildung sehen Sie, wie im rechten Teil des Farbdialogs die Werte für Rot, Grün und Blau angezeigt werden. Diese dezimalen Angaben rechnen Sie mit einem Taschenrechner in hexadezimale Werte um. Dazu können Sie z.B. den Rechner aus Windows verwenden, Sie müssen dazu lediglich die wissenschaftliche Ansicht einschalten.

Jetzt fügen Sie die erhaltenen Werte wie in der letzten Tabelle zusammen – und erhalten den benötigten Farbwert.

Dieser Weg der doch recht umständlichen Art zur Ermittlung eines Farbwerts ist jedoch in den wenigsten Fällen notwendig. Wenn Sie mit einem HTML-/XHTML-Editor arbeiten, dann steht Ihnen dort in der Regel ein Assistent zur Verfügung, mit dem sich die benötigten Farbwerte ermitteln lassen.

Anschließend sehen Sie die in HTML festgehaltenen Ausdrücke für 16 Grundfarben und ihre hexadezimalen Zahlenwerte. Dies ist dies nur eine kleine mögliche Auswahl von Farben, doch dafür werden sie auch von Browsern älteren Datums richtig interpretiert.

Farbe	Hexwert	Farbe	Hexwert
black	#000000	Green	#008000
silver	#cococo	Lime	#00ff00
grey	#808080	Olive	#808000
white	#ffffff	yellow	#ffff00
maroon	#800000	navy	#000080
Red	#ff0000	blue	#0000ff
purple	#800080	teal	#008080
fuchsia	#ff00ff	aqua	#00ffff

Tabelle 10.5: Die 16 Grundfarben und ihre hexadezimalen Werte

Das Umrechnen von dezimalen in hexadezimale Werte können Sie sich als Benutzer von Windows mit einem kleinen Standardprogramm erleichtern. Damit ist der in das Betriebssystem integrierte Taschenrechner (*Calc.exe*) gemeint, der in der wissenschaftlichen Ansicht über alle benötigten Funktionen zum Umrechnen der Zahlensysteme verfügt.

Das Beispiel ist auf der CD zum Buch enthalten.

In der folgenden Abbildung sehen Sie ein Webdokument, welches die Farbwerte der letzten Tabelle anzeigt. Wir haben dieses Dokument zur Veranschaulichung der Tabelle für Sie erstellt und auf der CD zum Buch beigelegt.

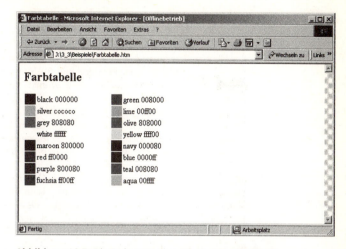

Abbildung 10.7: Die Farbwerte der vorhergehenden Tabelle

Das Festlegen einer Farbeinstellung erfolgt in XHTML mit der Übergabe des hexadezimalen Werts oder des Ausdrucks einer Farbe an das entsprechende Attribut zum Verwalten der Farbe eines Elements. Dabei kann es sich wie in dem folgenden Beispiel um den gesamten Hintergrund einer Webseite oder um die Schriftfarbe eines bestimmten Textabschnitts handeln.

Beispiel:

```
<body bgcolor="#ff00ff">
<font color="#800000">
<font color="red">
<hr color="blue">
```

Multimedia und Applets einbinden

Mit dem Einbinden von Applets oder Multimedia-Dateien zeigt sich Ihre Webseite von einer bisher unbekannten Seite. Mit der Einführung höherer Übertragungsraten findet auch diese Technik eine immer größere Verbreitung.

Videos abspielen

Mit dem Abspielen von *Videos* wird Ihre Webseite zur Kinoleinwand. Sie können Präsentationen in Echtzeit ablaufen lassen oder auch Ihr Urlaubsvideo zeigen, kein Problem mit Multimedia. Mit dem Tag <embed.../>, welcher ausnahmsweise einmal von beiden großen Browsern gleich interpretiert wird, ist eine fast sorgenfreie Programmierung gewährleistet. Dieses Tag gehört momentan noch nicht zum derzeitigen offiziellen Standard von XHTML, es findet aber bereits vielfach Verwendung. Das Tag unterstützt die meisten Videoformate, also auch AVIs, die üblichen Grafikformate und Klangdateien (**.wav*). Voraussetzung für den erfolgreichen Einsatz des Tags ist das Vorhandensein der erforderlichen Programme zum Abspielen der Multimedia-Dateien auf dem entsprechenden Rechner. Wenn dies der Fall ist, bedient sich der Browser im Hintergrund über *OLE* (***Object Linking and Embedding***) der Programme und spielt die Dateien im eigenen Fenster ab. Manche Browser stellen zum Abspielen der Dateien auch ein eigenes Plug-In zur Verfügung.

Beispiel:

```
<embed src="Welcome1.avi" />
```

Ganz so einfach wie in dem obigen Beispiel ist das Ganze natürlich nicht. Während der Browser von Microsoft sich mit dieser einen Zeile zufrieden gibt, benötigt Netscape zusätzlich die Angabe der Größe des Objekts mit den Attributen hight und width. Leider wird das Tag <embed.../> von älteren Browsern nicht interpretiert. Um in diesem Fall eine korrekte Anzeige der restlichen Seite zu gewährleisten, können Sie auf das Tag <noembed></noembed> zurückgreifen und gegebenenfalls einen Alternativtext anzeigen lassen.

Beispiel:

In der XHTML-Datei wurde mit dem Tag <embed.../> eine Videodatei eingebettet. Falls die Datei aufgrund einer älteren Browserversion nicht angezeigt werden kann, wird stattdessen ein Alternativtext angezeigt.

```
<!DOCTYPE html PUBLIC "-//W3C//DTD XHTML 1.0
 Strict//EN" "DTD/xhtml1-strict.dtd">
<html xmlns="http://www.w3.org/TR/xhtml1">
<head>
```

```
<title>Titel</title>
</head>
<body>
   <embed src="hurricane.avi" />
   <noembed> Wenn Sie diesen Text lesen, dann kann Ihr Browser dieses
     Video nicht anzeigen.</noembed>
</body>
</html>
```

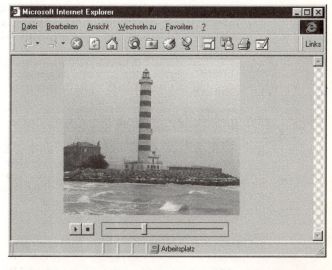

Abbildung 10.8: So stellt der Internet Explorer eine AVI-Datei dar

Das Tag <embed.../> ist ein echter Alleskönner. Mit seiner Hilfe können Sie auch Klangdateien abspielen lassen. Dazu ist keine weitere Angabe eines Attributs oder einer Ergänzung notwendig. Der Browser sucht auf dem Rechner des Benutzers selbstständig das passende Programm zum Abspielen der Datei und spricht dieses dann im Hintergrund an.

Sounds einbinden

Alternativ zu dem Tag <embed.../> können Sie zum Abspielen einer *Sounddatei* auch das Tag <bgsound.../> verwenden. Die Ausgabe erfolgt mit dem Attribut src, dem der Name der Sounddatei übergeben wird.

Beispiel:

```
<bgsound src="sounddatei.wav" />
```

Eine Sounddatei ist in der Regel etwas größer als nur einige Kilobyte. Das Laden einer umfangreichen Sounddatei würde allerdings aufgrund der benötigten Ladezeit so einigen Besuchern den Spaß an dem Sound verderben. Ein Ausweg bietet sich hier mit dem zusätzlichen Attribut loop an, das die Anzahl der Wiederholungen angibt. Damit können Sie dann eine kleine, wenig Ladezeit beanspruchende Datei laden und diese immer wieder wiederholen, was bei dem Besucher Ihrer Seite schon einen wesentlich besseren Eindruck hinterlässt.

Beispiel:

In die Webseite wurde eine Klangdatei eingebunden, die mit Hilfe des Attributs loop 20-mal wiederholt wird.

```
<!DOCTYPE html PUBLIC "-//W3C//DTD XHTML 1.0
 Strict//EN" "DTD/xhtml1-strict.dtd">
<html xmlns="http://www.w3.org/TR/xhtml1">
<head>
<title>Titel</title>
</head>
<body>
   Viel Spaß beim Lauschen der Musik.
   <bgsound src="Hund.wav" loop="20" />
</body>
</html>
```

Tag /Attribute	Beschreibung
`<embed../>`	Definiert eine eingebundene Multimedia-Datei
`<noembed></noembed>`	Legt einen alternativen Bereich für die Multimedia-Datei fest
`<bgsound.../>`	Definiert eine eingebundene Multimedia-Datei
`loop="..."`	Legt die Anzahl der Wiederholungen der Datei fest
`src="..."`	Definiert den Pfad einer Quelldatei

Tabelle 10.6: Tags zum Einbinden von Sound

Einbinden von Applets

Mit dem Einbinden von *Applets* können Sie Ihrer Webseite ebenfalls mehr Leben einhauchen. Neben Kenntnissen in *Java*, das weitgehend an der Syntax von C++ orientiert ist, benötigen Sie eine spezielle Entwicklungsumgebung, um fertige Applets erstellen zu können. Dafür können Sie dann aber auch wesentlich komplexere Programme als mit JavaScript erstellen - davon abgesehen, dass Sie mit Java einen großen Bereich der Möglichkeiten von anderen Programmiersprachen abdecken können. Am verbreitetsten sind sicher Anwendungen wie News-Ticker, Animationen und Spiele. Um ein Java-Applet in Ihre Webseite einzubinden, müssen Sie aber nicht erst Java erlernen. Im Internet sind auf unzähligen Seiten Java-Applets zur freien Benutzung im Angebot. Wenn Sie sich entschieden haben, ein solches Applet einzusetzen, müssen Sie dieses nur noch in den Code Ihrer Seite einbinden.

Das Einbinden des Applets erfolgt wie bisher in HTML mit dem Tag `<applet></applet>`. Anschließend folgt das Attribut `code`, dem der Name der Datei, welche das Applet enthält, übergeben wird. Mit dem zusätzlichen Attribut `alt` können Sie, falls das Applet nicht ausführbar ist, einen Alternativtext anzeigen lassen. Sie können auch auf ein Applet zugreifen, das sich auf einem anderen Server oder Verzeichnis befindet. Dazu geben Sie zusätzlich mit dem Attribut `codebase` den Namen des Verzeichnisses an.

Beispiel:

```
<!DOCTYPE html PUBLIC "-//W3C//DTD XHTML 1.0
 Strict//EN" "DTD/xhtml1-strict.dtd">
<html xmlns="http://www.w3.org/TR/xhtml1">
<head>
<title>Titel</title>
</head>
<body>
   <applet code="aplet.class" codebase="../"
   alt="Text">
   </applet>
</body>
</html>
```

Tag /Attribute	Beschreibung
`<applet></applet>`	
`alt="..."`	Stellt einen Alternativtext zur Verfügung
`class="..."`	Der Name der Applet-Datei
`codebase="..."`	Der Name eines Verzeichnisses, in dem sich die Datei befindet

Tabelle 10.7: Das Tag zum Einbinden eines Applets

Counter verwenden (Zugriffszähler)

Vor dem endgültigen Veröffentlichen Ihrer Webseite sollten Sie sich unbedingt diesen Abschnitt durchlesen. Nur durch Anwendung der hier beschriebenen Technik erfahren Sie, ob Ihre Seite auch wirklich das erhoffte Interesse findet oder in dem unendlichen Angebot des WWW untergeht.

Wer ein Webprojekt erstellt und veröffentlicht hat, der interessiert sich sicher auch dafür, wie viele Besucher sich auf seinen Seiten einfinden. Um darüber Erkenntnisse zu gewinnen, wäre rein theoretisch ein Eingabefeld für eine E-Mail des Besuchers möglich. Doch praktisch lässt diese Variante stark zu wünschen übrig, da nur der geringste Teil der Besucher sich diese Mühe macht. Darüber sollten Sie auch froh sein, stellen Sie sich vor, was für eine Anzahl von Post Sie empfangen und auswerten müssten! Ganz anders sieht es da schon mit einem *Counter (Zugriffszähler)* aus. Dieser zeigt ständig die Anzahl der Besucher an und erhöht sich mit jedem weiteren Besuch. So ohne weiteres ist ein Counter allerdings nicht für jedermann realisierbar. Zur Einrichtung eines eigenen Counters benötigen Sie den Zugriff auf ein CGI-Programm oder die Möglichkeit, ASP-Skripten auf dem Server auszuführen. Das Arbeiten mit ASP wird in einen der folgenden Kapitel angesprochen – hier soll die Verwendung so genannter *freie Counter*, die von verschiedenen Webdiensten oft auch umsonst angeboten werden, behandelt werden.

Abbildung 10.9: Ein Counter in Aktion

Mit der Anmeldung und Registrierung bei einem solchen Service können Sie einen Verweis zu diesem Counter einbinden. Mit jedem Aufruf Ihrer Webseite ruft dann der Counter den aktuellen Zählerstand ab und zeigt ihn in der Webseite an. Doch auch hier gilt es, zwischen zwei Möglichkeiten zu unterscheiden.

Der eine Fall ist die Registrierung bei einem Counter eines anderen Anbieters. Dieser befindet sich in der Regel auf einen anderen Server als Ihre Homepage, was den Aufbau einer Verbindung bei jedem Start erfordert. Dies erfolgt zwar automatisch, aber dauert eben doch einige Sekunden. Und wenn der andere Server gerade mal nicht erreichbar ist, dann erscheint an der Stelle des Counters leider nur ein freier Platz. Wenn Ihnen das nicht zusagt, dann können Sie sich auch nach einem Provider umsehen, der Ihnen (natürlich möglichst kostenlos) Speicherplatz für eine Homepage und einen Counter zur Verfügung stellt. Die sind zwar rar gesät, aber mit etwas Geduld finden Sie bestimmt einen passenden Anbieter.

Um einen solchen Provider zu finden, gehen Sie auf die Webseite einer Suchmaschine (z.B. *Web.de*) und geben den Suchbegriff *Counter* ein. Sie werden staunen, was für eine große Anzahl von Suchergebnissen da präsentiert wird, probieren Sie es aus! Nachfolgend sehen Sie einige Adressen, bei denen Sie sich für einen Counter registrieren lassen können.

http://www.freepage.de

http://www.tentacle.de/counters

http://webcounter.goweb.de

Einbinden eines Counters

Nach der Registrierung eines Counters müssen Sie einen entsprechenden Verweis in Ihre Webseite einbinden. Das fällt von Provider zu Provider immer etwas unterschiedlich aus.

Beispiel:

```
<img src="/cgi-bin/Count.cgi?df=username.dat" />
```

Mit dieser Zeile erfolgt das Einbinden eines Counters der sich auf dem gleichen Server befindet wie die Webseite. In der Regel können Sie in dem Verweis zusätzliche Attribute angeben, die das Aussehen des Counters beeinflussen. In der Regel können Sie mit einem zusätzlichen Parameter das Aussehen des Counters beeinflussen. Die möglichen Angaben dafür erhalten Sie dann auf einer entsprechenden Seite des Anbieters. In der nächsten Abbildung sehen Sie eine solche Auswahl an verschiedenen Darstellungsmöglichkeiten eines freien Counters.

StyleA	0 123456 789: AM PM ,-
StyleB	0123456789: AM PM ,-
StyleC	0123456789: AM PM ,-
StyleD	0123456789: AM PM ,-
StyleE	0123456789:AP,-
Style "embos"	0 1 2 3 4 5 6 7 8 9
Style "futura"	0 1 2 3 4 5 6 7 8 9
Style "handpainted"	0123456789
Style "scribble"	0123456789

Abbildung 10.10: Beispiel für verschiedene Counter

KAPITEL 11

Style Sheets

XHTML soll in naher Zukunft mit seinen Erweiterungen für wesentlich mehr Möglichkeiten sorgen. Nach den Vorstellungen des W3C werden *Cascading Style Sheets* eine neue Bedeutung beim Gestalten von Webseiten einnehmen, nämlich nun ausschließlich die Formatierung von Elementen übernehmen.

Style Sheets

CSS (Cascading Style Sheets) werden Ihnen sicher schon vom Arbeiten mit HTML her bekannt sein. Dort verwirklichten Sie damit das, was die beschränkten Möglichkeiten von HTML nicht zuließen. Während in HTML nur beschränkte Möglichkeiten zum Formatieren von Schrift und Seitenelementen vorhanden waren, konnten Sie dieses Defizit mit CSS beseitigen. Mit CSS waren Sie endlich in der Lage die Elemente einer Webseite millimetergenau zu positionieren und auszurichten.

Doch was ist nun eigentlich unter CSS zu verstehen? CSS (zu deutsch auch »*staffelbare Formatvorlagen*«) sind eine direkte Erweiterung von XHTML, welche die bisherigen Unzulänglichkeiten von HTML beseitigen und eine exaktere Gestaltung einer Webseite ermöglichen sollen. Die Entstehung von CSS begann 1996 mit der Version 1.0 und wurde vom W3C-Konsortium verabschiedet. Die Weiterentwicklung von CSS wurde dynamisch vorangetrieben und bereits 1998 erschien die Version 2.0.

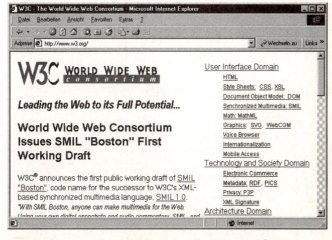

Abbildung 11.1: Die Style-Sheet-Seite des W3C-Konsortiums

Die neuen Aufgaben der CSS in XHTML

Mit der Verabschiedung von XHTML erhalten die CSS eine völlig neue Gewichtung innerhalb ihrer Bedeutung zur Formatierung von Webdokumenten.

In der bisherigen Version XHTML 1.0 sind CSS nach wie vor als zusätzliche Auszeichnungssprache zum Formatieren von Stilelementen vorgesehen. Jedoch bereits in den kommenden Versionen sollen einige stilorientierte Elemente aus XHTML entfallen, deren Aufgabe soll dann CSS zukommen. Zu diesen entfallenden Elementen gehören unter anderem b, center und font. Insofern kann die Auseinandersetzung mit CSS der zukünftigen Arbeit nur förderlich sein.

CSS-Versionen

CSS wurden, wie sollte es anders sein, im Laufe der letzten Jahre ständig weiterentwickelt. Dabei wurden mehrere offizielle Versionen verabschiedet, die zwar das gleiche Konzept aufweisen, aber logischerweise in jeder folgenden Version neuere Befehle enthalten. CSS, Version 1.0, enthielten das Konzept der Cascading Style Sheets zum Speichern von Gestaltungsinformationen, die auf ein gesamtes Web angewendet werden können.

Mit CSS, Version 2.0, wurden weitere Effekte wie beispielsweise Positionierungsfelder und die Fähigkeit zum Stapeln von Seitenelementen auf der Vorder- oder Hintergrundebene eingeführt.

Leider unterstützen zwar der Netscape Navigator und der Internet Explorer beide Versionen – aber eben nicht alle Bestandteile dieser Versionen. Das hat zur Folge, dass nicht alle vorgenommenen Formatierungen immer richtig angezeigt werden. Was bedeutet, dass Sie stets die erstellten Webseiten in beiden Browsern testen müssen, aber daran haben Sie sich inzwischen sicher gewöhnt.

In der folgenden Tabelle erhalten Sie eine Übersicht über die von den beiden großen Browsern unterstützten Versionen von CSS.

Browser	Browserversion	CSS 1.0	CSS 2.0
Internet Explorer	4.0 und höher	ja	ja
Internet Explorer 3	3.0 und höher	ja	nein
Netscape Navigator	4.0 und höher	ja	ja
Netscape Navigator	3.0 und höher	nein	nein
Sowohl Internet Explorer als auch Navigator	4.0 und höher	ja	ja
Sowohl Internet Explorer als auch Navigator	3.0 und höher	nein	nein

Tabelle 11.1: Die verschiedenen Browser und ihre Versionen

Diese Tabelle ist vor allem dann für die Erstellung von Webdokumenten interessant, wenn eine hohe Abwärtskompatibilität notwendig ist. Da XHTML nur von neueren und vor allem auch zukünftigen Browsern korrekt interpretiert wird, soll sie aber eher zur allgemeinen Information dienen.

Definition eines Style Sheets

Wie bereits gesagt, sind CSS eine direkte Erweiterung von HTML. Um mit ihnen zu arbeiten, ist also keine zusätzliche Implementation oder Definition notwendig. Sie können mit CSS in der neuen XHTML-Syntax weiterarbeiten, XHTML soll ja schließlich abwärtskompatibel sein.

Style Sheets definieren

Vor dem Einsatz von CSS müssen Sie diese zuerst deklarieren. Dazu verwenden Sie einen zentralen Bereich innerhalb der Webseite, und zwar den Bereich <head></head>. In HTML begann die Definition mit dem eröffnenden Tag <style> und musste mit dem abschließenden Tag </style> auch wieder beendet werden. Daran hat sich prinzipiell nichts weiter geändert. Doch mit XHTML wird dieser Bereich von

```
<![CDATA[
   ...
   ]]>
```

eingefasst.

Damit kommen wir bereits zu einem besonders heiklen Thema. Diese Art der Deklaration mit CDATA ist erst einmal Zukunftsmusik und wird bisher von den beiden großen Browsern noch nicht interpretiert. Demzufolge können Sie diese Definitionsweise noch nicht einsetzen. Wenn man bedenkt, wie eigensinnig die Vorstellungen des W3C in der Vergangenheit von den Browserherstellern umgesetzt wurden, dann ist erst einmal abzuwarten, wie sie sich durchsetzen werden.

> Damit der Leser die Listings des Buchs auch ausführen kann, wird aufgrund der fehlenden Interpretation der Deklaration mit CDATA im weiteren Verlauf des Buchs auf deren Einsatz verzichtet und die bisherige Definition angewendet.

Zusammen mit dem Tag <style></style> ist die Angabe des Attributs type notwendig. Hiermit erfährt der Browser, um welchen Dialekt von CSS-Sprache es sich hier handelt. In unserem Fall ist die Angabe von type="text/css" erforderlich. Anschließend erfolgt die Definition der gewünschten CSS-Angaben.

Syntax:

```
<!DOCTYPE html PUBLIC "-//W3C//DTD XHTML 1.0
 Strict//EN" "DTD/xhtml1-strict.dtd">
<html xmlns="http://www.w3.org/TR/xhtml1">
<head>
<title>Titel</title>
<style type="text/css">
<![CDATA[
   ...
]]>
```

```
</script>
</head>
<body>
...
</body>
</html>
```

Tags zentral formatieren

Das zentrale Formatieren von CSS birgt einen großen Vorteil. Sie können nicht nur Elemente einer XHTML-Datei beliebig positionieren und formatieren, sondern auch Tags zentral mit bestimmten Formaten versehen.

Mit der Interpretation dieses Tags durch den Browser erkennt dieser das dafür angelegte Format und stellt diesen dann entsprechend dar. Da eine XHTML-Datei vom Browser sozusagen von oben nach unten, also in der Reihenfolge der Textzeilen, gelesen wird, erklärt sich damit auch die Formatierung der Tags am Anfang der Datei.

Zum Erstellen eines neuen Formats gehen Sie folgendermaßen vor: Geben Sie innerhalb der CSS-Definition zuerst den Namen des zu formatierenden Tags ohne die gewohnte spitze Klammer an. Anschließend folgen in geschweiften Klammern die Formatangaben, bestehend aus dem Format, einem Doppelpunkt mit dem entsprechenden Formatwert und einem Semikolon. Dabei sollten Sie die genannten Tags auch sinnvoll formatieren. Es ist zwar ohne weiteres möglich, eine Überschrift der 3. Größe (<h3></h3>) so weit zu vergrößern, dass diese eher einer Überschrift der ersten Größe (<h1></h1>) entspricht, aber letztendlich ergibt das keinen Sinn.

Beispiel:

```
h3 {color: blue;font-size:36pt}
```

Sie können für ein Tag auch mehrere Formatierungsmöglichkeiten verwenden. Dazu werden diese wie im obigen Beispiel innerhalb der Formatdefinition nacheinander aufgezählt und die einzelnen Formate untereinander mit einem Semikolon getrennt.

Beispiel:

Im Beispiel sehen Sie die zentrale Formatierung des Tags <h3>. Ihm wird die Schriftfarbe blue sowie die Schriftgröße 36pt zugewiesen. Mit jedem Aufruf dieses Tags wird nun automatisch das neue Format darauf angewendet.

Das Beispiel ist auf der CD zum Buch enthalten.

```
<!DOCTYPE html PUBLIC "-//W3C//DTD XHTML 1.0
 Strict//EN" "DTD/xhtml1-strict.dtd">
<html xmlns="http://www.w3.org/TR/xhtml1">
<head>
<title>Zentrale Formate</title>
<style type="text/css">
h3 {color: blue;font-size:36pt}
</style>
</head>
<body>
   <h3>Die formatierte &Uuml;berschrift</h3>
</body>
</html>
```

Denken Sie daran, dass die bisher in HTML gebotene Möglichkeit der Verwendung des Tags <body> zum zentralen Zuweisen von Schrift- und Textformaten in Zukunft keine Verwendung mehr finden soll.

Beispiel:

```
<style type="text/css">
body {font-size:12pt; text-indent:3em}
</style>
```

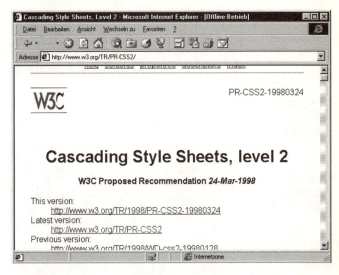

Abbildung 11.2: Hier finden Sie stets aktuelle Informationen zu CSS

Formate in externen Dateien anlegen

Wie bereits erwähnt, empfiehlt das W3C das Anlegen von CSS-Formaten in externen Dateien. Warum? Wenn Sie sich die Zukunft von XHTML ansehen, dann wird Ihnen auffallen, dass da viel vom Thema Modularisation und Erweiterbarkeit gesprochen wird. Und ein Blick auf XML zeigt eine der Seiten dieser Zukunft. Und dies sind umfangreiche Blöcke im Kopf einer Datei, die zu großen Teilen Deklarationen von Elementen und Attributen enthalten. Dieser Teil der Datei wird sich also mit dem Anlegen von CSS-Formaten weiter vergrößern – und damit auch unübersichtlicher werden.

Um dies zu umgehen sollten Sie, falls es sich als notwendig erweist, den Weg der Ablage von Formaten in externen Dateien einschlagen.

Die externe Datei zur Aufnahme der Formate können Sie mit einem Standardeditor erstellen und abspeichern. Diese Datei muss dann allerdings zwingend die Dateiendung *.css aufweisen. Im Kopf der XHTML-Datei müssen Sie dann eine Referenz zu der externen Datei anlegen – ansonsten bleiben die dort abgelegten Formate logischerweise wirkungslos. Das Anlegen der Referenz erfolgt mit dem Tag <link.../>, dem mit dem Attribut href der Namen und Pfad der externen Datei übergeben wird.

Beispiel:

```
<link rel="stylesheet" type="text/css" href="myformat.css" />
```

Hier gelten wie immer die allgemeinen Regeln für Verweise. Liegt die Datei im gleichen Verzeichnis, ist lediglich die Angabe des Dateinamens erforderlich. Befindet sich die Datei auf einem anderen Server oder in einem anderen Verzeichnis, ist die Angabe der URL oder des Pfads notwendig. Eine weitere Angabe der in der anderen Datei definierten Formate ist nicht mehr erforderlich.

Syntax:

```
<!DOCTYPE html PUBLIC "-//W3C//DTD XHTML 1.0
 Strict//EN" "DTD/xhtml1-strict.dtd">
<html xmlns="http://www.w3.org/TR/xhtml1">
<head>
<title>Titel</title>
<link rel="stylesheet" type="text/css"
 href="myformat.css">
<style type="text/css">
...
</style>
</head>
<body>
   ...
</body>
</html>
```

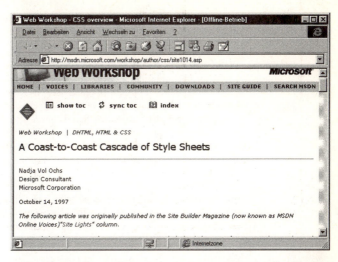

Abbildung 11.3: Auch bei Microsoft finden Sie Informationen über CSS

Tags im Text formatieren

Laut der Empfehlung vom W3C sollten in Zukunft die Formatierungen für CSS in externen Dateien erfolgen – doch wird sich diese Empfehlung auch wirklich durchsetzen? Wir sind der Meinung, dass Ihnen diese Möglichkeit der Formatierung nicht vorenthalten bleiben sollte. Zumal diese Weise der "schnellen Formatierung zwischendurch«einfach zu handhaben ist.

In der Vergangenheit waren *zentrale Formatierungen* und *direkte Formatierungen* im Text durchaus an der Tagesordnung. Gerade das Vorkommen einzelner Formate, die sich nicht wiederholten, würden ansonsten den zentralen Kopf der Datei stark vergrößern. Und solange die direkte Formatierung im Text nicht ausdrücklich vom W3C verworfen und außer Kraft gesetzt wird, werden wir uns damit auch beschäftigen.

Beim Vorkommen von zentralen und direkten Formaten entsteht erst einmal ein Konflikt zwischen dem bestehenden, zentral angelegten Format und dem momentan gewünschten Format. In diesem Fall hat dann immer das direkt angewendete Format den Vorrang.

Bei direkten Formatierungen erfolgt die Angabe des Arguments style unmittelbar nach dem zu formatierenden Tag. Die Formatangaben werden in Anführungszeichen gesetzt angegeben, wobei auch hier die Verwendung mehrerer Formate möglich ist. Nach der Angabe des gewünschten Formats folgt auch hier ein Doppelpunkt mit dem Formatwert und einem abschließenden Semikolon. Diese Art der Formatierung verliert mit dem Abschluss des Tags ihre Gültigkeit. Ein für dieses Tag zentral vergebenes Format ist also im weiteren Verlauf der Datei für dieses Tag wieder maßgebend.

Beispiel:

Unmittelbar nach dem Tag <body> wird eine Überschrift der Größe <h3></h3> direkt formatiert. Ihr wird neben einer Schriftfarbe ein neuer Schriftstil sowie die relative Größe x-large zugewiesen.

> Das Beispiel ist auf der CD zum Buch enthalten.

```
<!DOCTYPE html PUBLIC "-//W3C//DTD XHTML 1.0
 Strict//EN" "DTD/xhtml1-strict.dtd">
<html xmlns="http://www.w3.org/TR/xhtml1">
<head>
<title>Formatierung im Text</title>
</head>
<body>
    <h4 style="color:#FF0000;font-style:verdana;
    font-size:large">
    Eine Formatierung direkt im Text
    </h4>
</body>
</html>
```

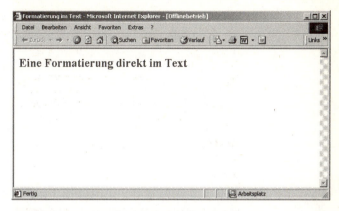

Abbildung 11.4: Diese Überschrift wurde im Text formatiert

Klassen verwenden

Beim Erstellen eines zentralen Formats für ein Tag ist dieses rein theoretisch fest mit einem bestimmten Format belegt. Praktisch ist das aber falsch. Sie können für ein Tag mehrere Formate definieren, indem Sie mehrere *Klassen* für dieses Tag anlegen. Dann können Sie unter der Angabe der Klassennamen in beliebiger Reihenfolge verschiedene Formate für ein und dasselbe Tag aufrufen.

Zum Definieren von Klassen müssen Sie kein Profi für objektorientierte Entwicklungsumgebungen sein, Sie werden sehen, wie leicht dies zu bewerkstelligen ist. Prinzipiell erfolgt das Erstellen einer Klasse auf die gleiche Weise wie eine zentrale Formatdefinition, nur dass diesmal, nach der Angabe des zu formatierenden Tags, ein Punkt mit der Angabe des Namens der Klasse folgt.

Beispiel:

```
i.klein {font-size:7pt; color:red}
```

Auf diese definierte Klasse greifen Sie später zu, indem Sie nach der Angabe des Tags <i></i> das Attribut class mit dem Namen der definierten Klasse angeben.

Beispiel:

`<i class="klein">kleine rote Kursivschrift</i>`

Bis jetzt können Sie eine definierte Klasse immer nur in Verbindung mit einem bestimmten Tag verwenden. Wie wäre es denn mit einer universell einsetzbaren Klasse, einer Klasse, die an kein Tag gebunden und von verschiedenen Tags nutzbar ist? Kein Problem, dann setzen Sie vor den Klassennamen das Wort `all`. Damit ist diese Klasse in Zusammenhang mit jedem Tag einsetzbar und kann beliebig verwendet werden.

Beispiel:

`all.mittel {font-size:10pt; color:red}`

> Die Vergabe von Namen unterliegt den üblichen Beschränkungen. Es dürfen also keine Leerzeichen und keine Umlaute Verwendung finden. Hin und wieder funktioniert das auch ohne diese Beschränkungen, aber Sie wissen ja, die verschiedenen Browser ...

Beispiel:

Im folgenden Listing werden innerhalb des Bereichs `<style></style>` drei zentrale Formate als Klassen angelegt. Die Klassen `klein` und `groß` sind an die Verwendung des Tags `<i></i>` gebunden, während die Klasse `mittel` in Verbindung mit verschiedenen Tags angewendet werden kann.

> Das Beispiel ist auf der CD zum Buch enthalten.

```
<!DOCTYPE html PUBLIC "-//W3C//DTD XHTML 1.0
 Strict//EN" "DTD/xhtml1-strict.dtd">
<html xmlns="http://www.w3.org/TR/xhtml1">
<head>
<title>Klassen verwenden</title>
    <style type="text/css">
    i.klein { font-size:15pt; color:red }
```

```
    i.gross { font-size:20pt; color:red }
    all.mittel { font-size:20pt; color:black }
    </style>
</head>
<body>
   <i class="klein">kleine rote Kursivschrift</i><br/>
   <i class="gross">gro&szlig;e rote
   Kursivschrift</i><p>
   <u class="mittel">das gilt f&uuml;r alle
   Tags</u><br/>
   <i class="mittel">das gilt f&uuml;r alle
   Tags</i><br/>
</body>
</html>
```

Tags/Attribute	Beschreibung
\<style>\</style>	Definition von Style Sheets
\<link.../>	Definition einer externen Datei
type="..."	Beschreibung des Style-Sheet-Typs
href="..."	Verweis auf eine externe Datei
class="..."	Definition einer CSS-Klasse

Tabelle 11.2: Das Tag zum Definieren von Style Sheets

Sonstige Angaben und Maßeinheiten

Beim Verwenden von CSS können Sie, wie bei anderen Programmiersprachen auch, auf zentrale Einstellungsmöglichkeiten zurückgreifen. Dazu kommt noch die Möglichkeit, verschiedene Maßeinheiten einzusetzen.

Maßeinheiten

Ein weiteres Merkmal bei CSS sind die in XHTML bisher nicht möglichen Angaben von Größen in verschiedenen *Maßeinheiten*. Mit der Verwendung genauer Maßeinheiten ist endlich eine exakte Positionierung der Elemente einer Webseite möglich.

Außerdem: Sie sind nicht mehr an eine kleine Auswahl vorgegebener Standardgrößen gebunden, sondern können auch auf beliebige Größenverhältnisse zurückgreifen. Diese neu gewonnenen Freiheiten erfordern natürlich ihren Preis und der ist die notwendige Auseinandersetzung mit den möglichen Maßeinheiten und deren Anwendung. Hier müssen Sie jetzt zwischen relativen und absoluten Angaben unterscheiden.

Relative Angaben ermöglichen eine Größenänderung im Verhältnis zur typischen Größe des Elements bzw. relativ zur vorhandenen Bildschirmgröße. So passt sich z.B. mit der Verwendung der Maßeinheit *px* (Pixel) die Darstellung der Größenverhältnisse der Elemente an den zur Verfügung stehenden Bildschirm an.

Maßeinheit	Beschreibung
%	In Prozent zur Elementgröße
em	Bezogen auf die Höhe der Schriftart
ex	Bezogen auf die halbe Höhe der Schriftart
px	In Pixel der Bildschirmgröße

Tabelle 11.3: Relative Maßeinheiten

Nun sind Sie aber nicht unbedingt an die starre Welt der Zahlen gebunden, sondern können stattdessen auch *Ausdrücke* für Größenverhältnisse verwenden. Mit Ausdrücken erzielen Sie eine Größenänderung relativ zu einer Standardgröße oder Standardposition. Die Verwendung von Ausdrücken setzt etwas Gefühl für deren spätere Wirkung voraus, aber dies ist wie immer Geschmacksache.

Ausdruck	Beschreibung
lighter	Dünner als die typische Elementstärke
smaller	Kleiner als die typische Elementgröße
bolder	Dicker als die typische Elementstärke
larger	Größer als die typische Elementgröße

Tabelle 11.4: Relative Ausdrücke

Absolute Angaben dagegen erzwingen stets eine gleich große und vom Ausgabegerät unabhängige Darstellung der Elemente.

Maßeinheit	Beschreibung
cm	Zentimeter
in	Inch
mm	Millimeter
pc	Pica
pt	Punkt

Tabelle 11.5: Absolute Maßeinheiten

Und auch bei absoluten Angaben ist wieder die alternative Verwendung von Ausdrücken möglich. Hier ändert sich die Größe der Elemente in Bezug auf ihre ursprünglichen Größenverhältnisse.

Maßeinheit	Beschreibung
xx-small	extrem klein
x-small	sehr klein
small	klein
thin	dünn
medium	normal
thick	dick
large	groß
x-large	sehr groß
xx-large	extrem groß

Tabelle 11.6: Absolute Ausdrücke

Abbildung 11.5: Erst mit exakten Angaben werden solche Ergebnisse möglich

Kommentare

Um Ihre eigenen HTML-Dateien im Nachhinein besser bearbeiten zu können, sollten Sie Ihren Code mit *Kommentaren* versehen. Da sich gerade bei CSS die verschiedenen Formatdefinitionen schnell zu einer überlangen Zeichenkette ansammeln können, erleichtert Ihnen ein Kommentar spätere Änderungen oder Erweiterungen. Wenn Sie innerhalb einer separaten CSS-Datei oder innerhalb des Tags <style></style> Kommentare einfügen wollen, dann gilt dafür folgende Syntax:

```
/* hier steht Ihr Kommentar */
```

Der gesamte, so gekennzeichnete Text wird beim Anzeigen der Seite nicht interpretiert und ist für den Benutzer nicht sichtbar.

Farbangaben

Zur Formatierung von Stilelementen gehört nicht nur die Zuweisung von Schriftattributen, wie z.B. Größe und Art, sondern auch die Zuweisung von *Farbwerten*. Und mit CSS können neben Stilelementen auch zweidimensionale Bereiche, also Flächen, mit Farbwerten versehen werden.

Zur Zuweisung der Farbwerte stehen Ihnen drei verschiedene Möglichkeiten zur Verfügung. Welche dieser Möglichkeiten Sie vorziehen werden, das bleibt letztendlich Ihnen überlassen.

Die ersten beiden Möglichkeiten bestehen in der Verwendung von hexadezimalen Zahlenwerten mit einer vorangestellten Raute (body {color:"#FF0000"}; /* rot */) oder in der Angabe des Farbnamens. Diese beiden Möglichkeiten sind Ihnen sicher auch vom Arbeiten mit XHTML bzw. HTML her bekannt.

Ausschließlich in CSS verfügen Sie über eine dritte Möglichkeit: Sie können den Ausdruck rgb verwenden, dem Sie die einzelnen RGB-Farbwerte übergeben. Die Reihenfolge der einzelnen Werte entspricht dabei den Farbanteilen von Rot, Grün und Gelb. Die einzelnen Werte können wahlweise als absoluter Zahlenwert oder auch als prozentualer Wert angegeben werden. Die Ermittlung dieser einzelnen Werte kann sich als recht umständlich erweisen. Um diese Arbeit zu erleichtern, ist die Benutzung verschiedener Programme möglich. Näheres dazu erfahren Sie im zweiten Teil des Buchs bei der Thematik *Farben in XHTML*.

Beispiel:

Hier erfolgt die Zuweisung einer Schriftfarbe mittels des Ausdrucks rgb. Dabei wird jeweils eine Farbe in Prozentwerten und eine Farbe in absoluten Zahlenwerten zugewiesen.

```
<h1 style="color: rgb(100%, 100%, 20%);">
    Text mit Farbe
    </h1>
<h1 style="color: rgb(255, 255, 51);">
    Text mit Farbe
</h1>
```

Formatieren von Schrift

Das Formatieren von Schrift dürfte mit Sicherheit zu der am häufigsten angewendeten Art der Formatierung mit CSS gehören. Immerhin würde ein Webdokument ohne formatierte Schriften ein ziemlich tristes Erscheinungsbild bieten.

Schriftfamilie: font-family

Bei der Formatierung von Schrift steht die Angabe der *Schriftfamilie* im Vordergrund. Immerhin gibt Ihnen die Zuordnung einer Schriftfamilie die Möglichkeit den Charakter des Dokuments zu unterstreichen. Stellen Sie sich doch nur als Beispiel einmal das Zitat einer Textpassage aus einer mittelalterlichen Schrift vor – einmal in nüchterner Blockschrift und einmal in gotischer Schrift. Mit diesem Beispiel wäre zugleich ausreichend erklärt, was unter einer Schriftfamilie zu verstehen ist.

Zum Formatieren von Schrift verwenden Sie das Attribut font-family, dem Sie den Namen der zu verwendenden Schrift übergeben. Sie sollten dabei nur Schriftarten angeben, die mit großer Wahrscheinlichkeit auch auf dem Rechner des Benutzers des Dokuments installiert sind. Wenn das nicht der Fall ist, dann erfolgt die Anzeige des Dokuments in einer Standardschrift und der Charakter des Dokuments geht verloren.

Um festzustellen, welche Schriftarten auf Ihrem Rechner installiert sind, sehen Sie im Menüpunkt *Systemsteuerung / Schriftarten* nach. Dort werden alle, für Ihr System verfügbaren Schriften aufgelistet. Sie müssen lediglich darauf achten, den Namen der Schrift, inklusive eventueller Leerzeichen, korrekt zu übernehmen.

Sie können auch mehrere Schriftfamilien angeben. Ist die erste angegebene Schrift auf dem Rechner des Benutzers nicht vorhanden, dann wird die zweite angezeigt und so weiter.

Neben den beliebig einsetzbaren Schriften existieren auch einige fest vordefinierte Schriftfamilien. Diese sollten zumindest auf Windows-Rechnern immer verfügbar sein und können bedenkenlos verwendet werden. Die entsprechenden Bezeichnungen lauten serif, sans-serif, cursive, monospace und fantasy.

Beispiel:

Hier werden den Tags <h1></h1>, <p></p> und <h2></h2> verschiedene Schriftfamilien zugewiesen. Während die beiden letzten Tags mit einer Schriftfamilie verknüpft sind, ist bei dem Tag <h1></h1> die alternative Verwendung einer zweiten Schriftfamilie möglich. Wenn die Schriftart *Garamond* auf Ihrem Rechner nicht installiert ist, dann erfolgt stattdessen die Anzeige einer Standardschrift.

Das Beispiel ist auf der CD zum Buch enthalten.

```
<!DOCTYPE html PUBLIC "-//W3C//DTD XHTML 1.0
 Strict//EN" "DTD/xhtml1-strict.dtd">
<html xmlns="http://www.w3.org/TR/xhtml1">
<head>
<title>Schriftfamilie</title>
 <style type="text/css">
 h1 {font-family: Arial, Verdana}
 p {font-family: Verdana}
```

```
    h2 {font-family: Garamond}
    </style>
</head>
<body>
    <h1>Arial</h1><br/>
    <p>Verdana</p>
    <h2>Hoffentlich Garamond</h2>
</body>
</html>
```

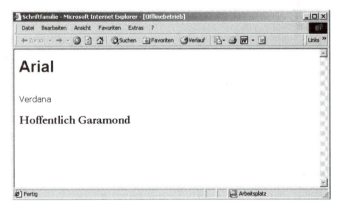

Abbildung 11.6: Unterschiedliche Schriftfamilien

Schriftstil: font-style

Der *Schriftstil* ist eine Art der Formatierung, die beim Erstellen von Textdokumenten als völlig selbstverständlich vorausgesetzt wird und die in der Regel eher beiläufig als explizite Formatierung wahrgenommen wird. Dazu verfügt beinahe jede Textverarbeitung über drei Schaltflächen, mit denen der markierte Text die Eigenschaften *Fett*, *Kursiv* und *Unterstrichen* erhält.

Die Vergabe der Texteigenschaft *Fett* erfolgt bereits über das Attribut font-weight und das Unterstreichen von Text mit dem Attribut text-decoration. Insofern bleibt hier noch die Eigenschaft *Kursiv*, mit der Sie schräge Schriften einstellen können. Dies findet vor allem beim Hervorheben von Zitaten Verwendung.

Beispiel: In dem folgenden Beispiel erfolgt die Formatierung eines Textabschnitts mit schräger Schrift mit Hilfe des Tags <div></div>. Nach dem Abschluss des Tags erfolgt wieder die Anzeige des Textes mit normal ausgerichteter Schrift.

Das Beispiel ist auf der CD zum Buch enthalten.

```
<!DOCTYPE html PUBLIC "-//W3C//DTD XHTML 1.0
 Strict//EN" "DTD/xhtml1-strict.dtd">
<html xmlns="http://www.w3.org/TR/xhtml1">
<head>
<title>Schriftstil</title>
   <style type="text/css">
   div {font-style: italic}
   </style>
</head>
<body>
Inmitten dieses Textes befindet <div> sich ein Abschnitt mit
kursiv </div> ausgerichteter Schrift.
</body>
</html>
```

Diese Art der Formatierung erweist sich für zusammenhängende Textabschnitte als relativ ungünstig, da dabei ein Zeilenumbruch erfolgt. In diesem Fall ist die Formatierung über das Tag <i></i> vorzuziehen.

Schriftgröße: font-size

Unabhängig von der Schriftfamilie können Sie auch die Schriftgröße beliebig einstellen. Dazu verwenden Sie das Attribut font-size. Wie bei der Schriftdicke erfolgt das Festlegen der Schriftgröße mit Hilfe eines numerischen Werts oder eines Ausdrucks. Bei der Verwendung eines Ausdrucks erfolgt die Änderung der Schrift immer relativ zur aktuell verwendeten Schriftgröße. Diese Vorgehensweise eignet sich also nicht für Dokumente, in denen eine exakte Größeneinstellung notwendig ist. Der Vorteil liegt dafür in der vereinfachten Erstellung von Dokumenten, in denen es eher auf ein allgemein vereinheitlichtes Erscheinungsbild ankommt.

Ausdruck	Beschreibung
xx-small	winzig
x-small	sehr klein
small	klein
medium	mittel
large	groß
x-large	sehr groß
xx-large	riesig
smaller	sichtbar kleiner als normal
larger	sichtbar größer als normal

Tabelle 11.7: Ausdrücke zum Einstellen der Schriftgröße

Bei der Verwendung eines Zahlenwerts hingegen erhalten Sie zwar eine große Genauigkeit – unter Umständen müssen Sie hier aber öfter probieren, bis Sie die exakte Schriftgröße gefunden haben.

Beispiel:

Mit der Erstellung von drei unterschiedlich formatierten Klassen für das Tag <p></p> ist eine unkomplizierte Formatierung von Textabschnitten innerhalb der XHTML-Datei möglich. In diesem Beispiel wurden neben Formaten für die Schriftfamilie auch Formate für die Textfarbe und den Schriftstil eingesetzt.

Das Beispiel ist auf der CD zum Buch enthalten.

```
<!DOCTYPE html PUBLIC "-//W3C//DTD XHTML 1.0
 Strict//EN" "DTD/xhtml1-strict.dtd">
<html xmlns="http://www.w3.org/TR/xhtml1">
<head>
<title>Schriftgröße</title>
   <style type="text/css">
   p.1 { font-size:60}
   p.2 {font-size:20}
   </style>
</head>
<body>
   <p class="1">große Schrift</p>
   <p class="2">und kleine Schrift</p>
</body>
</html>
```

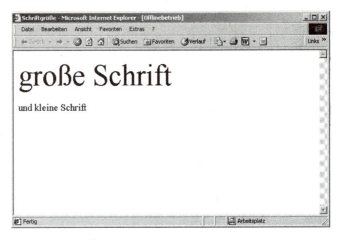

Abbildung 11.7: Überschriften mit CSS selbst gemacht

Attribut	Beschreibung
font-weight:"..."	Legt das Schriftgewicht fest
font-style:"..."	Legt den Schriftstil fest
font-family:"..."	Legt die Schriftfamilie fest

Tabelle 11.8: Attribute für Schriften

Schriftgewicht: font-weight

Neben der Einstellung der Schriftfamilie können Sie auch das *Schriftgewicht* einstellen. Damit ist schlicht und einfach die Schriftdicke gemeint. Diese wird mit dem Attribut font-weight festgelegt und macht die Angabe eines Zahlenwerts erforderlich. Hier können Sie ganze Werte in 100er- Schritten von 100 bis 900 angeben, also 100 für sehr dünn bis 900 für sehr stark.

| Kapitel 11 | Style Sheets | 249 |

Wer die Schriftdicke stattdessen lieber relativ zur vorhandenen Schrift des jeweiligen Rechners einstellen möchte, der kann statt eines Zahlenwerts einen Ausdruck verwenden. Damit erzielen Sie eine Größenänderung relativ zur aktuellen Schriftdicke.

Ausdruck	Beschreibung
bold	stark
bolder	sehr stark
lighter	leichter

Tabelle 11.9: Verschiedene Ausdrücke für Schriftdicken

Die Verwendung einer individuellen Schriftdicke ermöglicht Ihnen das wirkungsvolle Hervorheben von Textabschnitten. Bei besonders farbintensiven Hintergründen ist die Verwendung einer stärkeren Schriftdicke ebenfalls sehr hilfreich.

Beispiel:

Das Beispiel ist auf der CD zum Buch enthalten.

```
<!DOCTYPE html PUBLIC "-//W3C//DTD XHTML 1.0
 Strict//EN" "DTD/xhtml1-strict.dtd">
<html xmlns="http://www.w3.org/TR/xhtml1">
<head>
<title>Schriftgewicht</title>
<style type="text/css">
p {font-weight: bolder}
div {font-weight: 700}
</style>
</head>
```

```
<body>
  Das ist Normal<br/>
    <p>Das ist relativ stärker<p/>
    <div>Das ist absolut stärker</div>
</body>
</html>
```

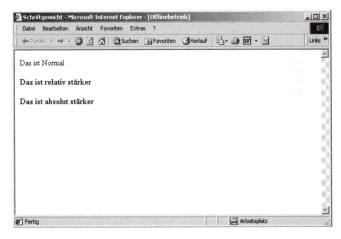

Abbildung 11.8: Die Angabe des Schriftgewichts relativ und absolut

Abstände zwischen Elementen

Zeichenabstand: letter-spacing

Mit dem Zuweisen von Schriftdicke und Schriftgröße sind Sie in der Lage Überschriften beliebiger Art selbst zu definieren. Mit dem Attribut letter-spacing können Sie das Ganze noch erheblich verfeinern und damit die Aufmerksamkeit des Lesers Ihres Dokuments wecken. Dieses Attribut sorgt für einen benutzerdefinierten Abstand zwischen den einzelnen Buchstaben.

Die Einstellung des *Zeichenabstands* erfolgt – wie sollte es auch anders sein – mit Hilfe der Angabe eines numerischen Wertes. Dies kann ein absoluter oder auch ein relativer Wert in Prozent sein.

Beispiel:

Hier sehen Sie die Zuweisung mehrerer Attribute an zwei definierte CSS-Klassen. Während die Klasse *p.klein* über Attribute für den Zeichenabstand und die Schriftgröße verfügt, enthält die Klasse *p.gross* ein zusätzliches Attribut zum Verändern der Schriftdicke.

Das Beispiel ist auf der CD zum Buch enthalten.

```
<!DOCTYPE html PUBLIC "-//W3C//DTD XHTML 1.0
 Strict//EN" "DTD/xhtml1-strict.dtd">
<html xmlns="http://www.w3.org/TR/xhtml1">
<head>
<title>Zeichenabstand</title>
<style type="text/css">
p.gross {letter-spacing:40px;font-size:40;
   font-weight:900}
p.klein {letter-spacing:15px;font-size:40}
</style>
</head>
<body>
   <center>
   <p class="klein">Bitte</p>
   <p class="gross">Abstand</p>
   <p class="klein">halten</p>
```

```
    </center>
  </body>
</html>
```

Abbildung 11.9: Dieser Text fällt einfach auf

Randabstände: padding

Mit dem Attribut padding können Sie Stilelemente eines Dokuments auf vielfältigste Weise positionieren. Sie können damit ein Stilelement innerhalb eines anderen Elements platzieren und legen dann den Abstand des inneren Elements zum Rand des äußeren Elements fest. Dabei kann es sich z.B. um ein Element innerhalb einer Tabellenzelle, eines Bereichs oder auch innerhalb des gesamten Browserfensters handeln.

Dem Attribut padding übergeben Sie wie gewohnt den entsprechenden Zahlenwert, der dem gewünschten *Randabstand* entspricht.

| Kapitel 11 | Style Sheets |

Beispiel:

In diesem Beispiel sehen Sie eine Tabelle mit zwei Zellen. Während der Text in der unteren Zelle einfach eingefügt wurde, enthält der Text der oberen Zelle das Attribut padding:2cm. Damit wird festgelegt, dass der Text an allen Seiten 2 cm Abstand zum Rand der Zelle hält.

Das Beispiel ist auf der CD zum Buch enthalten.

```
<!DOCTYPE html PUBLIC "-//W3C//DTD XHTML 1.0
 Strict//EN" "DTD/xhtml1-strict.dtd">
<html xmlns="http://www.w3.org/TR/xhtml1">
<head>
<title>Innenabstaende</title>
<style type="text/css">
  p.Abstand {padding:2cm;font-weight: 700}
</style>
</head>
<body>
<table border="1">
   <tr><td>
   <p class="Abstand">Dieser Text h&auml;lt immer
      3cm Abstand</p>
   </td></tr>
   <tr><td>
   <b>Dieser Text nicht</b>
   </td></tr>
</table>
</body>
</html>
```

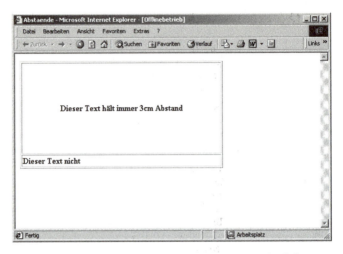

Abbildung 11.10: Hier wird immer ein Abstand zum Rand gehalten

Statt des gleichen Abstands zu allen Seiten können Sie auch den Abstand zu nur einer bestimmten oder mehreren Seiten eines Stilelements festlegen. Dazu verwenden Sie eine erweiterte Form des Attributs padding. Die folgende Tabelle gibt Ihnen einen Überblick über die Ihnen zur Verfügung stehenden Möglichkeiten.

Attribut	Beschreibung
padding	Innenabstand alle Seiten
padding-top	Innenabstand oben
padding-bottom	Innenabstand unten
padding-left	Innenabstand links
padding-right	Innenabstand rechts

Tabelle 11.10: Die Attribute zum Festlegen von Randabständen

Abstände von Absätzen: margin

Um innerhalb eines Dokuments verschiedene Textabschnitte auszurichten können Sie z.B. mit blinden Tabellen arbeiten. Dies ist aber mit Sicherheit eine ungünstige Möglichkeit – immerhin benötigt der Browser zum Aufbau von mehreren Tabellen relativ viel Zeit.

CSS bieten zur Lösung dieses Problems eine eigene Möglichkeit an – das Definieren von Abständen zwischen Stilelementen eines Dokuments. Dazu greifen Sie auf das Attribut margin zurück, mit dem Sie den Abstand zum Rand oder dem nächsten Absatz definieren.

Beim Einsatz des Attributs margin ist allerdings etwas Vorsicht angebracht. Wenn Sie eine einigermaßen gleiche Darstellung in beiden Browsern, also Netscape und Microsoft, erreichen wollen, so kommen Sie kaum um zeitaufwendige Tests des Dokuments mit den verschiedenen Browsern nicht herum. Da die Angaben von Fall zu Fall sehr unterschiedlich interpretiert werden, ist es relativ schwierig, einen gemeinsamen Nenner für beide Lösungen zu finden.

Beispiel:

Jeder einzelne Textabschnitt benötigt eine separate Angabe über die Größenordnung der Einrückung. Sie können dabei zwischen absoluten Zahlenwerten und relativen Prozentangaben wählen.

Das Beispiel ist auf der CD zum Buch enthalten.

```
<!DOCTYPE html PUBLIC "-//W3C//DTD XHTML 1.0
 Strict//EN" "DTD/xhtml1-strict.dtd">
<html xmlns="http://www.w3.org/TR/xhtml1">
<head>
<title>Abst&auml;nde</title>
</head>
<body>
   <p style="margin-left:10pt">
```

```
TextTextTextTextTextTextTextText</p>
<p style="margin-left:2cm;margin-top:10%">
TextTextTextTextTextTextTextText</p>
<p style="margin-left:20%;margin-top:15%">
TextTextTextTextTextTextTextText</p>
</body>
</html>
```

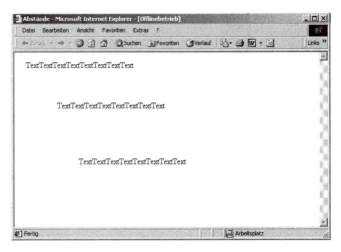

Abbildung 11.11: Auch diese Einstellungen interpretieren die Browser unterschiedlich

Attribut	Beschreibung
margin	Abstand zum Rand allgemein
margin-top	Abstand zum Rand oben
margin-bottom	Abstand zum Rand unten

Attribut	Beschreibung
margin-left	Abstand zum Rand links
margin-right	Abstand zum Rand rechts

Tabelle 11.11: Die Attribute für Abstände zwischen Elementen

Sie können die Attribute der obigen Tabelle auch miteinander kombinieren, d.h., mit einer Kombination aus margin-left und margin-top können Sie einen Textabschnitt gezielt in der Mitte einer Webseite anordnen.

Ausrichten von Text

Zeilenhöhe: line-height

Kennen Sie sich in einer Textverarbeitung wie z.B. Microsoft Word aus? Dann kennen Sie bestimmt die Möglichkeit, die Abstände der Zeilen eines Dokuments genau einstellen zu können. Wenn Sie nun ein dermaßen formatiertes Dokument mit dem gleichen Erscheinungsbild im Web publizieren wollen, dann müssen Sie diese Zeilenabstände ebenfalls übernehmen. Dazu können Sie das Attribut line-height verwenden. Diesem Attribut übergeben Sie den Zahlenwert, der dem gewünschten Zeilenabstand entsprechen soll.

Beispiel:

Die Darstellung von selbst definierten *Zeilenhöhen* ist auf den angegebenen Bereich begrenzt. In diesem Beispiel ist die Verwendung von eigenen Zeilenhöhen auf den Bereich <p></p> beschränkt.

```
<!DOCTYPE html PUBLIC "-//W3C//DTD XHTML 1.0
 Strict//EN" "DTD/xhtml1-strict.dtd">
<html xmlns="http://www.w3.org/TR/xhtml1">
```

```
<head>
<title>Zeilenhoehe</title>
</head>
<body>
<p style="line-height:30pt;font-weight:700">
TextTextTextTextTextTextTextTextTextTextTextTextText
TextTextTextTextTextTextTextTextTextTextTextTextText
TextTextTextTextTextTextTextTextTextTextTextTextText
TextTextTextTextTextTextTextTextTextTextTextTextText
TextTextTextTextTextTextTextTextTextTextTextTextText
</p>
</body>
</html>
```

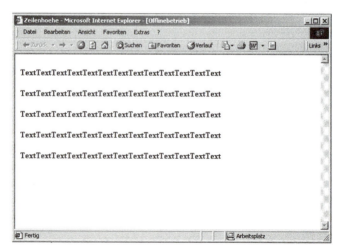

Abbildung 11.12: Text mit individueller Zeilenhöhe

Text einrücken: text-indent

Sie können mit CSS auch Textabschnitte eingerückt darstellen. Damit ersparen Sie sich die sonst übliche Praxis, dem einzurückenden Text eine Anzahl von Leerzeichen voranzustellen oder den Text in einer Tabelle mit voranstehenden leeren Zellen anzuordnen.

Das *Einrücken* eines Textabschnitts erfolgt immer zum links von dem einzurückenden Textabschnitt befindlichen Element. Dies kann z.B. eine Grafik oder auch einfach nur der linke Rand des Browsers sein.

Das zum Einrücken von Text erforderliche Attribut heißt text-indent und erwartet einen numerischen Wert, der die Tiefe der Einrückung gegenüber dem restlichen, linksseitig ausgerichteten Text angibt. Auch bei diesem Attribut ist die Angabe eines Zahlenwerts für die Tiefe der Einrückung notwendig.

Beispiel:

Das Beispiel ist auf der CD zum Buch enthalten.

```
<!DOCTYPE html PUBLIC "-//W3C//DTD XHTML 1.0
 Strict//EN" "DTD/xhtml1-strict.dtd">
<html xmlns="http://www.w3.org/TR/xhtml1">
<head>
<title>Text einruecken</title>
</head>
<body>
    Text Text Text Text Text Text Text Text Text Text
    <p style="text-indent:60px;font-weight:700">
        einger&uuml;ckter Text Text Text Text
    </p>
    Text Text Text Text Text Text Text Text Text Text
</body>
</html>
```

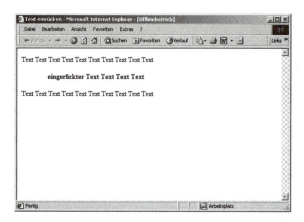

Abbildung 11.13: Mit CSS eingerückter Text

Textdekoration: text-decoration

Nachdem nun fast alle Möglichkeiten einer modernen Textverarbeitung für CSS kein Problem darstellen, fehlt zum Abschluss nur noch das *Dekorieren* von Textabschnitten mit Linien – also z.B. Unterstreichungen. Das dazu erforderliche Attribut heißt text-decoration. Hier können Sie mit einer Anzahl von unterschiedlichen Angaben verschiedene Effekte erzielen. Über die zur Verfügung stehenden Möglichkeiten gibt Ihnen die folgende Tabelle Auskunft.

Angabe	Beschreibung
underline	Linie unter dem Text
line-through	Linie durch den Text
overline	Linie über dem Text, nur im Internet Explorer
blink	Text blinkend, nur im Netscape Navigator

Tabelle 11.12: Die Angaben für text-decoration

Beispiel:

In der Datei sehen Sie mehrere Textabschnitte, die mit allen Angaben zu dem Attribut text-decoration versehen sind. Je nach verwendetem Browser werden Sie sehen, welche Angaben richtig interpretiert werden und welche nicht.

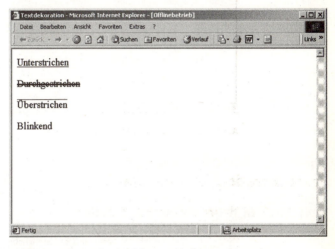

Abbildung 11.14: Alle möglichen Werte für text-decoration

Das Beispiel ist auf der CD zum Buch enthalten.

```
<!DOCTYPE html PUBLIC "-//W3C//DTD XHTML 1.0
 Strict//EN" "DTD/xhtml1-strict.dtd">
<html xmlns="http://www.w3.org/TR/xhtml1">
<head>
<title>Textdekoration</title>
</head>
```

```html
<body>
  <p style="text-decoration:underline;font-size:20">
  Unterstrichen</p>
  <p style="text-decoration:line-through;
  font-size:20">Durchgestrichen</p>
  <p style="text-decoration:overline;
  font-size:20">Überstrichen</p>
  <p style="text-decoration:blink;
  font-size:20">Blinkend</p>
</body>
</html>
```

Weitere Möglichkeiten

Text mit Rahmen versehen: border

Wenn Sie einen Textabschnitt besonders hervorheben wollen, dann versehen Sie ihn doch einfach mit einem *Rahmen*! Dazu verwenden Sie das Attribut border, zusammen mit der Bezeichnung der zu benutzenden Seite, also top, left, bottom oder right. Zusätzlich ist noch die Angabe der Rahmendicke mit width notwendig, immerhin trägt sie wesentlich zur Gestaltung der Seite bei. Um den Rahmen auch darstellen zu können, wird außerdem noch die Angabe des Rahmenstils mit border-style benötigt.

Attribut/Werte	Beschreibung
border-style ="..."	Bestimmt den Stil des Rands
dashed	Gestrichelt
dotted	Gepunktet

Attribut/Werte	Beschreibung
double	doppelt durchgezogen
groove	3D
inset	3D
none	kein Rahmen
outset	3D
ridge	3D
solid	Durchgezogen

Tabelle 11.13: Verschiedene Möglichkeiten für border-style

Um einen Rahmen um das gesamte Element zu zeichnen, verwenden Sie das Attribut border ohne die Angabe einer darzustellenden Seite zusammen mit den entsprechenden Erweiterungen wie width und style. Bei dreidimensionalen Rahmen ist zudem die Angabe einer Farbe (außer Schwarz) notwendig.

Beispiel:

style="border-width:1cm;border-style:dotted"

Sie können auch statt eines Rahmens lediglich einen Balken an nur einer Seite des entsprechenden Elements darstellen. Dazu ergänzen Sie das Attribut border um den Bezeichner der entsprechenden Seite. Im folgenden Listing erfolgt die Darstellung eines ein Zentimeter breiten Balkens an der linken Seite eines Elements.

Beispiel:

style="border-left-width:1cm"

Bei der Verwendung von Rahmen müssen Sie leider immer wieder einmal an die verschiedenen Browser denken, die zum Teil nicht alle Möglichkeiten zum Darstellen der Rahmen unterstützen. Letztendlich bleibt auch wieder einmal der bittere Nachgeschmack, dass der

Programmierer einer Webseite mehr Zeit mit dem Testen der Darstellung der Rahmenarten verbringt als mit dem eigentlichen Gestalten der Seite.

Beispiel:

In dem Beispiel sehen Sie zwei Textabschnitte, die jeweils mit einem Rahmen versehen wurden.

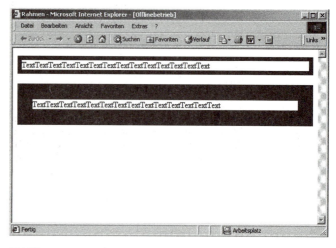

Abbildung 11.15: Rahmen mit CSS

Das Beispiel ist auf der CD zum Buch enthalten.

```
<!DOCTYPE html PUBLIC "-//W3C//DTD XHTML 1.0
 Strict//EN" "DTD/xhtml1-strict.dtd">
<html xmlns="http://www.w3.org/TR/xhtml1">
<head>
<title>Rahmen</title>
```

```
</head>
<body>
    <p style="border-width:0.2cm; border-style:solid">
    TextTextTextTextTextTextTextTextTextTextTextTextText
    </p>
        <p style="border-width:0.8cm;
        border-style:outset;border-color:blue">
    TextTextTextTextTextTextTextTextTextTextTextTextText
    </p>
</body>
</html>
```

Um den Text innerhalb eines Rahmens oder am rechten Rand eines Rahmens mit einem Abstand zu versehen, können Sie das Attribut padding-right bzw. padding anwenden. Mit padding-right erreichen Sie einen Abstand zu einem rechts stehenden Rahmen und mit padding einen gleichen Abstand zu allen Seiten eines umschließenden Rahmens.

Beispiel:

```
<p style="border-left-width:1cm; border-left-style:inset;
    padding-right:8mm">
```

Hintergrundbilder: background-image

Haben Sie schon einmal Webseiten analysiert, die mit einem großen *Hintergrundbild* versehen sind? Ein großer Teil dieser Seiten wurde mit Hilfe von CSS gestaltet – und zwar beim Einfügen eben dieses Hintergrundbilds. CSS bietet Ihnen dazu verschiedene Einstellungsmöglichkeiten, mit denen Sie fast alle Wünsche in Bezug auf die Art und Weise der Verwendung des Bilds erfüllen. Das Einbinden eines solchen Bilds erfolgt mit dem Attribut background-image, welches den Namen und das Verzeichnis eines Bilds erwartet.

Die Definition des Hintergrundbilds erfolgt mit der Definition des Tags `<body></body>`. Wenn Sie das Attribut ohne weitere Angaben verwenden, dann erfolgt eine ständige Wiederholung des Bilds in der horizontalen und vertikalen Richtung – man spricht hier von einem so genannten Tapeteneffekt.

Beispiel:

```
<body style="background-image:url(printer_02.gif);">
```

Wem das zu eintönig erscheint oder wer ganz einfach nicht die gesamte Seite mit dem Hintergrundbild versehen möchte, der kann das Attribut mit weiteren Angaben ergänzen und so die Ausrichtung des Hintergrundbilds festlegen. Die hier möglichen Angaben lauten `repeat-y` und `repeat-x`. Die Einstellung `repeat-y` erzwingt z.B. die Wiederholung des Bildes in der Y-Achse, während `repeat-x` die Wiederholung in der X-Achse erzeugt.

Beispiel:

In diesem Beispiel wird mit der Verwendung von `repeat-y` ein vertikaler Bildstreifen erzeugt. Über dem Bildstreifen liegt ein Textabschnitt, alle weiteren Stilelemente liegen ebenfalls über dem Hintergrundbild.

Das Beispiel ist auf der CD zum Buch enthalten.

```
<!DOCTYPE html PUBLIC "-//W3C//DTD XHTML 1.0
 Strict//EN" "DTD/xhtml1-strict.dtd">
<html xmlns="http://www.w3.org/TR/xhtml1">
<head>
<title>Hintergrundbild</title>
</head>
<body style="background-image:url(printer_02.gif);
   background-repeat:repeat-y">
</body>
<p> </p>
<h1 style="font-family:impact">Die Druckerseite</h1>
</html>
```

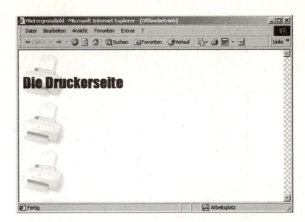

Abbildung 11.16: Das vertikal angeordnete Hintergrundbild

Formate für Elemente einer Webseite

Verweise: a

Verweise stellen das wichtigste Element von Webdokumenten dar. Wenn CSS schon einmal so unendlich viele Möglichkeiten bieten, dann werden Sie doch sicher auch nicht vor diesem Thema Halt machen.

Wenn Sie sich erinnern – Verweise erscheinen dem Besucher einer Webseite in der Regel in drei verschiedenen Farben. Die jeweilige Farbe kennzeichnet den aktuellen Zustand des Verweises – das sind die Zustände *unbenutzt*, *besucht* und *aktiv*. Mit CSS haben Sie nun die Möglichkeit, den Verweisen für ihren jeweiligen Zustand eine entsprechende Farbe zuzuweisen.

> Die Einstellungen, die Sie hier treffen, sind für alle Verweise der Seite gültig und können nicht ausschließlich für einzelne Verweise getroffen werden.

Bei der Gestaltung von Verweisen ist eine zentrale Anlage eines Formats zu empfehlen, da gerade diese Einstellungen meist im gesamten Projekt gleich bleiben. Außerdem sind Verweise aufgrund ihrer Verteilung über das gesamte Dokument bei einer Änderung entsprechend schwer aufzufinden.

Beispiel:

Hier sehen Sie die Definition von drei zentralen Formaten. Dabei werden die Verweise je nach ihrem Status nicht nur in verschiedenen Farben, sondern auch mit unterschiedlichem Schriftbild dargestellt.

```
<style type="text/css">
a:link {color:#FF0000; font-style:arial}
a:visited {color:#770000}
a:active {color:#0000FF; font-weight:bold}
</style>
```

Die folgende Tabelle verschafft Ihnen eine Übersicht über die möglichen Zustände von Verweisen sowie die Attribute, die dem jeweiligen Zustand entsprechen.

Attribute	Beschreibung
a:link	Kennzeichnet einen unbenutzten Verweis
a:visited	Kennzeichnet einen besuchten Verweis
a:active	Kennzeichnet einen aktivierten Verweis

Tabelle 11.14: Attribute zur Kennzeichnung von Verweisen

Listen: list-style

Das Element *Liste* können Sie sowohl mit XHTML sowie mit CSS darstellen. Prinzipiell funktionieren beide Wege auf zufrieden stellende Weise, doch mit CSS können Sie z.B. statt der vordefinierten Listenzeichen auch eigene Grafiken als Listenzeichen einbinden.

Die Definition einer Liste erfolgt prinzipiell auf die gleiche Weise wie bei XHTML. Die Definition wird mit dem Tag <ul></ul> oder <ol></ol> eingeleitet, je nachdem welche Listenart Sie verwenden wollen. Dabei entspricht wie in HTML <ul></ul> einer Aufzählungsliste und <ol></ol> einer numerierten Liste. Anschließend erfolgt die Angabe der verwendeten Numerierungs- oder Aufzählungszeichen sowie eventueller weiterer Formatierungen. Sie können für das Attribut list-style auch den Wert none angeben. In dem Fall erhalten Sie eine Liste ohne Aufzählungszeichen.

Listenzeichen	Listentyp	Beschreibung
none		keine Numerierung
alpha	ol	alphabetische Numerierung
decimal	ol	dezimale Numerierung
roman	ol	römische Numerierung
circle	ul	Kreis
disc	ul	Disc
square	ul	Rechteck

Tabelle 11.15: Die Werte für das Attribut list-style-type

Vor der Verwendung der Listenzeichen sollten Sie – je nach voraussichtlicher Zielgruppe der Besucher – deren Funktion in verschiedenen Browsern prüfen.

Beispiel:

Die hier dargestellte Liste verwendet als Aufzählungszeichen einen Kreis. Diese Darstellung erfolgt in den meisten Browsern einheitlich.

Das Beispiel ist auf der CD zum Buch enthalten.

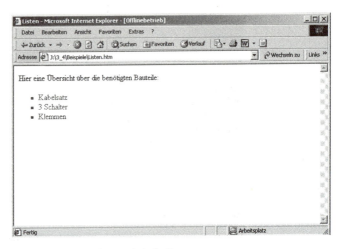

Abbildung 11.17: Listen mit Style Sheets

```
<!DOCTYPE html PUBLIC "-//W3C//DTD XHTML 1.0
 Strict//EN" "DTD/xhtml1-strict.dtd">
<html xmlns="http://www.w3.org/TR/xhtml1">
<head>
<title>Listen</title>
</head>
<body>
   Hier eine &Uuml;bersicht über die ben&ouml;tigten
   Bauteile:
   <ul style="list-style:square; color:red">
   <li>Kabelsatz</li>
   <li>3 Schalter</li>
   <li>Klemmen</li>
   </ul>
```

```
</body>
</html>
```

Zum Abschluss folgt die Möglichkeit des Einbindens eigener Listenzeichen. Als Listenzeichen können Sie eine beliebige Grafik verwenden, die sich entweder im gleichen Verzeichnis wie die Webdatei oder auch irgendwo im Verzeichnisbaum oder auf einem Server befindet. Um eine Referenz auf die Grafik zu erstellen, geben Sie lediglich zusammen mit der Adresse der zu verwendenden Grafik das Argument list-style-image an.

Leider wird diese Möglichkeit von Netscape ignoriert und stattdessen das Aufzählungszeichen circle angezeigt.

Beispiel:

Hier erfolgt mit dem Attribut list-style-image die Verwendung eines eigenen Listenzeichens. Sie müssen lediglich beachten, dass das Listenzeichen und der nachfolgende Text jeweils am unteren Rand der entsprechenden Listenebene ausgerichtet wird.

```
<!DOCTYPE html PUBLIC "-//W3C//DTD XHTML 1.0
 Strict//EN" "DTD/xhtml1-strict.dtd">
<html xmlns="http://www.w3.org/TR/xhtml1">
<head>
   <title>Eigenes Listenzeichen</title>
   <style type="text/css">
   li {font-family:Verdana;font-size:25}
   </style>
</head>
<body>
   <ul style="list-style-image:url(screen_03.gif)">
   <li>Monitore klein</li>
   <li>Monitore mittel</li>
   <li>Monitore groß</li>
```

```
    </ul>
  </body>
</html>
```

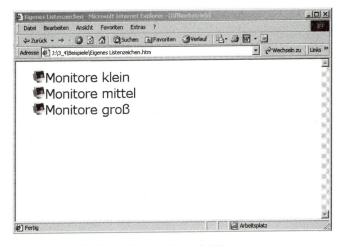

Abbildung 11.18: Eigene Listenzeichen mit CSS

Attribute	Beschreibung
list-style:"(circle | rect | square)"	Beschreibt die verwendeten Aufzählungszeichen
list-style-image:"..."	Definiert eine Grafik als Aufzählungszeichen

Tabelle 11.16: Die Attribute zum Gestalten von Listen

Arbeiten mit Bereichen

Nachdem die verschiedensten Arten von Formatierungen besprochen wurden, wollen wir zu einem für CSS besonders wichtigen und markanten Thema kommen. Damit ist das Positionieren von eigenständigen *Bereichen* innerhalb eines Webdokuments gemeint. Diese mit XHTML definierten Bereiche können weitere Stilelemente aufnehmen, so z.B. Textabschnitte oder auch Grafiken. Damit sind Sie in der Lage mehrere Stilelemente, welche von dem Bereich wie in einem Container zusammengefasst werden, zu überlagern oder als ein einheitliches Stilelement zu behandeln.

Definieren eines Bereichs

Das Erstellen eines Bereichs erfolgt mit Hilfe der Tags `<div></div>` oder `<span></span>`. Mit `<div></div>` erstellen Sie einen Bereich, der mehrere unterschiedliche Elemente enthalten kann. Innerhalb dieses Bereichs können nun verschiedene CSS-Formate für alle enthaltenen Elemente gültig sein.

Um diesen Bereich eindeutig identifizierbar zu machen, können Sie diesen zusätzlich mit dem Attribut `id` versehen. Diesem Attribut übergeben Sie einen Namen in Form einer Zeichenkette. Über diesen Namen können Sie dann mit JavaScript auf den Bereich zugreifen. Auf diese Weise können Sie z.B. mit DHTML diesen Bereich innerhalb des Webdokuments bewegen oder den Besucher die interaktive Nutzung der Seite ermöglichen.

Festlegen der Position eines Bereichs

Wenn Sie einen Bereich erstellen, dann befindet er sich naturgemäß erst einmal unterhalb des zuletzt definierten Seitenelements. Um dem Bereich eine Position innerhalb des Webdokuments zuzuweisen stehen Ihnen die zusätzlichen Parameter `top`, `left`, `bottom` und `right` zur Verfügung. Ihnen übergeben Sie einen Zahlenwert, welcher der gewünschten Position des Bereichs entspricht.

Parameter	Beschreibung
top:"..."	Legt die obere Position des Bereichs fest
left:"..."	Legt die linke Position des Bereichs fest
bottom:"..."	Legt die untere Position des Bereichs fest
right:"..."	Legt die rechte Position des Bereichs fest
height :"..."	Legt die Höhe des Bereichs fest
width::"..."	Legt die Breite des Bereichs fest

Tabelle 11.17: Die Attribute zum Positionieren von Bereichen

Sie können auch mit dem Attribut width die Breite eines Bereichs festlegen. Wenn der in diesem Bereich enthaltene Text die Breite überschreitet, dann wird er in der nächsten Zeile weitergeführt. In dem Tag <div></div> kommt zusätzlich das Attribut absolute vor, mit dem Sie die Positionierung des Bereichs innerhalb des Fensters bestimmen.

Beispiel:

In dem Beispiel sehen Sie drei mit <div></div> erstellte Bereiche, die entweder einen Text oder eine Grafik enthalten. Der Bereich mit der Grafik wurde zugleich mit einer Hintergrundfarbe versehen.

Das Beispiel ist auf der CD zum Buch enthalten.

```
<!DOCTYPE html PUBLIC "-//W3C//DTD XHTML 1.0
 Strict//EN" "DTD/xhtml1-strict.dtd">
<html xmlns="http://www.w3.org/TR/xhtml1">
<head>
<title>Position festlegen</title>
</head>
<body>
    <div id="Ebene1" style="position:absolute;
```

```
            background-color:#FFEEDD; top:60px; left:100px;
            width:260px;height:300px">
            <imgsrc="printer_03.gif"></div>

            <div style="position:absolute; left:140; top:190;
            font-family:Impact; font-size:35pt;">
            Hardware      Hardware</div>

            <div style="position:absolute;  left:300; top:200;
            font-size:80pt;color:red">CSS</div>
</body>
</html>
```

Abbildung 11.19: Bereiche mit CSS

Attribut/Werte	Beschreibung
`position="..."`	Legt die Position eines Bereichs fest
absolute	Ermöglicht eine absolute Position, die beim Scrollen der Seite erhalten bleibt
fixed	Erzwingt eine absolute Position, die beim Scrollen nicht beeinflusst wird
relative	Ermöglicht die Positionierung relativ zum vorhergehenden Element
static	Keine bestimmte Positionierung

Tabelle 11.18: Die Werte für das Attribut position

KAPITEL 12

XML – Zukunft für XHTML

Im Anschluss an XHTML finden Sie hier Grundlagen zu XML.

XML – Zukunft für XHTML

Wie bereits am Anfang des Buchs erwähnt, wird der neue Standard von XHTML eine Vereinigung aus HTML und XML darstellen. Die Webentwickler sehen gespannt in die Richtung der zu erwartenden Neuerungen von XHTML, speziell auf die geplante Modularisierung von XHTML.

Wer mit dem Erscheinen der offiziellen nächsten Versionen so schnell wie möglich voll einsteigen will, der kann sich jetzt schon mit den Grundlagen von XML vertraut machen. Immerhin soll XML die Grundlage für die Modularisierung und Erweiterung von XHTML bilden – auch wenn hier noch lange nicht das letzte Wort gesprochen ist und noch einige Veränderungen und Überraschungen auf die Webentwickler zukommen werden.

Grundlagen zu XML

Im Gegensatz zu HTML, welches über einen festen Befehlssatz verfügt, können Sie in XML eigene Elemente und Attribute definieren. XML-Dokumente werden, wie bei HTML, als reines Textdokument erstellt – allerdings mit der Endung *.xml*. Doch jetzt zeichnet sich bereits ein großes Manko bei der Arbeit mit XML ab.

Beim Betrachten einer XML-Datei sind Sie auf einen XML-fähigen Browser angewiesen. Die Browser der neuesten Generation, also z.B. der IE 5.0, sind dazu selbstverständlich in der Lage. Auch wenn in naher Zukunft alle Browser über diese Fähigkeiten verfügen werden, so bleiben doch den Benutzern von älteren Browsern diese neuen Möglichkeiten verwehrt. Hier hilft dann nur noch das regelmäßige Update auf die jeweils neueste Technologie.

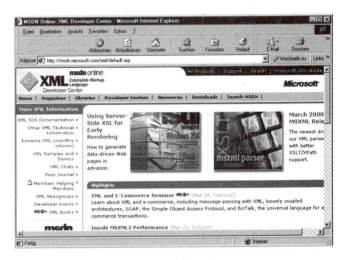

Abbildung 12.1: Die XML-Seite von Microsoft

Ein einfaches Beispiel

Ein einfaches praktisches Beispiel soll als Einleitung in dieses Kapitel dienen. In dem folgenden einfachen Beispiel sehen Sie die Ausgabe eines kleinen Textes.

Beispiel:

Das Beispiel ist auf der CD zum Buch enthalten.

```
<?xml version="1.0" ?>
 <test>Das ist XML!</test>
```

Um das Ergebnis dieses Beispiels zu sehen, müssen Sie die Datei nicht erst von der Buch-CD laden und ausführen, Sie können das zu erwartende Ergebnis auch in der folgenden Abbildung sehen. Die Darstellung der Datei erfolgt dort im Internet Explorer 5.0. Doch da werden

Sie Ihren Augen kaum trauen – außer dem Text wird auch noch ein Teil des Quellcodes dargestellt! Hier wird klar, was es denn nun mit XML auf sich hat: XML ist nicht geeignet um Daten *darzustellen* – vielmehr besteht seine Aufgabe darin, Daten zu *strukturieren*. Wie das vor sich geht, das wird in diesem Abschnitt ausführlich erläutert.

Doch um eines vorwegzunehmen: Die Spezifikation zu XML ist sehr umfangreich. Noch immer wird nicht alles, was darin vorgesehen ist, auch so umgesetzt. Dieses Kapitel soll keine lückenlose Dokumentation zu XML darstellen, sondern einen Überblick über die bestehenden und zu erwartenden Möglichkeiten der Verbindung von HTML und XML zu XHTML geben.

> XML soll die Daten nicht ausgeben, sondern es wird eingesetzt um Daten zu Strukturieren. Die Anzeige der Daten erfolgt dann mit einer weiteren Programmiersprache wie z.B. HTML, JavaScript oder ASP.

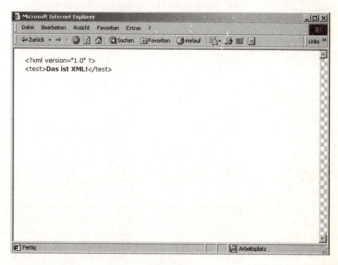

Abbildung 12.2: Eine einfache XML-Datei

Der Aufbau der XML-Datei gestaltet sich etwas einfacher, als Sie es von HTML her gewohnt sind. In der ersten Zeile befindet sich der so genannte *Prolog*, in dem die Angabe der verwendeten XML-Version erfolgt. Der Prolog wird stets mit einem Fragezeichen begonnen und beendet. Wie bei XHTML werden hier alle Buchstaben der Tags kleingeschrieben – schließlich soll sich XHTML konform zu XML verhalten.

Zusätzlich kann der Prolog noch weitere Angaben enthalten.

Angabe	Beschreibung
version="..."	Versionsbezeichnung
standalone="yes|no"	Standalone-Deklaration
encode="..."	Kodierungs-Deklaration

Tabelle 12.1: Die Angaben des Prologs

Mit der Angabe der Standalone-Deklaration teilen Sie dem Browser mit, ob er noch weitere DTD-Untermengen außerhalb des Dokuments suchen soll. Mit der Angabe der Kodierungs-Deklaration übergeben Sie die verwendete Zeichenkodierung. Diese beiden Angaben sind optional und nur bei entsprechender Verwendung notwendig.

Die DTD

Innerhalb der DTD *(Dokument Typ Deklaration)* erfolgt die Definition der im Dokument verwendeten Tags. Im ersten Augenblick mag sich diese Vorschrift als Nachteil erweisen. Andererseits zwingt sie zu einer sehr geordneten Arbeitsweise, was den hoch gesteckten Ansprüchen von XML entgegenkommt. Es ist unter anderem möglich, DTDs in separaten Dateien abzulegen. In diesem Fall spricht man von einer DTD-Untermenge. Mit der DTD wird zusätzlich angegeben, wo sich die DTD-Untermenge befindet. Gerade bei umfangreicheren Anwendungen erweist sich dieses Vorgehen als sehr sinnvoll, da durch den Umfang der DTD das Ganze sonst sehr schnell unübersichtlich werden kann.

Interne und externe DTDs

Es besteht die Möglichkeit die DTD, welche die Markup-Deklarationen enthält, in einer separaten Datei abzulegen. Warum diese Möglichkeit durchaus in Betracht gezogen werden sollte? Ganz einfach – in der DTD erfolgt, wie gesagt, die Definition der im Dokument verwendeten Elemente. Um so größer nun der Umfang des Dokuments wird, desto unübersichtlicher kann das Gesamterscheinungsbild des Dokuments während seiner Bearbeitung werden. Mit dem Auslagern der DTD verringert sich fürs Erste der Umfang des zu bearbeitenden Dokuments.

Davon abgesehen können Sie auch mehrere DTDs definieren, also *interne* und *externe DTDs*. Beim Vorhandensein mehrerer Deklarationen wird dann immer zuerst die interne eingelesen. Im Fall einer Mehrfachdeklaration ist zudem immer die gültig, die als erste eingelesen wurde.

In dem folgenden Beispiel wird davon ausgegangen, dass sich die DTD mit dem Namen *Bibliothek* in der externen Datei *extern.dtd* befindet.

Beispiel:

> Das Beispiel ist auf der CD zum Buch enthalten.

```
<?xml version="1.0" standalone="no" ?>
<!DOCTYPE bibliothek SYSTEM "extern.dtd">
<Bibliothek>
  <Daten>
    <Titel>Allgemeines Programmierbuch</Titel>
    <Autor>Hans Meier</Autor>
    <Auflage>10000</Auflage>
  </Daten>
</Bibliothek>
```

Die Angabe der externen DTD erfolgt folgendermaßen: Zuerst wird nach dem Schlüsselwort DOCTYPE der Name der DTD angegeben. Anschließend folgt ein weiteres Schlüsselwort, mit dem der Geltungsbereich der DTD festgelegt wird. In diesem Fall fand das Schlüsselwort

SYSTEM Verwendung. Damit wird festgelegt, dass die verwendete DTD nur für diese Webseite Gültigkeit besitzt. Wenn Sie stattdessen eine öffentlich zugängliche DTD verwenden wollen, dann setzen Sie das Schlüsselwort PUBLIC ein.

Anschließend erfolgt die Angabe des Namens der Datei, welche die DTD beinhaltet.

In diesem Beispiel sah die Definition der DTD folgendermaßen aus:

```
<!doctype Bibliothek system "extern.dtd">
```

Hier wird also eine externe DTD eingesetzt, die nicht öffentlich ist und den Namen *Bibliothek* trägt. Die DTD befindet sich in der Datei mit dem Namen *extern.dtd*.

Der Aufbau der externen DTD sieht dann folgendermaßen aus:

> Das Beispiel ist auf der CD zum Buch enthalten.

```
<!ELEMENT bibliothek (Daten)>
    <!ELEMENT Daten (Titel, Autor, Auflage)>
    <!ELEMENT Titel (#PCDATA)>
    <!ELEMENT Autor (#PCDATA)>
    <!ELEMENT Auflage (#PCDATA)>
```

Schlüsselwort	Beschreibung
doctype	Eröffnet die DTD-Referenz
system	Die DTD gilt nur für diese Webseite
public	Die DTD ist auch anderen Webseiten zugänglich

Tabelle 12.2: Die Schlüsselwörter zur DTD-Referenzierung

Ob nun eine interne oder eine externe DTD eingelesen werden soll, das entscheidet sich bei der Verwendung des Attributs standalone. Bei der Übergabe des Werts no sucht der Browser nach einer externen DTD und liest diese dann ein. Im anderen Fall, also bei der Verwendung des Werts yes, wird nur die interne DTD gelesen.

Die externe DTD wird auf die gleiche Weise erstellt wie eine interne DTD. Der einzige Unterschied hierbei ist der, dass hier das Tag <!doctype> fehlt.

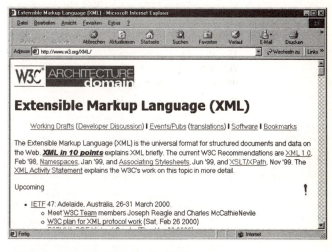

Abbildung 12.3: Die XML-Seite des W3C

Pfadangaben bei externen DTDs

Bei der Verwendung von externen DTDs steht es Ihnen frei, diese in einem beliebigen Pfad abzulegen. Sie können diese im gleichen Verzeichnis, einem Verzeichnis irgendwo innerhalb des Projekts oder auch im WWW ablegen. Am einfachsten ist sicherlich die Verwendung des gleichen Verzeichnisses. Bei der Verwendung eines anderen Verzeichnisses besteht die Gefahr, dass bei einer Verschiebung oder Änderung des aktuellen Verzeichnisses mit der Aktualisierung der Pfadangabe Fehler unterlaufen. Bei der Verwendung eines Verzeichnisses im WWW lauern noch ganz andere Gefahren. Davon abgesehen, dass sich hier eine Pfadangabe ebenso schnell ändern kann, ist das Projekt immer von einer funktionierenden Verbindung zu dem anderen Webserver abhängig. Wie sich Ihr Dokument dem Besucher präsentiert, wenn die DTD aufgrund einer schlechten Verbindung einmal nicht geladen werden kann, das ist sicher leicht vorstellbar.

Verschiedene Möglichkeiten für externe DTDs

✔ Die DTD befindet sich im gleichen Verzeichnis:

```
<!doctype bibliothek system "extern.dtd">
```

✔ Die DTD befindet sich innerhalb eines Verzeichnisbaums:

```
<!doctype bibliothek system "e:/inetpub/wwwroot/projekt/extern.dtd">
```

✔ Die DTD befindet sich im WWW:

```
<!doctype bibliothek system "www/projekt/extern.dtd">
```

Elemente

Jetzt kommt endlich der Moment, in dem einer der Vorteile von XML gegenüber HTML sichtbar wird. Denn während Sie in HTML an eine feste Menge vorgegebener Tags gebunden sind, können Sie in XML eigene Tags – so genannte *Elemente* – selbst definieren. Die Definition eines Elements erfolgt im Abschnitt von DOCTYPE und beginnt immer mit <!ELEMENT. Anschließend folgt der Name des Elements und der Inhaltstyp.

> Achtung! Eine besondere Eigenart von XML ist die, dass es innerhalb einer Elementdefinition immer nur ein *Wurzelelement* geben kann. Alle anschließend definierten Elemente sind immer *Unterelemente* des Wurzelelements.

Aus dem obigen Hinweis folgt logischerweise, dass das Wurzelelement die übrigen Elemente wie ein Container aufnimmt. Diese Vorgehensweise ist Ihnen bereits von HTML bekannt – und zwar durch das Tag <html></html>. Während allerdings in HTML, je nach verwendetem Browser, diese Vorschrift relativ locker gehandhabt werden konnte, geht XML hier wesentlich strenger vor.

Beispiel:

In dem folgenden Beispiel wird ein Wurzelelement mit dem Namen *Wurzel* definiert und anschließend ein Unterelement. Die Anzeige des Unterelements erfolgt innerhalb des Wurzelelements. Diese Art der Anzeige wird auch als *Verschachtelung* bezeichnet.

Abbildung 12.4: Unterelemente in XML

Das Beispiel ist auf der CD zum Buch enthalten.

```
<?xml version="1.0"?>
<!DOCTYPE hallo [
        <!ELEMENT Wurzel (MEININHALT)>
        <!ELEMENT MEININHALT (#PCDATA)>
]>
```

```
<Wurzel>
<MEININHALT>Das ist ein untergeordnetes Tag</MEININHALT>
</Wurzel>
```

Inhaltstypen von Elementen

In dem obigen Beispiel wurde als Inhaltstyp des neuen Elements der Ausdruck #PCDATA angegeben. Dieser Ausdruck steht für *Parced Character Data* und bedeutet, dass damit deklarierte Inhalte vom Browser bei der Ausführung überprüft werden. Wird bei der Überprüfung ein Fehler festgestellt, dann erfolgt die Ausgabe einer Fehlermeldung.

Alternativ dazu können Sie auch eigene Inhaltstypen definieren – deren Überprüfung entfällt dann logischerweise.

Attribute

Bereits in HTML werden *Attribute* verwendet um Tags auf ihren speziellen Einsatzzweck einzustellen. So erstellen Sie z.B. mit `<table></table>` eine Tabelle und mit dem zusätzlichen Attribut `<table border="1"></table>` versehen Sie die Tabelle mit einem Rahmen.

In XML besteht diese Möglichkeit selbstverständlich auch. Allerdings müssen Sie hier einige Besonderheiten beachten. In HTML greifen Sie auf eine bestimmte Anzahl von vordefinierten Attributen mit ihren entsprechenden Eigenschaften zurück. In XML können Sie jedem Element eine Anzahl von Attributen mit entsprechenden Eigenschaften zuweisen. Und damit die Zuordnung der Attribute zu den Elementen auch eindeutig ist, erfolgt die Deklaration der Attribute auch innerhalb der Definition der Elemente.

Beispiel:

In dem Beispiel erfolgt die Definition des Elements Telefon und die Definition des dazugehörigen Attributs typ mit den Werten privat und arbeit.

```
<!DOCTYPE hallo [
  <!ELEMENT Telefon (#PCDATA)
  <!ATTLIST Telefon typ (privat|arbeit) #REQUIRED>
]
```

Mit der Verwendung der im obigen Beispiel deklarierten Attribute ist es nun möglich, dem Element `Telefon` bestimmte Eigenschaften zuzuweisen, in diesem Fall die Werte `privat` oder `arbeit`.

Die Einleitung der Definition eines Attributs erfolgt mit `<!ATTLIST>`, gefolgt von dem Namen des dazugehörigen Elements, dem Namen des Attributs und anschließend dem Namen seiner möglichen Werte. Dabei können Sie durchaus auch eine größere Anzahl von Werten angeben, Sie brauchen dies lediglich mit dem Zeichen | trennen.

Kommentare

Auch nach längerem Nachdenken fällt mir keine moderne Programmiersprache ein, in der keinerlei Möglichkeit zum Einsatz von *Kommentaren* gegeben ist. In XML erfolgt das Einfügen von Kommentaren auf die gleiche Weise wie in HTML – und selbstverständlich auch in XHTML. Dabei wird der Kommentar mit einer öffnenden spitzen Klammer, einem Ausrufezeichen und zwei Mittelstrichen eingeleitet. Anschließend folgt Ihr Text und zum Abschluss zwei Mittelstriche und eine schließende spitze Klammer. An diese Syntax müssen Sie sich unbedingt halten – andernfalls versucht der Browser den Kommentar als Befehl zu interpretieren, was bei XML unweigerlich mit einer Fehlermeldung quittiert wird.

Namensregeln

Bevor Sie sich nun in die Arbeit stürzen und zu den eben behandelten Abschnitten verschiedene Beispiele ausprobieren, ist es angebracht noch einen Blick auf die Regeln zur Namensgebung für XML zu werfen. Egal, ob Sie einen Namen für Elemente, Attribute oder für Entities vergeben wollen, hier gelten immer die gleichen Regeln.

Ein Name muss in XML immer mit einem Buchstaben oder einem Unterstrich beginnen. Ab der zweiten Stelle des Namens dürfen dann auch

Zahlen, Kommas, Punkte, Bindestriche oder Unterstriche vorkommen. Alle anderen Zeichen sind generell nicht erlaubt, auch keine Leerzeichen.

Anwendungsbeispiel: eine Datenbank

Bereits zu Beginn des Kapitels wurde klargestellt, dass XML-Daten nicht darstellen, sondern strukturieren soll. Um diesen Anspruch und den Inhalt der letzten Abschnitte anschaulich in einem Beispiel wiederzugeben, eignet sich am besten eine kleine Datenbank. Dazu bietet sich das Beispiel einer Adressdatenbank an. Hier werden lediglich einige Kontaktinformationen in der Datenbank gespeichert. Schließlich soll es sich nur um ein kleines Beispiel handeln. Dabei werden folgende Felder verwendet:

- ✔ Vorname
- ✔ Nachname
- ✔ Telefon

Für jedes dieser Felder wird nun innerhalb der DTD ein eigenes Tag definiert. Wie im Abschnitt zur Definition von Elementen bereits behandelt wurde, kann innerhalb der DTD nur ein Wurzelelement vorhanden sein. Alle anderen Elemente stellen Unterelemente des Wurzelelements dar. Deshalb erfolgt hier die Definition des Wurzelelements Kontakte, welches später alle weiteren Elemente als Unterelemente verwalten wird. Dazu werden anschließend an das Wurzelelement die Unterelemente innerhalb einer Klammer, getrennt durch Kommas, nacheinander aufgezählt (<!ELEMENT Kontakte (Vorname, Nachname, Telefon)>). Anschließend erfolgt die Definition der Unterelemente. Die Unterelemente werden so definiert, dass sie später als Inhalt alle normalen Zeichenfolgen enthalten können (<!ELEMENT Vorname (#PCDATA)>).

Beispiel:

Das Beispiel ist auf der CD zum Buch enthalten.

```xml
<?xml version="1.0"?>
<!DOCTYPE Kontakte [
   <!ELEMENT Kontakte (Vorname, Nachname, Telefon)>
   <!ELEMENT Vorname (#PCDATA)>
   <!ELEMENT Nachname (#PCDATA)>
   <!ELEMENT Telefon (#PCDATA)>
]>
<Kontakte>
   <Vorname>Max</Vorname>
   <Nachname>Meier</Nachname>
   <Telefon>235874</Telefon>
</Kontakte>
```

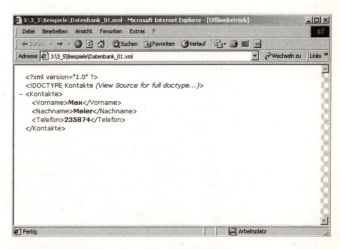

Abbildung 12.5: Die Datenbank mit XML

Mehrfache Verwendung von Elementen

Das vorhergehende Beispiel zeigt, wie die Daten einer kleinen Datenbank mit XML strukturiert werden können. Es beschränkt sich jedoch auf die Strukturierung nur eines Datensatzes – was allerdings nicht sehr praxisnah ist. Doch damit wurde immerhin ein Grundgerüst geschaffen um weitere Datensätze aufnehmen zu können. Dazu ist jedoch noch ein kleiner Eingriff in die DTD notwendig.

Als Erstes wird das Wurzelelement Kontakte um das Unterelement Datensatz erweitert. Das + hinter dem Unterelement Datensatz besagt, dass dieses Unterelement anschließend wiederholt vorkommen darf. Dann erfolgt die Definition des Unterelements Datensatz mit all seinen möglichen Inhalten. Während der Aufzählung der Datensätze im Dokument werden diese dann einmalig von dem Wurzelelement Kontakte eingefasst sowie jeder einzelne Datensatz von dem Unterelement Datensatz.

Beispiel:

Das Beispiel ist auf der CD zum Buch enthalten.

```
<?xml version="1.0"?>
<!DOCTYPE Kontakte [
    <!ELEMENT Kontakte (Datensatz)+>
    <!ELEMENT Datensatz (Vorname, Nachname, Telefon)>
    <!ELEMENT Vorname (#PCDATA)>
    <!ELEMENT Nachname (#PCDATA)>
    <!ELEMENT Telefon (#PCDATA)>
]>
<Kontakte>
  <Datensatz>
    <Vorname>Max</Vorname>
    <Nachname>Meier</Nachname>
```

```xml
        <Telefon>235874</Telefon>
    </Datensatz>
    <Datensatz>
        <Vorname>Hans</Vorname>
        <Nachname>Maler</Nachname>
        <Telefon>222568</Telefon>
    </Datensatz>
</Kontakte>
```

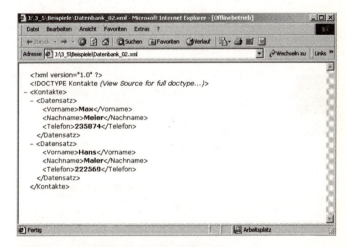

Abbildung 12.6: Mehrere Datensätze mit XML

In dem obigen Beispiel sehen Sie die mehrfache Verwendung von Elementen für eine Reihe von Datensätzen. Dies dürfte die besondere Eignung von XML zur Strukturierung von Datenfeldern zur späteren Darstellung in Webdokumenten anschaulich belegen. Ein weiteres praktisches Beispiel ist der Einsatz von XML zur Strukturierung von gegliederten Dokumenten. Das können z.B. Briefe oder Bestellungen sein, die in den Briefkopf und den Briefkörper unterteilt sind. Dabei ist zu beachten, dass die verschiedenen Abschnitte des zu strukturierenden Dokuments auch zu verschiedenen Zwecken verwendet werden, also unterschiedliche Anforderungen in Bezug auf deren Wiederverwendung bestehen.

Beispiel:

In dem folgenden Beispiel werden die Erkenntnisse aus den vorherigen Beispielen miteinander vereint. Hier wird zuerst das Wurzelelement Bestellung definiert, welches die beiden Unterelemente Kopf und Daten enthält. Diesen beiden Unterelementen sind wieder weitere Unterelemente zugeordnet. In dem Beispiel können Sie die strenge Gliederung der Elemente anhand der Einrückungen in der DTD erkennen.

Außerdem ist die Verwendung der beiden Unterelemente deutlich sichtbar. Während das Unterelement Kopf in jedem Dokument nur einmal benötigt wird, ist die Verwendung des Unterelements Daten mehrmals vorgesehen. Dies erkennen Sie an dem + am Ende der Deklaration des Unterelements.

Das Beispiel ist auf der CD zum Buch enthalten.

```
<?xml version="1.0"?>
<!DOCTYPE Bestellung [
   <!ELEMENT Bestellung (Kopf, Daten)>
      <!ELEMENT Kopf (Name, Telefon)>
         <!ELEMENT Name (#PCDATA)>
         <!ELEMENT Telefon (#PCDATA)>
      <!ELEMENT Daten (Position)+>
         <!ELEMENT Position (Artikel, Anzahl)>
         <!ELEMENT Artikel (#PCDATA)>
         <!ELEMENT Anzahl (#PCDATA)>
]>
<Bestellung>
   <Kopf>
```

```xml
    <Name>Meier</Name>
    <Telefon>235874</Telefon>
  </Kopf>

  <Position>
    <Artikel>Reifen</Artikel>
    <Anzahl>5</Anzahl>
  </Position>
  <Position>
    <Artikel>Felgen</Artikel>
    <Anzahl>3</Anzahl>
  </Position>
</Bestellung>
```

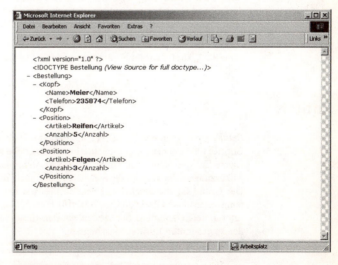

Abbildung 12.7: Eine komplett strukturierte Bestellung mit XML

Die Verwendung von Tags beschränken

In den letzten drei Beispielen wurden die Anwendungsmöglichkeiten zum Strukturieren von Daten zur späteren Verwendung im Web ausreichend demonstriert. Sicher wird Ihnen aufgefallen sein, dass die Datensätze jeweils sehr klein gehalten wurden, also jeweils nur die notwendigsten Tags definiert wurden. Bei richtigen Datenbanken werden dagegen wesentlich mehr Tags zum Darstellen der Daten benötigt. Was aber, wenn eine entsprechend hohe Anzahl von Tags definiert wurde, aber nur einige davon benötigt werden? Da XML sehr streng formuliert ist, liegt die Vermutung nahe, dass es nicht möglich ist, einfach die nicht benötigten Tags wegzulassen. Um hier eine mögliche Fehlermeldung von vornherein auszuschließen, ist es also notwendig, die Tags, die nicht unbedingt verwendet werden, bereits in ihrer Definition entsprechend zu kennzeichnen. Dazu werden die entsprechenden Tags einfach mit einem Fragezeichen versehen.

Beispiel:

In dem folgenden Beispiel werden zwei Tags mit Fragezeichen deklariert. Damit wird festgelegt, dass diese Tags nicht verwendet werden dürfen. Dabei ist es unerheblich, ob nach einer Definition eines Tags mit Fragezeichen ein weiteres Tag folgt oder nicht. Die Reihenfolge der Definition ist hier unwichtig.

```
<!ELEMENT Kopf (Vorname, Nachname, Ort, Strasse?, Telefon, Fax?)>
```

Entities

Entities sind Ihnen bereits aus HTML bekannt. Hier werden allerdings Entities um eine neue Eigenschaft erweitert. Und Sie können jetzt auch eigene Entities definieren. Unter Entities versteht man ganz allgemein Abkürzungen für verschiedene Zeichen oder auch für Textabschnitte. Der Grund für die Erschaffung von Entities war der, dass in den Anfangszeiten von HTML die Browser verschiedene Sonderzeichen nicht interpretieren konnten. Stattdessen wurden diese Sonderzeichen mit den so genannten Entities umschrieben.

Entity	Beschreibung
&lt;	öffnende spitze Klammer
&gt;	schließende spitze Klammer
&amp;	kaufmännisches Und
&apos;	Hochkomma
&quot;	Anführungszeichen

Tabelle 12.3: Entities und ihre Bedeutung

Statt der vorgefertigten Entities können Sie allerdings auch eigene Entities schaffen. Damit sind wir bei einer der besonders interessanten Eigenschaften von XML angelangt. Statt nur ein Entity für ein bestimmtes Zeichen einzuführen, können Sie auch ein Entity für einen Textabschnitt deklarieren. Damit können Sie auf die wiederholte Angabe von häufig vorkommenden Texten verzichten, stattdessen geben Sie einfach das dafür angelegte Entity an. Statt auf einen Text können Sie auch auf eine Datei oder eine Grafik verweisen – gegenüber den Möglichkeiten in HTML ist dies ein echter Fortschritt.

Beispiel:

In diesem Beispiel wurde ein Entity definiert, das den Namen eines Shops enthält. Gerade in Preislisten oder in Seiten zur Präsentation eines Shops, kann dies eine erhebliche Arbeitserleichterung mit sich bringen.

Das Beispiel ist auf der CD zum Buch enthalten.

```
<?xml version="1.0"?>
<!DOCTYPE hallo [
 <!ELEMENT Text (#PCDATA)>
 <!ENTITY abk "ABC Computershop">
]>
```

```
<Text>

Hier sehen Sie ein Angebot des &abk; aus Hamburg

</Text>
```

Abbildung 12.8: Erkennen Sie das Entity?

XML ausgeben

In den vorangegangenen Abschnitten stand die Strukturierung von Daten im Vordergrund – zur *Ausgabe* der Daten erwies sich XML als denkbar ungeeignet. Doch das ist ja bekanntermaßen auch nicht seine Aufgabe. Um die mit XML strukturierten Daten dann auszugeben, können Sie z.B. auf HTML, CSS, JavaScript oder auch VBScript zurückgreifen. Des Weiteren besteht noch die Möglichkeit der Ausgabe und Formatierung von XML-Daten mit Hilfe von XSL. Doch wie bei XHTML und XML besteht XSL zu weiten Teilen aus Absichtserklärungen und Plänen – auch hier soll in naher Zukunft der Schritt zum endgültigen Standard vollzogen werden. XSL ist im Gegensatz zu XML wesentlich umfangreicher und erfordert ein intensives Einarbeiten. Deshalb soll diese Möglichkeit hier keine weitere Beachtung finden. Ganz davon abgesehen, dass das W3C zur Anzeige der Daten eher zu CSS tendiert.

XML und CSS

Um dem Thema dieses Abschnitts folgen zu können, sind zumindest Grundkenntnisse über *CSS* unabdingbar. Wer sich vorab noch einmal über CSS informieren möchte, der kann dies in einem der vorhergehenden Kapitel des Buchs tun. Aufgrund der Funktionsweise von CSS kann damit XML in denkbar einfachster Weise ausgegeben werden, dieser Weg ist also dafür sehr geeignet.

Beispiel:

Zur Anzeige der Daten mittels CSS müssen Sie zuerst einmal eine CSS-Datei erstellen, in der die benötigten Formatierungen enthalten sind. In unserem kleinen Beispiel erfolgt lediglich die Definition eines Formats mit dem Namen Ausgabe.

Das Beispiel ist auf der CD zum Buch enthalten.

```
Ausgabe
{
font-family:Verdana;
font-size: 20pt;
color:blue;
}
```

Anschließend erstellen Sie die XML-Datei, in der die CSS-Datei eingebunden wird. Dies erfolgt in der zweiten Zeile. Der größte Teil der Deklaration wird Ihnen bestimmt vom Arbeiten mit CSS her vertraut vorkommen, hier wird unter anderem auf die externe CSS-Datei verwiesen.

```
<?xml-stylesheet href="formate.css" type="text/css"?>
```

In diesem Beispiel wird davon ausgegangen, dass sich diese Datei im gleichen Pfad befindet wie die XML-Datei. Anschließend erfolgt die

Definition des Elements Ausgabe. Nun wird es interessant. Dieser Name wurde bereits in der CSS-Datei für das neue Format gewählt. Der Browser erkennt nun bei der Interpretation der XML-Datei die Referenz auf die externe CSS-Datei und verwendet das dort definierte Format zur Darstellung des Textes.

Das Beispiel ist auf der CD zum Buch enthalten.

```
<?xml version="1.0"?>
<?xml-stylesheet href="formate.css" type="text/css"?>
<!DOCTYPE hallo [
        <!ELEMENT Ausgabe (#PCDATA)>
]>
<Ausgabe>Dieser Text wurde mit CSS formatiert</Ausgabe>
```

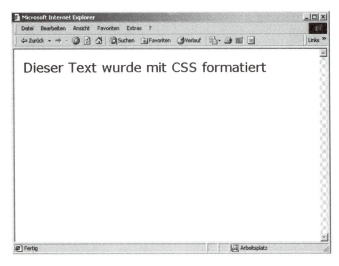

Abbildung 12.9: Die Ausgabe von XML-Daten mit CSS

XML und HTML

Neben der Ausgabe von XML mittels CSS besteht auch die Möglichkeit, HTML zu verwenden. Dabei findet folgendes Prinzip Anwendung: Beim Verbinden von XML und HTML wird nicht der XML-Code innerhalb einer HTML-Datei ausgegeben, sondern vielmehr erhält der HTML-Code einen Bereich innerhalb der XML-Datei. Dieser Bereich wird *Namensraum* genannt. Innerhalb dieses Bereichs kann dann der enthaltene HTML-Code ausgeführt werden.

Beispiel:

In dem folgenden Beispiel wird nach der Referenz auf die externe CSS-Datei ein Namensraum für den HTML-Bereich eingerichtet.

```
<Text xmlns:html="http://www.w3.org">
```

Innerhalb dieses Bereichs kann der HTML-Code ausgeführt werden.

Abbildung 12.10: HTML und CSS in einer XML-Datei

Das Beispiel ist auf der CD zum Buch enthalten.

```
<?xml version="1.0"?>
<?xml-stylesheet href="formate.css" type="text/css"?>
<Text xmlns:html="http://www.w3.org">
   <Ausgabe>Das ist noch CSS</Ausgabe>
   <html:h1>HTML in XML</html:h1>
</Text>
```

Namensräume und XML

Nun wird es Sie sicher interessieren, was es denn eigentlich mit dem so genannten *Namensraum* auf sich hat. Der Grund dafür sind die strengen Notationsregeln für XML. Hier ist eindeutig vorgegeben, dass es nur ein Wurzelelement und ansonsten nur Unterelemente dieses Wurzelelements geben darf. Dass die Elemente über eigenständige Namen, die sich nicht wiederholen dürfen, verfügen müssen, ist auch kein Problem – bei der Vergabe der Namen können Sie, bis auf einige Einschränkungen, frei entscheiden.

Mit dem gleichzeitigen Verwenden der Namen von HTML-Tags wird es dagegen schon schwieriger. Jetzt müssen Sie schon darauf achten, dass es zu keinen Namenskonflikten kommt. Dazu müssen Sie den Browser noch informieren, wann und vor allem wo er mit der Interpretation der entsprechenden Tags beginnen soll.

Um all diese Probleme zu bewältigen, werden die HTML-Tags innerhalb des oben erwähnten Namensraums angewendet. Mit der Definition des Namensraums wird ein abgeschlossener Bereich erstellt, innerhalb dessen der Browser eine entsprechende Interpretation der Tags vornehmen kann.

Die Definition des Namensraums erfolgt folgendermaßen:

```
<Text xmlns:html="http://www.w3.org">

...

</Text>
```

Hier ist mit Text ein Wurzelelement definiert, welches um ein Attribut erweitert wird. Dieses Attribut heißt xmlns und steht für den Begriff *XML Namespace*. Anschließend folgt mit einem Doppelpunkt die URL des W3C. Innerhalb dieses Namensraums können Sie nun die HTML-Tags aufführen. Doch nicht in der bisher von HTML gewohnten Weise, sondern mit dem anfangs definierten Namen html, gefolgt von einem Doppelpunkt und anschließend dem eigentlichen HTML-Tag (<html:h1>...</html:h1>). Damit erfolgt die unmittelbare und eindeutige Verbindung des HTML-Tags mit dem definierten Namensraum, der Browser ist in der Lage das Tag entsprechend zu erkennen und zu interpretieren.

Anwendungsmöglichkeiten für HTML

Den Einsatzmöglichkeiten für HTML sind prinzipiell keine Grenzen gesetzt. Sie können auf die oben beschriebene Art und Weise alle vorhandenen HTML-Tags einsetzen. Bedenken Sie aber, dass diese letztendlich immer noch vom Browser interpretiert werden und die von HTML her bekannten, teilweise unterschiedlichen Interpretationen der verschiedenen Browser auch hier vorkommen.

Beispiel:

In dem folgenden Beispiel sehen Sie eine XML-Datei, welche neben einer mit CSS formatierten Überschrift mehrere mit HTML formatierte Elemente enthält.

Das Beispiel ist auf der CD zum Buch enthalten.

```
<?xml version="1.0"?>
<?xml-stylesheet href="formate.css" type="text/css"?>
<Text xmlns:html="http://www.w3.org">
  <Ausgabe>Einige Beispiele mit HTML</Ausgabe>
  <html:br/>
  <html:table border="1">
          <html:tr><html:td>
```

```
        <html:img src="printer_01.gif" />
    </html:td></html:tr>
            <html:tr><html:td>
        <html:b>Unser besonderes Angebot</html:b>
    </html:td></html:tr>
  </html:table>
  <html:br/>
  <html:a href="http://www.w3.org">
    http://www.w3.org</html:a>
  <html:br/>
  <html:font face="verdana" size="3">Auch Verdana ist
    kein Problem</html:font>
</Text>
```

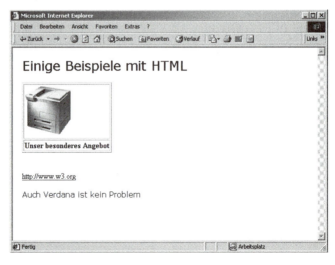

Abbildung 12.11: Ein umfangreicheres Beispiel für HTML in XML

Dateninseln – XML in HTML

Bei der bisher beschriebenen Vorgehensweise wurden HTML-Tags innerhalb von XML-Dateien eingesetzt. Selbstverständlich existiert auch ein Weg in die andere Richtung – und zwar der Einsatz von XML in HTML-Dateien. Dazu wird innerhalb der HTML-Datei eine so genannte *Dateninsel* erzeugt. Innerhalb dieser Dateninsel wird dann der XML-Code definiert.

In dem folgenden Beispiel sehen Sie die einfache Einbindung einer Dateninsel. Dies erfolgt mit dem Tag <xml></xml>, welchem mit dem Attribut id eine eindeutige Kennung zugewiesen wird. Innerhalb der Dateninsel befindet sich dann der XML-Code.

Doch leider steht auch hier wieder einmal der Wunsch nach einem zukünftigen Standard im Vordergrund – die Realität sieht dagegen ganz anders aus. Während der Netscape Navigator den Code wie gewünscht interpretiert, ignoriert der Internet Explorer den XML-Code.

Das Beispiel ist auf der CD zum Buch enthalten.

```
<html>
<head>
<title>Dateninsel</title>
</head>
<body>
<h1>Dateninseln in HTML</h1>
<xml id="test">
  <Ausgabe>
    <Text>Das ist XML</Text>
  </Ausgabe>
</xml>
</body>
</html>
```

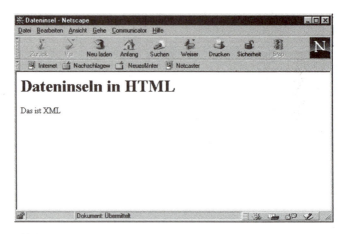

Abbildung 12.12: Die Anzeige einer Dateninsel im Netscape Navigator

KAPITEL 13

Planen von Webprojekten

Um ein Webprojekt erfolgreich zu realisieren, sind einige Vorüberlegungen notwendig. In diesem Kapitel erfahren Sie alles, was Sie beachten sollten, um eventuelle Stolpersteine von vornherein zu umgehen.

Planen von Webprojekten

Mit der Vorüberlegung über die Inhalte beginnt in der Regel die erste Auseinandersetzung mit dem Projekt. Welches Layout, welche Texte? Bereits hier fällt die Entscheidung, ob und wie der erste Gedanke daran weitergeführt wird.

Welche Textinhalte?

Logisch – *Text* ist in fast jeder Webseite enthalten. Wollen Sie eigene Informationen bereitstellen oder werden Sie auf Informationen aus zweiter Hand angewiesen sein. Müssen Sie für die Beschaffung oder die Aktualisierung der Informationen Kosten veranschlagen? Ist die regelmäßige Aktualisierung der Informationen gewährleistet? Verfügt jemand über Rechte an diesen Informationen? Und last but not least – stoßen diese Informationen auch auf Interesse? Alle diese Fragen sind es wert, genauer erörtert zu werden. Immerhin wird die Arbeit an dem Projekt viel Zeit in Anspruch nehmen.

Beschaffung der Bildressourcen

Für ein wirklich professionelles Layout benötigen Sie fast immer einige *Grafiken*. Sei es, um Verweise zu Bestandteilen des Projekts mit Grafiken zu versehen oder um die Darstellung der Themen des Dokumentes visuell zu verstärken – Sie kommen einfach nicht an Bildern vorbei. Hier ist in der Regel guter Rat teuer – doch woher bekommen Sie wirklich gutes und vor allem auch aussagekräftiges Bildmaterial? Nun, das ist eigentlich gar nicht so schwierig. Wenn Sie im Internet an der richtigen Stelle zu suchen beginnen, dann werden Sie mit Sicherheit schnell fündig. Dort finden Sie zahllose Bildarchive, deren Bildmaterial zum Teil sogar zur freien Verwendung zur Verfügung steht. Am einfachsten beginnen Sie die Suche wieder einmal mit Hilfe einer Suchmaschine. Aber auch verschiedene Provider und Internetservices stellen ihren Kunden kostenfreie Bildarchive zur Verfügung. Ein Beispiel dafür ist Tripod *(http://www.tripod.de)*. Hier finden Sie ein besonders umfangreiches und sortiertes Archiv mit verschiedensten Motiven. Aber Vorsicht! Bevor Sie sich mit vollen Händen eines solchen Archivs bedienen, sollten Sie unbedingt die Nutzungsbedingungen lesen. Nicht immer stehen diese Archive zur freien Verfügung bereit.

Die zukünftige Zielgruppe

Welche *Zielgruppe* wollen Sie erreichen? Soll das Projekt eine rein private Homepage werden oder eine geschäftliche Anwendung? Lohnt sich der zu erwartende Aufwand? Desto professioneller der Auftritt des Projekts sein soll, desto mehr steigt in der Regel der zu investierende Arbeitsaufwand. Eine rein private Homepage, bei der auch wesentlich weniger Besucher zu erwarten sind, erfordert meistens einen wesentlich geringeren Arbeitsaufwand – zumindest rein technisch. Welchen Aufwand Sie in gestalterischer Hinsicht betreiben, hängt, außer von Ihren gestalterischen Fertigkeiten, auch von Ihrer Zeit und Ihren persönlichen Ansprüchen ab.

Technik und Ausführung

Nachdem die Inhalte des zukünftigen Projekts erörtert wurden, ist es an der Zeit, sich um die Fragen zur technischen Realisierung des Projekts zu kümmern. Bei umfangreicheren Projekten kann dieser Teil leicht große Ausmaße annehmen. Aber spätestens hier wird sich entscheiden, ob Sie das Projekt allein ausführen oder ob Sie auf die Mithilfe oder den Rat von anderen Mitstreitern angewiesen sind.

Statisch oder dynamisch?

Wollen Sie z.B. Informationen aus einer Datenbank darstellen, dann sind bereits die Würfel für eine *dynamische* Webanwendung gefallen. In dem Fall benötigen Sie auf alle Fälle eine weitere Programmiersprache zur Realisierung der dynamischen Anwendung. Hier sind in der Regel drei Lösungen möglich – *CGI*, *PHP* oder *ASP*. Die Vor – und Nachteile der drei Programmiersprachen werden in einem der folgenden Kapitel behandelt. Wenn Sie bereits eine der drei Sprachen beherrschen und

Zeit sparen wollen, dann sollten Sie diese ruhig einsetzen. Doch wenn Sie in der Vergangenheit bereits erste Schritte mit Visual Basic oder VBScript gewagt haben und meistens mit Microsoft Windows arbeiten, dann lohnt es sich auf alle Fälle, sich mit ASP auseinander zu setzen.

Finanzieller Aufwand

Bei einfachen statischen Anwendungen benötigen Sie auf dem Server lediglich einige Megabyte Speicherplatz. Der ist in der Regel nicht teuer und oft schon im Preis des Providers enthalten. Interessant wird es erst, wenn Sie mehrere E-Mail-Adressen benötigen oder gar auf dem Server Skripten ausführen lassen wollen. In dem Fall steigen die Kosten schon stark an. Hier lohnt sich ein Blick in entsprechende Fachzeitschriften, wie z.B. Internet Professional. Hier werden regelmäßig verschiedene Provider mit ihren Leistungen und ihren Kosten vorgestellt. Bei der Wahl eines günstigen Providers müssen Sie hier zwischen 50 und 200 DM pro Monat einplanen. Dazu kommen noch die einmaligen Kosten für die Einrichtung, die ungefähr den gleichen Betrag ausmachen.

Wollen Sie für Ihr Projekt zusätzlich noch Werbung betreiben? Dann benötigen Sie eine gut ausgestattete Kriegskasse – das geht in der Regel gewaltig ins Geld. Doch auch hier können Sie durch geschickten Einsatz der Mittel gute Ergebnisse erzielen. Am sinnvollsten ist es, z.B. Werbebanner bei einer Suchmaschine zu platzieren. Dort kostet in der Regel die Anzeige eines Werbebanners ca. 50 bis 60 DM pro 1000 Kontakteinheiten (Seitenaufrufen) bei allgemeinen Aufrufen. 1000 Kontakteinheiten bei einer eingegrenzten Suche kosten ungefähr das Doppelte – doch hier ist deren Wirkung um ein Mehrfaches höher.

Providerwahl

Jetzt wird es langsam interessant. Benötigen Sie eine *First-Level-Domain* (*http://www.IhrName.de*) oder reicht Ihnen eine *Second-Level-Domain* (*http://www.Providername/IhrName.de*)? Die letztere Möglichkeit bietet Ihnen bereits jede Telefongesellschaft, bei der Sie sich call by call in das Internet einwählen – und zwar oft schon gratis. Doch dann sind Ihre Möglichkeiten stark eingeschränkt – Skripten lassen sich in der Regel hier nicht ausführen.

Eine First-Level-Domain bekommen Sie in der Regel bei Providern, die auch weitere Leistungen anbieten. Hier können Sie auch zwischen verschiedenen Plattformen wählen, also UNIX oder *Windows NT*. Diese Entscheidung hängt davon ab, ob und welche Skriptsprache Sie unter Umständen einsetzen wollen. Die in der Vergangenheit oft geäußerten Vorbehalte gegenüber Windows-NT-Servern können wir hier nicht bestätigen. Inzwischen hat sich Windows NT als sichere und stabile Plattform bewährt. Der Einsatz von ASP sowie von Datenbanken wie *Access* und *SQL Server* bringt für die Verwaltung des Webprojekts eine erhebliche Reduzierung des Arbeitsaufwandes mit sich.

Bei der Wahl des Providers sollten Sie besonders auf die Kosten für den Support achten. Gerade bei den so genannten *Hotlines* mit ihren Sonderrufnummern können die Kosten schnell astronomische Höhen erreichen. Testen Sie einfach den Support! Versuchen Sie einen kompetenten Gesprächspartner zu erreichen, der Ihnen fachliche Fragen, wie z.B. zum Einsatz von eigenen Skripten oder zur Möglichkeit der Verwendung von Datenbanken, beantwortet. Wenn Sie in einer Endlosschleife landen oder ständig erneut weiterverbunden werden, dann können Sie auch gleich auflegen und den nächsten Provider testen.

Wahl der Arbeitsumgebung

Ein weiterer wichtiger Gesichtspunkt liegt in der Wahl der *Arbeitsumgebung* zur Erstellung des Webprojekts. Auf alle Fälle benötigen Sie einen brauchbaren Editor zum Erstellen der XHTML-Dateien. Hier ist das Angebot riesig – die Entscheidung wird Ihnen sicher schwer fallen. Bevor Sie eine Entscheidung für irgendeinen zufällig verfügbaren Editor treffen sollten Sie ruhig die Merkmale verschiedener Programme vergleichen, die Unterschiede sind zum Teil recht groß.

FrontPage 2000

Mit *FrontPage* bietet Microsoft ein ausgewachsenes Werkzeug zum professionellen Erstellen von Webprojekten. Der Vorteil von FrontPage liegt in der Möglichkeit, die gesamte Webseite visuell zu gestalten. Das heißt, Sie benötigen für den Anfang keinerlei Kenntnisse in XHTML. Hier lassen sich Tabellen und Listen mit Hilfe von Menüs und Assistenten erstellen, Grafiken mit der Maus an ihren Platz bewegen und

Texte per Mausklick formatieren. Wer allerdings umfangreichere und kompliziertere Seiten erstellen möchte, der benötigt über kurz oder lang doch Kenntnisse über XHTML – ab einem bestimmten Punkt können Sie mit dem manuellen Eingriff in den Quellcode eben doch bessere Ergebnisse erzielen.

Ein besonderes Highlight stellt die perfekte Projektüberwachung dar. Sobald Sie innerhalb irgendeiner Seite des Projekts eine Seite oder ein Objekt verschieben, dann verfolgt FrontPage automatisch den Zielpfad der in der Seite enthaltenen Verweise und aktualisiert diesen selbstständig. Das Gleiche gilt ebenfalls für die in der Seite enthaltenen Grafiken.

Das Ganze wird abgerundet durch zahlreiche Assistenten und Vorlagen, mit deren Hilfe das Erstellen und Verwalten eines umfangreichen Webprojekts beträchtlich erleichtert wird.

Das Ganze hat natürlich auch seinen Preis: Ca. 300 DM sind beim Erwerb des Programms fällig – dafür wird Ihnen allerdings auch eine ganze Menge geboten.

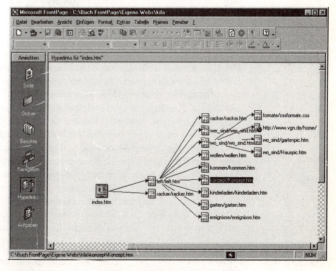

Abbildung 13.1: Verweise können visuell bearbeitet werden

FrontPage Express

Wer auf die Projektüberwachung und einige Assistenten von FrontPage verzichten kann, aber dennoch einen Editor mit vergleichbarer Funktion verwenden will, der ist mit *FrontPage Express* bestens bedient. Dieser Editor ist ein Bestandteil des Internet Explorers und ist demzufolge auch kostenlos. Um dieses Programm zu installieren, müssen Sie lediglich bei der Installation des Internet Explorers die Option *Vollständige Installation* wählen. Anschließend ist FrontPage Express im Startmenü unter *Internetprogramme* verfügbar.

Bis auf das Fehlen einiger Ansichtsfenster unterscheidet es sich rein äußerlich kaum von FrontPage 2000, es sind sogar einige Assistenten zum Erstellen verschiedener Vorlagen oder zum Erstellen von Tabellen vorhanden. Das interaktive Bearbeiten von Textlayouts, von Tabellen und Listen funktioniert sehr gut und die Bedienung der Menübefehle entspricht dem gewohnten Standard von Windows.

Alles in allem erhalten Sie hier ein ausreichendes Programm zum Bearbeiten auch anspruchsvollerer Webseiten und im Hinblick auf die kostenlose Verfügbarkeit ist das ein echtes Schnäppchen.

HTML Editor Phase 5

Der Editor von Ulli Meybohm kommt aus der Shareware-Ecke und ist ein rein textorientiertes Programm, also ohne jegliche visuelle Bearbeitungsmöglichkeit. Doch wenn man bedenkt, dass Profis nach wie vor das Arbeiten im Quellcode bevorzugen, dann stellt das keineswegs ein Manko dar. Immerhin können Sie z.B. Tabellen mit Hilfe eines Assistenten komfortabel erstellen und Text, Formulare und Tabellen über Menüs bearbeiten. Als absolutes Highlight wäre hier die Bearbeitung der HTML-Tags über das Kontextmenü zu erwähnen. Dazu setzen Sie den Cursor einfach innerhalb des Tags und betätigen die rechte Maustaste. In dem daraufhin erscheinenden Kontextmenü finden Sie alle Attribute, welche innerhalb des entsprechenden Tags möglich sind. Allerdings wird hier noch nicht die neue Syntax von XHTML umgesetzt, was jedoch mit einigen wenigen Handgriffen selbst erledigt werden kann.

Abgerundet wird das Ganze mit zahlreichen individuellen Einstellungsmöglichkeiten der Arbeitsumgebung. Das Programm ist frei verfügbar und kann unter *http://www.meybohm.de* gedownloadet werden. Aufgrund der wirklich guten Bearbeitungsmöglichkeiten des Quellcodes können wir es uneingeschränkt weiterempfehlen.

Abbildung 13.2: HTML Editor Phase 5

Microsoft Skript-Editor

Der *Microsoft Skript-Editor* eignet sich zum Bearbeiten von ASP-Projekten. Das Besondere hier ist die komfortable Möglichkeit der Bearbeitung von ASP-Code über Klappmenüs. Sobald Sie hinter einen Objektbezeichner den Punkt gesetzt haben, öffnet sich ein Menü, in dem Sie die zu diesem Objekt gehörenden Methoden und Eigenschaften auswählen können. Gerade wer das Arbeiten in Entwicklungsumgebungen wie z.B. Visual Basic oder Access gewohnt ist, der wird sich hier schnell zurechtfinden. Zusätzlich können Sie über eine Werkzeugleiste den HTML-Code für Elemente einer Webseite wie z.B. Formulare oder Tabellen generieren. Allerdings funktionieren die

Klappmenüs nicht unter Windows 2000 – ein Bug, der dem Entwickler das Arbeiten unnötig erschwert. Hier bleibt zu hoffen, dass möglichst bald ein Bugfix erscheint.

Der Microsoft Skript-Editor ist Bestandteil von FrontPage 2000 und des Office-Premium-Pakets. Zu seiner Installation müssen bei der Installation von Office oder FrontPage die Option *HTML–Quellcodebearbeitung* und *Webscripting* aktiviert werden.

Die Entwickler von Microsoft gaben sich alle Mühe, das Programm vor dem Benutzer zu verstecken – im Startmenü werden Sie es vergeblich suchen. Sie finden es vielmehr im Hauptverzeichnis unter *Programme/ Microsoft Visual Studio/Common/IDE/IDE98/MSE.EXE*. Zugegeben, das ist ein wirklich raffiniertes Versteck – einen schönen Gruß nach Redmont an das Team von Microsoft.

Abbildung 13.3: Die Entwicklungsumgebung für ASP-Projekte

Testen und Veröffentlichen des Projekts

Bereits während der Arbeit an dem Projekt sollten Sie dieses ausführlich *testen*. Eine Möglichkeit dazu ist die Installation eines Webservers auf dem eigenen Rechner.

Doch sicherheitshalber ist es immer ratsam, das gesamte Projekt auf dem Server des Providers abzulegen und es dort zu testen. Dazu benötigen Sie ein spezielles Werkzeug – ein *FTP-Programm*. Der Name leitet sich aus dem dabei verwendeten Transportprotokoll ab – dem FTP-Protokoll. Standardmäßig wird mit der Installation des Internet Explorers der *Web Publishing Assistent* installiert. Prinzipiell reicht das Programm für diesen Zweck aus – seine Möglichkeiten sind jedoch sehr beschränkt.

Wenn Sie mit FrontPage 2000 arbeiten, dann können Sie damit alle Änderungen am Projekt auf dem lokalen Rechner überwachen und anschließend alle geänderten Dateien automatisch erneuern lassen.

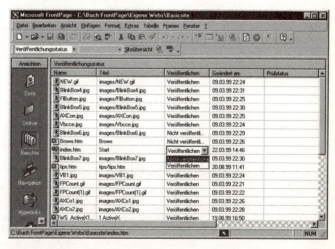

Abbildung 13.4: Das Verwalten des Projekts in FrontPage

Arbeiten mit einem FTP-Programm

Um die Dateien auf dem Server per FTP verwalten zu können, benötigen Sie ein FTP-Programm, welches dem Benutzer die Dateistruktur auf dem Server anzeigt und es ihm ermöglicht, Dateien zu übertragen, zu löschen und zu verschieben. Außerdem sollte es möglich sein, eigene Verzeichnisse zu erstellen.

Um in den Genuss einer solchen komfortablen Dateiverwaltung zu kommen, müssen Sie keine Unsummen ausgeben. Sie finden im Internet oder auch auf zahlreichen CDs von Computerzeitschriften solche Programme als Free- oder Shareware.

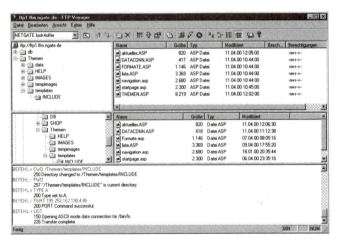

Abbildung 13.5: Das FTP-Programm *FTP Voyager*

Ein empfehlenswertes Beispiel ist z.B. das Programm *FTP Voyager*, welches sich durch seinen Komfort und seine ausgereifte Entwicklung auszeichnet. Mit ihm können Sie alle notwendigen Arbeiten zum Verwalten eines Webs auf einem Server erledigen. Ein besonderes Feature ist die zweigeteilte Hauptansicht. Nach dem erfolgreichen Aufbau einer Verbindung zum Server wird im oberen Teil die Dateistruktur auf der lokalen Festplatte dargestellt, während die Dateistruktur auf dem Server im unteren Bereich zu sehen ist. Nun können Sie unter anderem per Drag&Drop Dateien verschieben und löschen oder Ordner erstellen und löschen. Das Programm wird durch die Einstellung zahlreicher Optionen abgerundet und ist ein sehr komfortables Programm.

Die folgende Tabelle zeigt Ihnen einige empfehlenswerte FTP-Programme mit den dazugehörigen WWW-Adressen. Unter diesen Adressen können Sie die Programme downloaden.

Produkt	Verfügbar als	Adresse
Cute FTP	Shareware	http://www.cuteftp.com
FTP Explorer	Freeware	http://www.ftpx.com
FTP Voyager	Shareware	http://www.FTPVoyager.com
WS_FTP Pro	Shareware	http://www.ipswitch.com

Tabelle 13.1: Einige empfehlenswerte FTP-Programme

Testen des Projekts und Fehlersuche

Nachdem die Dateien per FTP auf den Server überspielt wurden, können Sie das Projekt rein theoretisch sofort im Browser testen. In der Regel tritt aber spätestens hier immer noch ein kleiner Fehler auf – niemand ist eben perfekt. Wenn die Daten auf einen UNIX-Server abgelegt werden, dann müssen Sie darauf achten, dass für die Übertragung der ASCII-Modus gewählt wird. Wie diese Einstellung vorgenommen wird, das erfahren Sie in der Hilfe zum jeweiligen FTP-Programm. In der Regel enthält ein solches Programm eine entsprechende Schaltfläche. Beim Verwenden eines NT-Servers können Sie darauf verzichten.

Einer der Hauptfehler liegt meistens in falschen oder fehlenden Pfadangaben. Eine Möglichkeit zum Vermeiden dieses Problems ist das Testen des Projekts innerhalb einer virtuellen Webserverumgebung auf dem lokalen Rechner. Näheres dazu erfahren Sie in den beiden folgenden Kapiteln. Wenn alle Pfadangaben stimmen und Ihr Projekt läuft immer noch nicht, dann sollten Sie überprüfen, ob Ihr Provider den Speicherplatz korrekt eingerichtet hat und alle erforderlichen Umgebungsvariablen richtig konfiguriert hat. Dies ist besonders dann wichtig, wenn Sie CGI oder ASP verwenden und eventuell sogar auf Datenbanken zugreifen.

Erfahrungsgemäß sichern die meisten Provider die schnelle Bearbeitung solcher Einstellungen zu – die Realität sieht hier aber ganz und gar anders aus. Gerade die Provider mit besonders günstigen Preisen, wie z.B. ab 1,– DM pro Monat, strapazieren erfahrungsgemäß die Geduld ihrer Kunden im besonderen Maße. Sie sollten unter Umständen schon etwas mehr Zeit einplanen, bis alles richtig klappt – oder Sie greifen eben etwas tiefer in die Tasche.

Abschließend finden Sie noch einmal eine kleine Checkliste, die Ihnen beim Finden einer möglichen Fehlerursache helfen soll.

- Haben Sie die Startdatei richtig benannt *(z.B. index.htm oder default.htm)*?
- Wurden die Daten bei UNIX-Servern im ASCII-Modus übertragen?
- Stimmen alle Pfadangaben?
- Unterstützt das Dateisystem des Servers lange Dateinamen?
- Beim Einsatz von Perl-/CGI-Scripten – stimmt der Pfad zum Interpreter?
- Sind die Ausführungsrechte für Scripte allgemein richtig gesetzt?
- Beim Einsatz eigener Warenkörbe oder Logdateien – verfügen Sie über die notwendigen Schreibrechte auf dem Server?
- Wurde die verwendete Datenbank korrekt eingerichtet?

KAPITEL

Arbeiten mit einem Webserver

Wenn Sie für Ihr Webprojekt die Unterstützung von CGI, PHP oder ASP vorgesehen haben, dann benötigen Sie einen virtuellen Webserver. Auf diesem können Sie das Webprojekt testen und sogar auch Skriptsprachen ausführen.

14

Arbeiten mit einem Webserver

Mit der Installation eines *virtuellen Webservers* auf dem lokalen Rechner stehen Ihnen völlig neue Möglichkeiten offen. Sie können Ihre Webprojekte wie auf einem richtigen Server im Web ablaufen lassen, inklusive der Ausführung von Skriptprogrammen. Mit der spiegelgleichen Installation des Webprojekts auf dem lokalen Rechner und dem Webserver sind Sie zugleich in der Lage, die Richtigkeit aller Pfadangaben und URLs des Projekts auf ihre Richtigkeit hin zu überprüfen. Wenn Sie dann das Projekt auf den Webserver installieren, sind damit schon einmal die häufigsten Fehlerquellen ausgeschlossen.

Das Ausführen von Skriptsprachen auf dem virtuellen Webserver stellt prinzipiell kein Problem dar. Wenn Sie beabsichtigen, Ihr Projekt mit ASP auszustatten, dann haben Sie es ganz besonders einfach. Die in den beiden folgenden Abschnitten behandelten Webserver unterstützen standardmäßig diese Skriptsprache und sind zudem Bestandteil der jeweiligen Windows-Version. Außerdem befinden Sie sich auf der CD des jeweiligen Betriebssystems.

Um eine Skriptsprache wie z.B. Perl oder PHP zu verwenden, benötigen Sie allerdings einen entsprechenden *Interpreter*. Um diesen gemeinsam mit einer der beiden Webserver zu installieren, müssen Sie sich erkundigen, ob er innerhalb einer Windows-Umgebung einsetzbar ist.

Alternativ zu den beiden hier behandelten Webservern sind unter Windows auch andere Webserver, wie z.B. *Samba*, einsetzbar. Diese unterstützen zwar mit Sicherheit PHP oder CGI – doch eben leider nicht ASP.

Arbeiten mit dem Personal Webserver

Wenn Sie mit Windows 98 arbeiten, dann können Sie zur Installation eines Webservers auf den PWS (**Personal Webserver**) zurückgreifen. Entgegen dem leicht irreführenden Namen dieses Tools ist das leider kein richtiger Webserver – hier fehlt die Möglichkeit zum Einrichten eines Mailservers. Doch immerhin können Sie hier ASP ausführen und die Dokumente Ihres Webprojekts mit einer URL wie im Web ansprechen, was zum Entwickeln und Testen eines kompletten Webprojekts vollkommen ausreicht.

Installation des PWS

Eine unbedingte Voraussetzung für die erfolgreiche Verwendung des PWS ist das Vorhandensein eines Internetprotokolls sowie des Internet Explorers auf dem lokalen Rechner. Mit der Installation eines Internetzugangs ist jedoch bereits die Installation des TCP-Protokolls erfolgt, sodass Sie sich darum nicht mehr zu kümmern brauchen.

Besitzer von Windows 98 haben das Glück, dass sich auf der Windows-98-CD eine komplette Version des Personal Webservers befindet. Die aktuelle Version des Personal Webservers ist die Version 4.0. Die Installationsdateien befinden sich auf der Windows-98-CD im Verzeichnis *\add-ons\pws*. In diesem Verzeichnis rufen Sie das Programm *Setup* auf. Bei der weiteren Installation werden Ihnen, wie bei Microsoft üblich, einige Einstellmöglichkeiten bereitgestellt. So haben Sie die Möglichkeit, eine für Sie individuelle Installation der Personal Webserver durchzuführen. Das sind die Minimal-, die Standard- oder die benutzerdefinierte Installation. Der Einfachheit halber wählen Sie die Standardinstallation – so kann schon einmal der erste Versuch nicht schief gehen.

Testen des PWS

Nach der erfolgreichen Installation können Sie den PWS sofort testen. Dazu öffnen Sie dessen Arbeitsoberfläche über den Menüpunkt *Start/Programme/Internet Explorer/Personal Web-Manager*. In der linken Hälfte der Arbeitsoberfläche befindet sich die Navigationsleiste. Dort führen Sie einen Klick auf den Eintrag *Übersicht* aus. Sie finden inmitten der Oberfläche einen Hyperlink mit der Überschrift *Webpublishing ist aktiviert. Die Homepage ist verfügbar unter:*. Mit einem Klick auf den folgenden Hyperlink wird im Internet Explorer die Standardwebseite des PWS angezeigt.

Unter dem eben genannten Eintrag befindet sich ein weiterer Hyperlink mit der Überschrift *Basisverzeichnis*. Mit einem Klick auf diesen Hyperlink wird im Explorer das aktuelle Basisverzeichnis des Webservers angezeigt. Standardmäßig lautet dieses Verzeichnis *inetpup/wwwroot*.

Um ein Webdokument z.B. mit dem Namen *index.htm*, welches sich im Basisverzeichnis befindet, aufzurufen, geben Sie in der Adresszeile des Internet Explorers den Pfad *http://localhost* ein. Dieser Aufruf entspricht dem Aufruf eines Webdokuments aus einer primären Domäne des Internets, also z.B. *http://www.meinedomäin.de*. Wenn Sie bei der Einrichtung eines Netzwerks für Ihren Rechner einen Namen vergeben haben oder dieser über eine eigene IP-Adresse verfügt, dann können Sie auch diese in der URL angeben, also z.B. *http://amd400* oder *http://10.0.0.1*.

> Wenn Sie die Startdatei Ihres Webprojekts im Basisverzeichnis des PWS ablegen und bei allen weiteren Pfadangeben logisch vom Basisverzeichnis ausgehen, dann können Sie Ihr Webprojekt später ohne weitere Änderungen der Pfadangaben ins Web übertragen.

In der folgenden Abbildung sehen Sie, dass in dem Feld *Standarddokumente* dieser Dateiname vorkommt. Dort geben Sie den Namen der Dokumente an, die beim Aufrufen des Basisverzeichnisses automatisch angezeigt werden sollen. Selbstverständlich können Sie mit der Angabe eines Dateinamens nach der URL des Basisverzeichnisses bzw. mit der Angabe untergeordneter Verzeichnisse auch andere Dokumente aufrufen.

Abbildung 14.1: Hier legen Sie das Basisverzeichnis fest

Weitere Einstellungen

Nach der Installation des PWS befindet sich das Basisverzeichnis standardmäßig unter *inetpub/wwwroot*. Selbstverständlich können Sie auch ein anderes Verzeichnis als Basisverzeichnis festlegen. Dazu markieren Sie im Verzeichnisbaum des PWS den Eintrag *Basis* und betätigen anschließend die Schaltfläche *Eigenschaften bearbeiten*. Damit erscheint das Dialogfeld auf der folgenden Abbildung, in dem Sie über die Schaltfläche *Durchsuchen* ein neues, bereits bestehendes Verzeichnis auswählen können. In dem Feld *Alias* können Sie einen Aliasnamen für das neue Basisverzeichnis angeben. Mit diesem Namen wird das Verzeichnis in der URL angesprochen. Auf diese Weise können Sie auch unterhalb des Basisverzeichnisses weitere Verzeichnisse angeben. So ist es möglich neue Verzeichnisse in die Umgebung Ihres Webservers aufzunehmen ohne in die Verzeichnisstruktur Ihres Dateisystems einzugreifen.

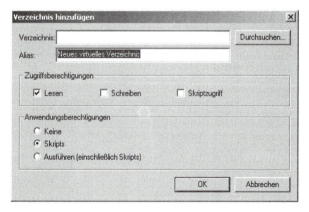

Abbildung 14.2: Hier binden Sie neue Verzeichnisse ein

Wie Sie aus der letzten Abbildung entnehmen, können Sie hier zusätzlich für die Verzeichnisse verschiedene *Anwendungsberechtigungen* erteilen. Mit der Vergabe von einzelnen Berechtigungen können Sie zugleich die Sicherheit des Webprojekts überprüfen.

Assistenten des PWS

Im Personal Webserver verfügen Sie über *Assistenten*, die Sie bei der Arbeit und den Einstellmöglichkeiten des Webservers unterstützen. Die zwei wichtigsten Assistenten sind der *Publishing-Assistent* und der *Homepage-Assistent*. Der Publishing-Assistent dient zum Bereitstellen von Daten auf Ihrem Server. Somit geben Sie anderen Internetsurfern die Möglichkeit, sich Daten von Ihrem Server zu laden.

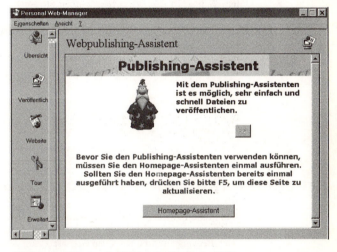

Abbildung 14.3: Der Publishing-Assistent von PWS

Der Publishing-Assistent kann nur verwendet werden, wenn Sie zuerst den Homepage-Assistenten einmal ausgeführt haben. Der Publishing-Assistent kann nämlich nur dann erfolgreich arbeiten, wenn Sie schon eine Homepage auf Ihrem Webserver angelegt haben (siehe Abbildung 14.4).

Mit dem Homepage-Assistenten haben Sie die Möglichkeit Ihre eigene Homepage schnell und unkompliziert zu erstellen. Wenn Sie die beschriebenen Möglichkeiten nutzen wollen, können Sie schnell zu einer eigenen Homepage kommen.

Abbildung 14.4: Der Homepage-Assistent im PWS

Arbeiten mit IIS unter Windows 2000

Wer statt mit Windows 95/98 mit Windows 2000 arbeitet, der ist in der Lage, einen echten Webserver mit allen Drum und Dran auf seinem lokalen Rechner zu installieren. Im Gegensatz zum PWS verfügen Sie mit dem *IIS (Internetdienste-Manager)* über wesentlich mehr Konfigurationsmöglichkeiten – HTTP, FTP und sogar ein SMTP-Server für E-Mail gehören hier zum Standard. Dieser Webserver eignet sich aufgrund seiner erweiterten Funktionalität sogar zum Aufbau eines kompletten Intranets – eben genau das Richtige für professionelle Webentwickler.

Installation des IIS

Unter Windows 2000 Professional werden die Internet-Informationsdienste nicht als Standard installiert. Sie können IIS installieren oder in der Systemsteuerung unter *Software* zusätzliche *Komponenten* auswählen. Zur Installation klicken Sie auf *Start*, zeigen auf *Einstellungen*, klicken auf *Systemsteuerung* und doppelklicken dann auf *Software*. Anschließend wählen Sie den Eintrag *Windows-Komponenten hinzufügen/entfernen* aus und folgen den auf dem Bildschirm angezeigten Anweisungen zum Installieren, Entfernen oder Hinzufügen von Komponenten zu IIS.

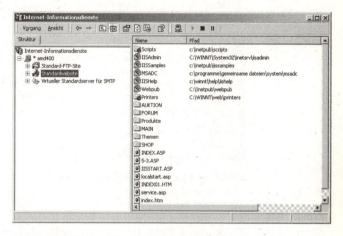

Abbildung 14.5: Der IIS und seine Hauptordner

Um mit dem IIS arbeiten zu können ist außerdem die Installation des *TCP/IP Protokolls* notwendig. Dieses Protokoll wird mit der Einrichtung eines Internetzugangs automatisch hinzugefügt.

Nach dem Abschluss der Installation ist der Webserver sofort ohne Neustart des Rechners einsatzfähig.

Im Hauptfenster des IIS können Sie sehen, dass der installierte Webserver über drei Verzeichnisknoten verfügt.

✓ *Standard-FTP-Site*:
Unterhalb dieses Knotens können Sie die Verzeichnisse für den FTP-Zugriff auf Ihr Web angeben.

✔ *Standardwebsite*:
Dieser Pfad stellt das Basisverzeichnis des Webs dar. Unterhalb dieses Knotens können Sie weitere Verzeichnisse für die Webserverstruktur einrichten.

✔ *Virtueller Standardserver für SMTP*:
Hier können Sie neue Domains für einen Mailserver einrichten.

Testen des IIS

Nach der erfolgreichen Installation steht Ihnen auf dem gewählten Laufwerk das Verzeichnis *Inetpub/wwwroot* zur Verfügung. Unterhalb dieses Verzeichnisses können Sie nun weitere Verzeichnisse zum Ablegen Ihrer Projekte anlegen.

Um den Webserver in seinen Standardeinstellungen zu testen, öffnen Sie den Browser und geben in die Adresszeile die Adresse *http://localhost/iisHelp* ein. Anschließend sollten Sie die Standardwebseite des IIS sehen.

Das Verzeichnis *Inetpub/wwwroot* stellt das Basisverzeichnis des Webservers dar. Um eine beliebige Webseite oder ein Dokument zu testen, verschieben Sie die entsprechenden Dateien in dieses Verzeichnis. Anschließend geben Sie in die Adressleiste Ihres Browsers *http://localhost/Dateiname* ein. Wenn Sie Ihren Rechner in einem Netzwerk betreiben und diesem eine eigene IP-Adresse oder einen Rechnernamen vergeben haben, dann können Sie statt *localhost* auch die IP-Adresse oder den Rechnernamen angeben. In der vorgehenden Abbildung können Sie erkennen, dass für den Rechner der Name *amd400* vergeben wurde. In diesem Fall können die Webdokumente also mit *http://amd400/Dokumentname* aufgerufen werden.

Wenn Sie das Dokument mit dem Namen *Default.htm* oder *Default.asp* versehen, dann reicht bereits die Angabe des Serverpfads, also *http://localhost* oder *http://10.0.0.1*.

Bearbeiten der Standardeinstellungen

Um die Standardeinstellungen des IIS zu bearbeiten, müssen Sie zuerst dessen Arbeitsoberfläche öffnen. Den IIS finden Sie im Startmenü unter *Einstellungen/Systemsteuerung/Verwaltung/Internetdienste-Manager*.

Hinzufügen neuer Verzeichnisse

Also: physikalisch gesehen befindet sich das Basisverzeichnis z.B. auf der Festplatte im Pfad *c:Inetpub/wwwroot*. Logisch gesehen, also aus der Sicht des Webservers, lautet der Pfad *http://localhost/*. Dieses Verzeichnis ist das Startverzeichnis des virtuellen Webservers. Mit dem Aufrufen des logischen Pfades wird das Standarddokument mit dem Namen *Default.htm* angezeigt.

Sie können allerdings auch den Namen für eine andere aufzurufende Datei als Standard festlegen. Dazu markieren Sie im IIS den Eintrag *Standardwebsite* und öffnen über den Menübefehl *Eigenschaften* der Symbolleiste den Dialog *Eigenschaften*. Hier wählen Sie die Registerkarte *Dokumente*, wo Sie im Feld *Standarddokument* die Namen der Standarddokumente angeben können.

Um weitere *logische Verzeichnisse* unterhalb des Basisverzeichnisses anzulegen, wechseln Sie ganz einfach in den Explorer und legen die gewünschten Verzeichnisse an. Anschließend wechseln Sie wieder in die Oberfläche des IIS und betätigen die Schaltfläche *Aktualisieren*. Damit erfolgt die Aktualisierung der virtuellen Serverstruktur und damit die Anzeige des neuen Verzeichnisses.

> Im Einbinden von Verzeichnissen liegt ein wesentlicher Unterschied zum PWS. Dort müssen diese explizit eingebunden werden, während der IIS alle physikalischen Verzeichnisse unterhalb des *wwwroot* automatisch einbezieht.

Sie können auch weitere logische Verzeichnisse angeben. Ein logisches Verzeichnis befindet sich, physikalisch gesehen, an einem anderen Ort der Verzeichnisstruktur. Mit der Einbeziehung dieses Verzeichnisses als logisches Verzeichnis wird es innerhalb der Serverumgebung verfügbar gemacht und befindet sich scheinbar (logisch gesehen) unterhalb des Basisverzeichnisses.

Um ein logisches Verzeichnis zu erstellen, markieren Sie im IIS das Verzeichnis, unterhalb dem sich das neue logische Verzeichnis befinden soll, und wählen den Menübefehl *Vorgang/Neu/Virtuelles Verzeichnis*. Anschließend können Sie in dem erscheinenden Assistenten den Aliasnamen und den Verzeichnisnamen des neuen Verzeichnisses angeben. Der Aliasname ist der Name, mit dem dieses Verzeichnis später aufgerufen werden kann, während sich dahinter ein physikalischer Verzeichnisname verbirgt. Der Vorteil dieser Vorgehensweise ist der, dass Sie über kurze Pfadangaben Dokumente ansprechen können, die sich in Wirklichkeit irgendwo tief in einer Verzeichnisstruktur verbergen.

Bearbeiten des Basisverzeichnisses (wwwroot)

Mit der Installation wird auf dem Rechner ein bestimmtes *Basisverzeichnis* eingerichtet, der so genannte *wwwroot*. Um dieses Verzeichnis zu ändern und ein anderes Verzeichnis als Basisverzeichnis auszuwählen, öffnen Sie im Eigenschaftsdialog des Eintrags *Standardwebsite* die Registerkarte *Basisverzeichnis*. Hier können Sie ein beliebiges anderes Verzeichnis als Basisverzeichnis auswählen.

Abbildung 14.6: Der Eigenschaftendialog der Standardwebsite

Umleiten von Verzeichnissen

Um den Zugriff auf ein Verzeichnis auf ein anderes Verzeichnis umzuleiten, markieren Sie das entsprechende Verzeichnis im IIS und rufen den Eigenschaftendialog auf. Hier können Sie dann ein virtuelles Verzeichnis als neue Adresse festlegen. Auf diese Weise können Sie z.B. auf verschiedene Seiten mit Hilfe von virtuellen Verzeichnissen zugreifen. Diese Alternative wird notwendig, wenn Sie erwägen, mehrere virtuelle Server einzurichten. Dies ist nämlich leider nur mit der Windows-2000-Server-Version möglich – was letztendlich auch eine Frage des Preises ist.

Skripten freigeben

In dem eben genannten Dialogfeld können Sie außerdem die Berechtigungen für die Ausführung von Skripten vergeben. Unter *Anwendungseinstellung* ist die Standardanwendung zum Ausführen von Skripten bereits installiert. Mit der Schaltfläche *Konfiguration* öffnen Sie ein Dialogfeld, in dem Sie in der Registerkarte *Anwendungszuordnungen* die ausführbaren Anwendungen festlegen können. Hier finden Sie außerdem alle eingerichteten Anwendungen zum Ausführen von Skripten aufgelistet. Um z.B. einen Perl-Interpreter einzubinden, betätigen Sie hier die Schaltfläche *Hinzufügen*. Anschließend können Sie den Pfad zu dem Interpreter angeben und die Dateiendungen der ihm zugeordneten Dateien festlegen.

Um die Sicherheit des Servers zu erhöhen, markieren Sie zusätzlich die Option *Diese Datei zuerst überprüfen*, um von dem Webserver die Existenz der angeforderten Skriptdatei zu überprüfen. Damit wird sichergestellt, dass der anfordernde Benutzer die Berechtigung für den Zugriff auf die Skriptdatei hat – im anderen Fall wird der Aufruf des Skripts verweigert.

Einrichten von FTP

Um die Funktionen eines richtigen Webservers zu testen, benötigen Sie oft auch die Möglichkeit der Einrichtung von *FTP-Verzeichnissen*. Dazu markieren Sie im IIS einfach den Eintrag *Standard-FTP-Site*. Wenn Sie nun den Eigenschaftendialog aufrufen, können Sie alle weiteren notwendigen Einstellungen vornehmen – mit der Standardeinstellung sind Sie allerdings ausreichend bedient. Das Standard-FTP-Verzeichnis lautet in der Regel *c:\inetpub\ftproot*. Sie müssen lediglich die per FTP zu übertragenden Dateien in dieses Verzeichnis kopieren. Vergessen Sie nicht, beim Aufruf der Dateien in der Adresszeile des Browser statt *http* das Präfix *ftp* zu setzen.

Einrichten von E-Mail

Wenn Sie in Ihrem Webprojekt E-Mail mit Hilfe von Skriptprogrammen übertragen, dann ist es erforderlich, diese Funktion ausgiebig auf dem lokalen Rechner zu testen. Wenn Sie sich mit den Standardeinstellungen des IIS begnügen können, dann gelangen Sie mit einigen wenigen Handgriffen ans Ziel.

Im Prinzip müssen Sie lediglich überprüfen, ob bei der Installation des IIS der *Mailserver* korrekt eingerichtet wurde und wo sich das Standardverzeichnis zum Ablegen der eingegangenen E-Mails befindet. Dazu öffnen Sie innerhalb des IIS den Eintrag *Virtueller Standardserver für SMTP*. Anschließend sehen Sie im rechten Fenster der Arbeitsoberfläche einen Eintrag für die automatisch angelegte Domäne zum Empfangen von Mails. Markieren Sie jetzt diesen Eintrag und betätigen Sie den Menüpunkt *Eigenschaften*. In dem erscheinenden Dialogfeld ist der Pfad, in dem die eingehenden E-Mails abgelegt werden, eingetragen. Jede E-Mail, die Sie nun über ein CGI- oder ASP-Skript versenden, können Sie in diesem Ordner öffnen und kontrollieren.

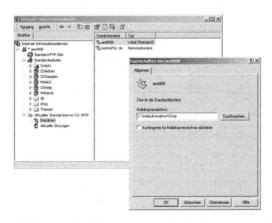

Abbildung 14.7: Hier kontrollieren Sie die Einstellungen für E-Mails

KAPITEL

Grafiken für das WWW vorbereiten

Um Grafiken effektiv in Webdokumenten einzusetzen, sind einige Besonderheiten zu beachten. Hier finden Sie alles Notwendige über Grafikformate und einige Beispiele zum effektiven Einsatz.

15

Grafiken für das WWW vorbereiten

Dass *Grafiken* innerhalb einer Webseite sehr verschiedene Aufgaben erfüllen können, haben Sie im vorhergehenden Abschnitt gesehen. Einige Webseiten sind sogar ausschließlich mit Grafiken aufgebaut. In diesem Beispiel wurde zugunsten eines auffallenden Designs sogar auf die Verwendung von Schriftelementen verzichtet und diese durch kleine Grafiken ersetzt. Auch in diesem Beispiel müssen die einzelnen Grafiken unterschiedlichen Anforderungen entsprechen. Um alle Anforderungen zu erfüllen kommen verschiedene *Grafikformate* zum Einsatz. Diese unterscheiden sich in Bezug auf *Darstellungsweise*, *Bildqualität* und *Speicherplatz*. Im Laufe der Zeit haben sich zwei Grafikformate zur Verwendung im Internet etabliert.

Das JPG-Format

Das *JPG-Format* ist eine Entwicklung der *Joint Photographic Expert Group* und wurde entsprechend den Anforderungen der Fotoindustrie entwickelt. Auch wenn die Entwicklung von anwendungsspezifischen Formaten kontinuierlich weiter betrieben wird – dieses Format hat sich inzwischen einen festen Platz erworben und sich zu einem Standardformat für das Internet entwickelt.

Merkmale des JPG-Formats

Das JPG-Format zeichnet sich besonders durch seine hohen *Kompressionsraten* aus, wobei der Grad der Kompression frei gewählt werden kann. Dabei kommt allerdings auch einer der Nachteile dieses Formats zu Tage. Das Format arbeitet nicht verlustfrei und mit steigender Kompression erhöhen sich die Verluste in der Bildqualität. Das Festlegen der Kompressionsrate erfolgt im Dialog zum Speichern des Bilds im jeweiligen Grafikprogramm. Dazu betätigen Sie im Dialog zum Speichern die Schaltfläche *Optionen*. Damit öffnet sich ein Dialogfeld, in dem Sie die Einstellungen zur Kompressionsrate vornehmen können. Die Ausführung dieses Dialogs ist je nach verwendetem Grafikprogramm immer etwas anders – aber in der Funktionalität sind alle prinzipiell gleich.

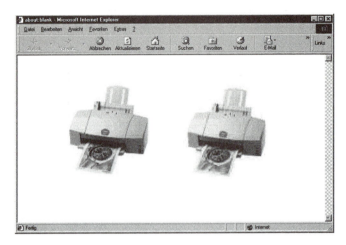

Abbildung 15.1: Eine JPG-Grafik in verschiedenen Kompressionsraten

In diesem Format können Bilder im *True Color Modus* (16 Millionen Farben) verwendet werden, was die realistische Darstellung von feinen Farbabstufungen ermöglicht. Damit lässt sich das Format gut zur Speicherung von Bildern mit hoher Farbanzahl und intensiven Farbverläufen verwenden.

In der obigen Abbildung sehen Sie eine JPG-Grafik in zwei verschiedenen Kompressionsraten. Dort werden die Qualitätsverluste zwischen zwei unterschiedlich komprimierten Grafiken deutlich sichtbar. Während das linke Bild ohne Komprimierung relativ viel Speicherbedarf in Anspruch nimmt, eignet sich das rechte Bild in der höchsten Komprimierungsrate höchstens als Grafik für eine Vorschaufunktion.

> Das Einstellen der Komprimierungsrate erfolgt in fast jedem Programm auf eine andere Art und Weise. Entweder wird im Dialogfeld unter dem Menüpunkt *Speichern unter...* oder in einem anderen Menüpunkt, welcher meistens den Namen *Eigenschaften*, *Erweitert...* oder *Einstellungen* trägt, die Einstellung der Komprimierungsrate angeboten.

Das GIF-Format

Das *GIF-Format* wurde von der Firma *Compuserve* entwickelt. Der Name GIF steht als Abkürzung für *Graphics Interchange Format* und stellt ein geschütztes Markenzeichen dar. Es wurde im Gegensatz zum JPG-Format speziell für den Einsatz im Internet entwickelt und zeichnet sich ebenfalls durch hohe Kompressionsraten aus.

Merkmale des GIF-Formats

Dieses Format arbeitet mit sehr geringen Verlusten. Dafür ist hier die Farbanzahl auf maximal 256 Farben beschränkt. Im Gegenzug dazu bietet dieses Format einige andere Features, womit es sich für ganz besondere Einsatzbereiche eignet, z.B. verschiedene Darstellungsarten, die Verwendung transparenter Farben sowie die Möglichkeit mit einer Grafikdatei animierte Grafiken zu erzeugen. Mit seiner Beschränkung auf eine geringe Farbtiefe eignet es sich in erster Linie für Grafiken ohne intensive Farbverläufe und mit großen einfarbigen Flächen. Das sind vor allem Werbebanner und Schaltflächen, aber auch Symbole und Hinweiselemente. In der Abbildung 15.2 sehen Sie eine Webseite, die zum großen Teil mit Grafiken des GIF-Formats aufgebaut wurde. Damit wird trotz einer relativ hohen Anzahl von Grafiken ein schneller Bildaufbau erreicht.

Darstellung: Interlaced

Beim konventionellen Anzeigen einer Grafik in einer Webseite muss der Benutzer warten, bis das Bild vollständig aufgebaut ist. Erst dann ist der Benutzer in der Lage, das Bild ganz zu erkennen. Mit dem Abspeichern einer Grafik im Modus *Interlaced* erfolgt der Aufbau des Bildes nicht zeilenweise, sondern in mehreren Schichten. Dabei wird zuerst eine Schicht des Bilds übertragen, die das Bild zwar verschwommen, jedoch in seinem ganzen Umfang darstellen kann. Damit erhält der Benutzer immerhin eine Vorschau auf das zu erwartende Bild. Anschließend wird das Bild nach und nach vervollständigt, bis es komplett dargestellt wird. Bei der Verwendung dieser Darstellungsart verliert der Besucher, falls die Übertragungsgeschwindigkeit gerade sehr schlecht ist, nicht so schnell die Geduld, da er wenigstens den Inhalt des Bilds erahnen kann.

Abbildung 15.2: Typische GIF-Grafiken

Transparente Farben

Hier erfolgt die Darstellung einer Farbe als *transparent*. Damit erfolgt die Anzeige des Bilds als freigestelltes Bild, bei dem die transparente Farbe durch die Farbe des Hintergrunds ersetzt wird. So können Sie z.B. Bilder für Schaltflächen oder verschiedenfarbige Hintergründe flexibler einsetzen.

Animierte Grafiken

Das GIF-Format bietet als einziges Format die Möglichkeit, mehrere Grafiken innerhalb einer Grafikdatei abzuspeichern. In der Regel werden dabei zwei bis fünf Grafiken mit einer bestimmten Bewegungsabfolge gespeichert. Der Nachteil liegt hier darin, dass sich auch der Speicherplatz der Grafikdatei dementsprechend erhöht. Damit beschränkt sich die Anwendung zumeist auf die Animation von kleineren Werbebannern. Bei größeren *animierten Grafiken* lohnt sich eher die Programmierung der Animation mit JavaScript – hier können Bilder zeitversetzt bzw. nach dem Aufbau der übrigen Seite geladen werden.

Einsatz der verschiedenen Formate

Im vorhergehenden Abschnitt wurden die beiden im Internet am meisten verwendeten Formate besprochen. Bei beiden Formaten zeigten sich bestimmte Vorzüge, Schwächen und auch besondere Eigenschaften. Damit ist klar, dass die Formate auch für jeweils eigene Einsatzgebiete geeignet sind.

Um z.B. Fotos oder farbintensive Grafiken in guter Qualität abzubilden, eignet sich das JPG-Format. Hier müssen Sie allerdings durch das Testen der Ergebnisse der unterschiedlichen Kompressionsraten den besten Kompromiss zwischen Bildqualität und Speicherbedarf herausfinden. Bei kleineren Grafiken, welche eventuell nur eine Vorschaufunktion besitzen, reicht eine geringere Qualität oder auch eine GIF-Grafik. In der folgenden Abbildung sehen Sie zwei Grafiken im JPG-Format, welche in zwei verschiedenen Kompressionsstufen abgespeichert wurden. Während die linke Grafik gering komprimiert wurde, zeigen sich bei der rechten, stärker komprimierten Grafik starke Qualitätseinbußen. Wenn man aber bedenkt, dass der Besucher einer Seite Grafiken oft lediglich als ergänzende Information wahrnimmt und statistisch gesehen eine Grafik nur einige Sekunden genauer betrachtet, dann können Sie hier sicher einen guten Kompromiss finden.

Wie Sie aus der Abbildung zum Abschnitt des GIF-Formats entnommen haben, liegt das Haupteinsatzgebiet von diesem Format eher bei Logos und funktionellen Elementen wie z.B. Schaltflächen. Hier kommt die hohe Kompressionsrate des Formats der Funktion solcher Elemente sehr entgegen. Mit dem schnellen Anzeigen der Schaltflächen einer sich aufbauenden Seite kann sich der Benutzer, während er auf den Aufbau der restlichen Seite wartet, mit der Navigationsstruktur eines Projekts vertraut machen und gegebenenfalls gleich zur gewünschten Unterseite springen.

Merkmal	JPG	GIF
Max. Farbtiefe	16 Millionen	256
Kompressionsrate	Sehr hoch - variabel	Hoch
Qualitätsverluste	Je nach Komprimierung	Nein
Interlaced-Modus	Nein	Ja
Transparenz	Nein	Ja
Animation	Nein	Ja
Verwendungszweck	Mittlere bis größere Fotos mit großer Farbtiefe	Grafische Elemente wie z.B. Schaltflächen, Werbelogos

Tabelle 15.1: Beide Formate in der Übersicht

Grafikressourcen im Web

Nachdem Sie einiges über Grafikformate gelesen haben, werden Sie sich fragen, wo man denn nun Grafiken herbekommt? Die Erstellung eigener Grafiken erweist sich schließlich nicht immer als eine einfache Angelegenheit und nicht jeder hat immer gleich das passende Foto zu einem Thema parat.

Hier bietet sich eine nahe liegende Lösung an – das Internet. Hier finden Sie eine schier unerschöpfliche Auswahl von Grafiken zur freien Verwendung – man muss nur wissen wo. Ein Beispiel dafür ist die Homepage der Agentur *Tripod (http://www.tripod.de)*. Dort finden Sie alles rund um das Thema Homepage, vom HTML-Editor über Tipps&Tricks bis eben hin zu Grafiken. Diese stehen hier übersichtlich nach Kategorien geordnet zum Download bereit, alles, was Sie jetzt noch benötigen, ist ein schnelles Modem und eine freie Leitung.

| Kapitel 15 | Grafiken für das WWW vorbereiten | 343 |

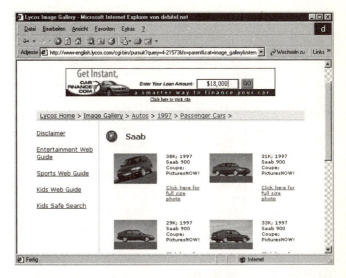

Abbildung 15.3: Hier finden Sie zahlreiche Grafiken

Vorbereiten von Grafiken

Das *Vorbereiten* einer Grafik für den Einsatz innerhalb eines Webdokuments ist denkbar einfach. Der wichtigste Punkt hierbei ist das Vorliegen der Grafik im richtigen Format – hier benötigen Sie eines der beiden oben beschriebenen Formate. Wenn die gewünschte Grafik nicht in diesem Format vorliegt, dann können Sie diese in das gewünschte Format umwandeln. Dazu laden Sie die Grafik in ein entsprechendes Grafikprogramm und wählen den Menüpunkt *Datei/Speichern unter*. Der Name dieses Menüpunkts kann von Programm zu Programm variieren – in der Regel ähneln sich hier jedoch die meisten Programme. Anschließend vergeben Sie einen Namen für die Grafik und wählen das gewünschte Dateiformat. Diese Funktionalität der Konvertierung in verschiedene Grafikformate gehört zum Standard der meisten Programme.

Wenn Sie über kein geeignetes Programm zum Konvertieren von Grafikformaten verfügen, dann sehen Sie sich doch einmal auf der CD zum Buch um. Dort finden Sie eine Auswahl an verschiedenen Programmen zu diesem Thema.

Bearbeiten von Grafiken

Allein mit dem Einbinden einer Grafik in ein Webdokument werden Sie nicht immer den gewünschten Effekt erreichen. Wenn Sie sich erfolgreiche Webseiten betrachten, dann werden Sie sehen, dass die dort verwendeten Grafiken oft noch nachbearbeitet wurden und damit erst die Seite mit dem letzten Schliff versehen wurde. Dabei ist das Nachbearbeiten von Grafiken gar nicht so schwer. Damit Ihre Webseite ebenfalls in den Genuss einer perfekten Gestaltung kommt, machen wir hier einen kurzen Abstecher zum *Bearbeiten von Grafiken*.

Animierte Grafiken

Animierte Grafiken finden sich immer wieder auf den verschiedensten Webseiten. Natürlich müssen sich hinter den kleinen bewegten Bildchen nicht immer animierte GIFs verbergen, mit JavaScript können Sie diesen Effekt ebenfalls erzeugen. Aber gerade die einfache Zusammenstellung von animierten GIFs mit einem entsprechenden Programm lässt den Benutzer kaum an dieser Technik vorbeigehen.

Das Prinzip dieser Technik ist relativ einfach. Es werden mehrere Grafiken gemeinsam in einer GIF-Datei gespeichert. Zusätzlich erfolgt in dieser Datei die Ablage von Informationen über den zeitlichen Verlauf der Bewegungen. Selbstverständlich können die Bilder und Informationen nicht irgendwie mit irgendeinem kleinen Trick in der Datei abgespeichert werden, vielmehr gehört dazu ein entsprechendes Programm. Zu den zwei mit Sicherheit bekanntesten Programmen zählt zum einen der *GIF Animator* von Microsoft und zum anderen das *GIF Construction Set* von *Alchemy Mindworks*. Der GIF Animator ist inzwischen Bestandteil von Frontpage und somit relativ weit verbreitet. Im Gegensatz dazu ist das GIF Construction Set zwar auf vielen CDs von Computerzeitschriften als Shareware vertreten, doch viele Benutzer wissen mit dem englischsprachigen Programm nichts anzufangen. Aus diesem Grund finden Sie hier einen kleinen Schnelleinstieg in dieses nützliche Programm.

Das Programm können Sie auch direkt unter *http://www.mindworkshop.com* downloaden. Es ist als Shareware frei erhältlich und kostet nach Ablauf der Testphase $20. Ansonsten ist es voll funktionsfähig und kann ohne Bedenken eingesetzt werden.

Bevor Sie eine animierte GIF-Grafik erstellen, benötigen Sie die einzelnen Bestandteile dieser Grafik. In den meisten Fällen dürften für eine Animation zwei bis drei kleine Grafiken völlig ausreichen. Die Grafiken können Sie mit einem geeigneten Programm wie *CorelDraw* oder *Paint Shop Pro* selbst erstellen. Wer sich das nicht zutraut, der findet auf zahlreichen CDs frei verfügbare Grafiken als Free- oder Shareware, die sich sicher für diesen Zweck eignen.

Abbildung 15.4: Drei kleine Grafiken reichen für eine Animation völlig aus

Die Vorbereitungen zur Erstellung einer solchen Grafik sind relativ einfach. Als Erstes benötigen Sie wie gesagt die einzelnen Grafiken im GIF-Format. Starten Sie als Nächstes das GIF Construction Set und wählen Sie den Menüpunkt *File / New*. Damit wird eine leere Bilddatei erstellt, die bereits mit einem Header versehen ist. Fügen Sie anschließend über den Menüpunkt *Insert* und im erscheinenden Dialogfeld mit *Image* die erste Grafik ein. Danach erscheint ein Dialogfeld, in dem Sie zu verschiedenen Optionen zur Farbpalette befragt werden. Sie können die vorgegebenen Einstellungen übernehmen, vermeiden Sie aber auf alle Fälle die Option einer lokalen Palette. Mit deren Erzeugung vergrößert sich die Bilddatei unnötig, was sich negativ auf die Ladezeit des Bilds auswirkt. Anschließend können Sie über den Menüpunkt *Insert* ein *Control* einfügen. Mit einem Control können Sie die Wartezeit zwischen der Anzeige der nächsten Grafik und damit die Ablaufgeschwindigkeit der Animation beeinflussen. Um die Zeitverzögerung einzustellen, wählen Sie nach dem Einfügen des Controls den Menüpunkt *Edit*. Im anschließend erscheinenden Dialogfeld können Sie schließlich die gewünschten Einstellungen vornehmen.

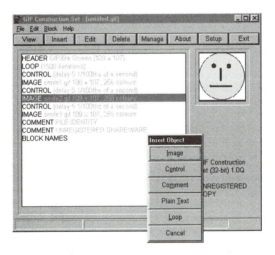

Abbildung 15.5: Eine fertige animierte Grafik im Construction Set

Diese Schritte wiederholen Sie so oft, bis alle benötigten Grafiken in die Datei eingebunden sind. Jetzt können Sie einmal probeweise den Menüpunkt *View* betätigen. Damit starten Sie die Testanzeige der Animation, die Sie jederzeit mit der Taste [Esc] oder der primären Maustaste beenden können. Doch leider werden Sie lediglich eine sehr kurze Animation erleben, da diese nach der Anzeige des letzten Bilds stehen bleibt. Was hier noch fehlt, ist ein Element, welches die ständige Wiederholung der Animation steuert. Dazu betätigen Sie erneut den Menüpunkt *Insert* und fügen das Element *Loop* ein, mit dem die Erstellung einer animierten Grafik abgeschlossen wird. Betätigen Sie jetzt abermals den Menüpunkt *View* und überprüfen Sie damit das Ergebnis Ihrer Arbeit. Falls Ihnen der zeitliche Ablauf der Animation nicht hundertprozentig zusagt, können Sie das immer noch in der eben beschriebenen Art und Weise verbessern. Abschließend speichern Sie die Datei unter einem passenden Namen ab und können sie in Ihr Web-Projekt einbinden.

Grafiken mit transparentem Hintergrund

Transparente Hintergründe sind sozusagen das *A* und *O* von WWW-gerechten Grafiken. Diese Technik wird sicher öfter angewendet, als mancher Benutzer glauben mag. Ob nun für kleine Symbole, Schaltflächen oder auch für ganze Grafiken – freigestellte Hintergründe finden Sie auf fast jeder Webseite. Manch einer, der sich runde Schaltflächen oder Symbole erstellt und diese mit einem weißen Hintergrund versehen hat, denkt sicher, damit eine brauchbare Lösung gefunden zu haben. Ein Test der Webseite in verschiedenen Browsern wird ihn eines Besseren belehren. Viele Browser und vor allem auch ältere Versionen zeigen standardmäßig einen grauen Hintergrund an, falls dieser nicht explizit festgelegt wurde. Spätestens jetzt werden einige als Schaltfläche verwendete Grafiken ein recht merkwürdiges Erscheinungsbild abgeben.

Das Definieren einer transparenten Hintergrundfarbe kann leider nur bei einer Grafik im GIF-Format vorgenommen werden. Diese Technik wird allerdings nicht von allen gängigen Bildbearbeitungsprogrammen unterstützt, sodass Sie unter Umständen erst nach einem geeigneten Programm suchen müssen.

Übliche Standardprogramme wie z.B. CorelDraw unterstützen diese Funktionalität, doch hier soll die Verwendung des Shareware-Programms Paint Shop Pro 6.0 Beachtung finden.

Um das Prinzip einer transparenten Hintergrundfarbe zu verstehen, ist folgendes Hintergrundwissen notwendig:

Eine GIF-Grafik kann höchstens 256 verschiedene Farben beinhalten und als transparente Hintergrundfarbe kann maximal eine Farbe verwendet werden. Also eignet sich für diesen Zweck nur eine Grafik mit einem entsprechend einfarbigen Hintergrund. Wenn Sie also z.B. ein hochauflösendes Foto aus einem anderen Bildformat nach GIF konvertieren, dann müssen Sie unter Umständen mit erheblichen Qualitätsverlusten rechnen. Gegebenenfalls müssen Sie auch den Hintergrund der gewünschten Grafik nachbearbeiten.

Zum Festlegen eines transparenten Farbbereichs müssen Sie also zuerst die vorhandene Farbanzahl reduzieren. Dazu wählen Sie den Menüpunkt *Farben / Farbtiefe verringern / 256 Farben*. Nun wählen Sie aus der Werkzeugleiste die Pipette und überfahren die geladene Grafik mit dem Mauszeiger. Dabei erfolgt unterhalb der Farbpalette die Anzeige der RGB-Werte der entsprechenden Farbe sowie deren Indexnummer. Diese Nummer stellt einen eindeutigen Index einer der 256 möglichen Farben der Grafik dar. Merken Sie sich diese Nummer. Anschließend betätigen Sie den Menüpunkt *Farben / Transparenz einstellen*. In dem erscheinenden Dialogfeld können Sie nun den ermittelten Indexeintrag der gewünschten transparent darzustellenden Farbe eingeben. Nach dem Speichern der Grafik wird der Bereich mit der ausgewählten Farbe immer transparent dargestellt.

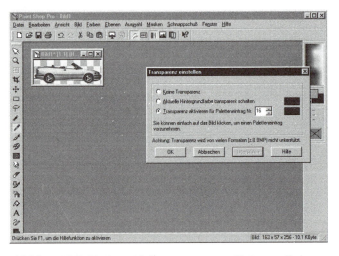

Abbildung 15.6: Die Auswahl einer transparenten Hintergrundfarbe mit PSP 6.0

Grafische Schaltflächen erstellen

In vielen Webseiten begegnen Sie immer wieder Schaltflächen, bei deren Betätigung ein Verweis aktiviert wird. Meistens wurden hier Grafiken mit einem Hyperlink versehen. Oft kommt es auch vor, dass mit Hilfe von JavaScript die Schaltflächen beim Überfahren mit der Maus ihr Aussehen ändern – hier wird dann lediglich im Moment der Berührung mit dem Mauszeiger eine weitere Grafik angezeigt, sodass der Eindruck einer Reaktion entsteht.

Doch was hilft Ihnen das Wissen um diese Technik, wenn Ihnen keine Schaltfläche zur Verfügung steht? Nun – in dem Fall kann Ihnen geholfen werden, denn das Erstellen einer solchen Schaltfläche ist in der Regel überhaupt kein Problem. Dazu benötigen Sie ein Grafikprogramm mit den entsprechenden Werkzeugen – hier hat sich wieder einmal Paint Shop Pro bewährt.

Zum Erstellen einer solchen Schaltfläche legen Sie also über den Menüpunkt *Datei / Neu* eine neue Grafik an und versehen diese mit dem Werkzeug *Füllen* mit einer entsprechenden Hintergrundfarbe. Anschließend fügen Sie in die noch leere Fläche mit dem Werkzeug *Text* die gewünschte Beschriftung der zukünftigen Schaltfläche ein. Beachten Sie, dass PSP 6.0 standardmäßig mit Ebenen arbeitet, gegebenenfalls müssen Sie jetzt über den Menüpunkt *Ebenen / Verbinden / Alle verbinden* die Schrift mit dem Hintergrund verbinden, ansonsten können die weiteren Schritte nicht durchgeführt werden. Jetzt markieren Sie mit dem Werkzeug *Auswahl* die Umrisse der Schaltfläche und betätigen den Menüpunkt *Bild / Effekte / Taste*. In dem erscheinenden Dialogfeld können Sie jetzt das zukünftige Erscheinungsbild der Schaltfläche festlegen. Wenn Sie sich für ein endgültiges Erscheinungsbild entschieden haben, dann bestätigen Sie das Dialogfeld und schneiden die noch markierte Schaltfläche über den Menüpunkt *Ausschneiden* aus. Damit befindet sich die Schaltfläche in der Zwischenablage. Betätigen Sie jetzt den Menüpunkt *Bearbeiten / Einfügen / als neues Bild*. Damit wird die ausgeschnittene Schaltfläche als neues Bild in der gewünschten Größe angelegt. Dieses Bild können Sie nun als Schaltfläche in Ihrem Webdokument verwenden.

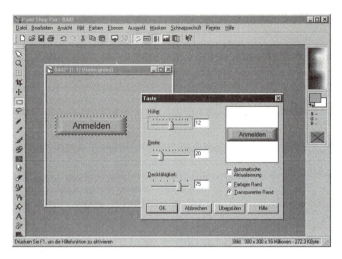

Abbildung 15.7: Eine zukünftige Schaltfläche in PSP 6.0

Wasserzeichen für den Hintergrund

Die Gestaltung einer Webseite mit einer Hintergrundgrafik verlangt manchmal schon einiges an Geduld. Der Programmierer steht dann vor allem vor dem Problem, die Hintergrundgrafik nicht zu sehr in den Vordergrund treten zu lassen. Diesem Problem kann mit der Verwendung einer Grafik im Stil eines Wasserzeichens begegnet werden. Unter einem *Wasserzeichen* versteht man eine Grafik mit stark ausgebleichtem Erscheinungsbild, wie eben ein Wasserzeichen auf einem Briefpapier der höheren Preisklasse (siehe Abbildung 15.8).

Das Erstellen eines solchen Wasserzeichens stellt wieder einige Anforderungen an das verwendete Grafikprogramm. Das wären insbesondere die Bereitstellung eines Spezialfilters sowie die Möglichkeit, die Helligkeit und den Kontrast zu beeinflussen. Als Beispiel soll die Erstellung einer Signatur wie in der obigen Abbildung dienen. Als Grafikprogramm soll wieder das bewährte Shareware-Programm Paint Shop Pro zum Einsatz kommen, da es alle benötigten Funktionen enthält.

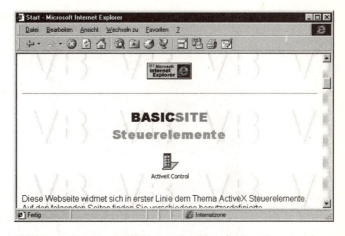

Abbildung 15.8: Eine Grafik als Wasserzeichen für den Hintergrund

Als Erstes erstellen Sie eine Grafik mit der benötigten Signatur, die Sie als schwarze Schrift auf weißem Hintergrund einfügen. Anschließend betätigen Sie den Menüpunkt *Bild / Filter-Browser* und wählen im erscheinenden Dialogfeld den Filter *Flachrelief*. Der damit erzielte Effekt entspricht der ersten Grafik in der folgenden Abbildung. Anschließend verändern Sie über den Menüpunkt *Farben / Farbeinstellungen / Gammakorrektur* die Gammawerte der Grafik, bis Sie ein Ergebnis wie in der zweiten Grafik der Abbildung erreichen. Jetzt verändern Sie noch über den Menüpunkt *Farben / Farbeinstellungen / Helligkeit-Kontrast* die Helligkeit und den Kontrast, bis die Grafik den gewünschten Effekt eines Wasserzeichens aufweist (siehe Abbildung 15.9).

Nun können Sie die fertige Hintergrundgrafik im gewünschten Format abspeichern und in Ihre Webseite einbinden.

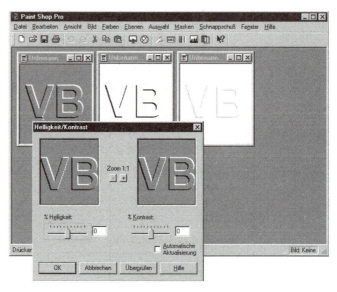

Abbildung 15.9: Der Entstehungsprozess eines Wasserzeichens

KAPITEL 16

JavaScript

Mit JavaScript kommt endlich Leben in die starre Welt der Webseiten. Jetzt können Sie gezielt auf die Aktionen des Benutzers reagieren. Dieses Kapitel wird Ihnen zeigen, dass JavaScript eine einfach zu erlernende Programmiersprache ist.

JavaScript

Entgegen allen Vermutungen hat *JavaScript* nichts mit der Programmiersprache *Java* gemeinsam. JavaScript wurde mit dem Erscheinen des Netscape Navigators 2.0 von der Firma Netscape ins Leben gerufen. Das Neue an dieser Sprache war die Tatsache, dass eine objektorientierte Sprache auf einem lokalen Rechner mit einem Interpreter ausgeführt werden konnte. Der Programmcode kann wahlweise direkt in einem XHTML-Dokument oder in einer externen Datei enthalten sein. Die Sprache selbst ist relativ einfach strukturiert und erfordert von einem zukünftigen JavaScript-Autor nur geringe Programmierkenntnisse.

Ziel und Zweck der Sprache ist es, die Fähigkeiten von Webseiten zu verbessern und dynamische Dokumente zu ermöglichen. Dazu wurde mit dem Tag <script> die Möglichkeit geschaffen, den Programmcode direkt in den XHTML-Code zu integrieren. Ein weiterer Vorteil von JavaScript liegt in der einfachen Erstellung des Programmcodes. Hierzu ist keine spezielle Programmierumgebung notwendig. Stattdessen reicht ein einfacher Texteditor aus, da der erstellte Code im Browser getestet werden kann. Selbstverständlich existieren auch für JavaScript spezielle visuelle Programmierumgebungen, die den Umgang mit der Sprache erheblich vereinfachen.

Die Funktionsweise von JavaScript

Der normale Weg bei der Entwicklung eines Programms führt über den Entwurf des Programmcodes innerhalb einer Entwicklungsumgebung und dem Testen des Codes bis hin zum Kompilieren des Codes und damit der Übersetzung des Codes in ein ausführbares Programm. Anschließend erfolgt das Linken des Programms und damit die Erstellung einer selbstständig ausführbaren Anwendung. Ganz so weit gehen die Möglichkeiten von JavaScript nicht, doch das ist auch nicht der Sinn und Zweck dieser Sprache. Der *Code* von JavaScript wird lediglich im Editor erstellt und in dieser Form in den XHTML-Code der zukünftigen Webseite eingebunden. Beim Öffnen der Webseite interpretiert der Browser den Code mit einem integrierten Interpreter und führt ihn direkt aus. Da die Ausführung der Sprachelemente immer von dem interpretierenden Browser abhängig ist, können auch nur Befehle der Sprachversion ausgeführt werden, die von der Version des Browsers unterstützt wird.

Während allerdings die Arbeit mit XHTML in Bezug auf korrekten Code vom Programmierer weniger Genauigkeit erfordert, ist bei JavaScript ein absolut genaues Vorgehen vonnöten. Fehlerhafter Code bewirkt sofort das Auslösen eines Fehlers, welchen der Browser mindestens mit einer für den Benutzer sichtbaren Meldung anzeigt. Schlimmstenfalls kann der Browser sogar seine Dienste ganz einstellen – die Rede ist hier von einem Programmabsturz.

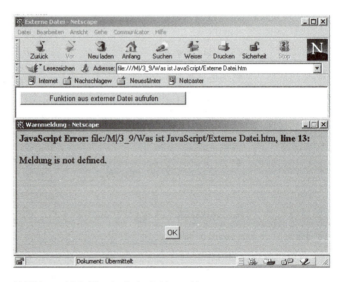

Abbildung 16.1: Eine typische Fehlermeldung

Was die Sicherheit des auf Ihrem Rechner ausgeführten Codes betrifft, brauchen Sie sich keine Gedanken zu machen. Während die Ausführung von z.B. VBScript jede Festplatte gründlich ruinieren kann, sind mit JavaScript keinerlei Datenzugriffe möglich.

Da der Code von JavaScript weder kompiliert noch in irgendeiner anderen Weise verändert wird und sozusagen 1:1 in der XHTML-Datei enthalten ist, ist dieser auch nicht vor fremden Blicken geschützt. Mit dem Öffnen der XHTML-Datei in der Quellcodeansicht kann er von jedem Benutzer kopiert und weiter verwendet werden. Dabei ist aber auch zu beachten, dass einige Skripten dem Copyright ihrer Autoren unterliegen – in diesem Fall befindet sich in der XHTML-Datei ein entsprechender Kommentar. Aufgrund des offenen Codes hat JavaScript relativ schnell eine große Verbreitung gefunden und jeder, der neuen Code in seine Webseite integriert und diesen damit der Allgemeinheit zur Verfügung stellt, trägt zur weiteren Verbreitung der Sprache bei.

Werkzeuge für JavaScript

Wie gesagt führt der einfachste Weg zum Entwickeln einer JavaScript-Anwendung über einen einfachen Texteditor. Hier müssen Sie den Code allerdings nach und nach einzeln eingeben und erhalten leider keinerlei Unterstützung in Form einer Hilfedatei oder gar eines Assistenten.

Seit 1997 ist von Netscape die visuelle Entwicklungsumgebung *Visual JavaScript* erhältlich.

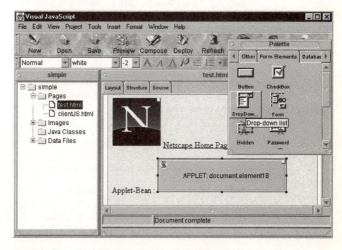

Abbildung 16.2: Visual JavaScript von Netscape

Das Problem liegt allerdings in der englischen Sprachversion und der etwas umständlichen Bedienung. Die Software eignet sich leider nicht zum Erstellen von Code »on the fly«, also mal eben schnell zwischendurch. Um damit JavaScript-Code zu bearbeiten, ist jedes Mal die Eröffnung eines Projekts notwendig, was die kontinuierliche Bearbeitung eines Projekts voraussetzt.

JavaScript einbinden

Das Einbinden von JavaScript-Bereichen in eine HTML-Datei ist relativ einfach und erfolgt mit dem Tag `<script>...</script>`. Zusätzlich ist noch die Angabe der verwendeten Skriptsprache mit dem Attribut `language` notwendig. Die Deklaration von Skriptbereichen kann prinzipiell überall im Code einer HTML-Datei erfolgen, hier werden Ihnen keinerlei Vorschriften gemacht. Eine Ausnahme dabei bildet JavaScript-Code in HTML-Dateien mit Formularen. Hier muss sich der Skriptbereich unterhalb des Formulars befinden, da beim Zugriff auf die Elemente des Formulars mit JavaScript diese vor dem JavaScript-Code eingelesen werden müssen. Innerhalb des definierten Bereichs befindet sich der Programmcode. Dieser kann aus einzelnen Anweisungen oder auch aus Funktionen bestehen. Code, der sich in Funktionen befindet, wird erst mit dem Aufrufen der Funktion ausgeführt. Das Aufrufen einer Funktion kann aus einer anderen Funktion heraus, aus JavaScript-Code oder auch aus dem XHTML-Code erfolgen. JavaScript-Code, der als Anweisung innerhalb des Skriptbereichs aufgeführt ist, wird mit dem Öffnen der Datei automatisch ausgeführt. Dabei erfolgt das Ausführen des Programmcodes linear, also in der eingetragenen Reihenfolge von oben nach unten.

```
<!DOCTYPE html PUBLIC "-//W3C//DTD XHTML 1.0
  Strict//EN">
<html xmlns=»http://www.w3.org/TR/xhtml1">
<head>
<title>Titel</title>
  <script language="JavaScript">
    ...
```

```
    </script>
</head>
<body>
</body>
</html>
```

JavaScript verwenden

Die Sprache JavaScript besteht wie alle anderen Programmiersprachen auch aus bestimmten reservierten Wörtern. Diese Wörter können Sie im Gegensatz zu XHTML nicht mal groß und mal klein niederschreiben, sondern Sie müssen sich streng an bestimmte Regeln halten. Zum einen unterscheidet der Browser bei JavaScript Groß- und Kleinschreibung. Zum anderen besteht der Code aus einer Reihe von Befehlen, die zusammen eine Anweisung ergeben. Das Ende jeder Anweisung sollte gekennzeichnet werden, in JavaScript erfolgt dies mit einem abschließenden Semikolon. Im folgenden Beispiel wird der Variablen String eine Zeichenkette zugewiesen.

Beispiel:

```
String="Das ist der Anfang";
```

Ein kleines Beispiel

Bevor wir nun in der Einführung zu JavaScript zu Variablen, Sprachelementen usw. kommen, sollen Sie eine kleine Vorschau auf JavaScript erhalten – sozusagen als kleinen Vorschuss für Ihre Mühe und um Ihnen den Weg zu JavaScript zu ebnen.

Beispiel:

In dem folgenden Beispiel wird nach dem Definieren des Skriptbereichs mit der Methode write des Objekts document auf dem Bildschirm der Text *JavaScript* ausgegeben. Das ist möglich, da das Objekt document einen direkten Zugriff auf das im Browser angezeigte Dokument ermöglicht. Anschließend erfolgt mit dem Befehl alert die Ausgabe eines Meldungsfensters (MessageBox) mit dem gleichen Text.

Das Beispiel ist auf der CD zum Buch enthalten.

```
<!DOCTYPE html PUBLIC "-//W3C//DTD XHTML 1.0
 Strict//EN">
<html xmlns=»http://www.w3.org/TR/xhtml1">
<title>erste Schritte</title>
</head>
<body>
   <script language="JavaScript">
      document.write("JavaScript");
      alert(«JavaScript»);
   </script>
</body>
</html>
```

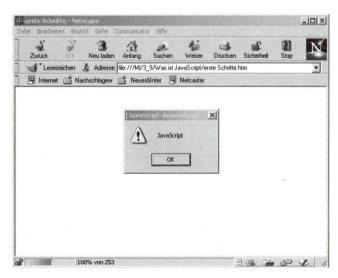

Abbildung 16.3: Ein erstes Beispiel

Wenn Sie dieses Beispiel erfolgreich auf Ihrem Rechner ausgeführt haben, dann steht schon mal fest, dass Sie keine veraltete Version Ihres Browsers installiert haben. Doch was ist mit den Benutzern, die noch mit einer älteren Software arbeiten? Logischerweise wird deren Browser die Bereiche mit JavaScript irrtümlich als Text interpretieren und auch als solchen anzeigen. Dass dies ein recht merkwürdiges Erscheinungsbild ergeben wird, können Sie sich sicher gut vorstellen. Deshalb ist für ältere Browser mit den Zeichen <!- ... //-> die Kennzeichnung dieses Bereichs möglich. Ältere Browser werden ihn dann als Kommentar behandeln und folglich nicht anzeigen.

```
<script language="JavaScript">
    <!- alert(«JavaScript «);//->
</script>
```

JavaScript in externen Dateien

Im vorherigen Abschnitt haben Sie das Einbinden von JavaScript in eine HTML-Datei gesehen. Wenn Sie ein umfangreicheres Projekt mit JavaScript unterstützen, kann die entsprechende HTML-Datei dabei sehr groß und damit auch unübersichtlich werden. Hinzu kommt, dass Sie unter Umständen verschiedene Funktionen in mehreren HTML-Dateien nutzen wollen, sodass sich nachträgliche Erweiterungen des Projekts im Laufe der Zeit als sehr unübersichtlich erweisen. Deshalb ist es sinnvoll, den JavaScript-Code in *externe Dateien* auszulagern. Das hat zudem den Vorteil, dass Sie am Code Ihrer JavaScript-Funktionen arbeiten können, ohne das gesamte Projekt auf dem Server erneuern zu müssen.

Um die externe Datei einzubinden, müssen Sie lediglich im Tag <script> mit dem Attribut src den Namen der Datei sowie mit type die Angabe text/javascript vornehmen. Der Name der externen Datei sollte die Endung *.js aufweisen. Für die Angabe der Datei bzw. des Dateipfads gelten die gleichen Regeln wie bei der Angabe von Dateinamen in HTML. Um über Ihr Projekt eine größtmögliche Übersicht zu behalten, sollten Sie die externen Skriptdateien, sofern Ihr Provider das Anlegen von eigenen Verzeichnissen unterstützt, in einem externen Verzeichnis anlegen.

Beispiel:

Innerhalb eines Formulars wird mit input type=button eine Schaltfläche definiert. Mit deren Betätigung (onClick="Meldung()") erfolgt der Aufruf der externen Funktion Meldung. Innerhalb der aufgerufenen Funktion wird mit dem Befehl alert ein Meldungsfenster mit einem entsprechenden Text ausgegeben.

Das Beispiel ist auf der CD zum Buch enthalten.

```
<!DOCTYPE html PUBLIC "-//W3C//DTD XHTML 1.0
 Strict//EN">
<html xmlns=»http://www.w3.org/TR/xhtml1">
<head>
<title>Externe Datei</title>
<script language="JavaScript" src="extern.js"
 type=»text/javascript»>
</script>
</head>
<body>
<form>
   <input type="button" value=" Funktion aus externer
   Datei aufrufen"
      onClick="Meldung()">
</form>
</body>
</html>
```

Anschließend sehen Sie den Quellcode der dazugehörigen JavaScript-Datei. Die Datei sollte nichts anderes enthalten als den reinen Quellcode und eventuelle gekennzeichnete Kommentare. Das folgende Listing stellt den gesamten Inhalt der Datei dar.

| Kapitel 16 | JavaScript | 363 |

> Das Beispiel ist auf der CD zum Buch enthalten.

```
function Meldung()
{
    alert("Ich verstecke mich in der Datei 'extern.js'");
}
```

Abbildung 16.4: Die Meldung kommt aus einer externen Datei

JavaScript verstehen

Objekte, Methoden und Eigenschaften

JavaScript ist eine *objektorientierte Sprache*. Diese Tatsache soll in Programmiersprachen ungeübte Leser nicht dazu verleiten, gleich das Handtuch zu werfen. Das Arbeiten mit einer objektorientierten Sprache ist einfacher, als manch einer denkt. Um dem Einsteiger den Anfang zu erleichtern, ist erst einmal eine möglichst einfache Erläuterung solcher Begriffe wie *Objekte*, *Methoden* und *Eigenschaften* notwendig.

Objekte

Objekte verkörpern verschiedene Elemente einer Webseite und ermöglichen dem Benutzer den Zugriff auf diese Elemente. So ermöglicht z.B. das Window-Objekt den Zugriff auf das aktuelle Fenster, welches ein Webdokument anzeigt. Über dieses Objekt können Sie in dem Fenster Dokumente anzeigen lassen, seine Größe verändern oder gar das Fenster schließen lassen. Ein Objekt übernimmt also auf sehr komplexe Art und Weise die Verwaltung eines Elements. Ein Objekt enthält eine Anzahl von Schnittstellen zum Zugriff auf das von ihm verwaltete Element. Mit Hilfe dieser Schnittstellen sind Sie in der Lage, das betreffende Element zu beeinflussen. Diese Schnittstellen werden als *Methoden* und *Eigenschaften* bezeichnet. Der Zugriff auf die Methoden und Eigenschaften eines Objekts erfolgt mit der Angabe des Objekts, gefolgt von einem Punkt und dem Namen der gewünschten Methode oder Eigenschaft.

Methoden

Methoden stellen eine aktive Schnittstelle eines Objekts dar und ermöglichen die Ausführung von Aktionen mit dem verwalteten Element. Hinter einer Methode steckt also letztendlich nichts anderes als eine Funktion. Warum erfolgt dann der Aufruf der Funktion als Methode eines Objekts, die Funktion könnte ihre Aufgabe doch sicher auch allein erfüllen? Rein theoretisch stimmt das schon, doch dahinter steckt die Logik der objektorientierten Programmierung. Viele dieser Methoden und Eigenschaften sind in der Lage, ihre Aufgabe in Abhängigkeit von einem bestimmten Objekt auszuführen und passen sich dabei den Erfordernissen des entsprechenden Objekts an. Nehmen Sie z.B. die Methode close. Die Aufgabe dieser Methode ist es, ein aktives Objekt zu schließen. Mit dem folgenden Befehl erfolgt der Aufruf von close als Methode des Objekts document.

```
document.close();
```

Mit dem Aufruf der Methode close zusammen mit dem Objekt document erreichen Sie das Schließen des aktuellen Dokuments. Wenn Sie nun die gleiche Methode in Zusammenhang mit dem Window-Objekt aufrufen, dann schließt sie das aktuelle Fenster und damit die komplette Anwendung.

```
window.close();
```

An diesem Beispiel sehen Sie, dass ein und dieselbe Methode ihre Aufgabe auf unterschiedliche Weise erfüllen kann.

Eigenschaften (Properties)

Eigenschaften stellen eine passive Schnittstelle dar und verkörpern Merkmale eines Objekts. Über sie kann der Benutzer Informationen über verschiedene Zustände eines Elements erhalten, die er zur weiteren Arbeit benötigt. Einige Eigenschaften können lediglich Informationen liefern, während andere Eigenschaften die Inhalte oder Zustände eines Elements ändern können. Eine solche Eigenschaft eines Elements ist z.B. die Eigenschaft bgColor des Document-Objekts. Sie enthält und speichert die aktuelle Hintergrundfarbe einer Webseite.

Beispiel:

Das folgende Beispiel demonstriert den Umgang mit einer Eigenschaft. In der ersten Zeile wird der Variablen der Wert der aktuellen Hintergrundfarbe übergeben. In der zweiten Zeile erfolgt die Zuweisung einer Hintergrundfarbe an das aktuelle Dokument.

```
Farbe=document.bgColor;

document.bgColor="ff00ff";
```

Funktionen

Eine *Funktion* besteht aus einem abgeschlossenen Block, der eine Anzahl von Anweisungen enthält. Bei der Benutzung einer bereits in JavaScript enthaltenen Funktion werden Sie nicht bemerken, dass sich hinter dem Namen der Funktion mehrere Befehle verbergen. Das ist auch kein Wunder, mit dem Aufruf einer Funktion werden die in ihr enthaltenen Befehle für den Benutzer unsichtbar abgearbeitet. Die Quelle dieser aufgerufenen Funktion ist im Quellcode des Interpreters versteckt, welcher wiederum vom Browser verwaltet wird.

Ein typisches Beispiel ist die Funktion alert(). Mit Hilfe dieser Funktion erfolgt die Ausgabe eines Meldungsfensters auf dem Bildschirm. Der in dem erzeugten Meldungsfenster angezeigte Text wird der Funktion in der angehängten Klammer als Zeichenkette übergeben.

```
alert("Die Funktion wurde ausgeführt!");
```

Mit dem Aufruf der Funktion geschieht wesentlich mehr als nur die Ausführung einer Anweisung. Im Hintergrund erfolgt die Erzeugung des Meldungsfensters, das Anzeigen der Meldung und nach dem Beenden der Meldung wird schließlich der von dem Meldungsfenster überdeckte Bildschirmhintergrund wiederhergestellt. Dafür ist eine ansehnliche Anzahl von Anweisungen notwendig, die sich alle hinter dem Aufruf der Funktion verbergen.

Eigene Funktionen erstellen

Selbstverständlich erhalten Sie auch die Möglichkeit, eigene Funktionen zu erstellen. Diese Funktionen enthalten dann Programmcode, der nur bei einem Aufruf der Funktion ausgeführt wird. Erst mit dem Erstellen eigener Funktionen erhalten Sie die endgültige Kontrolle über das Programm. Da der gesamte Programmcode linear abgearbeitet wird, würde rein theoretisch jede Anweisung mindestens einmal ausgeführt werden. Ausnahmen sind hier z.B. bedingte Anweisungen, Fallunterscheidungen und eben Funktionen, die nur bei ihrem Aufruf ausgeführt werden. Mit dem Erstellen einer eigenen Funktion kapseln Sie Bestandteile des Programms vom linearen Programmablauf ab und können damit den Zeitpunkt ihrer Ausführung selbst bestimmen.

Prinzipiell sieht der Grundaufbau aller Funktionen gleich aus:

```
function Funktionsname()
{
Anweisungen
}
```

> Wenn Sie Ihre Funktionen am Anfang mit einem Kommentar versehen, dann brauchen Sie sich bei nachträglichen Arbeiten am Code deren Bedeutung nicht erst neu zu erarbeiten.

```
/*Diese Funktion berechnet einen... */
```

An welcher Stelle im Programmcode die Definition der Funktion erfolgt, bleibt Ihnen überlassen. Am übersichtlichsten ist auf alle Fälle die generelle Deklaration aller Funktionen am Anfang oder Ende des Skriptbereichs. Sie sind damit schneller auffindbar, was die Arbeit am Programmcode erleichtert. Der Aufruf der eigenen Funktion kann an jeder beliebigen Stelle des Programms erfolgen. Das trifft auch für Bereiche mit HTML-Code zu, von denen aus jede JavaScript-Funktion ansprechbar ist.

Parameter und Rückgabewerte von Funktionen

Innerhalb einer Funktion können Sie beliebigen Code ausführen lassen. Die Funktion kann zur Erfüllung ihrer Aufgabe auf die in ihr definierten *Variablen* oder auch auf globale Variablen zurückgreifen. Sie können einer Funktion bei deren Aufruf auch die Inhalte von Variablen übergeben. Dazu verwenden Sie einen oder mehrere *Parameter*, die in der Klammer hinter dem Namen der Funktion untergebracht werden.

Um eine Funktion zusammen mit Parametern aufrufen zu können, müssen Sie gleichzeitig in der Deklaration der Funktion die entsprechende Anzahl von Variablen in der Klammer angeben. Die Funktion verwendet bei ihrem Aufruf die Werte dieser Variablen in der gleichen Weise wie bei anderen Variablen auch.

```
function Funktionsname(Variable1, Variable2,...)
{ Anweisungen
}
```

Der Vorteil dieser Technik liegt darin, dass die Werte der Parameter mit dem Aufruf der Funktion immer bekannt sind und der Speicherplatz für die Parameter nur temporär belegt wird. Alternativ wäre sicher auch die Verwendung von globalen Variablen möglich. Doch dann müssten Sie ständig den Zustand oder den Wert der Variablen überprüfen, ganz davon abgesehen, dass viele globale Variablen ein Programm unübersichtlich machen und unnötig Speicherplatz belegen.

Beispiel:

Am Anfang des Skriptbereichs befindet sich die Funktion Multipliziere. Nachdem der Benutzer in das erscheinende Eingabefenster eine Zahl eingegeben hat, erfolgt mit Multipliziere (input); der Aufruf dieser Funktion mit der eingegebenen Zahl als Parameter. Die Funktion behandelt den Parameter wie eine Variable und führt mit deren Inhalt eine Berechnung durch. Am Ende der Funktion wird das Ergebnis der Berechnung auf dem Bildschirm ausgegeben.

Das Beispiel ist auf der CD zum Buch enthalten.

```
<!DOCTYPE html PUBLIC "-//W3C//DTD XHTML 1.0
 Strict//EN">
<html xmlns=»http://www.w3.org/TR/xhtml1">
<head>
<title>Funktion1</title>
<script language="JavaScript">
<!–
var input;
   function Multipliziere (Faktor)
   {   var Ergebnis=0;
       input=Faktor*5;
       document.write (Ergebnis);
   }
   input= window.prompt("Welche Zahl soll mit 5
```

```
    multipliziert
    werden?","");
    Multipliziere (input);
// ->
</script>
</head>
<body>
</body>
</html>
```

Abbildung 16.5: Die Funktion kann ihr Ergebnis auf verschiedene Weise übermitteln

Eine Funktion kann nicht nur Werte entgegennehmen, sondern auch Werte zurückgeben. Mit der Anweisung return weisen Sie der Funktion einen entsprechenden *Rückgabewert* zu. Am vorherigen Beispiel betrachtet, könnten Sie auch das Ergebnis der Berechnung zurückgeben lassen. Damit wäre die Ausgabe des Ergebnisses innerhalb der Funktion nicht mehr notwendig, sondern kann auch nach dem Verlassen der Funktion erfolgen.

```
function Funktionsname(Variable1, Variable2,...)

{ Anweisungen

   return Wert;

}
```

Nachdem das Programm die Funktion verlassen hat, können Sie dann den Namen der Funktion wie eine Variable behandeln und diesen Wert abfragen.

```
Wert_neu=Funktionsname(Variable1, Variable2);
```

Beispiel:

Dieses Programm erfüllt genau die gleiche Aufgabe wie das vorhergehende Beispiel. Der Unterschied liegt hier im Aufruf der Funktion und der Ausgabe des Ergebnisses. Dabei erfolgt mit Hilfe der Anweisung return die Übergabe des Ergebnisses (return Ergebnis;) an die Funktion als Rückgabewert. Da der Name der Funktion jetzt das Ergebnis enthält, erfolgt der Aufruf der Funktion (Ergebnis=Multipliziere(input);) in der gleichen Weise wie die Abfrage des Werts einer Variablen.

Das Beispiel ist auf der CD zum Buch enthalten.

```
<!DOCTYPE html PUBLIC "-//W3C//DTD XHTML 1.0

 Strict//EN">

<html xmlns=»http://www.w3.org/TR/xhtml1">

<head>

<title>Funktion2</title>

<script language="JavaScript">

<!--

var Ergebnis;
```

| Kapitel 16 | JavaScript |

```
      function Multipliziere (Faktor)
      {  var Ergebnis=0;
         Ergebnis=Faktor*5;
         return Ergebnis;
      }
   Ergebnis=window.prompt("Welche Zahl soll mit 5
    multipliziert
     werden?","");
     Ergebnis=Multipliziere(Ergebnis);
     document.write(Ergebnis);
// -->
</script>
</head>
<body>
</body>
</html>
```

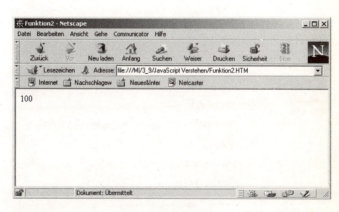

Abbildung 16.6: Das Ergebnis der Funktion 2

Ereignisse (Events)

Mit dem Öffnen einer HTML-Datei durch den Browser wird der in dem Skriptbereich befindliche Code, außer wenn er sich innerhalb einer benutzerdefinierten Funktion befindet, automatisch abgearbeitet. Zusätzlich können JavaScript-Funktionen auch innerhalb des HTML-Bereichs aufgerufen werden. Da HTML-Dateien statische Dokumente darstellen, wird zum Aufrufen von JavaScript-Code aus HTML-Code heraus eine Verbindung zwischen dem Dokument und JavaScript benötigt. Diese Verbindung wird von *Ereignissen* dargestellt.

Jede Aktion des Benutzers, also z.B. Mausbewegungen und Tastenanschläge, werden von dem Browser erkannt und mit einem entsprechenden Ereignis verknüpft. In HTML und JavaScript können Sie dieses Ereignis erwarten und angeben, welcher Code beim Eintreffen des Ereignisses ausgeführt werden soll.

Beispiel:

Hier erfolgt für den Bereich <p>...</p> die Angabe des Ereignisses onMousemove. Dieses Ereignis wird vom Browser in dem Moment ausgelöst, in dem der Benutzer den Mauszeiger über ein Element der Webseite bewegt. Hier besteht dieses Element aus einem Textabschnitt. Das angegebene Ereignis tritt ein, sobald der Benutzer den Mauszeiger über den definierten Bereich bewegt.

Da in Zusammenhang mit der Definition des Textabschnitts ein Ereignis angegeben wurde, kann beim Eintreten des Ereignisses der dazu angegebene Programmcode aufgerufen werden. Dabei handelt es sich hier um die Anweisung alert zur Ausgabe eines Meldungsfensters.

Das Beispiel ist auf der CD zum Buch enthalten.

```
<!DOCTYPE html PUBLIC "-//W3C//DTD XHTML 1.0
 Strict//EN">
<html xmlns=»http://www.w3.org/TR/xhtml1">
<head>
<title>Ereignisse1</title>
```

```
<script language="JavaScript">
</script>
</head>
<body>
 <p onMousemove=alert("aha!")>Nicht mit dem Mauszeiger
    &uuml;berfahren!</p>
</body>
</html>
```

Variablen und Datentypen

Ohne *Variablen* wird kaum ein Programm auskommen, ja ohne sie ist ein Programm regelrecht undenkbar. Was sind denn eigentlich Variablen? Unter einer Variablen können Sie sozusagen eine Zwischenablage verstehen, in der z.B. Zahlenwerte zur späteren Verwendung abgelegt werden. Grob gesagt so, wie früher der Kaufmann den Preis der einzelnen Produkte auf einem Blatt Papier notierte, um am Schluss alles zusammenzurechnen. Nur dass in unserem Fall kein Papier Verwendung findet, sondern mit der Deklaration einer Variablen ein Bereich im Speicher des Rechners reserviert und zur weiteren Verwendung zur Verfügung gestellt wird. Der Zugriff auf diesen reservierten Bereich erfolgt über den Namen der Variablen. Sobald der Name einmal festgelegt wurde, können Sie ihn nicht mehr ändern, die Benutzung eines ähnlich klingenden Namens würde den Speicherplatz für eine weitere Variable reservieren.

Die Deklaration einer Variablen erfolgt mit ihrer ersten Aufzählung und kann auf zwei verschiedene Arten erfolgen: Zum einen können Sie den Namen einer Variablen direkt im Zusammenhang einer Wertzuweisung mitten im Programmcode aufführen.

i=5;

Name = "Müller";

In diesem Fall erfolgt die Definition der beiden Variablen i und Name ohne besonderen Hinweis auf diesen Vorgang. Um den Programmcode übersichtlicher zu gestalten, können Sie für die Deklaration der Variablen auch das reservierte Wort var verwenden. Damit erfolgt der Hinweis auf die Deklaration einer neuen Variablen. Sie können die Deklaration der Variablen mit oder auch ohne Wertzuweisung vornehmen.

var i=5;

var i;

Wenn Sie die Variablen stets am Anfang des Programms mit Hilfe des Wortes var deklarieren, dann behalten Sie immer den Überblick über die im Programm eingesetzten Variablen.

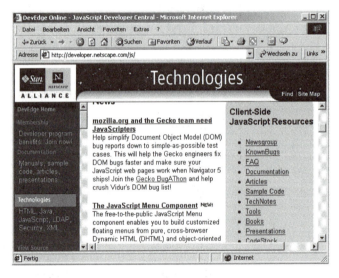

Abbildung 16.7: Bei *http://developer.netscape.com/js/* finden Sie aktuelle Informationen

Gültigkeit von Variablen

Sobald einer Variablen ein Wert zugewiesen wurde, können Sie diesen innerhalb Ihres Programms verwenden. Doch dabei sind Ihnen einige

Grenzen gesetzt, die davon abhängig sind, wo die Variable deklariert wurde.

Wenn die Deklaration innerhalb einer Funktion vorgenommen wurde, dann ist diese Variable auch nur innerhalb dieser Funktion gültig. In diesem Fall spricht man von einer *lokalen Variablen*. Nach dem Verlassen der Funktion geht nicht nur der Inhalt der Variablen verloren, sondern ihr reservierter Bereich im Speicher wird wieder freigegeben. Mit einem wiederholten Aufruf der Funktion erfolgt eine erneute Reservierung des für diese Variable benötigten Speicherplatzes.

Anders hingegen sieht es bei Variablen aus, deren Deklaration außerhalb einer Funktion vorgenommen wurde. In dem Fall ist die Variable solange gültig, wie die HTML-Datei, in der die Deklaration vorgenommen wurde, im Browser angezeigt wird. Hier wird von einer *globalen Variablen* gesprochen. Auf diese Variable und ihren Inhalt können Sie von jeder anderen Funktion aus zugreifen.

Regeln bei der Vergabe von Namen

Wie die gesamte Syntax von JavaScript unterliegt auch die Vergabe von *Namen* strengen Regeln. Das mag Ihnen am Anfang lästig erscheinen, doch letztendlich können Sie darin durchaus einen Vorteil sehen. Da die Vergabe von Namen für Variablen sowieso schon Regeln unterliegt, gewöhnen sich gerade Einsteiger umso schneller an eine einheitliche Schreibweise. Und indem alle Namen für Variablen nach einem einheitlichen Schema vergeben werden, ist deren Aufgabe auch in komplexeren Prozeduren schneller zu erkennen, was spätere Änderungen am Code bedeutend vereinfacht. So wäre z.B. *input* ein aussagekräftiger Name für eine Variable, die eine Eingabe des Benutzers speichert. Oder die Namen *_zahl1* und *_zahl2* für Variablen, die in einem Rechenprogramm Zwischenergebnisse aufnehmen. Hier ist bereits am Namen der Variablen ihre Funktion deutlich erkennbar, was so manches Missverständnis verhindern kann.

Unabhängig von diesen Empfehlungen stellt JavaScript klare Regeln bei der Vergabe von Namen auf:

✔ Es dürfen keine Sonderzeichen, Punkte oder Leerzeichen verwendet werden.

✔ Es dürfen Buchstaben, Unterstriche und Zahlen Verwendung finden, das erste Zeichen darf aber keine Zahl sein.

✓ Variablennamen sind *casesensitive*, Sie müssen also auf Groß- und Kleinschreibung achten. Die Variable _zahl1 unterscheidet sich also von der Variablen _Zahl1.

Datentypen

Im Gegensatz zu anderen Programmiersprachen wie z.B. C++ oder Visual Basic kennt JavaScript keine der üblichen *Datentypen*. Und wenn man unbedingt einen Vergleich mit anderen Sprachen vornehmen will, dann käme für JavaScript als ähnlicher Datentyp am ehesten der Typ *Variant* aus Visual Basic in Frage. Während in anderen Programmiersprachen eine Variable mit ihrer Deklaration unwiderruflich für einen bestimmten Datentyp bestimmt ist, können Sie in JavaScript der Variablen beliebige Inhalte zuweisen. So ist es ohne weiteres möglich, in der Deklaration einen Zahlenwert zuzuweisen und später einen Wahrheitswert oder eine Zeichenkette zu übergeben. Sie können also mehrere der aus anderen Programmiersprachen bekannten Datentypen in JavaScript ohne explizite Deklaration verwenden.

Prinzipiell können Sie zwischen folgenden Datentypen unterscheiden:

Zeichenketten

Zeichenketten sind eine Folge von alphabetischen Zeichen, wie z.B. Namen oder Textabschnitte. Bei der Übergabe einer Zeichenkette an eine Variable muss diese in Anführungszeichen gesetzt werden. Wenn Sie die Anführungszeichen weglassen, versucht der Browser den Variableninhalt als numerische Zeichen oder als reservierte Wörter zu interpretieren. Da ihm das mit Sicherheit nicht gelingen wird, kann es in dem Fall unter ungünstigen Umständen im weiteren Programmverlauf zur Ausgabe einer Fehlermeldung kommen.

```
var Name = "Müller"
```

Zahlenwerte

Mit *Zahlenwerten* haben Sie es in JavaScript ebenfalls nicht besonders schwer. Während normalerweise streng zwischen Zahlenwerten verschiedener Größenordnungen sowie Ganzzahlen und Fließkommazahlen unterschieden wird, können Sie in JavaScript mit Zahlen frei umgehen. Sie können auch negative Zahlenwerte verwenden, hier sind Ihnen keine Beschränkungen auferlegt. Sie müssen lediglich beachten, dass statt eines Kommas, immer ein Punkt eingesetzt werden muss.

```
var Zahl=5
```

```
var Zahl=5.3
```

```
var Zahl=-7
```

Wahrheitswerte

In punkto *Wahrheitswerte* überrascht uns JavaScript ein wenig. Obwohl sonst keine Festlegung auf einen Datentyp möglich bzw. notwendig ist, können Sie auch reservierte Ausdrücke des Datentyps *Boolean* verwenden. Die beiden Ausdrücke lauten true (wahr) und false (falsch), alternativ können Sie auch die Werte 1 und 0 einsetzen. Letzteres ergibt allerdings keinen Sinn, da der Browser den Variableninhalt dann als Zahlenwert interpretiert. Der Datentyp eignet sich besonders zum Überwachen von Programmzuständen. So wäre z.B. die Variable Ready denkbar, die, solange ein Textfeld nicht korrekt ausgefüllt ist, den Wahrheitswert false enthält.

```
var Ready=false
```

Nullwerte

Mit der Deklaration einer Variablen ohne eine Wertzuweisung nimmt diese automatisch den Wert null (0) an. Hin und wieder ist es sinnvoll, nach einer Wertzuweisung den ursprünglichen Zustand wieder herzustellen und den Inhalt der Variablen sozusagen zu entleeren. Das ist notwendig, wenn z.B. ein Variableninhalt nach seiner Verarbeitung nicht irrtümlich wiederholt zur Verfügung stehen soll. In diesem Fall übergeben Sie der Variablen das reservierte Wort null.

```
Name=null
```

Wenn einer Variablen, welche vorher eine Zeichenkette enthielt, der Wert null übergeben wird, so besteht ihr Inhalt anschließend aus einer leeren Zeichenkette (»«). Eine Variable mit einem Wahrheitswert enthält anschließend den Wert false.

Ändern von Variableninhalten

Das Ändern des Inhalts einer Variablen an sich stellt überhaupt kein Problem dar. Die Zuweisung eines Werts erfolgt generell mit Hilfe eines Gleichheitszeichens. Dabei ist es völlig unerheblich, ob Sie einer Variablen einen neuen Wert während ihrer Deklaration oder mitten im Programmablauf zuweisen. Außerdem ist es möglich, einen zugewiesenen Wert jederzeit zu ändern oder gegen den Wert eines anderen Datentyps auszutauschen.

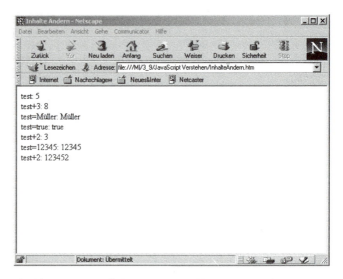

Abbildung 16.8: Die Änderung von Variablenwerten ist jederzeit möglich

Beispiel:

Das Beispiel zeigt anschaulich die Änderung von Variableninhalten. Im ersten Schritt wird der Variablen Test der Zahlenwert 5 zugewiesen (var test=5;). Anschließend erfolgt die Addition dieses Werts mit der Zahl 3. Jetzt wird es interessant: Mit der Anweisung test="Müller" wird der Zahlenwert durch eine Zeichenkette ersetzt. Im nächsten Schritt wird die Zeichenkette gegen den Wahrheitswert true ausgetauscht. Wie gesagt passt sich der Datentyp der Variablen stets an die entsprechende Anweisung an. Ansonsten wäre wohl wie im nächsten Schritt die Addition des Variableninhalts mit der Zahl 2 nicht möglich. Da der Wert true dem Zahlenwert 1 entspricht, wird in diesem Moment der Variableninhalt entsprechend mit dem neuen Wert addiert. Im vorletzten Schritt erfolgt erneut die Zuweisung einer Zeichenkette. Auch wenn es sich hier um die Zahlenfolge 12345 handelt, wird der Variableninhalt wegen der Benutzung von Anführungszeichen nicht als Zahl erkannt, sondern als Zeichenkette behandelt. Den Beweis dieser Behauptung sehen Sie im letzten Schritt, wo statt der vermuteten Addition mit der Zahl 2 lediglich die neue Zahl an die Zeichenkette angehängt wird.

Das Beispiel ist auf der CD zum Buch enthalten.

```
<!DOCTYPE html PUBLIC "-//W3C//DTD XHTML 1.0
 Strict//EN">
<html xmlns=»http://www.w3.org/TR/xhtml1">
<head>
<title>Inhalte ändern</title>
</head>
<body>
<script language="JavaScript">
   var test = 5;
   document.write("test:     "+test+"<br>");
   test=test+3
   document.write("test+3:    "+test+"<br>");
   test="Müller"
   document.write("test=Müller:    "+test+"<br>");
   test=true;
   document.write("test=true:    "+test+"<br>");
```

```
        test=test+2
        document.write("test+2:    "+test+"<br>");
        test="12345"
        document.write("test=12345:    "+test+"<br>");
        test=test+2
        document.write("test+2:    "+test+"<br>");
      </script>
    </body>
</html>
```

Arrays

In einer Variablen können Sie jederzeit einen beliebigen Wert speichern und diesen wieder abrufen. Nehmen Sie doch einmal an, Sie müssten mehrere Werte speichern, z.B. mehrere Namen. Für diesen Fall stehen Ihnen *Arrays* zur Verfügung. Unter einem Array versteht man Variablen, welche aus mehreren verketteten Speicherbereichen zum Ablegen von Werten bestehen. Statt nun z.B. zum Speichern von 15 Werten ebenso viele Variablen zu deklarieren, können Sie auch ein Array zur Aufnahme von 15 Werten verwenden.

> Bei der Belegung von Arrays fängt die Nummer des ersten Speicherplatzes immer mit 0 an. Bei einem Array mit zwei Speicherplätzen greifen Sie auf den ersten Wert mit arrayname[0] und auf den zweiten Wert mit arrayname[1] zu.

Um den erforderlichen Speicherplatz für ein Array bereitzustellen, müssen Sie das reservierte Wort new verwenden.

Kundenliste=new Array(14);

In dem obigen Beispiel erstellen Sie mit dem Wort new eine Instanz des Objekts Array unter dem Namen Kundenliste. Gleichzeitig erfolgt die Bereitstellung von Speicherplatz für 15 Variableninhalte (der erste Speicherplatz hat den Zähler 0 und der letzte den Zähler 14). Sie können das

Array wie bei Variablen auch bereits bei seiner Definition mit Werten vorbelegen.

```
Einkaufsliste=new Array("Milch","Zucker","Mehl","Äpfel");
```

Wenn Sie allerdings zum Zeitpunkt der Deklaration des Arrays noch nicht wissen, welchen Speicherplatz Sie benötigen, dann können Sie das Array auch ohne reservierten Platz erstellen.

```
Kundenliste=new Array();
```

Um nun Werte in diesem noch leeren Array abzuspeichern, können Sie mit der Methode push des Objekts Array einen oder mehrere Werte einfügen. Beim Einfügen von mehreren Werten werden diese mit einem Komma getrennt hintereinander aufgeführt. Diese Methode wird leider nur vom Netscape Navigator unterstützt, sodass sich deren Verwendung nicht immer empfiehlt.

```
Kundenliste.push ("Müller","Schmidt","Otto");
```

Um die einseitige Unterstützung der Funktion push durch den Netscape Navigator zu umgehen, können Sie dem Array auch neue Werte direkt zuweisen, was zwar nicht ganz im Sinne der JavaScript-Spezifikation ist, aber auch ganz gut funktioniert.

Wenn Sie nun ermitteln wollen, wie viele Elemente ein Array enthält, dann können Sie auf die Eigenschaft length zurückgreifen. Mit dieser Eigenschaft des Objekts Array können Sie die Anzahl der in einem Array enthaltenen Werte ermitteln.

```
Anzahl=Kundenliste.length
```

Doch wie können Sie auf die Inhalte eines Arrays zugreifen? Nun, dazu müssen Sie wissen, was an welcher Stelle eines Arrays abgelegt wurde. Der Zugriff auf diese Stelle erfolgt mit der Angabe der entsprechenden Speicherstelle in eckigen Klammern.

```
Name=Kundenliste[1];
```

Beispiel:

In dem folgenden Beispiel wird ein Array mit dem Namen Kundenliste und Speicherplatz für zwei Werte (0,1) erstellt. Nach der Definition einer Funktion zum Aufzählen der Inhalte des Arrays wird mit Hilfe dieser Funktion der Inhalt des noch leeren Arrays ausgegeben. Anschließend wird das Array mit neuen Werten gefüllt und damit um zwei weitere Speicherplätze erhöht. Dann erfolgt wiederholt die Ausgabe der Inhalte des Arrays sowie mit Hilfe der Eigenschaft length die Ausgabe der neuen Größe des Arrays.

Das Beispiel ist auf der CD zum Buch enthalten.

```
<!DOCTYPE html PUBLIC "-//W3C//DTD XHTML 1.0
 Strict//EN">
<html xmlns=»http://www.w3.org/TR/xhtml1">
<head>
<title>Array ausgeben</title>
</head>
<body>
<script language="JavaScript">
   Kundenliste=new Array (1);
   function Aufzaehlen()
   {for (i=0;i<Kundenliste.length;++i)
      document.write(Kundenliste[i]+"<br>")
   }
   Aufzaehlen();
   Kundenliste[0]="Meier";
   Kundenliste[1]="Otto";
   Kundenliste[2]="Müller";
   Kundenliste[3]="Schmidt";
   Aufzaehlen();
   document.write (Kundenliste.length);
</script>
</body>
</html>
```

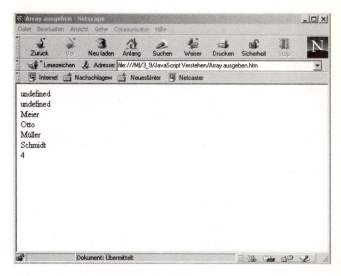

Abbildung 16.9: Die Ausgabe der Inhalte des Arrays

Operatoren

Operatoren sind reservierte Zeichen, die dafür sorgen, dass Sie mit den Werten von Variablen sinnvoll arbeiten können. Sicher stehen Ihnen in JavaScript wie in anderen Programmiersprachen auch zum Arbeiten mit Variablen verschiedene Funktionen zur Verfügung. Doch auch die Funktionen verlangen regelmäßig den Gebrauch von Operatoren, um z.B. Werte oder Anweisungen miteinander zu verbinden.

Prinzipiell sind für uns drei Arten von Operatoren interessant *logische*, *arithmetische* und *Vergleichsoperatoren*. Logische Operatoren dienen der logischen Verknüpfung von Wahrheitswerten. Arithmetische Operatoren, der Name sagt es schon, führen mit numerischen Werten mathematische Operationen aus. Vergleichsoperatoren führen Vergleiche zwischen zwei Werten aus. Dabei kann es sich um numerische Werte oder auch um Zeichenketten handeln.

Vergleichsoperatoren

Vergleichsoperatoren werden Ihnen in erster Linie bei der Ausführung von bedingten Anweisungen und bei der Überprüfung von Bedingungen für z.B. Schleifen begegnen. Mit ihrer Hilfe erfolgt die Überprüfung einer Bedingung auf ihren Wahrheitswert. Mit dem Erfüllen der Bedingung, was dem Wahrheitswert true entspricht, kann dann die Schleife betreten werden.

Operator	Beschreibung
==	gleich
!=	ungleich
<	kleiner
<=	kleiner gleich
=>	größer gleich
>	größer

Tabelle 16.1: Vergleichsoperatoren

Die folgenden Vergleiche demonstrieren die Funktionsweise eines Vergleichs und die entsprechenden Ergebnisse.

3 == 3 ergibt true

3 > 4 ergibt false

7 <= 4 ergibt false

"Müller" == "Müller" ergibt true

"Müller" == "Schmidt" ergibt false

Die beiden folgenden Beispiele verdeutlichen die Anwendung von Vergleichsoperatoren. Im ersten Listing wird verglichen, ob der Inhalt einer Variablen einer bestimmten Zeichenkette entspricht. Ergibt der Vergleich den Wahrheitswert true, so wird eine vorgegebene Anweisung ausgeführt. Das Ergebnis des zweiten Beispiels ist ebenfalls ein Wahrheitswert. Hier erfolgt der Vergleich, ob der Inhalt einer Variablen kleiner oder gleich dem eines numerischen Werts ist.

```
if (Name=="Müller" )
{alert("Auf Sie haben wir schon lange gewartet","");
}


if (Ergebnis <= 500)
{document.write("Bitte rechnen Sie noch einmal nach");
}
```

Logische Operatoren

Logische Operatoren finden oft bei der Überprüfung von bedingten Anweisungen oder in Schleifen Verwendung. Mit ihnen werden zu untersuchende Bedingungen miteinander verknüpft. Sie können mit logischen Operatoren auch bitweise Verknüpfungen durchführen, was aber bei den meisten Anwendungen in JavaScript eher seltener der Fall sein dürfte.

Operator	Beschreibung
&&	logisches AND (UND)
||	logisches OR (ODER)
!	logisches NOT (NICHT)

Tabelle 16.2: Logische Operatoren

Das Fallbeispiel zeigt die logische Verknüpfung zweier Bedingungen. In diesem Fall besteht die gesamte Bedingung aus zwei einzelnen Bedingungen. Die gesamte Bedingung ergibt erst dann den Wert true, wenn die Bedingung 1 (Variable1 < 25) und die Bedingung 2 (Variable2 == 10) zugleich erfüllt sind.

```
if(Variable1 < 25 && Variable2 == 10)
{ alert ("Sie können das Programm beenden");
}
```

Arithmetische Operatoren

Operator	Beschreibung
+	Addition
++	Addition des Werts einer Variablen mit 1
-	Subtraktion
--	Subtraktion vom Wert einer Variablen mit 1
*	Multiplikation
/	Division
%	Modulo-Division

Tabelle 16.3: Arithmetische Operatoren

Mit *arithmetischen Operatoren* können Sie mathematische Operationen mit mehreren Variablen ausführen. Die Schreibweise der entsprechenden Anweisung entspricht dabei der üblichen Formulierung einer Rechenaufgabe.

```
Ergebnis=Variable1 * Variable2;
```

Ein Ausnahme bilden hierbei die beiden Operatoren ++ und --. Mit ihnen erfolgt die Erhöhung bzw. Reduzierung des Werts einer Variablen um den Wert 1.

```
Variable++
```

Diese verkürzte Schreibweise findet oft in Zählschleifen Verwendung, bei denen mit jedem Durchlauf die Zählvariable um den Wert 1 erhöht wird.

```
for (i=10;i>5;i++)
   {document.writeln ("<br>i="+i);
   }
```

Kontrollstrukturen

Mit *Kontrollstrukturen* sind Sie in der Lage, die Ausführung von Anweisungen von der Erfüllung einer oder mehrerer Bedingungen abhängig zu machen. Eine Kontrollstruktur kann aus einer *Schleife* oder einer Abfrage bestehen. Es existieren in JavaScript Schleifentypen für verschiedene Aufgabengebiete. Das Funktionsprinzip einer *Schleife* ist folgendermaßen: Eine Schleife besteht aus einem *Schleifenkopf* und einem *Schleifenfuß*, dazwischen befinden sich eine oder mehrere Anweisungen. Der Code innerhalb der Schleife wird in Abhängigkeit von einer Bedingung ständig wiederholt. Die Schleife kann nur betreten oder verlassen werden, wenn die Schleifenbedingung erfüllt wird. Das Ergebnis der Überprüfung der Bedingung ist immer ein Wahrheitswert, die Bedingung entspricht also entweder dem Wert true (wahr) oder false (falsch). Als Bedingung wird in der Regel ein Zähler ausgewertet, der während des Durchlaufs inkrementiert oder dekrementiert wird, oder es wird ein Programmzustand überprüft und mit einem bestimmten Wert oder Zustand verglichen.

Vor dem Einsatz einer Programmschleife ist es unerlässlich, den möglichen Verlauf der Schleife genau zu überprüfen. Die Schleife kann nur verlassen werden, wenn die Bedingung der Schleife auch erfüllt werden kann. In dem Fall, dass aufgrund einer ungenügenden Programmanalyse dieser Zustand nicht erreicht wird, spricht man von einer *endlosen Schleife*. Das hat zur Folge, dass das Programm diese Schleife unendlich lange ausführt und nicht mehr ansprechbar ist, was mit dem Zustand eines Programmabsturzes gleichzusetzen ist.

Wenn der eben beschriebene Zustand bei Ihnen eintritt, brauchen Sie nicht in Panik zu verfallen. Um das Programm unter Windows trotzdem beenden zu können, betätigen Sie die Tasten [Alt], [Strg] und [Entf] (Affengriff). Anschließend erscheint der Task-Manager, in dem der hängende Prozess mit dem Status »keine Rückmeldung« gekennzeichnet wird. Mit dem Betätigen der Schaltfläche *Task* beenden wird der Prozess beendet und der Browser geschlossen. Anschließend können Sie die HTML-Datei erneut im Editor öffnen und den Fehler korrigieren.

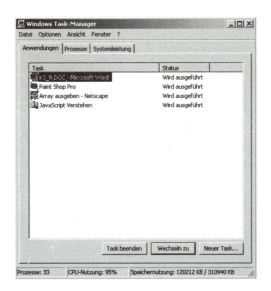

Abbildung 16.10: Der Task-Manager unter Windows 2000

In JavaScript stehen Ihnen drei verschiedene Schleifenarten zur Verfügung. Jede dieser Schleifen verfügt über eine eigene Charakteristik und ist für unterschiedliche Einsatzzwecke geeignet.

Schleifenart	Beschreibung
while	Führt Anweisungen innerhalb der Schleife aus, solange eine Bedingung erfüllt ist. Die Bedingung wird vor jedem Durchlauf überprüft.
for	Führt Anweisungen in Abhängigkeit einer Zählvariablen aus. Der Zustand der Zählvariablen wird vor jedem Durchlauf überprüft.
do	Führt Anweisungen innerhalb der Schleife aus, solange eine Bedingung erfüllt ist. Die Bedingung wird nach jedem Durchlauf überprüft.

Tabelle 16.4: Schleifenarten in JavaScript

Die while-Schleife

Mit dieser Schleifenart wird eine Reihe von Anweisungen solange wiederholt, wie die Überprüfung einer Bedingung dem Wert true entspricht. Die Überprüfung der Bedingung wird vor jedem Durchlauf der Schleife vorgenommen. Das bedeutet, dass die Schleife bei Nichterfüllung der Bedingung nicht ausgeführt wird. Nach dem Erfüllen der Bedingung wird die Schleife beendet.

Die Anzahl der Wiederholungen der Schleife kann während des Programmablaufs gesteuert werden. So ist z.B. innerhalb der Schleife die Überwachung eines Programmzustands denkbar. Dieser Zustand kann dann als Bedingung für die Wiederholung der Schleife verwendet werden.

Bei dieser Schleifenart besteht die Gefahr einer Nichterfüllung der Bedingung zum Beenden der Schleife. Eine vorherige Überprüfung aller möglichen Programmzustände kann Ihnen viel Ärger ersparen.

Syntax:

```
while (Bedingung)
{ Anweisungen, solange die Bedingung erfüllt wird
}
```

Beispiel:

Zu Beginn des Programms erfolgt die Definition der Variablen i mit dem Wert 0. Anschließend wird die Schleife so lange ausgeführt, bis die Variable i einen Wert größer als 5 erreicht. Das Inkrementieren der Variablen erfolgt nicht automatisch, sondern wird mit der Anweisung i++ erledigt. In der Schleife wird der Wert von i auf dem Bildschirm ausgegeben. Nach dem Verlassen der Schleife erscheint auf dem Bildschirm eine entsprechende Meldung.

Das Beispiel ist auf der CD zum Buch enthalten.

Abbildung 16.11: Das Ergebnis des Programms

```
<!DOCTYPE html PUBLIC "-//W3C//DTD XHTML 1.0
 Strict//EN">
<html xmlns=»http://www.w3.org/TR/xhtml1">
<head>
<title>While</title>
<script language="JavaScript">
<!-
   var i=0;
   while (i<=5)
   {document.writeln ("<br>i="+i);
   i++;
   }
```

```
            document.write ("<br>Die Schleife wurde beendet");
//-->
</script>
</head>
<body>
</body>
</html>
```

Die do-Schleife

Diese Schleife unterscheidet sich von der while-Schleife lediglich durch den Zeitpunkt der Überprüfung der Bedingung. Diesmal erfolgt die Überprüfung am Ende eines jeden Durchlaufs. Das bedeutet, dass die Schleife mindestens einmal ausgeführt wird. Damit können Sie z.B. den Benutzer der Seite so lange eine Abfrage durchlaufen lassen, bis ein gewünschtes Ergebnis erreicht wurde.

Syntax:

```
do
{ Anweisungen, solange die Bedingung erfüllt wird
}
While (Bedingung)
```

Beispiel:

Während jeder Wiederholung der Schleife erscheint ein Eingabefenster, dessen Text den Benutzer zur Eingabe des Buchstabens y auffordert. Die Schleife wird solange wiederholt, wie die Eingabe ungleich des Buchstabens y ist. Durch die Überprüfung der Abbruchbedingung am Ende der Schleife wird diese mindestens einmal durchlaufen und der Benutzer ist gezwungen, mindestens eine Eingabe in das Eingabefenster zu tätigen.

Das Beispiel ist auf der CD zum Buch enthalten.

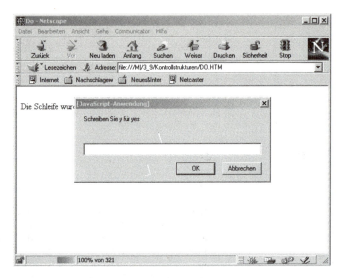

Abbildung 16.12: Mit dieser Schleife ist mindestens ein Durchlauf sichergestellt

```
<!DOCTYPE html PUBLIC "-//W3C//DTD XHTML 1.0
 Strict//EN">
<html xmlns=»http://www.w3.org/TR/xhtml1">
<head>
<title>Do</title>
<script language="JavaScript">
<!-
   do
   {input=window.prompt("Schreiben Sie y für yes","");
   }
   while(input!="y")
   document.write ("<br>Die Schleife wurde beendet");
```

```
//-->
</script>
</head>
<body>
</body>
</html>
```

Die for-Schleife (Zählerschleife)

Während sich die bisherigen Schleifen z.B. zum Überwachen eines Zustands eigneten und die Anzahl ihrer Wiederholung sich erst während des Programmablaufs ergeben kann, ist die for-Schleife für eine festgelegte Anzahl von Wiederholungen ausgelegt. Die Überprüfung der Bedingung erfolgt hier immer im Schleifenkopf. Als Bedingung wird das Erreichen eines bestimmten Werts einer Zählvariablen verwendet. Die Inkrementierung oder Dekrementierung der Zählvariablen erfolgt diesmal automatisch mit jeder Wiederholung der Schleife.

Diese Schleifenart ist sehr sicher, da hier die Bedingung zum Beenden der Schleife im Schleifenkopf fest definiert wird.

Der Aufbau dieser Schleife unterscheidet sich wesentlich von den beiden bisherigen Schleifentypen. Diesmal erfolgt im Schleifenkopf die Deklaration einer Zählvariablen mit ihrem Anfangswert. Anschließend folgt die Abbruchbedingung und am Ende die Anweisung zur Aktualisierung der Zählvariablen. Die Aktualisierung der Zählvariablen kann als Dekrement (abwärtszählend) oder auch als Inkrement (aufwärtszählend) erfolgen.

Syntax:

```
for (Zählvariable;Bedingung;Zähleraktualisierung)
{ Anweisungen, solange die Bedingung erfüllt wird
}
```

Ausdruck	Beschreibung
i++	Die Variable wird um 1 erhöht
i=i+5	Die Variable wird um 5 erhöht
i-	Die Variable wird um 1 zurückgezählt
i=i-1	Die Variable wird um 1 zurückgezählt

Tabelle 16.5: Verschiedene Möglichkeiten zum Umgang mit der Zählvariablen

Beispiel:

Hier erfolgt der Aufbau einer typischen Zählerschleife mit dem Anfangswert 10. Die Schleife kann erst verlassen werden, wenn die Zählvariable einen Wert kleiner als 5 erreicht hat. Mit jeder Wiederholung der Schleife wird der Wert der Variablen um 2 zurückgezählt. In der Schleife erfolgt die Ausgabe des aktuellen Variablenwerts auf dem Bildschirm.

Das Beispiel ist auf der CD zum Buch enthalten.

```
<!DOCTYPE html PUBLIC "-//W3C//DTD XHTML 1.0
Strict//EN">
<html xmlns=»http://www.w3.org/TR/xhtml1">
<head>
<title>For</title>
<script language="JavaScript">
<!-
    for (i=10;i>5;i=i-2)
    {document.writeln ("<br>i="+i);
    }
    document.write ("<br>Die Schleife wurde beendet");
```

```
//-->
</script>
</head>
<body>
</body>
</html>
```

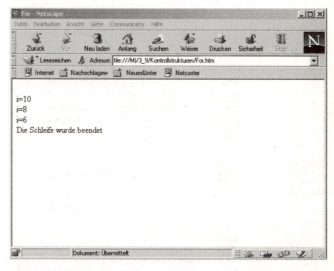

Abbildung 16.13: Der Wert der Zählvariablen wurde mit jedem Durchlauf verringert

Bedingte Anweisungen

Mit einer *bedingten Anweisung* wird ein Programmabschnitt nur dann ausgeführt, wenn eine bestimmte Bedingung erfüllt ist. Bedingte Anweisungen werden z.B. bei Passwortabfragen benötigt oder wenn ein bestimmter Programmabschnitt nur dann ausgeführt werden soll, wenn der Benutzer verschiedene Aktionen, z.B. ein bestimmtes Element auszuwählen, vollständig ausgeführt hat. Die Bedingung muss dabei einen Wahrheitswert ergeben. Die Überprüfung der Bedingung findet in diesem Fall mit Hilfe eines Vergleichsoperators statt.

Das folgende Beispiel zeigt die Grundstruktur einer einfachen if-Abfrage. Bei dieser Abfrage wird bei Erfüllung der Bedingung nur der Programmcode innerhalb der geschweiften Klammern ausgeführt. Wenn nur eine Anweisung ausgeführt werden soll, dann kann die geschweifte Klammer entfallen.

```
if (Bedingung)
{ Anweisungen, wenn Bedingung wahr ist
}
```

Alternativ zum ersten Beispiel können Sie mit Hilfe des reservierten Worts else auch Code angeben, der im Falle der Nichterfüllung der Bedingung ausgeführt wird:

```
if (Bedingung)
{Anweisungen, wenn Bedingung wahr ist
}
else
{Anweisungen, wenn Bedingung falsch ist
}
```

Beispiel:

Im folgenden Listing wird der Besucher der Seite aufgefordert, eine Zahl, die kleiner als 5 ist, in ein Eingabefenster einzugeben. Die Eingabe des Besuchers wird in der Variablen input gespeichert und anschließend mit einer Bedingung überprüft (if input<=5). Ist die eingegebene Zahl kleiner oder gleich 5, also die Bedingung wahr, wird ein Meldungsfenster mit der eingegebenen Zahl ausgegeben. Erweist sich die Bedingung bei der Überprüfung als falsch, so wird ein entsprechender Text im Dokument ausgegeben und anschließend die Hintergrundfarbe des Dokuments von Weiß in Rot geändert.

Das Beispiel ist auf der CD zum Buch enthalten.

```html
<!DOCTYPE html PUBLIC "-//W3C//DTD XHTML 1.0
 Strict//EN">
<html xmlns=»http://www.w3.org/TR/xhtml1">
<head>
<title>If</title>
<script language="JavaScript">
<!-
   var input
   input=window.prompt("Bitte geben Sie eine Zahl kleiner als 5
   ein","");
   if(input<=5)
   { alert("Die Zahl ist " + input);
   }
   else
   {document.write ("Ihre Eingabe ist falsch");
   document.bgColor="ff0000";
}
//->
</script>
</head>
<body>
</body>
</html>
```

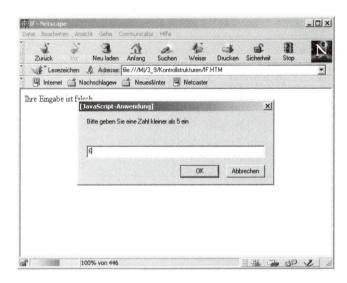

Abbildung 16.14: Die if...then ...else...-Abfage in JavaScript

Vereinfachte Abfragen

Mit einer if-Abfrage sind Sie in der Lage, alle notwendigen Abfragen zum Untersuchen einer Bedingung durchzuführen. Wer bereits Erfahrungen in einer Programmiersprache wie C++ gesammelt hat, der wird sicher eine Alternative zu dieser Abfrageart vermissen. Kein Problem, JavaScript bietet ebenfalls eine vereinfachte Schreibweise zur schnelleren Formulierung einer einfachen Abfrage an. Dabei erfolgt die direkte Übergabe des Ergebnisses eines Vergleichs an eine Variable.

Syntax:

Ergebnis = (Bedingung) ? Wert, wenn ja : Wert, wenn nein

Am Anfang einer solchen Formulierung steht immer eine Variable, die das Ergebnis einer Bedingung aufnimmt. Nach der Bedingung folgt ein Fragezeichen, anschließend der zu übergebende Wert, falls die Bedingung zutrifft, und abschließend, durch einen Doppelpunkt getrennt, ein alternativer Wert für den Fall, dass die Bedingung nicht zutrifft.

Beispiel:

Als Bedingung erfolgt der Vergleich, ob das Textfeld mit dem Namen Eingabe als Wert eine leere Zeichenkette enthält (z.B. keine Eingabe). Trifft die Bedingung zu, das Element enthält also eine leere Zeichenkette, dann erhält die Variable check den Wert false. Im anderen Fall, das Element enthält also keine leere Zeichenkette, wird der Variablen check der Wert true übergeben.

```
var check=(document.Formular1.Eingabe.value=="")?false :
true;
```

Fallunterscheidungen

Im letzten Abschnitt haben Sie gelernt, mit bedingten Anweisungen den weiteren Verlauf des Programms von einer bestimmten Bedingung oder einem Zustand abhängig zu machen. Was aber, wenn es notwendig ist, mehrere Zustände oder Bedingungen auszuwerten? Rein theoretisch können Sie dies mit einer Verschachtelung einer if-Abfrage erledigen. Praktisch gesehen werden Sie dann aber bald die Übersicht verlieren. Was in dem Fall weiterhilft, ist eine *Fallunterscheidung* mit der Anweisung switch.

Die Fallunterscheidung wird mit der Übergabe der auszuwertenden Variablen an die Anweisung switch eingeleitet. Anschließend erfolgt mit der Anweisung case der Vergleich des Variableninhalts mit bestimmten Werten. Ergibt der Vergleich eine Übereinstimmung, so werden die nachfolgend angegebenen Anweisungen ausgeführt. Falls am Ende der Anweisungen ein weiterer Vergleich mit case aufgeführt ist, wird das Programm dort fortgesetzt. Wenn Sie nach einem erfolgreichen Vergleich und der Ausführung der dazugehörigen Anweisung die Fallunterscheidung beenden wollen, so können Sie die Anweisung break einsetzen. Mit der Anweisung default sind Sie in der Lage, auch dann eine Anweisung ausführen zu lassen, wenn kein Vergleich ein positives Ergebnis ergab.

Syntax:

```
switch (Variable)
{
case Wert1:
    Anweisung
```

```
    break;
case Wert2:
    Anweisung
    break;
case Wert3:
    ...
}
```

Beispiel:

Zu Beginn des Programms wird der Benutzer mit einem Eingabefenster zur Eingabe einer Zahl zwischen 1 und 3 aufgefordert. Ergibt ein Vergleich ein gültiges Ergebnis, so wird die entsprechende Anweisung ausgeführt und anschließend das Programm verlassen. Gibt der Benutzer eine abweichende Zahl ein, dann wird er mit der letzten Anweisung des Programms darauf hingewiesen.

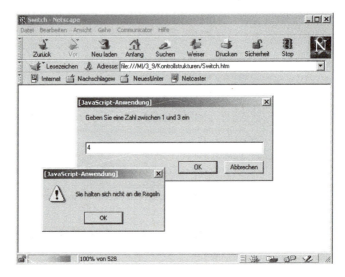

Abbildung 16.15: Die Auswertung des Eingabefensters erfolgt mit einer Fallunterscheidung

Das Beispiel ist auf der CD zum Buch enthalten.

```
<!DOCTYPE html PUBLIC "-//W3C//DTD XHTML 1.0
 Strict//EN">
<html xmlns=»http://www.w3.org/TR/xhtml1">
<head>
<title>Switch</title>
<script language="JavaScript">
<!-
input= window.prompt("Geben Sie eine Zahl zwischen 1
 und 3 ein","");
   switch(input)
   {
   case "1":
       alert("Ihre Eingabe war die Zahl "+input);
       break;
    case "2":
       alert("Immer schön in der Mitte bleiben");
       break;
    case "3":
       alert("Mehr geht leider nicht");
       break;
    default:
        alert ("Sie halten sich nicht an die Regeln");
}
// ->
</script>
```

```
</head>
<body>
</body>
</html>
```

Arbeiten mit Ereignissen (Events)

Das Arbeiten mit *Ereignissen* erfordert im Prinzip lediglich die Kenntnis, wann und wo sie auftreten. Mit der Zuordnung eines Ereignisses zu einem Element kann mit seiner Hilfe beim Eintreten des Ereignisses der dazu angegebene Code ausgeführt werden. Mit dem Code können Sie eine JavaScript-Anweisung oder auch eine benutzerdefinierte Funktion aufrufen.

Das hört sich ganz einfach an, hat aber wieder einmal einen kleinen und bedeutenden Haken: Der Internet Explorer unterstützt mehr Ereignisse und ermöglicht deren Einsatz in wesentlich mehr Elementen als der Netscape Navigator. Da, wo ein Ereignis im Explorer in fast allen Elementen einer Webseite einsetzbar ist, beschränkt sich der Einsatz beim Netscape Navigator oft nur auf zwei bis drei Elemente. Das betrifft vor allem die Mausereignisse, die der Netscape Navigator nicht im gleichen Maße auswerten kann.

Zum Definieren eines Ereignisses in Zusammenhang mit einem HTML-Tag ist es lediglich erforderlich, das Ereignis als Attribut nach dem Element anzugeben.

Syntax:

```
<Element Ereignis=»JavaScript Code«>
```

Beispiel:

In dem Beispiel sehen Sie die Zuordnung eines Ereignisses zu einer Schaltfläche. Das hier genannte Ereignis onClick tritt mit dem Betätigen der Schaltfläche ein und ruft die ihm zugeordnete Funktion auf.

```
<input type="button" value="Calculate"
onClick="funktion_rechne()">
```

onAbort (bei Abbruch)

Mit dem Ereignis onAbort können Sie mit der Schaltfläche *Stop* auf eine Unterbrechung des Ladevorgangs durch den Benutzer reagieren. Dieses Ereignis ist zur Anwendung im Zusammenhang mit dem Tag <img> gedacht. Damit können Sie z.B. den Benutzer mit Hilfe eines Meldungsfensters darauf hinweisen, dass durch die Unterbrechung des Ladevorgangs noch nicht alle Grafiken vollständig geladen wurden. Dies kann besonders bei HTML-Seiten sinnvoll sein, in denen eine große Anzahl von Grafiken als Verweis verwendet wird.

Einsetzbar bei:

Grafiken

Beispiel:
In dem Beispiel erfolgt beim Eintreten des Ereignisses onAbort die Anzeige eines Meldungsfensters, das den Benutzer auf das Fehlen der Grafik hinweist.

```
<!DOCTYPE html PUBLIC "-//W3C//DTD XHTML 1.0

 Strict//EN">

<html xmlns=»http://www.w3.org/TR/xhtml1">

<head>

<title>Titel</title>

</head>

<body>

   <img src="bild.jpg" onAbort="alert("Es sind noch nicht alle

   Grafiken vollständig geladen")">

</body>

</html>
```

onBlur (beim Verlassen)

Das Ereignis tritt ein, wenn der Benutzer ein zuvor selektiertes Element wieder verlässt. Das Verlassen eines Elements kann mit einem Tabulatorschritt oder auch einem Mausklick auf ein anderes Element erfolgen. Als Anwendungsfall wäre hier die Überprüfung der Gültigkeit einer Eingabe in ein Textfeld möglich. Anschließend könnten Sie den Benutzer auf eine eventuell unvollständige Eingabe hinweisen oder eine andere Aktion ausführen lassen. Dieser Anwendungsfall ist besonders für das Arbeiten mit Formularen in HTML-Dateien interessant.

Einsetzbar bei:

Fenstern, Frames und allen Elementen eines Formulars

Beispiel:

Innerhalb der Funktion PruefeEingabe() erfolgt die Überprüfung der Länge des Inhalts eines Eingabefelds. Der Aufruf der Funktion erfolgt mit dem Eintreten des Ereignisses onBlur, also beim Verlassen des Eingabefeldes. Statt mit der Funktion ein bestimmtes Element zu überprüfen, wird der Funktion mit this eine Referenz auf ein Element übergeben, sodass sie universell für mehrere Eingabefelder verwendet werden kann.

Das Beispiel ist auf der CD zum Buch enthalten.

```
<!DOCTYPE html PUBLIC "-//W3C//DTD XHTML 1.0
 Strict//EN">
<html xmlns=»http://www.w3.org/TR/xhtml1">
<head>
<title>OnBlur</title>
</head>
<body>
   <form name="Formular1">
      Code: <input type="text" name="Eingabe"
      onBlur="PruefeEingabe(this.value)">
   </form>
</body>
```

```
<script language="JavaScript">
   function PruefeEingabe(feld)
   {if (feld.length < 6)
      {alert ("Die Eingabe muss mindestens 6 Zeichen lang sein!")
      }
   }
</script>
</html>
```

Abbildung 16.16: Überprüfung einer Eingabe mit onBlur

onChange (bei Änderung)

Das Ereignis onChange eignet sich zum Überwachen von Eingabeelementen. Es tritt ein, sobald sich der Inhalt eines Textfelds oder einer Auswahlliste ändert. Mit diesem Ereignis können Sie z.B. den Benutzer auf Änderungen von Formularinhalten aufmerksam machen oder eine Überprüfung des Feldinhalts durchführen.

Einsetzbar bei:

Eingabefeldern, Auswahllisten

Beispiel:

Die Webseite enthält ein Formular mit einem einzeiligen Textfeld. Das Textfeld beinhaltet eine vordefinierte Zeichenkette, welche mit dem Attribut value vorgegeben wurde. Sobald der Inhalt des Textfelds geändert wird, erscheint ein Meldungsfenster, welches den neuen Inhalt des Textfelds anzeigt.

Das Beispiel ist auf der CD zum Buch enthalten.

```
<!DOCTYPE html PUBLIC "-//W3C//DTD XHTML 1.0
 Strict//EN">
<html xmlns=»http://www.w3.org/TR/xhtml1">
<head>
<title>OnChange</title>
</head>
<body>
<form name="Test">
   Eingabe: <input type="text" name="Eingabe"
   value="253668"
   onChange="alert(this.value)">
</body>
</html>
```

onClick, onDblClick

Die beiden Ereignisse onClick und onDblClick unterstützen die gleichen Elemente. Sie treten mit dem Betätigen einer Maustaste, also einem einfachen oder einem Doppelklick, über eines der unterstützten Elemente auf. Dabei ist es unerheblich, ob es sich um einen einfachen Mausklick oder einen Doppelklick handelt. Während sich Ereignisse wie onBlur und onChange eher zum Überwachen von Benutzereingaben eignen, bieten sich diese beiden Ereignisse zum Auslösen von Aktionen des Benutzers mit Hilfe der unterstützten Elemente an.

Unterstützt folgende Elemente:

Dokumente, Schaltflächen, Checkboxen, Radiobuttons, Verweise, Reset- und Submit-Schaltflächen

Beispiel:

Die Webseite enthält ein Formular mit einem Eingabefeld und einer Schaltfläche. Der Benutzer kann eigene Werte in das Eingabefeld eintragen oder mit Hilfe der Schaltfläche, deren Betätigung das Ereignis onClick auslöst, voreingestellte Werte in das Feld übernehmen.

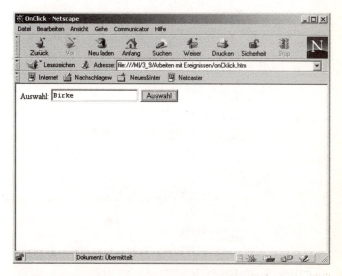

Abbildung 16.17: Eine automatisierte Auswahl mit onClick

Mit dem Auslösen von onClick erfolgt der Aufruf der Funktion naechsterBaum(). Mit Hilfe der Zählvariablen i erfolgt innerhalb der

Funktion der Zugriff auf die Werte des Arrays Baumliste, welches die voreingestellten Werte, in diesem Fall die Namen verschiedener Baumarten, enthält. Mit Hilfe der Anweisung document.Formular1.Baum.value=Baumliste[i]; wird anschließend jeweils ein Wert des Arrays in das Textfeld eingetragen. Dabei wird mit Hilfe des Objekts document auf das in der HTML-Datei enthaltene Formular Formular1 und dessen Textfeld Baum zugegriffen und mit der Eigenschaft Value der Inhalt des Eingabefelds verändert.

Das Beispiel ist auf der CD zum Buch enthalten.

```
<!DOCTYPE html PUBLIC "-//W3C//DTD XHTML 1.0
 Strict//EN">
<html xmlns=»http://www.w3.org/TR/xhtml1">
<head>
<title>OnClick</title>
</head>
<body>
 <form name="Formular1">
    Auswahl: <input type="text" name="Baum">
    <input type="button" value="Auswahl"
    onClick="naechsterBaum()">
</body>
<script language="JavaScript">
   var i=0;
   Baumliste=new
   Array("Eiche","Erle","Kastanie","Birke");
   function naechsterBaum()
   {document.Formular1.Baum.value=Baumliste[i];
   i++
```

```
                if (i==Baumliste.length)
                    {i=0
                    }
                }
        </script>
    </html>
```

onFocus (beim Aktivieren)

Mit dem Anklicken oder Aktivieren eines Elements tritt das Ereignis onFocus ein. Für den Benutzer wird dieser Zustand sichtbar, indem entweder der Cursor in dem Element sichtbar wird (z.B. Textfelder), das Element eine Schattierung bzw. einen neuen Rahmen erhält oder eine andere Hintergrundfarbe eingesetzt wird. Deshalb wird dieses Ereignis oft mit onClick verwechselt. Das Aktivieren eines Elements kann sowohl durch Anklicken mit der Maus als auch durch Aktivieren des Elements über die ⇥-Taste geschehen.

Unterstützt folgende Elemente:

Fenster, Frames und Elemente eines Formulars

Beispiel:

In dem Formular befinden sich zwei Eingabefelder mit einem vorgegebenen Inhalt. Beim Aktivieren der Eingabefelder wird mit Hilfe des Ereignisses onFocus der Inhalt der Eingabefelder gelöscht und damit automatisch Platz für eine neue Eingabe geschaffen.

Das Beispiel ist auf der CD zum Buch enthalten.

```
<!DOCTYPE html PUBLIC "-//W3C//DTD XHTML 1.0
 Strict//EN">
<html xmlns=»http://www.w3.org/TR/xhtml1">
<head>
```

```html
<title>onFocus</title>
</head>
<body>
<form name="Formular1">
    <input type="text" name="Feld1" value="Milch"
    onFocus="this.value=''"><br>
    <input type="text" name="Feld2" value="Butter"
    onFocus="this.value=''"><br>
</form>
</body>
</html>
```

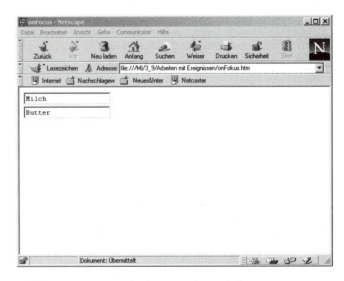

Abbildung 16.18: Das Ereignis onFocus in JavaScript

onLoad (beim Laden einer Datei)

Dieses Ereignis tritt beim erfolgreichen Öffnen einer HTML-Datei ein. Hier können Sie auf die Navigation zu der aktuellen Seite reagieren und z.B. ein weiteres Fenster mit zusätzlichen Informationen oder Links zu dem Thema der aktuellen Seite anzeigen. Sie können dieses Ereignis auch nutzen, um die Browserversion des Benutzers zu ermitteln und ihn gegebenenfalls darauf hinzuweisen, dass die von Ihnen verwendeten JavaScript-Befehle eine neuere Version erfordern.

Unterstützt folgende Elemente:

Dokumente, Frames

Beispiel:

Hier wird beim Öffnen der Datei die Funktion Willkommen ausgeführt, mit der ein Meldungsfenster angezeigt wird. Die Definition des Ereignisses finden Sie in dem Tag <body> wieder, wo auf das Öffnen der Seite reagiert werden kann.

Das Beispiel ist auf der CD zum Buch enthalten.

```
<!DOCTYPE html PUBLIC "-//W3C//DTD XHTML 1.0
 Strict//EN">
<html xmlns=»http://www.w3.org/TR/xhtml1">
<head>
<title>onLoad</title>
</head>
<body onLoad="Willkommen()">
</body>
<script language="JavaScript">
function Willkommen()
   {alert("Herzlich willkommen");
   }
</script>
</html>
```

onMouseout (beim Verlassen des Elements mit der Maus)

Das Ereignis wird beim Verlassen eines Elements mit der Maus ausgelöst. Sie benötigen es meistens in Verbindung mit dem Ereignis onMouseover, wenn die damit veränderten Zustände von Elementen wieder aktualisiert werden sollen.

Unterstützt folgende Elemente:

Schaltflächen, Textbereiche, Verweise und Layer

Beispiel:

In diesem Beispiel enthält die HTML-Datei eine Überschrift. Mit Hilfe von document.all.innerText erfolgt das dynamische Austauschen der Schrift beim Überfahren mit der Maus. Beim Verlassen des Textbereichs wird mit dem Eintreten des Ereignisses onMouseout die Änderung wieder rückgängig gemacht.

Das Beispiel ist auf der CD zum Buch enthalten.

```
<!DOCTYPE html PUBLIC "-//W3C//DTD XHTML 1.0
 Strict//EN">
<html xmlns=»http://www.w3.org/TR/xhtml1">
<head>
<title>onMouseout</title>
</head>
<body>
<h1 id="Test"
   onMouseover="document.all.Test.innerText='Verlassen
   Sie mich!'"
 onMouseout="document.all.Test.innerText='Ber&uuml;hren
 Sie mich!'">
   Ber&uuml;hren Sie mich!
```

```
</h1>
</body>
</html>
```

onMouseover (beim Überfahren des Elements mit der Maus)

Das Ereignis tritt ein, wenn der Anwender die Maus über ein Element bewegt, unabhängig davon, ob die Maustaste gedrückt ist oder nicht. Bisher war die Nutzung dieses Ereignisses nicht in Zusammenhang mit HTML-Tags möglich. Die neueren Versionen des Internet Explorers und Netscape Navigators sind jedoch in der Lage, das Ereignis richtig zu interpretieren.

Unterstützt folgende Elemente:

Layer und Verweise

Beispiel:

Hier erfolgte die Definition des Ereignisses in Zusammenhang mit einem Verweis. Beim Bewegen des Mauszeigers über den Bereich des Verweises erscheint ein entsprechender Text in der Statusleiste des Browsers. Wenn Sie dieses Beispiel auf der eigenen Webseite verwenden, dann beachten Sie, dass nach dem Verlassen des Elements der Text in der Statusleiste stehen bleibt. Um den Text aus der Statusleiste zu entfernen, können Sie auf das Ereignis onMousover zurückgreifen.

Das Beispiel ist auf der CD zum Buch enthalten.

```
<!DOCTYPE html PUBLIC "-//W3C//DTD XHTML 1.0
 Strict//EN">
<html xmlns=»http://www.w3.org/TR/xhtml1">
<head>
<title>onMouseover</title>
</head>
<body>
```

```
    <a href="home.htm"
    onMouseover="window.status='Zurück zur
    Startseite'">Home</a>
</body>
</html>
```

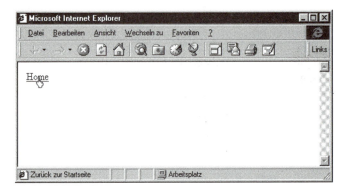

Abbildung 16.19: Die Statusleiste beim Bewegen der Maus

onReset (beim Zurücksetzen des Formulars)

Dieses Ereignis tritt ein, wenn der Anwender Eingaben in einem Formular verwerfen will. Dazu werden alle Elemente eines Formulars unterstützt, also ein- und mehrzellige Eingabefelder, Auswahllisten und Checkboxen. Das Ereignis eignet sich z.B. zur Durchführung einer Sicherheitsüberprüfung, wenn der Benutzer mit der Schaltfläche *Zurücksetzen* eine bereits erfolgte Eingabe verwerfen will.

Unterstützt folgende Elemente:

Formulare

Beispiel:

Das Formular enthält zwei Eingabefelder sowie die üblichen Schaltflächen zum Zurücksetzen und Absenden der vorgenommenen Eingaben. Zusätzlich existiert die Funktion pruefen, in der mit Hilfe der Anweisung window.confirm ein Meldungsfenster mit den beiden Schaltflächen *OK* und *Abbrechen* angezeigt wird. Die Anweisung für das Meldungsfenster gibt einen Wert zurück, der dem Status einer der beiden betätigten Schaltflächen entspricht. Dieser Rückgabewert wird in der Variablen res entgegengenommen und mit der Funktion pruefen zurückgegeben. Das Formular fragt diesen Rückgabewert mit onReset="return pruefen()" ab und führt eine Aktion der Schaltfläche reset nur dann aus, wenn in dem Abfragefenster die Taste *OK* betätigt wurde.

Das Beispiel ist auf der CD zum Buch enthalten.

```
<!DOCTYPE html PUBLIC "-//W3C//DTD XHTML 1.0
 Strict//EN">
<html xmlns=»http://www.w3.org/TR/xhtml1">
<head>
<title>onReset</title>
</head>
<script language="JavaScript">
   function pruefen()
   {
    res=window.confirm("Wollen Sie alle Eingaben
    l&ouml;schen?");
    return res;
   }
</script>
<body>
<form name="Formular1" onReset="return pruefen()">
   Name : <input type="text" name="Name"><br>
   Alter: <input type="text" name="Alter"><br>
```

```
    <input type="reset">
    <input type="submit">
</form>
</body>
</html>
```

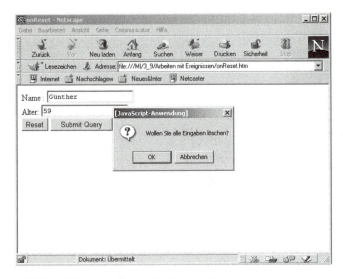

Abbildung 16.20: Die Sicherheitsabfrage mit onReset

onSubmit (beim Absenden des Formulars)

Das Ereignis tritt ein, wenn der Anwender die Daten eines Formulars absendet. Mit diesem Ereignis können Sie z.B. das Absenden der Formulardaten kommentieren oder auch eine Sicherheitsüberprüfung durchführen. Sie können auch das Auftreten des Ereignisses in einer globalen Variablen speichern. Mit der Auswertung der Variablen bei jedem Auftreten des Ereignisses kann der Benutzer an einem versehentlich wiederholten Absenden der Formulardaten gehindert werden.

Wenn Sie wie im Beispiel des Ereignisses onReset den Rückgabewert der Prüffunktion mit return abfragen, können Sie so das Absenden unvollständiger Daten verhindern.

Unterstützt folgende Elemente:

Formulare

Beispiel:

Das Beispiel enthält ein einfaches Formular mit einer Schaltfläche zum Absenden der Formulardaten. Im Kopf des Formularbereichs sehen Sie die Definition des Ereignisses onSubmit, dem die Funktion Meldung zugeordnet ist. Mit dem Absenden der Daten erfolgt das Auslösen des Ereignisses onSubmit und damit der Aufruf der Funktion, die ein Meldungsfenster ausgibt.

Das Beispiel ist auf der CD zum Buch enthalten.

```
<!DOCTYPE html PUBLIC "-//W3C//DTD XHTML 1.0
 Strict//EN">
<html xmlns=»http://www.w3.org/TR/xhtml1">
<head>
<title>onSubmit</title>
</head>
<script language="JavaScript">
function Meldung()
   {alert("Ihre Daten wurden abgesendet");
   }
</script>
<body>
<form name="Formular1" onSubmit="Meldung()">
   Name : <input name="Name"><br>
   Alter: <input name="Alter"><br>
```

```
<input type="submit" >
</form>
</body>
</html>
```

Abbildung 16.21: Das Ereignis onSubmit

onUnload (beim Verlassen der Datei)

Das Ereignis tritt ein, wenn eine HTML-Datei verlassen wird.

Unterstützt folgende Elemente:

Dokumente, Frames

Beispiel:

In diesem Beispiel sehen Sie eine HTML-Datei, die lediglich aus einem Grundgerüst und einer einzigen JavaScript-Funktion besteht. Im Body-

Bereich finden Sie die Definition des Ereignisses onUnload, welches beim Verlassen der Seite aktiviert wird. Mit dem Ereignis ist die Funktion Wiedersehen verknüpft, die ein Meldungsfenster ausgibt.

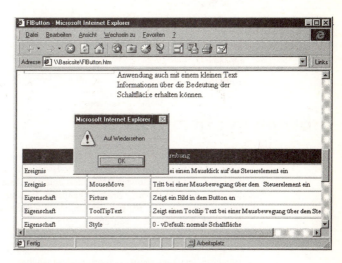

Abbildung 16.22: Ein Abschiedsfenster mit onUnload

Das Beispiel ist auf der CD zum Buch enthalten.

```
<!DOCTYPE html PUBLIC "-//W3C//DTD XHTML 1.0
 Strict//EN">
<html xmlns=»http://www.w3.org/TR/xhtml1">
<head>
<title>onUnload</title>
</head>
<script language="JavaScript">
```

```
    function Wiedersehen()
    {alert("Auf Wiedersehen");
    }
</script>
<body onUnload="Wiedersehen()">
</body>
</html>
```

Arbeiten mit dem Fenster

Zum Arbeiten mit *Fenstern* steht Ihnen das Window-Objekt zur Verfügung. Es stellt das oberste Objekt in der Hierarchie der JavaScript-Objekte dar, es steht sozusagen über allen anderen Objekten. Der Grund dafür ist, dass es das vom Browser geöffnete Fenster verwaltet. Dieses Fenster verwaltet nun alle anderen Objekte. In ihm werden Dokumente angezeigt, die wiederum von einem eigenen Objekt verwaltet werden. Sie können auch neue Fenster erzeugen, deren Erscheinungsbild festlegen und Inhalte in diesen neuen Fenstern anzeigen. Der Zugriff auf die Elemente des Dokuments, also des Fensterinhalts, erfolgt anschließend über das Document-Objekt, welches sich in der Hierarchie der Objekte unter dem Window-Objekt befindet.

open()

Das Öffnen eines neuen Fensters erfolgt unabhängig vom aktuellen Fenster mit der Methode open und ermöglicht zugleich die Anzeige einer HTML-Datei in diesem Fenster. Die Methode erwartet bei ihrem Aufruf den Pfad der zu öffnenden Datei, anschließend einen Namen für das neue Fenster und schließlich einen oder mehrere Parameter, die das Aussehen und die Eigenschaften des Fensters bestimmen. Ein solches neues Fenster kann vielfältige Aufgaben übernehmen. So können Sie z.B. in einem solchen Fenster weitere Verweise zu anderen Seiten anzeigen oder einem Verweis in ein neues Fenster laden.

Parameter	Werte	Beschreibung
titlebar	yes/no oder 1/0	Legt fest, ob eine Titelzeile vorhanden ist
outerHeight	Pixel	Höhe des Anzeigebereichs des Fensters in Pixel
outerWidth	Pixel	Breite des Anzeigebereichs des Fensters in Pixel
height	Pixel	Höhe des Fensters in Pixel
width	Pixel	Breite des Fensters in Pixel
toolbar	yes/no oder 1/0	Legt fest, ob eine Schaltflächenleiste vorhanden ist
menubar	yes/no oder 1/0	Legt fest, ob eine Menüleiste vorhanden ist
locationbar	yes/no oder 1/0	Legt fest, ob eine Adresszeile vorhanden ist
hotkeys	yes/no oder 1/0	Bestimmt, ob Tastenkürzel für Befehle zugelassen sind
dependent	yes/no oder 1/0	Bestimmt, ob das Fenster unabhängig vom Elternfenster ist

Tabelle 16.6: Die Parameter der Methode open

Beispiel:

Beim Öffnen der HTML-Datei werden zugleich zwei weitere Fenster geöffnet und in jedem eine HTML-Datei angezeigt. Das erste Fenster wird mit einer Schaltflächenleiste ausgestattet, während das zweite Fenster bis auf die Größenangaben im Standardmodus geöffnet wird.

Das Beispiel ist auf der CD zum Buch enthalten.

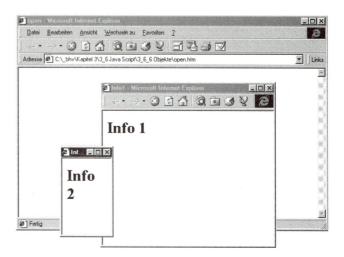

Abbildung 16.23: Die zwei zusätzlich geöffneten Fenster

```
<!DOCTYPE html PUBLIC "-//W3C//DTD XHTML 1.0
 Strict//EN">
<html xmlns=»http://www.w3.org/TR/xhtml1">
<head>
<title>open</title>
</head>
<script language="JavaScript">
   window.open("Info1.htm",
   "Info1","width=350,toolbar=yes");
   window.open("Info2.htm",
   "Info2","width=35,height=150");
</script>
```

```
<body>
</body>
</html>
```

closed

Die Eigenschaft closed ermittelt, ob ein Fenster noch geöffnet oder bereits geschlossen ist. Dazu muss Ihnen jedoch der Name des zu überprüfenden Fensters bekannt sein. Wenn ein auf diese Eigenschaft überprüftes Fenster geschlossen ist, wird der Wahrheitswert true übergeben, im anderen Fall erhält die Eigenschaft den Wert false. Sie können den Wert der Eigenschaft nicht verändern, dieser ist nur lesbar. Gerade wenn Sie dem Benutzer mehrere Fenster zur Verfügung stellen, ist eine Kontrolle über die aktuell geöffneten Fenster notwendig. Wird dieser Punkt vernachlässigt, besteht z.B. die Gefahr, dass die Aktivierung von Verweisen Fehlermeldungen erzeugt, die den Benutzer unnötig verunsichern.

Beispiel:

Mit dem Öffnen der HTML-Datei wird in einem weiteren Fenster die Datei HINWEISE.HTM geöffnet. Ein solches Fenster könnte z.B. weitere Informationen zu der aktuellen Webseite enthalten. Das Formular der Datei enthält eine Schaltfläche, bei deren Betätigung die Funktion pruefeStatus() aufgerufen wird. In der Funktion erfolgt die Abfrage, ob das zusätzlich geöffnete Fenster noch offen ist oder bereits geschlossen wurde.

Mit Hilfe dieser Funktion können Sie z.B. den Benutzer darauf hinweisen, dass weitere Informationen in diesem Fenster vorhanden sind und er es mit einer (wenn vorhanden) optionalen Schaltfläche wieder öffnen kann.

Das Beispiel ist auf der CD zum Buch enthalten.

```
<!DOCTYPE html PUBLIC "-//W3C//DTD XHTML 1.0
 Strict//EN">
<html xmlns=»http://www.w3.org/TR/xhtml1">
```

```
<head>
<title>window_closed</title>
<script language="JavaScript">
win1=window.open(«Hinweise.htm»,»window1",»width=300,
height=300")
   function pruefeStatus()
      {if (win1.closed) alert
      ("Das Fenster ist geschlossen");
      else
      alert ("Das Fenster ist geöffnet");
      }
</script>
</head>
<body>
   <form>
      <input type=button value="Fenster noch offen?"
      onClick="pruefeStatus();">
   </form>
</body>
</html>
```

Fenster verwalten

Das Verwalten der Fenster erfolgt mit Eigenschaften, die verschiedene Informationen über den Zustand des Fensters sowie sein Erscheinungsbild beinhalten. Zusätzlich stehen Ihnen Methoden, mit denen der aktive Status des Fensters beeinflussbar ist, zur Verfügung. Damit sind Sie in der Lage, dem Benutzer eine Hilfestellung zum optimalen Arbeiten zu geben sowie ihm ein interaktives Arbeiten mit mehreren Dokumenten zu ermöglichen.

captureEvents()

Sozusagen als Auftakt zu diesem Thema kommt ein Ereignis, das für alle Benutzer des Netscape Navigators von großer Wichtigkeit ist. Der Navigator unterstützt bekanntermaßen bei vielen Elementen ausgerechnet die Mausereignisse nur in eingeschränktem Maße. Gerade wer nun für beide Browser programmieren will, der steht damit vor einem großen Problem. An dieser Stelle können Sie die Methode captureEvents einsetzen. Damit können Sie Ereignisse überwachen und auf das angegebene Fenster umleiten. Anschließend kann das umgeleitete Ereignis unter Bezug auf das Fenster abgefragt und ausgewertet werden.

Beispiel:

Im Skriptbereich der HTML-Datei wird ermittelt, ob der aktuelle Browser mit dem Objektmodell des Netscape Navigators arbeitet. Ist das der Fall, dann erfolgt die Umleitung des Ereignisses onmousedown in das aktuelle Fenster. Damit können Sie es unabhängig vom Browser weiter auswerten und darauf reagieren. Bei der Bezeichnung des umzuleitenden Ereignisses wird lediglich sein Name ohne das Wort *on* genannt. Diese spezielle Ausdrucksweise ist nur in diesem Fall gültig und in anderen Bereichen nicht anwendbar.

Das Beispiel ist auf der CD zum Buch enthalten.

```
<!DOCTYPE html PUBLIC "-//W3C//DTD XHTML 1.0
 Strict//EN">
<html xmlns=»http://www.w3.org/TR/xhtml1">
<head>
<title>captureEvents</title>
</head>
<script language="JavaScript">
if(document.layers)
    {window.captureEvents(Event.MOUSEDOWN);
    window.onmousedown=Meldung;
```

```
    }
    else
    document.onmousedown=Meldung;
function Meldung()
    {alert("Das Ereignis wurde umgeleitet");
    }
</script>
<body>
<h1>Klicken Sie auf den Bildschirm</h1>
</body>
</html>
```

Abbildung 16.24: Das Ereignis CaptureEvents

locationbar

Diese Eigenschaft enthält den Zustand der Adressenleiste des Browsers. Wenn die Adressenleiste sichtbar ist, beinhaltet der Rückgabewert der Eigenschaft den Wert true, sonst false. Die Eigenschaft ist nur lesbar und wird leider nur vom Netscape Navigator unterstützt.

Beispiel:

Mit dem Öffnen der Datei wird der Zustand der Adressenleiste abgefragt. Ist diese standardmäßig eingeblendet (was meistens der Fall ist), wird der Benutzer darauf hingewiesen, dass er mit dem Schließen der Leiste mehr Platz für die Anzeige der Webseite erhält.

Das Beispiel ist auf der CD zum Buch enthalten.

```
<!DOCTYPE html PUBLIC "-//W3C//DTD XHTML 1.0
 Strict//EN">
<html xmlns=»http://www.w3.org/TR/xhtml1">
<head>
<title>locationbar</title>
<script language="JavaScript">
   if (self.locationbar.visible==1) alert («Schließen
   Sie die
   Adressenleiste für mehr Platz");
</script>
</head>
<body>
</body>
</html>
```

Abbildung 16.25: Die Eigenschaft locationbar

menubar

Mit menubar können Sie ermitteln, ob das aktuelle Fenster über eine sichtbare Menüleiste verfügt. Dieser Fall dürfte eher seltener vorkommen. Beim Fehlen der Menüleiste könnten Sie den Benutzer auf die gleiche Weise wie beim Beispiel zu der Eigenschaft locationbar auf in dem Dokument integrierte Befehle hinweisen. Leider wird auch diese Eigenschaft nur vom Netscape Navigator unterstützt. Zum Bereitstellen einer Navigationsmöglichkeit müssen Sie auf das Objekt history zurückgreifen.

Beispiel:

If (myWindow.menubar.visible==false)

{Anweisung1}

else

{Anweisung2}

focus()

Die Methode übergibt einem Fenster den Fokus. Das bedeutet, dass dieses Fenster aktiviert wird und im Vordergrund vor allen anderen Fenstern erscheint. Damit erhält dieses Fenster einen aktiven Status. Diese Methode können Sie in Zusammenhang mit der Methode blur anwenden, welche diesen Zustand wieder beendet und das Fenster in den Hintergrund verschiebt.

Syntax:

windowReference.blur()

blur()

Mit Hilfe der Methode blur können Sie ein Fenster in einen inaktiven Status versetzen. Wenn Sie dem Benutzer Ihrer Webseite ein zweites Fenster mit weiteren Informationen oder Verweisen zur Verfügung stellen wollen, dann eröffnen sich mit dieser Methode völlig neue Möglichkeiten. Da sich das aktive Fenster stets im Vordergrund befindet, können Sie damit ein zweites Fenster über einen Verweis oder eine Schaltfläche ein- und ausblenden. Zum Einblenden des zweiten Fensters können Sie auf die Methode focus zurückgreifen, die ein Fenster in einen aktiven Status versetzt.

Beispiel:

Mit dem Öffnen der Webseite wird ein zweites Fenster mit einer anderen Webseite geöffnet. Das Formular der Hauptseite enthält zwei Schaltflächen, mit denen das zweite Fenster angezeigt und auch wieder verborgen werden kann. Damit können Sie dem Benutzer eine Möglichkeit zur Steuerung der Anzeige des zweiten Fensters geben.

Das Beispiel ist auf der CD zum Buch enthalten.

```
<!DOCTYPE html PUBLIC "-//W3C//DTD XHTML 1.0
 Strict//EN">
<html xmlns=»http://www.w3.org/TR/xhtml1">
```

```
<head>
<title>blur</title>
<script language="JavaScript">
   Info1 = window.open(«Hinweise.htm»,
   "Info","width=350,height=350");
</script>
</head>
<body>
   <form>
      <input type="button" value="Info ein"
      onClick="Info1.focus();">
      <input type="button" value="Info aus"
      onClick="Info1.blur();">
   </form>
</body>
</html>
```

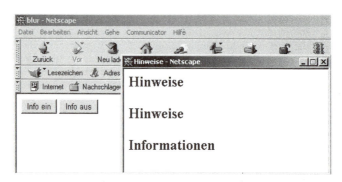

Abbildung 16.26: Das abschaltbare Infofenster

close()

Die Methode close schließt das aktuelle Fenster und damit zugleich die gesamte Anwendung. Es ist sicher nicht sinnvoll, den Benutzer mit dieser Methode die aktuelle Anwendung schließen zu lassen. Das kann er bei Bedarf auch mit einer im Browser vorhandenen Schaltfläche erledigen. Als Anwendungsfall für diese Methode eignet sich vielmehr das endgültige Schließen eines zweiten Fensters, in dem Zusatzinformationen oder weitere Verweise vorhanden sind. Das Schließen des aktuellen Fensters kann mit window.close(); oder self.close(); erfolgen. Um auf ein anderes Fenster zuzugreifen, ist eine Referenz auf das Fenster erforderlich.

Beispiel:

Mit dem Betätigen der Schaltfläche des Formulars erfolgt das Schließen des zweiten Fensters. Die Referenz auf das zweite Fenster wurde aus dem Rückgabewert der Methode open in der Variablen Info1 gespeichert.

Das Beispiel ist auf der CD zum Buch enthalten.

```
<!DOCTYPE html PUBLIC "-//W3C//DTD XHTML 1.0
 Strict//EN">
<html xmlns=»http://www.w3.org/TR/xhtml1">
<head>
<title>close</title>
<script language="JavaScript">
    Info1 = window.open(«Hinweise.htm»,
    "Info","width=350,height=150");
</script>
</head>
<body>
    <form>
```

```
        <input type="button" value="Info beenden"
            onClick="Info1.close();">
    </form>
</body>
</html>
```

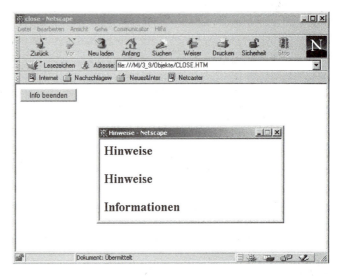

Abbildung 16.27: Die Methode close in JavaScript

Informationen in der Statusleiste

Der Informationsgehalt der *Statusleiste* des Browsers wird von vielen Anwendern schlichtweg unterschätzt. Wenn Sie einmal während einer Online-Sitzung auf diese kleine Leiste am unteren Rand des Browsers achten, werden Sie viele interessante Informationen erhalten. Sie finden dort nicht nur nähere Angaben über den Status des Ladevorgangs, sondern erhalten oft auch eine kleine, aber hilfreiche Unterstützung zum Arbeiten mit dem Dokument. Das geschieht in der Form von Hinweisen über den Verwendungszweck eines aktivierten Elements oder das Ziel von Verweisen. Das Verwenden der Statusleiste ist übrigens kein Problem: JavaScript stellt dafür zwei Methoden zur Verfügung, mit denen Sie ganz professionell diesen kleinen Bereich nutzen können.

defaultStatus

Mit defaultStatus legen Sie den Standardinhalt der Statusleiste des aktuellen Fensters fest. Der Inhalt bleibt so lange unverändert, bis aufgrund eines eintretenden Zustands ein neuer Inhalt an die Statusleiste übergeben wird. Nach dem Beenden dieses eingetretenen Zustands ist wieder der mit defaultStatus festgelegte Inhalt gültig. Hier wird in der Regel der Name der Seite, deren Adresse oder eine kurze Beschreibung des Inhalts stehen.

Beispiel:

In dem Formular befinden sich drei Elemente, eine Schaltfläche und zwei Eingabefelder. Mit dem Überfahren der Elemente erscheint in der Statusleiste der jeweils mit window.Status festgelegte Text. Nach dem Verlassen der Elemente wird sofort wieder der am Anfang des Skriptbereichs mit defaultStatus festgelegte Text sichtbar. Auf diese Weise können Sie für alle Elemente einer Webseite, die auch Ereignisse unterstützen, Erläuterungen oder Kommentare in der Statusleiste ausgeben.

Das Beispiel ist auf der CD zum Buch enthalten.

```
<!DOCTYPE html PUBLIC "-//W3C//DTD XHTML 1.0
  Strict//EN">
<html xmlns=»http://www.w3.org/TR/xhtml1">
<head>
<title>defaultStatus</title>
</head>
<script language="JavaScript">
```

```
    window.defaultStatus = "Formular";
</script>
<body>
<form name="Formular1" >
  <input name="Name" onMouseOver="window.status='Ihr
  Name'"><br>
  <input name="Alter" onMouseOver="window.status='Ihr
  Alter'"><br>
  <input type="submit"
  onMouseOver="window.status='Anfrage absenden'">
</form>
</body>
</html>
```

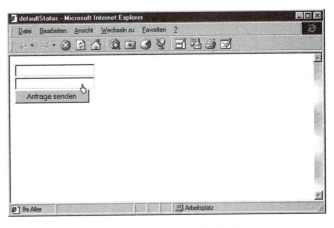

Abbildung 16.28: In der Statusleiste erscheint der Hilfetext

status

Die Eigenschaft status dürfte fast zu den am häufigsten verwendeten Eigenschaften des Window-Objekts gehören. Mit ihrer Hilfe verändern Sie vorübergehend den Text der Statuszeile des Browsers. Das sind dann Informationen über Elemente einer Webseite, allgemeine Hinweise oder auch kleine Hilfetexte. Nach dem Verlassen des Elements ist wieder die Eigenschaft defaultStatus für die Statuszeile zuständig. Als Beispiel eignet sich das bei der Beschreibung der Eigenschaft defaultStatus aufgeführte Listing.

Beispiel:

```
<input type="submit" onMouseOver="window.status='Anfrage absenden'">
```

setTimeout()

Die Methode setTimeout können Sie nutzen, um eine andere Methode oder Funktion zeitverzögert aufzurufen. Als ersten Parameter erwartet die Methode den Namen der aufzurufenden Funktion und anschließend als zweiten Parameter die Zeitspanne bis zum Aufruf in Millisekunden. Ein besonders bemerkenswerter Umstand im Umgang mit dieser Methode ist die Möglichkeit, aus einer Funktion heraus die gleiche Funktion wieder aufzurufen. Damit können Sie auf einfache Weise zeitgesteuerte Programmwiederholungen entwerfen, was in den Beispielen des Buchs öfter zu sehen ist.

Beispiel:

Mit dem Öffnen der HTML-Datei erfolgt der Aufruf der Funktion Meldung, die lediglich ein Meldungsfenster ausgibt. Innerhalb der Funktion erfolgt mit setTimeout der erneute Aufruf der Funktion mit einer Verzögerung von fünf Sekunden. Diese Funktion verfügt über keine Abbruchbedingung außer dem Schließen des Browsers. Um das Eintreten eines undefinierten Zustands zu vermeiden, müssen Sie also vor dem Einsatz solcher Wiederholungen den zukünftigen Verlauf des Programms genau analysieren.

Das Beispiel ist auf der CD zum Buch enthalten.

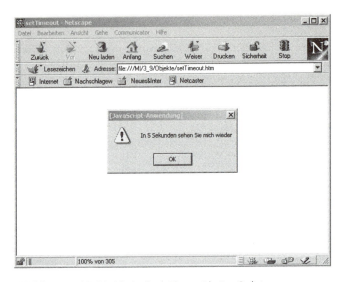

Abbildung 16.29: Die Methode setTimeout in JavaScript

```
<!DOCTYPE html PUBLIC "-//W3C//DTD XHTML 1.0
 Strict//EN">
<html xmlns=»http://www.w3.org/TR/xhtml1">
<head>
<title>setTimeout</title>
</head>
<script language="JavaScript">
Meldung();
function Meldung()
{ alert("In 5 Sekunden sehen Sie mich wieder");
   setTimeout("Meldung ()",5000);
}
```

```
</script>
<body>
</body>
</html>
```

Arbeiten mit dem Dokument

Das Document-Objekt verwaltet die im Browser angezeigte HTML-Seite. Mit seiner Unterstützung erhalten Sie Zugriff auf die Eigenschaften des *Dokuments*, also vom darin enthaltenen Text über die möglichen Attribute bis hin zu verschiedenen Gestaltungsmöglichkeiten.

write()

Um diese Methode werden Sie beim Arbeiten mit JavaScript kaum herumkommen. Mit write geben Sie Text in einem Dokument aus. Der Methode wird der entsprechende Text in einer Klammer und in Anführungszeichen stehend übergeben. Zum Schreiben von Text in das aktuelle Dokument genügt die Anweisung ohne die Angabe eines Objekts oder einer Objektreferenz.

Beispiel:

```
write("Das ist der Text");
```

Sie können mit der Anweisung auch Text in einem anderen Fenster ausgeben. Dazu benötigen Sie allerdings eine Referenz auf das Fenster.

Beispiel:

Beim Öffnen der Webseite wird ein weiteres Fenster geöffnet und eine Referenz auf das neue Fenster in der Variablen Window2 gespeichert. Unter Bezugnahme auf diese Referenz erfolgt anschließend die Ausgabe eines Textes im zweiten Fenster.

Das Beispiel ist auf der CD zum Buch enthalten.

```
<!DOCTYPE html PUBLIC "-//W3C//DTD XHTML 1.0
 Strict//EN">
<html xmlns=»http://www.w3.org/TR/xhtml1">
<head><
<title>write</title>
</head>
<script language="JavaScript">
   Window2=window.open("Datei1.htm", "Datei1");
   Window2.document.write("Dieser Text wurde im ersten
   Fenster
   erzeugt. ")
</script>
<body>
</body>
</html>
```

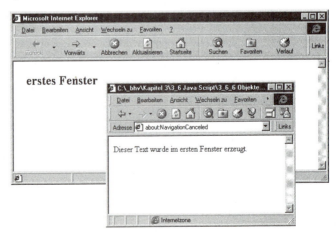

Abbildung 16.30: Im zweiten Fenster sehen Sie den erzeugten Text

Die eben beschriebene Technik funktioniert in dieser Form allerdings nur im Internet Explorer. Beim Netscape Navigator hingegen werden Sie damit keinen Erfolg haben. Hier müssen Sie ein Dokument erst mit der Methode open öffnen und nach der Ausgabe von Text wieder mit close schließen. Zusätzlich ist es notwendig, für das neue Fenster ein vollständiges HTML- Grundgerüst zu erstellen, welches dann den gewünschten Text aufnehmen kann.

Beispiel:

Sie sehen hier lediglich den Skriptbereich der HTML-Datei, mit der ein Fenster im Netscape Navigator erzeugt und ein Text ausgegeben wird. Sie finden den Quellcode wie immer als funktionsfähige HTML-Datei auf der CD zum Buch.

Das Beispiel ist auf der CD zum Buch enthalten.

```
<script language="JavaScript">
  window2=window.open
  ("","Fenster","width=250,height=250")
  window2.document.writeln
  ("<html><head><title>Fenster2
     </title></head><body>");
  window2.document.writeln("Diese Technik l&auml;uft
  im Navigator");
  window2.document.writeln("</body></html>");
  window2.document.close();
</script>
```

Informationen über ein Dokument

Ein jedes Dokument enthält eine bestimmte Anzahl von *Informationen*. Das sind insbesondere seine Herkunft und Eigenschaften, wie z.B. das letzte Änderungsdatum. Mit diesen Informationen ausgestattet können

Sie dem Benutzer eine kleine Referenz über das Dokument zur Verfügung stellen.

referrer

In der Regel besteht ein Projekt aus mehreren Webseiten, die durch Verweise miteinander verbunden sind. Innerhalb dieses Projekts kann sich der Benutzer mit Hilfe der Navigationsmöglichkeiten des Browsers bewegen. Sie können mit einigen kleinen Kniffen das Ganze noch etwas unterstützen. So ist es möglich, mit der Eigenschaft referrer die Adresse der Seite zu ermitteln, von der aus das aktuelle Dokument aufgerufen wurde. Voraussetzung dafür ist allerdings, dass die aktuelle Seite über einen Verweis aufgerufen wurde. Im anderen Fall, also wenn der Aufruf der Seite z.B. über die Adressenleiste erfolgt, enthält referrer keine Angaben.

Beispiel:

Das Formular enthält eine Schaltfläche, die mit Hilfe des history-Objekts dem Benutzer die Navigation zur vorher besuchten Seite ermöglicht. Beim Überfahren der Schaltfläche mit der Maus erscheint in der Statusleiste des Browsers die zuletzt besuchte Adresse.

Das Beispiel ist auf der CD zum Buch enthalten.

```
<!DOCTYPE html PUBLIC "-//W3C//DTD XHTML 1.0
 Strict//EN">
<html xmlns=»http://www.w3.org/TR/xhtml1">
<head>
<title>referrer</title>
</head>
<body>
   <form>
      <input type="button" value="zurück"
      onClick="history.back()"
```

```
            onMouseOver="window.status=document.referrer";>
    </form>
  </body>
</html>
```

title

Mit der Eigenschaft title können Sie den Titel der HTML-Datei ermitteln. Der Titel einer HTML-Datei wird mit dem Tag <title> vergeben und von dieser Eigenschaft gelesen.

Beispiel:

```
varTitel=document.title
```

lastModified

Wer eine Webseite aufsucht, weil er an dieser Stelle nach bestimmten Informationen sucht, der erwartet natürlich, dass diese sich auf einem aktuellen Stand befinden. Im Internet tummelt sich eine unendlich große Anzahl von vergessenen Projekten, die leider nicht mehr dem aktuellen Stand der Zeit entsprechen. Ein Projekt, an dem eine kontinuierliche Entwicklung erkenntlich ist, hinterlässt da schon einen ganz anderen Eindruck. Statt nun nach jeder Änderung einen entsprechenden Hinweis einzutragen, können Sie dies mit JavaScript automatisieren. Die Eigenschaft lastModified enthält das Datum und die Uhrzeit der letzten Änderung eines Dokuments, was mit einer einzigen Zeile Programmcode für jedermann sichtbar gemacht werden kann.

Beispiel:

In dem Dokument erfolgt mit der Eigenschaft lastModified die Ausgabe der letzten Aktualisierung.

Das Beispiel ist auf der CD zum Buch enthalten.

```
<!DOCTYPE html PUBLIC "-//W3C//DTD XHTML 1.0
 Strict//EN">
<html xmlns=»http://www.w3.org/TR/xhtml1">
<head>
<title>lastModified</title>
</head>
<script language="JavaScript">
   document.write("letzte Aktualisierung: " +
   document.lastModified);
</script>
<body>
</body>
</html>
```

URL

Die Eigenschaft URL enthält die vollständige Adresse einer Webseite. Zusammen mit der Eigenschaft title können Sie dem Benutzer beim Öffnen eines Dokuments Informationen über die Seite zukommen lassen. Eine Verwendung dieser Eigenschaften wird erst beim Aufruf einer entsprechenden Funktion aus einer externen JavaScript-Datei sinnvoll. Damit können Sie mit einer gemeinsam genutzten JavaScript-Funktion die Angabe von solchen Informationen auf allen Seiten Ihres Projekts ermöglichen.

Beispiel:

Beim Öffnen der HTML-Datei erfolgt die Ausgabe von Informationen über den Titel und die Adresse der Datei. Die Informationen werden mit der Anweisung document.write direkt in das Dokument geschrieben.

Das Beispiel ist auf der CD zum Buch enthalten.

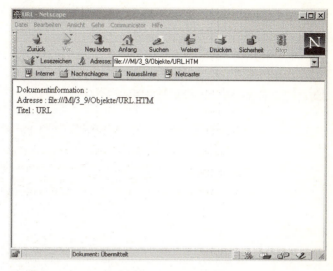

Abbildung 16.31: Die Ausgabe von Angaben über die HTML-Datei

```
<!DOCTYPE html PUBLIC "-//W3C//DTD XHTML 1.0
 Strict//EN">
<html xmlns=»http://www.w3.org/TR/xhtml1">
<head>
<title>URL</title>
</head>
<script language="JavaScript">
   document.write("Dokumentinformation :"+ "<br>");
   document.write("Adresse : " + document.URL +
   "<br>");
   document.write("Titel : " + document.title);
</script>
```

```
<body>
</body>
</html>
```

Dialoge mit dem Anwender

Die Möglichkeit zum Kommunizieren mit dem Anwender ist eine wichtige Voraussetzung zur Gestaltung interaktiver Anwendungen. Mit *Dialogfeldern* schaffen Sie die Schnittstelle zwischen dem Benutzer Ihrer Seite und dem Dokument. Der Benutzer erhält so die Möglichkeit, die Fähigkeiten des Dokuments auszuschöpfen, und kann von Ihnen mit unsichtbarer Hand durch das Projekt begleitet werden.

alert()

Auch wer sich bisher wenig mit JavaScript beschäftigt hat, der wird mit dieser Methode bereits Bekanntschaft gemacht haben. Mit ihr erfolgt die Ausgabe eines Meldungsfensters. Der Methode können Sie eine Zeichenkette übergeben, die dann als Meldungstext angezeigt wird. Das Meldungsfenster erscheint als modaler Dialog, d.h., die Meldung übernimmt die Kontrolle über das Programm und muss vor dem Fortsetzen des Programms vom Benutzer bestätigt werden.

Beispiel:

Beim Öffnen der Webseite erfolgt die Ausgabe eines Meldungsfensters mit dem Text *Guten Tag*. Der Benutzer kann im Browser erst nach dem Bestätigen der Meldung weiterarbeiten.

Das Beispiel ist auf der CD zum Buch enthalten.

```
<!DOCTYPE html PUBLIC "-//W3C//DTD XHTML 1.0
 Strict//EN">
<html xmlns=»http://www.w3.org/TR/xhtml1">
<head>
```

```
<title>alert</title>
<script language="JavaScript">
   alert («guten Tag»);
</head>
<body>
</body>
</html>
```

confirm()

Um von dem Benutzer eines Formulars das Ergebnis einer Entscheidung zu erlangen, können Sie die Methode confirm verwenden. Diese Methode zeigt ein Dialogfenster an, in dem neben einem frei definierbaren Text zwei Schaltflächen mit der Aufschrift *OK* und *Abbrechen* vorhanden sind. Nach dem Betätigen einer der beiden Schaltflächen wird der Dialog beendet und ein Wahrheitswert zurückgegeben. Im Falle der Betätigung der Schaltfläche *OK* ist das der Wert true, im anderen Fall der Wert false. Die Auswertung des Rückgabewerts könnte z.B. wie folgt aussehen:

```
var result = confirm("Wollen Sie die Daten senden?")
If (result == true)
    {Anweisung}
```

Beispiel:

Hier erfolgt die Auswertung des Rückgabewerts nicht über eine Variable. Stattdessen wird die Methode mit ihrem Rückgabewert direkt als Bedingung verwendet. In dem Fall, dass der Anwender die Schaltfläche *OK* betätigt, also der Rückgabewert true ist, wird die Anwendung geschlossen.

Das Beispiel ist auf der CD zum Buch enthalten.

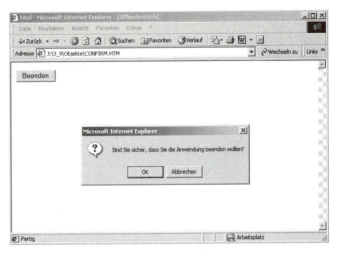

Abbildung 16.32: Die Dialogbox mit der Methode confirm

```
<!DOCTYPE html PUBLIC "-//W3C//DTD XHTML 1.0
 Strict//EN">
<html xmlns=»http://www.w3.org/TR/xhtml1">
<head>
<title>confirm</title>
</head>
<script language="JavaScript">
   function Abfrage()
   {if (confirm("Sind Sie sicher, dass Sie die
    Anwendung beenden wollen?"))
       {window.close()
       }
   }
</script>
```

| Kapitel 16 | JavaScript |

```
<body>
   <form>
      <input type="button" value="beenden"
       onClick="Abfrage()">
   </form>
</body>
</html>
```

prompt()

Die Methode prompt öffnet ein Dialogfeld, welches aus einem Eingabefeld und zwei Schaltflächen zum Abbrechen und Bestätigen der Eingabe besteht. Mit einem solchen Eingabefeld können Sie den Benutzer einer Seite z.B. nach einem Passwort fragen oder ihn andere Eingaben tätigen lassen. Beim Betätigen der Schaltfläche *OK* gibt die Funktion die eingegebene Zeichenkette zurück, im anderen Fall entspricht der Rückgabewert dem Wert null. Die Methode erwartet bei ihrem Aufruf zwei Parameter: den anzuzeigenden Informationstext und eine optionale Zeichenkette, die als Voreinstellung in dem Eingabefeld angezeigt werden kann.

Beispiel:

Beim Öffnen der HTML-Datei erscheint ein Eingabefenster, in das der Benutzer seinen Namen eingeben soll. In dem Eingabefeld ist bereits ein Name als Vorschlag enthalten. Anschließend erfolgt die Ausgabe des eingegebenen oder übernommenen Namens auf dem Bildschirm.

Das Beispiel ist auf der CD zum Buch enthalten.

```
<!DOCTYPE html PUBLIC "-//W3C//DTD XHTML 1.0
 Strict//EN">
<html xmlns=»http://www.w3.org/TR/xhtml1">
<title>Test</title>
<script language="JavaScript">
```

```
    result = prompt(«Geben Sie Ihren Namen
    ein","Franz");
    document.write (result);
</script>
</head>
<body>
</body>
</html>
```

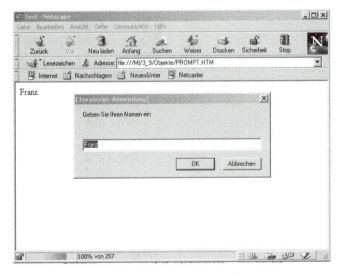

Abbildung 16.33: Das Eingabefenster der Methode prompt

find()

In umfangreichen Webdokumenten befindet sich in aller Regel sehr viel Text. Gerade in Dokumentationen zu umfangreichen Themen oder in größeren Beiträgen besteht oft das Bedürfnis, nach einem bestimmten Stichwort oder einer bestimmten Passage zu suchen. Zum Glück unterstützt wenigstens der Netscape Navigator eine Methode, die eine effektive Suche nach einem bestimmten Textbestandteil zulässt. Die Methode heißt find und erwartet mit ihrem Aufruf neben der zu suchenden Zeichenkette zwei optionale Parameter als Suchkriterien. Bei erfolgreicher Suche wird die Textstelle angezeigt, der gefundene Begriff farbig markiert.

Syntax:

find(Suchbegriff, true|false,true|false)

	Beschreibung	Typ
1	Suchbegriff	Zeichenkette
2	Groß-Kleinschreibung ja = true	Wahrheitswert
3	Suchrichtung rückwärts = true	Wahrheitswert

Tabelle 16.7: Die Parameter der Methode find

Beispiel:

In dem Formular befindet sich ein Textfeld und eine Schaltfläche. In das Textfeld können Sie einen Suchbegriff eingeben, mit der Schaltfläche starten Sie die Suche nach dem eingegebenen Begriff.

Das Beispiel ist auf der CD zum Buch enthalten.

```
<!DOCTYPE html PUBLIC "-//W3C//DTD XHTML 1.0
 Strict//EN">
<html xmlns=»http://www.w3.org/TR/xhtml1">
<head>
<title>find</title>
</head>
<body>
```

```
    <form name="Form1">
        <input type="text" name="suchen">
        <input type="button" value="suchen"
        onClick="find(Form1.suchen.value,false,false)">
    </form>
  </body>
</html>
```

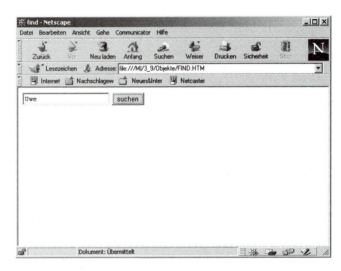

Abbildung 16.34: Die Dialogbox zur Volltextsuche im Navigator

Mit JavaScript den Bildschirm erkunden

Wenn Sie so weit sind und endlich die Arbeit an Ihrer Webseite beendet haben, dann werden Sie bestimmt noch einmal einen letzten Blick darauf werfen. Die Seite wird sicher korrekt angezeigt, daran besteht gar kein Zweifel. Zumindest von Ihrer Seite aus. Aber haben Sie schon einmal an die andere Seite gedacht, also den Benutzer? Verfügt er über einen *Bildschirm* mit einer entsprechenden sichtbaren Fläche und hat er auch die gleiche Farbtiefe eingestellt? Mit dem Screen-Objekt können Sie im Handumdrehen Informationen dieser Art ermitteln und die Anzeige Ihrer Seite darauf abstimmen.

colorDepth

Wer auf seiner Webseite hochauflösende Grafiken darstellen möchte, der setzt natürlich voraus, dass der Benutzer über einen entsprechend eingestellten Bildschirm verfügt. In diesem Fall wird eine passende Farbtiefe vorausgesetzt, was jedoch nicht immer der Fall ist. Diesen Umstand werden Sie kaum ändern können, aber es wäre durchaus möglich, den Benutzer darauf hinzuweisen. Oder Sie ermitteln den Wert dieser Eigenschaft und laden bei Bedarf anschließend Grafiken mit einer entsprechenden Farbauflösung, was bei dem einzelnen Benutzer einiges an Ladezeit spart. Realisieren lässt sich dieser Gedanke mit Hilfe der Eigenschaft colorDepth, welche die Anzahl von Bits, die der Bildschirm zur Darstellung eines Pixels verwendet, ermittelt.

Beispiel:

Zu Beginn des Skriptbereichs wird mit der Variablen res ermittelt, wie viele Bit pro Pixel zur Darstellung von Farben am aktuellen Bildschirm verwendet werden. In diesem Beispiel beträgt der Wert von res die Zahl 8. Das bedeutet, dass 2 hoch 8 Bit verwendet werden, was mit der mathematischen Funktion pow (Exponent mit Basis 2) in den tatsächlichen Wert der Farbtiefe (hier 256 Farben) umgerechnet wird. Wenn der Bildschirm des Benutzers diesen Wert aufweist, ist diese Einstellung mit Sicherheit zum Betrachten von hochauflösenden Grafiken nur eingeschränkt geeignet.

Das Beispiel ist auf der CD zum Buch enthalten.

```
<!DOCTYPE html PUBLIC "-//W3C//DTD XHTML 1.0
 Strict//EN">
<html xmlns=»http://www.w3.org/TR/xhtml1">
<head>
```

```
<title>colorDepht</title>
</head>
<script language="JavaScript">
var res=(Math.pow(2,screen.colorDepth));
   if (res==256)
   {document.write("<h3>Ihr Bildschirm
   verwendet leider nur 256
   Farben<h3>")
   }
</script>
<body>
</body>
</html>
```

Abbildung 16.35: Hier sind wohl noch einige Einstellungen notwendig

height, width

Mit diesen beiden Eigenschaften ermitteln Sie die zur Verfügung stehende Höhe und Breite des aktuellen Bildschirms. Diese Werte kennen

Sie bereits als Bildschirmauflösung des Windows-Dialogs unter *Einstellungen / Systemsteuerung / Anzeige*. Das Ermitteln dieser Werte erweist sich gerade bei Dokumenten mit großflächigen Inhalten wie Frames oder umfangreichen Grafiken als sinnvoll. Sie können damit entscheiden, ob das Dokument z.B. unter Umständen ohne Frames oder mit kleineren Grafiken angezeigt werden soll.

Beispiel:

```
<script language="JavaScript">
   if(screen.width >= 1024)
   {document.Bild1.src='Bild_groß.gif'};
   else
   {document.Bild1.src='Bild_klein.gif'};
</script>
```

Grafik und JavaScript

Mit JavaScript können Sie auf alle in einem Dokument vorkommenden *Grafiken* auf einfache Art und Weise zugreifen. Das ist unter anderem der Tatsache zu verdanken, dass ein Dokument alle Grafiken mit einem eindeutigen Index ausstattet, über den eine Grafik referenziert werden kann. Unabhängig davon ist es auch möglich, über einen eindeutigen Namen auf die Grafik zuzugreifen. Dazu muss der Name der Grafik bei ihrer Deklaration mit angegeben werden.

Beispiel:

```
<img src="grafik.jpg" name="Bildname">
```

Der Zugriff auf die Grafik erfolgt dann unter Zuhilfenahme des Document-Objekts, welches alle Informationen über die Grafik beinhaltet. So können Sie, wie im nächsten Beispiel, die Höhe einer Grafik abfragen und in einer Variablen speichern.

Beispiel:

```
variable=document.Bildname.height
```

Im Gegensatz zur eben beschriebenen Technik erfolgt der Zugriff auf eine Grafik über ihren Index mit dem Image-Array, in dem sämtliche

Indices der enthaltenen Grafiken gespeichert sind. Der Index wird beim Öffnen der HTML-Datei automatisch vergeben, sodass Sie sich nicht darum kümmern müssen. Dabei erhält die erste Grafik immer den Zähler 0, die vierte Grafik verfügt also über den Index mit dem Wert 3.

```
Variable=document.images[3].height
```

complete

Mit der Eigenschaft complete ermitteln Sie, ob eine Grafik bereits vollständig geladen wurde. Der Rückgabewert der Eigenschaft ist ein Wahrheitswert, sie erhält also true, wenn der Ladevorgang vollständig abgeschlossen wurde. Damit können Sie das Ende des Ladevorgangs von Grafiken einer umfangreichen Seite überwachen und z.B. dem Benutzer der Seite das Ende des Ladevorgangs mitteilen. Ein anderer Anwendungsfall wäre z.B. das Starten einer Animation, was aber den Browser während des Ladevorgangs nur unnötig belasten würde.

Beispiel:

Über die Eigenschaft complete wird ermittelt, ob die Grafik schon vollständig geladen wurde. Wenn das der Fall ist, dann erhält die Eigenschaft den Wert true und es wird eine entsprechende Meldung ausgegeben.

Das Beispiel ist auf der CD zum Buch enthalten.

```
<!DOCTYPE html PUBLIC "-//W3C//DTD XHTML 1.0
 Strict//EN">
<html xmlns=»http://www.w3.org/TR/xhtml1">
<head>
<title>complete</title>
</head>
<body>
<img src="Auto.jpg" name="k1">
</body>
```

```
<script language="JavaScript">
   if (document.k1.complete==true)
   {alert("Der Ladevorgang ist beendet");
   }
</script>
</html>
```

Abbildung 16.36: Der Ladevorgang ist beendet

length

Die Eigenschaft length teilt Ihnen mit, wie viele Grafiken in einer Webseite enthalten sind. Was Sie damit anfangen können? Die Frage ist sicher berechtigt, immerhin werden Sie sicher wissen, wie viele Grafiken in Ihrer Webseite eingebunden sind. Doch gehen Sie einmal davon aus, dass Sie, aus welchem Grund auch immer, mit einer Funktion auf alle Grafiken einer Seite zugreifen. Folglich wird es mit dem Erweitern der Seite um zusätzliche Grafiken notwendig, auch diese Funktion um die aktuelle Anzahl der Grafiken zu aktualisieren. Stattdessen können Sie mit der Eigenschaft length die Anzahl der Grafiken ermitteln und ersparen sich so das Überarbeiten der Funktion.

Beispiel:

Die HTML-Datei enthält drei Grafiken. Im Skriptbereich erfolgt in einer Zählschleife die Ausgabe der Namen aller Grafiken. Der Zugriff auf die Grafiken erfolgt über deren Index. Als Abbruchbedingung der Zählschleife wird der Wert der Zählvariablen mit dem Inhalt der Eigenschaft length verglichen. Abschließend erfolgt die Ausgabe der Dateinamen der Grafiken und der automatisch vergebenen Indexnummern.

Das Beispiel ist auf der CD zum Buch enthalten.

```
<!DOCTYPE html PUBLIC "-//W3C//DTD XHTML 1.0
 Strict//EN">
<html xmlns=»http://www.w3.org/TR/xhtml1">
<head>
<title>length</title>
</head>
<body>
   <img src="Kroete.jpg" name="Bild1"><p>
   <img src="Kirche.jpg" name="Bild2"><p>
   <img src="Pokale.jpg" name="Bild3"><p>
</body>
<script language="JavaScript">
   for(i = 0;i<document.images.length; i++)
   {
    document.write(document.images[i].src+
```

```
            " : " +document.images[i].name+"<br>");
      }
   </script>
</html>
```

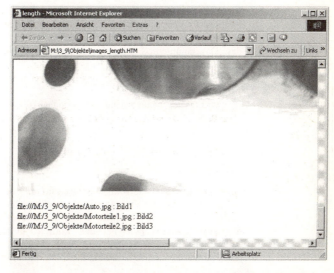

Abbildung 16.37: Die Eigenschaft length hat drei Grafiken ermittelt

name

Mit name können Sie den Namen einer eingebundenen Grafik ermitteln. Voraussetzung dafür ist natürlich, dass in der Definition der Grafik auch ein Name vergeben wurde. Sie benötigen diese Eigenschaft zum Zugriff auf eine Grafik mit JavaScript. Das würde sicher auch über deren Index funktionieren. Aber zum einen wird Ihnen beim Programmieren der Umgang mit einem Namen sicherlich leichter fallen und zum anderen ändert sich beim Einfügen neuer Grafiken der Index. Mit der Verwendung dieser Eigenschaft beim Arbeiten mit einer einzelnen

Grafik sind Sie also immer auf der sicheren Seite. Als Beispiel für die Verwendung der Eigenschaft name eignet sich das Listing zur Eigenschaft src. Dort wird mit der Eigenschaft name der Platz für eine Grafik reserviert und diese anschließend unter Angabe von name und src geladen.

Beispiel:

Im folgenden Ausschnitt eines Listings sehen Sie den Zugriff auf eine bestimmte Grafik über ihre Eigenschaft name. Der Name der Grafik ist k1 und wird im Zusammenhang mit der Eigenschaft complete verwendet. Das komplette Listing finden Sie in der Beschreibung dieser Eigenschaft.

```
if (document.k1.complete==true)
   {alert("Der Ladevorgang ist beendet");
   }
```

src

In der Eigenschaft src (source) ist der Pfad und der Name der eingebundenen Grafik enthalten. Damit können Sie während des Programmverlaufs eine Grafik zu einem selbst bestimmten Zeitpunkt in die Webseite laden. Gerade bei den zahlreichen Möglichkeiten von JavaScript können Sie z.B. auf diese Eigenschaft zurückgreifen, um Grafiken zu animieren oder auszutauschen.

Beispiel:

In der Webseite befinden sich eine Schaltfläche und eine Grafik. Bei der Definition der Grafik wurde auf eine Quellenangabe mit dem Attribut src verzichtet, stattdessen erfolgte lediglich mit name die Vergabe eines eindeutigen Namens. Mit dem Betätigen der Schaltfläche erfolgt nun mit document.Bild1.src die Zuweisung einer Bildquelle unter Angabe der Quelle und damit das Laden der Grafik.

Das Beispiel ist auf der CD zum Buch enthalten.

Kapitel 16   JavaScript

```
<!DOCTYPE html PUBLIC "-//W3C//DTD XHTML 1.0
 Strict//EN">
<html xmlns=»http://www.w3.org/TR/xhtml1">
<head>
<title>src</title>
</head>
<body>
   <input type="button" value="Grafik laden"
   onClick="document.Bild1.src='kroete.gif';"><p>
   <img name="Bild1" alt="Bild noch nicht
   verf&uuml;gbar">
</body>
</html>
```

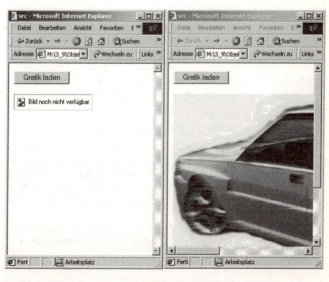

Abbildung 16.38: Erst nach dem Betätigen der Schaltfläche wird die Grafik geladen

Navigieren mit dem History-Objekt

Das History-Objekt macht seinem Namen wirklich alle Ehre. Es ermöglicht Ihnen, auf alle bisher besuchten Seiten der aktuellen Sitzung zurückzugreifen. Damit ist es Ihnen auch möglich, ein Dokument mit eigenen Funktionen zum Navigieren innerhalb der History-Liste (hier beim Internet Explorer) zu versehen.

length

Die Eigenschaften des History-Objekts sind schnell beschrieben, es existiert nur eine einzige, und zwar die Eigenschaft length. Diese Eigenschaft enthält die Anzahl der innerhalb der aktuellen Sitzung besuchten Webseiten. Da Sie damit nicht die genaue Anzahl der besuchten Seiten des eigenen Projekts überprüfen können, bleibt diese Eigenschaft lediglich eine nette Spielerei, mit der Sie dem Besucher eine allgemeine Information zukommen lassen können.

Beispiel:

Beim Öffnen der Seite wird die Anzahl der bereits besuchten Seiten angezeigt. Um dieses Beispiel nachzuvollziehen, müssen Sie die Seite in einem bereits geöffneten Fenster anzeigen lassen.

Das Beispiel ist auf der CD zum Buch enthalten.

```
<!DOCTYPE html PUBLIC "-//W3C//DTD XHTML 1.0
 Strict//EN">
<html xmlns=»http://www.w3.org/TR/xhtml1">
<head>
<title>length</title>
</head>
<script language="JavaScript">
    document.write ("Sie haben schon " +history.length+"
    Seiten besucht");
```

```
</script>
<body>
</body>
</html>
```

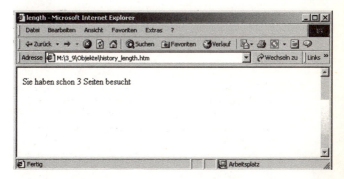

Abbildung 16.39: Die Eigenschaft history.length

back(), forward()

Diese beiden Methoden des History-Objekts haben gute Aussichten auf einen Einsatz innerhalb der eigenen Webseite. Mit ihnen können Sie im Handumdrehen Ihre Seite von den Navigationsmöglichkeiten des Browsers unabhängig machen. Mit back erfolgt ein Sprung zu der zuletzt besuchten Seite und mit forward ein Sprung zur nächsten besuchten Seite. Letztere Aktion setzt natürlich voraus, dass bereits mindestens einmal zurückgesprungen wurde.

Beispiel:

In der HTML-Datei befinden sich zwei Verweise mit dem Text *Zurück* und *Vorwärts*. Beim Betätigen der Verweise erfolgt der Aufruf der Methoden back bzw. forward.

Das Beispiel ist auf der CD zum Buch enthalten.

```
<!DOCTYPE html PUBLIC "-//W3C//DTD XHTML 1.0
 Strict//EN">
<html xmlns=»http://www.w3.org/TR/xhtml1">
<head>
<title>back_forward</title>
</head>
<body>
  <a href="javascript:history.back()">zur&uuml;ck</a>
  <a href="javascript:history.forward()">vorw&auml;rts
  </a>
</body>
</html>
```

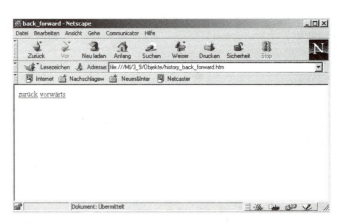

Abbildung 16.40: Die beiden Verweise ersetzen die gleichnamige Funktion des Browsers

Arbeiten mit Zeichenketten

Mit JavaScript sind Sie in der Lage, mit dem Benutzer über Dialogfelder zu kommunizieren oder Daten eines Formulars auszuwerten. Doch damit ist immer noch nicht garantiert, dass diese Daten auch in ihrer eingegebenen Form verwendbar sind. So können falsche Eingaben oder die Verwendung ungültiger Zeichen die Auswertung der Daten unnötig erschweren oder gar unmöglich machen. Oder Sie benötigen für einen Vergleich nur einen Teil der eingegebenen Zeichenkette. Für diese und andere Aufgaben benötigen Sie spezielle Funktionen. Diese speziellen Funktionen stehen Ihnen mit dem String-Objekt zur Verfügung.

length

Um die Länge einer Zeichenkette zu ermitteln, können Sie die Eigenschaft length verwenden. Mit dem Rückgabewert dieser Eigenschaft erhalten Sie einen numerischen Wert, der die Anzahl der Zeichen einer Zeichenkette enthält. Diese Eigenschaft ist z.B. bei der Überprüfung der Mindestlänge einer Eingabe unentbehrlich.

Beispiel:

Beim Öffnen der Webseite erscheint ein Eingabefenster, in das der Benutzer eine Kennziffer eingeben soll. Der Rückgabewert des Eingabefensters enthält die eingegebene Zeichenkette. Anschließend erfolgt mit der Methode lenght die Überprüfung, ob mindestens vier Zeichen eingegeben wurden.

Das Beispiel ist auf der CD zum Buch enthalten.

```
<!DOCTYPE html PUBLIC "-//W3C//DTD XHTML 1.0
 Strict//EN">
<html xmlns=»http://www.w3.org/TR/xhtml1">
<head>
<title>length</title>
</head>
```

```
<body>
</body>
<script language="JavaScript">
   res = window.prompt(«Bitte geben Sie die Kennziffer
   ein","");
   if (res.length<4)
   {
   alert("Die Kennziffer muss mindestens vier Ziffern
   lang sein");
   }
</script>
</html>
```

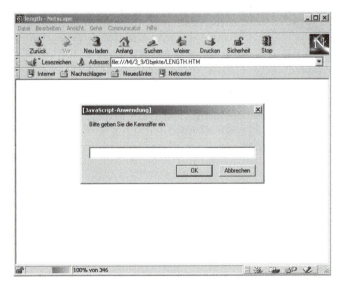

Abbildung 16.41: Die Eigenschaft length

charAt()

Neben der Möglichkeit, die Länge einer Zeichenkette zu ermitteln, können Sie auch eine Zeichenkette auf das Vorhandensein eines bestimmten Zeichens überprüfen. Dazu verwenden Sie die Methode charAt, der die Stelle der Zeichenkette übergeben wird, die auf das Vorhandensein des Zeichens untersucht werden soll. Damit können Sie z.B. Passwörter oder Bestellnummern auf ihre Richtigkeit überprüfen.

Beispiel:

Die Variable Code enthält eine Zeichenkette, in deren Mitte sich ein Sonderzeichen befindet. Die Zeichenkette kann durch eine Eingabe in ein Dialogfeld o.ä. zu Stande gekommen sein. Mit der Methode charAt wird nun das dritte Zeichen der Variablen Code (das erste Zeichen beginnt immer an der Stelle 0) mit dem erwarteten Sonderzeichen verglichen. Wenn der Vergleich zutrifft, dann erscheint auf dem Bildschirm eine entsprechende Meldung in Form eines Meldungsfensters.

Das Beispiel ist auf der CD zum Buch enthalten.

```
<!DOCTYPE html PUBLIC "-//W3C//DTD XHTML 1.0
 Strict//EN">
<html xmlns=»http://www.w3.org/TR/xhtml1">
<head>
<title>charAt</title>
<body>
</body>
<script language="JavaScript">
   var Code="554#5F7";
   if (Code.charAt(3)==»#»)
   {alert("Ok");
   }
</script>
</html>
```

indexOf(), lastindexOf()

Um die erste auftretende Position eines Zeichens innerhalb einer Zeichenkette zu ermitteln, verwenden Sie die Methode indexOf. Dieser Methode übergeben Sie bei ihrem Aufruf die gesuchte Zeichenkette, optional können Sie zusätzlich die Position, ab der die Suche beginnen soll, angeben. Falls das gesuchte Zeichen nicht gefunden wird, ergibt der Rückgabewert der Funktion den Wert 1.

Damit erfüllt die Methode einen ähnlichen Aufgabenbereich wie charAt. Nur dass diesmal die Einhaltung einer bestimmten Reihenfolge in der untersuchten Zeichenkette ermöglicht wird. Um bei wiederholt auftretenden Zeichen deren letzte Position zu ermitteln, können Sie die Methode lastindexOf anwenden. Für diese Methode gelten prinzipiell die gleichen Regeln.

Beispiel:

Das Beispiel ähnelt dem Listing zur Methode charAt. Diesmal wird allerdings untersucht, ob sich das Sonderzeichen an der dritten Stelle der Zeichenkette befindet.

Das Beispiel ist auf der CD zum Buch enthalten.

```
<!DOCTYPE html PUBLIC "-//W3C//DTD XHTML 1.0
 Strict//EN">
<html xmlns=»http://www.w3.org/TR/xhtml1">
<head>
<title>indexOf</title>
<body>
</body>
<script language="JavaScript">
var Code="554#5F7";
if (Code.indexOf(«#»)==3)
```

```
        {alert("Ok");
        }
    </script>
</html>
```

substr(), substring()

Um aus einer Zeichenkette einen bestimmten Teil zu extrahieren, können Sie auf die Methoden substr und substring zurückgreifen. Mit substr extrahieren Sie aus einer Zeichenkette eine Teilzeichenkette ab einer bestimmten Zeichenposition und mit einer bestimmten Länge. Mit substring extrahieren Sie eine Teilzeichenkette ab einer bestimmten Zeichenposition und bis zu einer bestimmten Zeichenposition aus einer Zeichenkette. Als Parameter übergeben Sie die Position des ersten zu extrahierenden Zeichens und die Anzahl der Zeichen bzw. die Position des letzten Zeichens.

Das klingt im ersten Moment sicher sehr verwirrend und wirft die Frage nach einem sinnvollen Anwendungszweck auf. In JavaScript können Sie mit verschiedenen Funktionen Zeichenketten ermitteln, die Versionsbezeichnungen bzw. Zeichenketten zum Identifizieren von Produkten enthalten. Aus diesen Informationen können Sie anschließend einzelne Bestandteile zur weiteren Verarbeitung extrahieren.

Beispiel:

Mit Hilfe des Navigator-Objekts erfolgt die Abfrage der Version des aktuell verwendeten Browsers. Wenn Sie von der Verwendung des Internet Explorers 4.x ausgehen, dann erwarten Sie die Zeichenfolge *4.0 (compatible; MSIE 4.0; Windows 95)*.

Der Einfachheit halber wird hier das erste Zeichen mit einer veralteten Versionsnummer verglichen und eine entsprechende Meldung ausgegeben.

Das Beispiel ist auf der CD zum Buch enthalten.

```
<!DOCTYPE html PUBLIC "-//W3C//DTD XHTML 1.0
 Strict//EN">
<html xmlns=»http://www.w3.org/TR/xhtml1">
<head>
<title>substring</title>
</head>
<body>
</body>
<script language="JavaScript">
   if(navigator.appVersion.substring(0,1) == «3»)
   {
   alert("Sie verwenden keinen aktuellen Browser");
   }
</script>
</html>
```

KAPITEL 17

Interaktive Webseiten mit XHTML und ASP

In der heutigen Zeit kommen professionelle Internetauftritte ohne Dynamik nicht mehr aus. Eine Web-Applikation, die dies ermöglicht, ist ASP. Mit ihr wollen wir uns in diesem Kapitel näher beschäftigen.

Interaktive Webseiten mit XHTML und ASP

Möglichkeiten und Funktionsweise von ASP

Mit Hilfe von ASP haben Sie die Möglichkeit nicht nur statische XHTML Seiten zu liefern, Sie können auch zusätzlich dynamische, auf den Benutzer reagierende Webseiten erstellen. Dabei ist von den so genannten *ASP-Seiten* (***Active Server Pages***) die Rede.

Der Benutzer einer solchen Webseite, die mit ASP erstellt wurde, bekommt davon nichts mit. Eine in ASP erstellte Webseite liefert dem Webbrowser genauso eine XHTML-Datei wie eine normal erstellte Webseite. Der Benutzer einer mit ASP erstellten Webseite bekommt deshalb keinen Unterschied zu sehen, weil der eigentliche Unterschied zwischen einer normal erstellten Webseite und einer mit ASP erstellten Webseite bei deren Erzeugung auf dem Webserver stattfindet (siehe Abbildung 17.1).

Wird eine ASP-Seite vom Benutzer aufgerufen, kann während des Seitenaufrufs die Webseite noch verändert werden. Um dies besser zu verstehen, kann man den ASP-Programmcode in zwei verschiedene Gruppen aufteilen. Da wäre zum einen der ganz normale XHTML-Code, der ohne Veränderungen zum Webbrowser des Benutzers geschickt wird. Trifft der Webserver dagegen auf eine Web-Applikationssprache wie VBScript oder JavaScript, so wird dieses Programm ausgeführt und die Ergebnisse werden mit in den XHTML-Code integriert.

Da das Ergebnis immer reiner XHTML-Code ist, gibt es keinerlei Schwierigkeiten für einen Browser, solche Webseiten darstellen zu können. Die sich daraus ergebenden Möglichkeiten sind umfangreich und besonders für größere Webprojekte geeignet.

Ob es sich nun um einen Produktkatalog oder um einen Nachrichtendienst handeln soll, alles ist mit ASP programmierbar. Möglich wird dies dadurch, dass die ASP-Skripten auf dem Webserver ausgeführt werden und somit Datenbanken oder E-Mail-Versand, die auf dem Webserver laufen, von ASP aus angesprochen werden können.

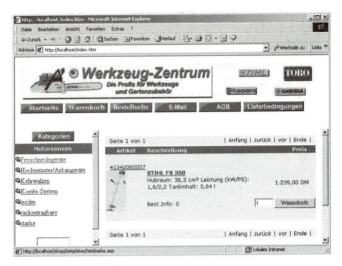

Abbildung 17.1: Nur in der Statusleiste ist es erkennbar, ob es sich um eine ASP-generierte Webseite handelt oder nicht

Um welche Funktionen es sich dabei im Einzelnen handelt, werden nun kurz erklärt.

- Die Webseiten werden jedes Mal neu erstellt und können somit je nach Parameterübergabe unterschiedlich gestaltet werden.

- Mit ASP ist es möglich einen Produktkatalog zu erstellen, wobei die Daten aus einer Datenbank ausgelesen werden, die auf dem Webserver läuft.

- Formulare und die darin enthaltenen Eingaben können von ASP angezeigt und ausgewertet werden. Auch ein Verändern von Webseiten aufgrund von Formulareingaben ist natürlich möglich.

- Einzelne E-Mails oder ganze Serien-Mails können mit ASP dynamisch generiert und über den Webserver versandt werden.

- ASP unterstützt Cookies in vollem Umfang. Es können also Cookies geschrieben und gelesen werden.

- So genannte Session-Variablen können in ASP für den Warenkorb einer Bestellseite verwendet werden. Diese Variablen sind von großem Nutzen, da sie einmal global erzeugt wurden und überall verwendet werden können.

- Mit dem HTTP-Header können Informationen zwischen dem Browser und dem Server ausgetauscht werden, ohne dass sich die XHTML-Datei und die Bildschirmausgabe am Browser verändern. Da der HTTP-Header reine XHTML-Seiten nicht beeinflusst, können über ihn Informationen versandt werden, die mit ASP ausgewertet werden können.

Nachteile mit ASP gibt es eigentlich keine, außer dass ASP nicht auf allen Webservern einsetzbar ist. Waren es bis vor kurzem nur Microsoft-Server die mit ASP harmonierten, gibt es mittlerweile auch eine Version für LINUX-Server. Da ASP auch mit einigen tausend Seitenaufrufen pro Tag fertig wird, kann ASP auch für große Webprojekte bedenkenlos eingesetzt werden. Dass sich ASP als Plattform für umfangreiche Webprojekte etabliert hat, davon zeugen die im Internet immer zahlreicher vertretenen Datenbankprojekte. Das sind z.B. der von Microsoft ins Leben gerufene MSDN-Dienst sowie zahlreiche Informations- und Shoppingseiten, wie z.B. *http://www.Autoscout24.de* und *http://www.look4offer.de*.

Webserver und Skriptsprachen für ASP

Um ASP ausführen zu können, sind Voraussetzungen an den Webserver zu erfüllen. Als Skriptsprache wird entweder *JavaScript* oder *VBScript* eingesetzt, wobei in diesem Buch für die Beispiele VBScript eingesetzt wird.

Wenn Sie Windows-NT4-Server als Betriebssystem eingesetzt haben, sind ab dem Servicepack 4 ASP 2.0 und der Internet Information Server mit im Betriebssystem enthalten. Auch Windows-2000-Benutzer kommen in den Genuss von ASP 2.0 und dem neuen Internet Information Server 5.0. Außerdem wurde dem Windows 2000 die neueste Skripting Engine beigefügt.

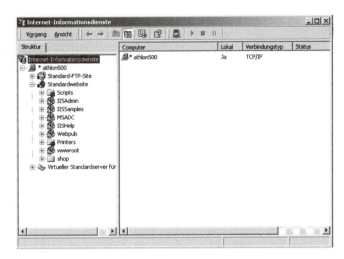

Abbildung 17.2: Internet Information Server unter Windows 2000

Die Windows-95/98-Benutzer müssen mit dem Personal Webserver als Entwicklungsplattform zurechtkommen. Bei Windows 98 ist er auf der Installations-CD enthalten, für Windows 95 kann er kostenlos von Microsoft bezogen werden. Außer einem Geschwindigkeitsverlust gegenüber dem Internet Information Server hat der Personal Webserver noch den Nachteil, dass keine E-Mails darüber verschickt werden können und kein FTP-Server möglich ist. Ansonsten ist er voll einsetzbar und als Testplattform ausreichend. Es gibt auch ASP für andere Betriebssysteme, die von der Firma ChiliSoft vertrieben werden.

Als Editor für die ASP-Programmierung können Sie jeden beliebigen Texteditor verwenden. Sie unterscheiden sich hierbei nicht von der XHTML-Programmierung, außer dass sie erst lauffähig sind, wenn sie über den Webserver aufgerufen werden. Als Entwicklungswerkzeug kann auch noch der *Microsoft Script Debugger* erwähnt werden, der gegenüber einem normalen Texteditor einige Vorteile bietet. Dieser Debugger ist in Windows 2000 enthalten oder kann über Microsoft bezogen werden.

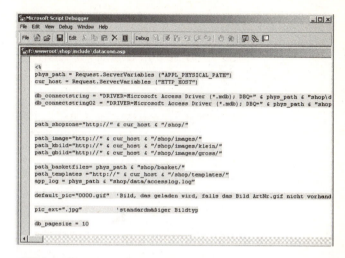

Abbildung 17.3: Microsoft Script Debugger

Grundlagen über ASP in XHTML-Seiten

ASP-Seiten unterscheiden sich vom Quellcode her nicht sonderlich von XHTML-Seiten. In ASP-Seiten wird ASP-Code im XHTML-Code eingebettet. Dabei wird der ASP-Code in den Tags <% und %> geschrieben. Durch diese Tags wird dem Webserver mitgeteilt, dass der Code, der sich in diesen Tags befindet, vom Webserver erst interpretiert werden muss. Der ASP-Code selbst beinhaltet eine Skriptsprache. Diese kann entweder VBScript oder JavaScript sein. Wir werden uns in diesem Buch auf VBScript beschränken und hierzu eine Einführung geben.

Der Quellcode einer einfachen ASP-Seite würde folgendermaßen aussehen.

Das Beispiel ist auf der CD zum Buch enthalten.

```
<!DOCTYPE html PUBLIC "-//W3C//DTD XHTML 1.0
Strict//EN" "DTD/xhtml1-strict.dtd">
<html xmlns="http://www.w3.org/TR/xhtml1">
<head><title>XHTML-Seite mit ASP</title></head>
<body>
<h1> XHTML-Seite mit ASP-Code </h1>
<%
'Ab hier beginnt der ASP-Code
Zahl1 = 100
Zahl2 = 10
Ergebnis = Zahl1 * Zahl2
%>
<p>
Das Ergebnis der Multiplikation ist <%=Ergebnis%>.
</p>
</body>
</html>
```

Beispiel:

In diesem Beispiel werden zwei Variablen Zahlen zugewiesen. Einmal die Zahl 100 und einmal die Zahl 10. Im nächsten Schritt werden die beiden Variablen miteinander multipliziert und das Ergebnis einer dritten Variable zugewiesen. Diese Variable wird danach an eine XHTML-Ausgabe angefügt (siehe Abbildung 17.4).

Die zweite Möglichkeit um XHTML-Ausgaben durch ASP zu beeinflussen, ist der Befehl Response.Write, mit dessen Hilfe Zeichenketten oder Zahlen, die im ASP-Code stehen, ausgegeben werden können. Zum besseren Verständnis sollten Sie sich nachfolgendes Beispiel einmal genauer ansehen.

Der Quellcode einer ASP-Seite mit Response.Write würde folgendermaßen aussehen.

Kapitel 17 — Interaktive Webseiten mit XHTML und ASP

Abbildung 17.4: Ausgabe des ersten ASP-Beispiels

Das Beispiel ist auf der CD zum Buch enthalten.

```
<!DOCTYPE html PUBLIC "-//W3C//DTD XHTML 1.0
Strict//EN" "DTD/xhtml1-strict.dtd">
<html xmlns="http://www.w3.org/TR/xhtml1">
<head><title>XHTML-Seite mit ASP</title></head>
<body>
<h1> XHTML-Seite mit ASP-Code (Response.Write) </h1>
<%
'Ab hier beginnt der ASP-Code
Zahl1 = 100
Zahl2 = 10
Ergebnis = Zahl1 / Zahl2
Response.Write "Das Ergebnis der Division ist "
& Ergebnis & " und wurde am " & Date() & " errechnet"
%>
```

```
</body>

</html>
```

Beispiel:

In diesem Beispiel werden zwei Variablen Zahlen zugewiesen. Einmal die Zahl 100 und einmal die Zahl 10. Im nächsten Schritt wird die erste Variable durch die zweite Variable geteilt und das Ergebnis einer dritten Variable zugewiesen. Diese Variable wird danach durch den ASP-Befehl Response.Write in einen Satz mit eingebettet und noch mit dem aktuellen Datum ergänzt.

Abbildung 17.5: Der Befehl Response.Write

Egal für welchen Weg Sie sich entscheiden um XHTML Seiten mit ASP dynamisch zu gestalten – die fertige Webseite wird immer durch reines XHTML ausgegeben. Um dies einmal zu testen, wählen Sie nach dem Anzeigen unserer Beispiele im Internet Explorer den Befehl Quelltext anzeigen aus.

In Abbildung 17.6 sehen Sie, dass der komplette ASP-Quelltext in XHTML umgewandelt wurde. Der Programmteil, der durch die Tags <% und %> eingebettet ist, also der ASP-Code, wird durch die daraus resultierenden Ergebnisse ersetzt. Sie sollten aber versuchen, nur die sich wirklich ändernden Teile Ihrer Webseite mit ASP zu erstellen. Alle anderen Zeichenketten usw. sollten statisch mit XHTML erstellt werden, um die Darstellungsgeschwindigkeit Ihrer Webseite zu erhöhen.

Kapitel 17 — Interaktive Webseiten mit XHTML und ASP

Abbildung 17.6: Quelltext nach dem Anzeigen im Browser

Anhand der Tatsache, dass nur der reine XHTML-Code und nicht der ASP-Code zum Browser des Benutzers geschickt wird, ist es jedem beliebigen Browser möglich, mit ASP erstellte XHTML-Seiten darzustellen. Diese Tatsache verhindert auch, dass ein Benutzer Ihrer Webseite Ihren Programmcode zu sehen bekommt. Da der Programmcode selbst sich nur auf dem ausführenden Webserver befindet, kann er im Normalfall nicht eingesehen werden. Dadurch erreichen Sie einen optimalen Schutz für speziell entwickelte Webseiten. Das wären zum Beispiel Shop-Systeme, Datenbanken, Kleinanzeigenmärkte usw.

ASP-Objekte

ASP besteht neben der Skriptsprache noch aus eigentlichen ASP-Sprachelementen. Während die Skriptsprache VBScript kein Bestandteil von ASP ist, sondern nur eine Erweiterung, die in der ASP-Umgebung ausgeführt werden kann, sind die so genannten ASP-Objekte richtige Bestandteile von ASP. Man kann diese ASP-Objekte in die Skriptsprache mit einbeziehen, da sie spezielle Webpublishing-Funktionen bereitstellen, die in VBScript oder JavaScript nicht vorhanden sind.

ASP-Objekt	Beschreibung
ASP-Error-Objekt	Fehler Ausgabe
Request	Informationen abfragen
Response	Informationen ausgeben
Server	Tool-Sammlung
Application	Globale Variablen im ASP-Projekt
Session	Globale Variablen eines Web-Besuchs

Tabelle 17.1: ASP-Objekte

ASP-Error-Objekt

Da, wie bei jeder Programmiersprache, auch in ASP und der dazugehörigen Skriptsprache Fehler beim Erstellen eines Projekts gemacht werden, ist es von Vorteil zu wissen, wie man den Fehlercode am besten versteht und dadurch den Fehler findet.

Die Fehlermeldung, die ein Browser liefert, beschränkt sich auf eine kurze Beschreibung und die Fehlernummer. Der wichtigste Bestandteil der Fehlermeldung für den Programmierer ist die Angabe der Zeilennummer, in der der Fehler aufgetreten ist (siehe Abbildung 17.7).

Die angegebene Fehlerzeile finden Sie am einfachsten mit dem Skript-Debugger. Hier wird Ihnen in der Statusleiste die Zeilennummer angezeigt, in der Sie sich momentan mit dem Cursor befinden.

Haben Sie in VBScript die Anweisung On Error Resume Next verwendet, verhindert diese ein konkretes Anzeigen des Fehlers. Entfernen Sie diese Anweisung, bevor Sie mit der Fehlersuche beginnen.

Abbildung 17.7: ASP-Fehlercode mit Ausgabe der Zeilennummer

Haben Sie dagegen ein lauffähiges Programm erstellt, das nur durch Falscheingaben des Benutzers noch Fehler produziert, können Sie die Anweisung dazu verwenden, dass kein Fehlercode ausgegeben wird. Die Anweisung On Error Resume Next bewirkt nämlich, dass sämtliche Fehlermeldungen übergangen werden.

Als Hilfe zur Fehlersuche dient auch folgende Zeile, die Ihnen alle Ergebnisse bis zum eigentlichen Auftreten des Fehlers anzeigt.

```
<% Response.Buffer = false %>
```

Um den eigentlichen Fehler weiter einzugrenzen, lassen Sie sich alle Berechnungen oder Variablen am Bildschirm ausgeben. Verwenden Sie hierfür den Befehl Response.Write.

Sie können auch auf einzelne Fehler gezielt handeln. Da Ihnen im ASP-Error-Objekt die Fehlernummer ausgegeben wird, erhalten Sie mit Err.Number und Err.Description die Fehlernummer und die Beschreibung des aufgetretenen Fehlers. Diese Tatsache können Sie sich zu Nutze machen, um auf bestimmte Fehler zu reagieren. Dies hat den Vorteil, dass Sie nicht die komplette Fehlerbehandlung mit On Error Resume Next abschalten müssen. Integrieren Sie nun die Fehlernummer in eine Abfrage, können Sie dann gezielt darauf reagieren oder den Fehler auch ignorieren.

Syntax:

ASPError.Eigenschaft Abkürzung Err.Eigenschaft

Die verschiedenen ASPError.Eigenschaften mit kurzer Beschreibung.

Eigenschaft	Beschreibung
ASPCode	Bei Verwendung dieser Eigenschaft wird ein vom IIS generierter Fehlercode zurückgegeben
Number	Hier wird die Nummer des Fehlercodes zurückgegeben
Source	Hier kann der tatsächliche Quellcode der Zeile zurückgegeben werden, der den Fehler verursacht hat
Category	Hier erfahren Sie, ob die Fehlerquelle ASP-intern, in der Skriptsprache oder in einem Objekt liegt
File	Mit Hilfe dieser Eigenschaft wird der Name der ASP-Datei ausgegeben, die zum Zeitpunkt des Fehlers verarbeitet wurde, als der Fehler auftrat
Line	Gibt die Zeilennummer in der ASP-Datei an, in der der Fehler aufgetreten ist
Column	Gibt die Spaltenposition in der ASP-Datei an, in der der Fehler aufgetreten ist
Description	Hier erhalten Sie eine Beschreibung des Fehlers, falls vorhanden, in Kurzform
ASPDescription	Hier haben Sie die Möglichkeit eine ausführlichere Beschreibung des Fehlers zu bekommen, wenn es sich um einen Fehler in ASP handelt

Tabelle 17.2: Die ASPError.Eigenschaft

Beispiel:

Durch ein Eingabefeld werden Sie aufgefordert eine Zahl einzugeben, mit der dann die Zahl 100 dividiert werden soll. Da beim ersten Aufruf der Seite oder bei der Zahl Null als Eingabe ein Fehler ausgegeben würde, wird mit On Error Resume Next die Fehlerausgabe unterdrückt.

Abbildung 17.8: Normale Ausgabe ohne Fehlerbehandlung

Mit dieser Anweisung erreichen Sie, dass ein aufgetretener Fehler ignoriert und die Verarbeitung des Skripts fortgesetzt wird (siehe Abbildung 17.9).

Das Beispiel ist auf der CD zum Buch enthalten.

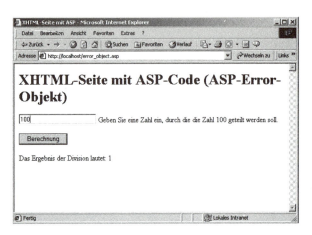

Abbildung 17.9: Bildschirmdarstellung mit Fehlerbehandlung

```
<!DOCTYPE html PUBLIC "-//W3C//DTD XHTML 1.0
Strict//EN" "DTD/xhtml1-strict.dtd">
<%@ LANGUAGE=VBSCRIPT %>
<html xmlns=»http://www.w3.org/TR/xhtml1">
<head> <title>XHTML-Seite mit ASP</title> </head>
<body>
<h1>XHTML-Seite mit ASP-Code (ASP-Error-Objekt)</h1>
<form method="POST">
  <p><input type="text" name="Eingabe" size="25"> Geben
  Sie eine Zahl ein, durch die die Zahl 100 geteilt
  werden soll.</p>
  <p><input type="submit" value="Berechnung"></p>
</form>
<%
  On Error Resume Next
```

```
Dim Zahl, Eingabe, Ergebnis
Zahl = 100
Eingabe = Request.Form("Eingabe")
Ergebnis = Zahl / Eingabe
If not Err.Number=0 Then
Ausgabe = "Fehler! Geben Sie nur Zahlen ungleich 0
 ein !"
Else
Ausgabe = "Das Ergebnis der Division lautet: " &
 Ergebnis
End IF
%>
<p><%=Ausgabe%></p>
</body></html>
```

Das Request-Objekt

Mit dem Request-Objekt können Werte und Informationen ausgelesen werden, die ein Clientbrowser während einer HTTP-Anforderung an den Server gesandt hat. Diese Informationen, die sich im HTTP-Header befinden, sind sehr nützlich, um Daten von einem Besucher oder Kunden einer Webseite zu bekommen. Das Request-Objekt lässt sich in drei Gruppen gliedern. Das sind: *Eigenschaften*, *Methoden* und *Auflistungen*.

Auflistungen	
Client Certificate	Zertifikate werden dazu benutzt, um Besucher Ihrer Webseite zu identifizieren.
Cookies	Cookies sind Textdateien, die auf der Festplatte eines Besuchers Ihrer Webseite angelegt werden

Auflistungen	
Form	Hier werden Daten aus dem HTTP-Header ausgelesen, wenn ein Formular Daten versandt hat
QueryStrings	QueryStrings sind Zusatzinformationen, die an eine URL angehängt sind
Server-Variables	In den ServerVariables werden Einträge gespeichert, die der Browser eines Besuchers an Ihren Webserver richtet
Eigenschaften	
TotalBytes	TotalBytes gibt die Anzahl der übermittelten Bytes an, die der Client an den Server gesandt hat
Methoden	
BinaryRead	Mit BinaryRead kann eine beliebige Anzahl von Daten ausgelesen werden, die der Client an den Server gesandt hat

Tabelle 17.3: Die verschiedenen Möglichkeiten der Request-Objekte

Da eine ausführliche Behandlung aller Request-Objekte den Rahmen dieses Buchs sprengen würde, werden nur die wichtigsten Bereiche daraus genauer behandelt.

Cookies

Cookies sind eigentlich nur dafür da, um einen Webbesucher wieder und wieder zu erkennen. Das ist nur möglich, indem man Informationen auf der Festplatte des Webseiten-Besuchers ablegt. Dieses Cookie wird dann beim erneuten Besuch der Webseite wieder ausgelesen und gegebenenfalls verändert. Auch bei Webanwendungen, die in ASP programmiert wurden, sind Cookies die einfachste Möglichkeit Webserver wieder zu identifizieren. Cookies sind im Allgemeinen bei Websurfern unbeliebt und teilweise auch missverstanden. Es gibt immer noch viele Internetbenutzer, die glauben, durch Cookies könnte ihr Computer ausspioniert werden. Solche Benutzer schalten dann die Cookie-Unterstützung in ihrem Browser ab und meiden Seiten, die mit Cookies arbeiten. Trotzdem sollte man wissen, wie man Cookies einsetzt.

| Kapitel 17 | Interaktive Webseiten mit XHTML und ASP |

Abbildung 17.10: Cookies im IE5 aktivieren

Syntax:

Request.Cookies(Cookie)

Der Parameter Cookie gibt den Namen des Cookies an, dessen Wert Sie abrufen wollen.

Beispiel:

In dem nachfolgenden Beispiel wird ein Cookie gesetzt. Dies geschieht mit der Eigenschaft Response.Cookies("ASP_Cookie") - wobei der in der Klammer befindliche Name der Name des Cookies ist. Der sich dahinter befindende Text gibt den Inhalt des Cookies an. Auch die Lebensdauer eines Cookies kann festgelegt werden. Dies geschieht mit der Eigenschaft

Response.Cookies("ASP_Cookie").expires = ("31.12.2000")

wobei das Datum in der Klammer das Ablaufdatum des Cookies darstellt.

Das Beispiel ist auf der CD zum Buch enthalten.

```
<!DOCTYPE html PUBLIC "-//W3C//DTD XHTML 1.0
Strict//EN" "DTD/xhtml1-strict.dtd">
<%@ LANGUAGE=VBSCRIPT %>
<html xmlns=»http://www.w3.org/TR/xhtml1">
<head> <title>XHTML-Seite mit ASP</title> </head>
<body>
<h1>XHTML-Seite mit ASP-Code (Cookie setzen)</h1>
<form method="POST">
  <p><input type="text" name="Eingabe" size="25"> Geben
  Sie einen Text ein, der im Cookie gespeichert werden
  soll.</p>
  <p><input type="submit" value="Cookie-setzen"></p>
</form>
<%
  Dim CookieText
  CookieText = Request.Form("Eingabe")
  Response.Cookies("ASP_Cookie") = CookieText
  Response.Cookies("ASP_Cookie").expires =
  ("31.12.2000")
  Ausgabe = "Dieser Text wurde im Cookie gespeichert: "
  & CookieText
%>
<p><%=Ausgabe%></p>
</body></html>
```

| Kapitel 17 | Interaktive Webseiten mit XHTML und ASP |

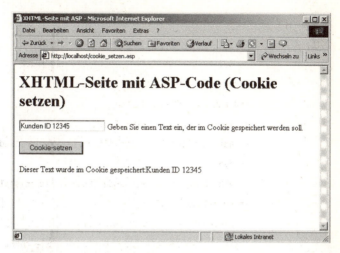

Abbildung 17.11: Cookies in ASP setzen

Beispiel:

In dem nachfolgenden Beispiel wird ein Cookie gelesen. Dies geschieht mit der Eigenschaft Request.Cookies ("ASP_Cookie") wobei der in der Klammer befindliche Name der Name des Cookies ist. Der sich im Cookie befindende Text wird ausgelesen und als Textnachricht ausgegeben.

Das Beispiel ist auf der CD zum Buch enthalten.

```
<!DOCTYPE html PUBLIC "-//W3C//DTD XHTML 1.0
Strict//EN" "DTD/xhtml1-strict.dtd">
<%@ LANGUAGE=VBSCRIPT %>
<html xmlns=»http://www.w3.org/TR/xhtml1">
<head> <title>XHTML-Seite mit ASP</title> </head>
<body>
<h1>XHTML-Seite mit ASP-Code (Cookie lesen)</h1>
```

```
<form method="POST">
  <p><input type="submit" value="Cookie-lesen"></p>
</form>
<%
  Dim CookieText
  CookieText = Request.Cookies("ASP_Cookie")
  If Cookietext = "" then
   Ausgabe = "Kein Cookie-Text enthalten"
  Else
   Ausgabe = "Dieser Text ist im Cookie gespeichert:"
   & CookieText
  End if
%>
<p><%=Ausgabe%></p>
</body></html>
```

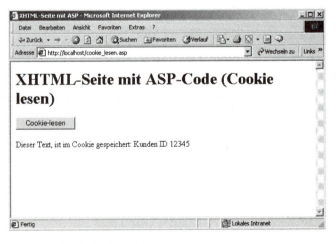

Abbildung 17.12: Cookies lesen

Formulare mit ASP auswerten

Wollen Sie interaktive Seiten oder einen so genannten Online-Shop programmieren, stehen Sie immer vor dem Problem, dass Sie nicht nur dem Benutzer Ihrer Seite Daten zukommen lassen, sondern dass Sie auch Daten und Informationen vom Benutzer erhalten wollen. Dazu stellen Sie *Formulare* zur Verfügung, die dann vom Webseiten-Besucher ausgefüllt werden und deren Inhalt an den Webserver zurückgesandt wird. Diese zurückgesandten Daten können sehr leicht mit ASP ausgelesen werden, da mit ASP die Möglichkeit besteht auf Daten im HTTP-Header zuzugreifen.

Wie Sie mit Formularen in XHTML umgehen und wie Sie diese anwenden, wurde Ihnen bereits erklärt. In diesem Abschnitt erfahren Sie, wie Sie die erhaltenen Daten mit ASP einlesen und auswerten können.

Beispiel:

Zuerst wird in XHTML ein 50 Zeichen großes Eingabefeld mit dem Namen *Eingabe* erstellt. Darunter befindet sich eine Schaltfläche zum Abschicken des eingegebenen Textes. Mit Request.Form("Eingabe") wird der eingegebene Text des Felds mit dem Namen *Eingabe* in ASP eingelesen und an eine Variable weitergegeben. Die Variable Ausgabe wird nun mit einem statischen Text und dem Text, der in das Formularfeld eingegeben wurde, belegt. Dabei werden die beiden Texte mit Hilfe des Zeichens & miteinander verknüpft. Dieser Text wird dann in einem neuen Absatz auf dem Bildschirm dargestellt.

Request.Form(Element)(Index.Count)

Der Parameter Element gibt den Namen des Formulars an, von dem die Daten abgefragt werden.

Der Parameter Index ist optional und gibt an, auf welchen Wert Sie bei mehreren Werten zugreifen wollen. Dazu wird anstelle des Parameters Count ein Zahlenwert angegeben.

Das Beispiel ist auf der CD zum Buch enthalten.

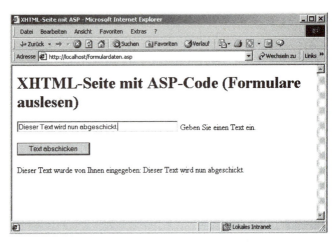

Abbildung 17.13: Formulardaten mit ASP auswerten

```
<!DOCTYPE html PUBLIC "-//W3C//DTD XHTML 1.0
Strict//EN" "DTD/xhtml1-strict.dtd">
<%@ LANGUAGE=VBSCRIPT %>
<html xmlns=»http://www.w3.org/TR/xhtml1">
<head> <title>XHTML-Seite mit ASP</title> </head>
<body>
<h1>XHTML-Seite mit ASP-Code (Formulare auslesen
 POST)</h1>
<form method="post">
  <p><input type="text" name="Eingabe" size="50"> Geben
  Sie einen Text ein.</p>
  <p><input type="submit" value="Text abschicken"></p>
</form>
<%
```

```
Dim Eingabe, Ausgabe
Eingabe = Request.Form("Eingabe")
Ausgabe = "Dieser Text wurde von Ihnen eingegeben: "
  & Eingabe
%>
<p><%=Ausgabe%></p>
</body></html>
```

Die Formularmethoden POST und GET

Zum Absenden von Formularen stehen Ihnen zwei Methoden zur Verfügung, GET und POST. Dabei erfolgt die Definition des Formulars mit den Tags <form method="GET"> und <form method="POST">.

Die Methode GET verwendet zum Transport der Formulardaten die URL. Deren Platz ist jedoch begrenzt – hier sind nur Datenvolumen zwischen 1kb und 4kb möglich. Wenn das Datenvolumen den möglichen Platz überschreitet, dann wird die angegebene URL leider ungültig. Außerdem ist der URL-String für jedermann lesbar. Damit scheidet diese Übertragungsmethode für sicherheitsrelevante Daten wie z.B. Passwörter aus.

Die Methode POST verwendet dagegen zum Transport der Daten den HTTP-Header und stellt damit ein höheres Sicherheitsniveau dar.

Beim Auswerten von Daten, welche mit einer der beiden Methoden versendet wurden, ist es oft notwendig zu wissen, wie viele Daten ausgewertet werden müssen. Dazu steht Ihnen die Eigenschaft Count der Form-Aufzählung des Request-Objekts zur Verfügung.

Beispielaufruf: Request.Form.Count.

Diese Eigenschaft enthält die Anzahl der Felder, die von einem Formular gesandt wurden. Sie ist nur abrufbar, wenn die Daten per POST-Methode versandt wurden. Ist zur Versendung der Formulardaten die GET-Methode gewählt worden, muss die Eigenschaft Count von QueryString abgefragt werden.

Beispielaufruf: Request.QueryString.Count

Ist in beiden Fällen das Ergebnis größer als Null, so wurden Daten gesandt und man kann auf die Eingabe reagieren.

Beispiel:

Zuerst wird in XHTML ein 50 Zeichen großes Eingabefeld erstellt. Darunter befindet sich eine Schaltfläche zum Abschicken des eingegebenen Textes. Mit einer If-Abfrage wird mit dem Objekt Request.QueryString.Count ermittelt, ob Felder gesendet wurden. Ist diese Abfrage positiv, wird mit Request.QueryString("Eingabe") der eingegebene Text in ASP eingelesen und an eine Variable weitergegeben. Diese Variable wird nun mit einem statischen Text und dem Text, der in das Formularfeld eingegeben wurde, belegt und in einem neuen Absatz auf dem Bildschirm dargestellt.

Das Beispiel ist auf der CD zum Buch enthalten.

```
<!DOCTYPE html PUBLIC "-//W3C//DTD XHTML 1.0
Strict//EN" "DTD/xhtml1-strict.dtd">
<%@ LANGUAGE=VBSCRIPT %>
<html xmlns=»http://www.w3.org/TR/xhtml1">
<head> <title>XHTML-Seite mit ASP</title> </head>
<body>
<h1>XHTML-Seite mit ASP-Code (Formulare auslesen
 GET)</h1>
<form method="GET">
  <p><input type="text" name="Eingabe" size="50"> Geben
  Sie einen Text ein.</p>
  <p><input type="submit" value="Text abschicken"></p>
</form>
<%
  Dim Eingabe, Ausgabe
  If Request.QueryString.Count > 0 Then
  Eingabe = Request.QueryString("Eingabe")
```

```
    Ausgabe = "Dieser Text wurde von Ihnen eingegeben: "
    & Eingabe
    Else
    Ausgabe = "Es wurden keine Daten gesendet."
    End if
  %>
<p><%=Ausgabe%></p>
</body></html>
```

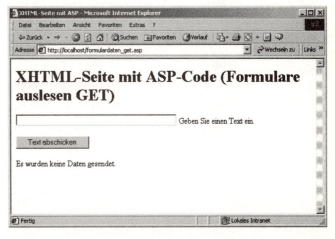

Abbildung 17.14: Formulardaten mit ASP auswerten – GET-Methode

QueryString – Parameter in der URL

Unter einem QueryString versteht man Informationen, die an eine URL angehängt sind. Diese Informationen werden in Variablen, welche gemeinsam mit der URL angegeben werden, abgelegt und können mit ASP auf dem Server empfangen, ausgelesen und weiterverarbeitet werden. Eine Möglichkeit zur Auswertung der gesendeten Daten besteht im direkten Ansprechen des Request-Objekts.

Beispiel:

```
v_url=Request.QueryString ("res")
```

Hier können Sie z.B. den Namen einer Variablen mit dem Namen res angeben. Das Request-Objekt durchsucht nun alle Datenkollektionen und übergibt den Wert der Variablen mit dem entsprechenden Namen. Die Besonderheit besteht hier in der Möglichkeit der direkten Variablenübergabe gemeinsam mit der URL. So wie bei der Verwendung der GET-Methode der Übergabestring an die URL angehängt wird, so können Sie jetzt verschiedene Variablen gemeinsam mit der URL angeben. Dazu erfolgt am Ende der URL die Angabe eines Fragezeichens und anschließend die Namen der Variablen, denen gleichzeitig ihr Wert zugewiesen wird.

Beispiel:

```
http://www.zielseite.de?param1=3&param2=meier
```

In diesem Beispiel wird der Parameter param1 mit einem numerischen Wert und der Parameter param2 mit einem alphanumerischen Wert übergeben. Dabei werden die beiden Parameter mit Hilfe des Zeichens & miteinander verbunden. Auf diese Weise können Sie mehrere Parameter aneinander hängen.

Die Auswertung im Skript auf dem Server würde dann folgendermaßen aussehen:

```
var1=Request.QueryString ("param1")

var2=Request.QueryString ("param2")
```

Bei dem eben angeführten Beispiel der Auswertung wird der ankommende URL-String nach dem Wert der beiden Variablen param1 und param2 abgefragt. Wenn diese Variablen vorhanden sind, dann erfolgt die Übergabe des Werts der beiden Variablen an die beiden internen Variablen var1 und var2.

Der Vorteil dieser Art und Weise der Variablenübergabe liegt darin, dass die Parameter unabhängig von ihrer Reihenfolge angegeben werden können. Außerdem ist eine optionale Angabe der Parameter möglich. Wenn Sie also bei der Auswertung auf der Serverseite einen Parameter abfragen, der nicht übergeben wurde, dann liefert Request.QueryString keinen Wert, bleibt also leer.

| Kapitel 17 | Interaktive Webseiten mit XHTML und ASP |

In dem folgenden Beispiel sehen Sie, wie das Einbinden eines entsprechenden Seitenaufrufs in einen Verweis innerhalb einer Webseite erfolgt.

Beispiel:

```
<a href="http://www.zielseite.de?start=1"></a>
```

Beispiel:

In dem folgenden Beispiel sehen Sie die Anwendung der Übergabe und Auswertung von Parametern über die URL. Die Beispieldatei muss dabei selbstverständlich innerhalb der Umgebung eines Webservers eingesetzt werden. Im oberen Bereich der folgenden Abbildung sehen Sie die Beispieldatei nach dem Aufruf mit folgender Adresse: *http://amd400/Request_QueryString.asp*.

In dem Dokument sehen Sie die Anzahl der übergebenen Parameter sowie einen Verweis mit dem Titel *Anfrage starten*. Dahinter verbirgt sich folgende URL:

http://amd400/Request_QueryString.asp?param1=3&param2=Drucker.

Mit dem Betätigen dieses Verweises erfolgt der Aufruf der gleichen Seite, nur dass diesmal an die URL zwei Parameter angehängt wurden. Mit dem Aufrufen der Seite auf dem Server erfolgt die Auswertung der beiden Parameter und die Anzeige ihres Inhalts. In dem Beispiel können Sie gut sehen, auf welche Art und Weise auf übergebene Parameter reagiert und wie die Ausgabe einer Webseite an die übergebenen Parameter angepasst werden kann.

Das Beispiel ist auf der CD zum Buch enthalten.

```
<!DOCTYPE html PUBLIC "-//W3C//DTD XHTML 1.0
Strict//EN" "DTD/xhtml1-strict.dtd">
<html xmlns="http://www.w3.org/TR/xhtml1">
<head><title>XHTML-Seite mit ASP</title></head>
<body>
<h3>XHTML-Seite mit ASP-Code(Response.QueryString)</h3>
<%
```

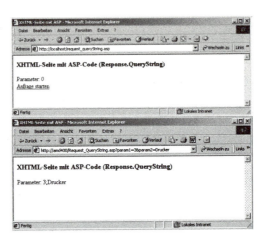

Abbildung 17.15: Das Dokument nach dem Aufruf ohne und mit Parameter

```
'Ab hier beginnt der ASP-Code
v_start=Request.QueryString ("param1")
v_wert=Request.QueryString ("param2")
If Request.QueryString.Count >1 then
        Response.Write "Parameter: " & v_start & "; " &
  v_wert
        else
        Response.Write "Parameter: "Request.QueryString.Count
 & "<br/>"
        Response.Writehref='http://amd400/
  Request_QueryString.asp?param1=3&param2=Drucker'>
  Anfrage starten</a>"
end if
%>
</body>
</html>
```

ServerVariables-Datenaustausch zwischen Browser und Webserver

Daten, die sich im HTTP-Header befinden, sind normalerweise nicht sichtbar, erst die `ServerVariables-Collection` macht sie sichtbar. Die Daten, die so sichtbar gemacht werden, stammen vom Browser und richten sich an den Webserver. Um welche Daten es sich hierbei handelt und welche Arten es von Server-Variablen gibt, kann mit Hilfe eines Beispiels gezeigt werden. In den Server-Variablen stehen zum Beispiel Informationen des verwendeten Browsers und des Betriebssystems, auf dem der Browser ausgeführt wird. Auch ob Sie eine Seite direkt aufgerufen haben, oder ob Sie von einer anderen Seite auf die entsprechende Seite gelotst wurden, kann hier ausgelesen werden.

Syntax:

`Server.Variables (Serverumgebungsvariable)`

Der Parameter `Serverumgebungsvariable` gibt den Typ der Variablen an, die aufgerufen wird. Die wichtigsten dieser Variablen finden Sie in unten stehender Tabelle.

Serverumgebungsvariable	Beschreibung
ALL_HTTP	Liefert alle HTTP-Header, die der Browser gesandt hat
AUTH_TYPE	Ist die Authentifizierungsmethode, nach der ein Benutzer vom Server überprüft wird, wenn er versucht, auf ein geschütztes Skriptteil zuzugreifen
AUTH_USER	Liefert den authentifizierten Benutzernamen, der im Browser angegeben wurde
CERT_COOKIE	Gibt die eindeutige Kennung für das Clientzertifikat an. Diese wird als Zeichenfolge zurückgegeben und wird oft als Unterschrift für das Clientzertifikat verwendet.

Serverumgebungsvariable	Beschreibung
CONTENT_TYPE	Hier wird der Datentyp angegeben, in dem die angefügten Informationen hinterlegt sind. Diese angefügten Informationen werden über Abfragen ausgelesen, wie z. B. die HTTP-Abfragen GET, POST und PUT.
HTTP_Headername	Hier ist der Wert enthalten, in dem der Headername gespeichert ist
HTTP_ACCEPT_LANGUAGE	Hier wird die Sprache angegeben, in welcher die Anzeige erfolgen soll
HTTP_COOKIE	Hier wird die Zeichenfolge zurückgegeben, die angefordert wurde
HTTP_REFERRER	Wurde eine Seite umgeleitet, ist hier die Ursprungs- URL hinterlegt und es kann bestimmt werden, von welcher Webseite ein Benutzer auf die momentane Seite verwiesen wurde
LOCAL_ADDR	Hier kann die Serveradresse ermittelt werden über die die Anforderung eingetroffen ist. Dies ist wichtig, wenn einem Computer mehrere IP-Adressen zugeordnet sein können. Nun haben Sie nämlich die Möglichkeit, die dem Computer zugeordnete IP-Nummer zu ermitteln.
LOGON_USER	Gibt das Windows-Konto an, über das der Benutzer angemeldet ist

Tabelle 17.4: Auszug aus den Serverumgebungsvariablen

Beispiel:

In diesem Beispiel werden alle Server-Variablen ausgelesen und dann im Browserfenster ausgegeben. Dies wird mit dem Objekt Request.ServerVariables erreicht.

Kapitel 17   Interaktive Webseiten mit XHTML und ASP

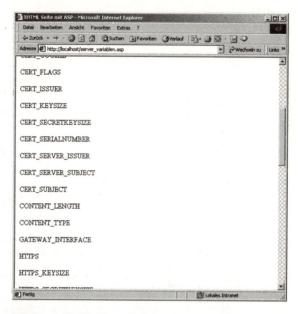

Abbildung 17.16: Alle verfügbaren Server-Variablen

Das Beispiel ist auf der CD zum Buch enthalten.

```
<!DOCTYPE html PUBLIC "-//W3C//DTD XHTML 1.0
Strict//EN" "DTD/xhtml1-strict.dtd">
<%@ LANGUAGE=VBSCRIPT %>
<html xmlns=»http://www.w3.org/TR/xhtml1">
<head> <title>XHTML-Seite mit ASP</title> </head>
<body>
<h1>XHTML-Seite mit ASP-Code (Server-Variablen
```

auslesen)</h1>
```
<%
Dim Ausgabe
For Each Ausgabe in Request.ServerVariables
%><p><%=Ausgabe%></p><%
next
%>
</body></html>
```

TotalBytes und BinaryRead – alle Daten im HTTP-Header auslesen

Mit den Objekten TotalBytes und BinaryRead ist es möglich weiter Daten aus dem HTTP-Header auszulesen. In diesem Fall können Sie TotalBytes dafür einsetzen, um die Anzahl der vom Browser an den Webserver übermittelten Bytes zu bestimmen. Mit BinaryRead können die im HTTP-Header enthaltenen Daten ausgelesen werden. Da die erhaltenen Daten nicht mit der von ASP verwendeten Skriptsprache weiterverarbeitet werden können, sondern nur mit ActiveX-Komponenten, befassen wir uns auch nicht näher damit.

Das Response-Objekt

Das Response-Objekt dient dazu, Daten von ASP-Seiten, die vom Webserver kommen, auf dem Browser des Benutzers auszugeben. Mit Hilfe des Response-Objekts können Sie direkt Daten in XHTML-Dateien einfügen. Auch das Verändern der Daten, die sich im HTTP-Header befinden, können mit dem Response-Objekt verändert werden. Wie Sie in den Abschnitten Cookies und Formularen in ASP gesehen haben, kann der HTTP-Header wichtige Informationen enthalten, die mit dem Response-Objekt veränderbar sind. In der folgenden Tabelle haben Sie alle Auflistungen, Methoden und Eigenschaften, die mit dem Response-Objekt möglich sind. Danach werden Ihnen einige Response-Objekte genauer erklärt und mit Beispielen veranschaulicht.

Kapitel 17 | Interaktive Webseiten mit XHTML und ASP

Auflistungen	
Response.Cookies	Diese Auflistung verändert den Wert eines Cookies. Ist das angegebene Cookie noch nicht erstellt, wird es angelegt.
Methoden	
Response.AddHeader	Fügt Headerinformationen in den HTTP-Header ein.
Response.AppendToLog	Fügt eine Zeichenfolge am Ende des Webserverprotokolleintrags hinzu
Response.BinaryWrite	Diese Methode schreibt Informationen, die Sie angeben, in die aktuelle HTTP-Ausgabe, ohne irgendeine Zeichenkonvertierung vorzunehmen
Response.Clear	Löscht alle Response.Befehle, die sich im Buffer befinden
Response.End	Steht am Ende einer Seite und schickt automatisch den Daten Buffer zum Browser.
Response.Flush	Sendet Teile der Webseite, die mit Response.Buffer gespeichert wurden, an den Browser
Response.Redirect	Leitet den Browser, der die ASP-Seite aufruft, automatisch auf eine andere Seite um
Response.Write	Sendet Informationen in den XHTML-Teil, der dann im Browser ausgegeben wird
Eigenschaften	
Response.Buffer	Wenn dieser Befehl eingeschaltet ist, wird die Seite auf dem Webserver komplett erstellt und erst dann zum Browser gesandt
Response.Cache.Control	Verhindert, dass ASP-Seiten im Proxy-Server Cache abgelegt werden
Response.ChareSet	Diese Eigenschaft fügt den Namen des Zeichensatzes an den content-type-Header eines Response-Objekts an

Eigenschaften	
Response.ContentType	Diese Eigenschaft gibt den HTTP-Inhaltstyp (Content Type) für die Antwort an
Response.Expires	Legt fest, wie viele Tage die mit ASP generierte Webseite im Cache des Browsers gespeichert wird
Response.ExpiresAbsolute	Legt fest, wie viele Tage es bis zum angegebenen Ablaufdatum sind
Response.IsClientConnected	Kontrolliert, ob der Browser des Kunden sich noch auf der ASP-Seite aufhält
Response.Pics	Diese Eigenschaft fügt einen Wert zum PICS-label-Antwortheader hinzu
Response.Status	Die Statusmeldung, die der Browser vom Webserver erhält

Tabelle 17.5: Die Response-Objekte

Response.Write

Mit Response.Write haben Sie die Möglichkeit, direkt in den XHTML-Teil Ihrer Webseite einzugreifen. Der Response.Write-Befehl gibt Zeichenketten aus, die Sie mit dem &-Befehl mit Variablen verknüpfen können. Dabei haben Sie den großen Vorteil, dass Sie XHTML-Tags mit in die Response.Write-Ausgabe integrieren können. Das heißt, Sie können den Text, den Sie in einem ASP-Code über Response.Write ausgeben, mit den Tags <p> </p> , <i> </i>,
 </br> usw. formatieren.

Syntax:

Response.Write Variant

Der Parameter Variant kann jede beliebige Zeichenfolge oder Variable annehmen.

Beispiel:

In diesem Beispiel wird ein statischer Text, der mit Variablen verbunden ist, in formatierter Form ausgegeben. Dabei kann der Inhalt der Variablen von Ihnen in ein Formular eingegeben werden.

Das Beispiel ist auf der CD zum Buch enthalten.

```
<!DOCTYPE html PUBLIC "-//W3C//DTD XHTML 1.0
Strict//EN" "DTD/xhtml1-strict.dtd">
<%@ LANGUAGE=VBSCRIPT %>
<html xmlns=»http://www.w3.org/TR/xhtml1">
<head> <title>XHTML-Seite mit ASP</title> </head>
<body>
<h1>XHTML-Seite mit ASP-Code (Response.Write)</h1>
<form method="Post">
  <p><input type="text" name="Eingabe" size="25"> Geben
  Sie einen Text ein, der mit dem statischen Text
  verbunden wird. </p>
  <p><input type="submit" value="Text ausgeben"></p>
</form>
<%
  Dim Variable
If Request.Form.Count > 0 Then
  Variable = Request.Form("Eingabe")
  Response.Write "<i>Dieser statische Text wird mit
  einer Variablen verbunden. </i>" & Variable
Else
  Response.Write "<i>Dieser statische Text wird mit
  keiner Variablen verbunden, da keine Eingabe
```

```
    getätigt wurde.</i>"
End IF
%>
</body></html>
```

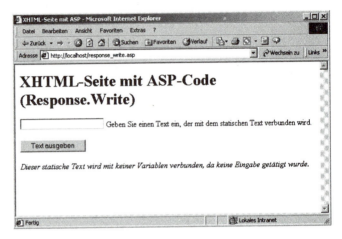

Abbildung 17.17: Das Response.Write-Objekt

Response.Expires

Mit Response.Expires legen Sie fest, ob Ihre ASP-Seite im Cache des aufrufenden Browsers zwischengespeichert wird und wenn ja, wie lange dies der Fall sein soll. Im Normalfall sollten ASP-Seiten nicht zwischengespeichert werden, da sie ja dynamisch erstellt werden und jedes Mal ihr Aussehen verändern können. Wird so eine Seite nicht jedes Mal neu aufgebaut, bekommt der Benutzer eine veraltete XHTML-Seite zu sehen, die vom ersten Aufruf her stammt.

Syntax:

Response.Expires = [Tage]

Der Parameter Tage gibt die Anzahl der Tage an, an denen die generierte XHTML-Seite im Browser zwischengespeichert werden soll.

Kapitel 17 — Interaktive Webseiten mit XHTML und ASP

Wenn Sie es vermeiden wollen, dass der Browser Ihre von ASP generierte XHTML-Seite überhaupt zwischenspeichert, dann geben Sie den Wert 0 für die Anzahl der Tage an und schreiben diesen Befehl vor allen eigentlichen XHTML- und ASP-Befehlen.

Beispiel:

```
<!DOCTYPE html PUBLIC "-//W3C//DTD XHTML 1.0
Strict//EN" "DTD/xhtml1-strict.dtd">
<%@ LANGUAGE=VBSCRIPT %>
<% Response.Expires = 0 %>
<html xmlns=»http://www.w3.org/TR/xhtml1">
<head> <title>XHTML-Seite mit ASP</title> </head>
<body>
<h1>XHTML-Seite mit ASP-Code (Response.Expires)</h1>
<%
    Response.Write "<i>Dieser Text wird nicht
  gebuffert. </i>"
%>
</body></html>
```

Response.ExpiresAbsolute

Mit Response.ExpiresAbsolute legen Sie das Ablaufdatum der ASP-Seite zum augenblicklichen Datum fest. Sie legen mit der ExpiresAbsolute-Eigenschaft den Zeitpunkt (Datum und Uhrzeit) fest, an dem die Seite abläuft. Wird diese Seite jetzt nochmals aufgerufen, bevor die angegebene Zeit abgelaufen ist, wird Ihnen die zwischengespeicherte Seite angezeigt.

Syntax:

```
Response.ExpiresAbsolute[ = [Datum][Uhrzeit]]
```

Der Parameter Datum gibt an an welchem Datum die Seite abläuft.

Der Parameter Uhrzeit gibt an, zu welcher Uhrzeit die Seite abläuft. Wird kein Datum angegeben, läuft die Seite am gleichen Tag zu dieser Uhrzeit ab.

Beispiel:

Im folgenden Beispiel wird angegeben, dass die Seite am 1. Mai 2000 01 Sekunden nach 00:00 Uhr abläuft.

```
<% Response.ExpiresAbsolute =#May 1,2000 00:00:01# %>
```

Response.CacheControl

Mit der `CacheControl`-Eigenschaft setzen Sie den Standardwert `Private` außer Kraft. Sie können diese Eigenschaft auch auf `Public` einstellen. Da ein Proxyserver wie ein Cache eines normalen Browsers funktioniert, können Proxyserver die von ASP generierte Ausgabe zwischenspeichern. Dabei sollte darauf geachtet werden, dass ein Proxyserver Ihre dynamischen ASP-Seiten nicht zwischenspeichert.

Syntax:

```
Response.CacheControl = (Kopf)
```

Der Parameter-Kopf kann zwei Werte annehmen - den Wert `Private`, der auch voreingestellt ist, und den Wert `Public`, der ein Cachen der ASP-Seiten auf dem Proxyserver erlaubt.

Response.Status

Die `Status`-Eigenschaft des Objekts `Response` gibt den Wert der Statuszeile an, die der Server zurückgegeben hat. Dabei können die Statuswerte, die in der HTTP-Spezifikation definiert sind, verändert werden.

Syntax:

```
Response.Status = (Statusbeschreibung)
```

Die `Statusbeschreibung` besteht aus einer dreistelligen Zahl, die den Statuscode angibt, und einer kurzen Beschreibung, die zu dem jeweiligen Statuscode gehört. Zum Beispiel "401 Unauthorized".

Beispiel:

Nachdem Sie in dem Formularfeld eine Eingabe getätigt haben, werden Sie nach Benutzername und Kennwort gefragt. Werden diese Angaben nicht richtig ausgefüllt, erscheint eine Fehlermeldung.

Kapitel 17 Interaktive Webseiten mit XHTML und ASP

Das Beispiel ist auf der CD zum Buch enthalten.

```
<!DOCTYPE html PUBLIC "-//W3C//DTD XHTML 1.0
Strict//EN" "DTD/xhtml1-strict.dtd">
<%@ LANGUAGE=VBSCRIPT %>
<html xmlns=»http://www.w3.org/TR/xhtml1">
<head> <title>XHTML-Seite mit ASP</title> </head>
<body>
<h1>XHTML-Seite mit ASP-Code (Response.Status)</h1>
<form method="Post">
  <p><input type="text" name="Eingabe" size="25"> Geben
  Sie Ihr Kennwort ein. </p>
  <p><input type="submit" value="Kennwort prüfen"></p>
</form>
<%
  Dim Variable
If Request.Form.Count > 0 Then
  Variable = Request.Form("Eingabe")
  Response.Write "<i>Ihr Kennwort ist falsch </i>" &
  Variable
   Response.Status = "401 Unauthorized"
 Else
  Response.Write "<i>Da keine Eingabe erfolgte, kann
   Ihr
  Kennwort nicht überprüft werden.</i>"
End IF
 %>
</body></html>
```

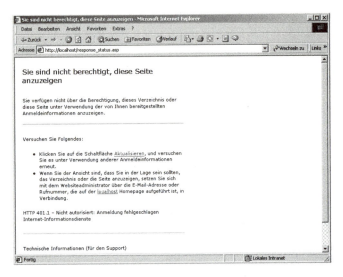

Abbildung 17.18: Das Objekt Response.Status

Response.Buffer

Mit dem Objekt Response.Buffer geben Sie an, ob die Seitenausgabe gepuffert werden soll oder nicht. Wenn Sie sich für eine Pufferung der Seitenausgabe entscheiden, wird die Antwort des Servers so lange hinausgezögert, bis alle Skripten, die sich auf dem Server befinden, verarbeitet wurden oder bis im Skript die Flush- oder End-Methode aufgerufen wurde.

Die Buffer-Eigenschaft Response.Buffer sollte immer am Anfang des ASP-Programms, am besten in der ersten Zeile, ausgeführt werden.

Syntax:

Response.Buffer = (Flag)

Der Parameter Flag gibt an, ob eine Seite gepuffert werden soll oder nicht. Entscheiden Sie sich für die Pufferung, muss der Parameter False gesetzt werden, ansonsten wählen Sie den Wert True, wenn eine Pufferung erfolgen soll.

Response.Flush

Durch die Flush-Methode haben Sie die Möglichkeit, eine gepufferte Ausgabe einer Webseite sofort zu senden. Bei der Verwendung dieser Methode müssen Sie aber darauf achten, dass das Objekt Response.Buffer den Parameter True enthält, da sonst ein Fehler verursacht wird.

Syntax:

Response.Flush

Response.Clear

Durch die Clear-Methode können Sie jegliche gepufferte Ausgabe löschen. Mit dieser Methode löschen Sie jedoch nur den Hauptteil einer Antwort; der Antwort-Header wird bei dieser Aktion nicht gelöscht. Diese Methode wird dazu verwendet, Fehlerfälle zu verwalten. Sie müssen aber darauf achten, dass das Objekt Response.Buffer den Parameter True enthält, da sonst ein Fehler verursacht wird.

Syntax:

Response.Clear

Response.IsClientConnected

Mit der IsClientConnected-Eigenschaft können Sie erkennen, ob die Verbindung zum Server abgebrochen ist oder nicht. Das Response.IsClientConneceted-Objekt kann nun gelesen werden. Mit diesem Objekt haben Sie die optimale Kontrolle zu einem Client und Sie können herausfinden, ob er die Verbindung zum Server schon getrennt hat oder nicht. Dies ist vor allem dann sinnvoll, wenn der Zeitraum zwischen einer Anforderung des Clients und dem Zeitpunkt, an dem der Server antwortet, sehr lange ist. Somit kann vermieden werden, dass der Server noch ein Skript ausführt, obwohl der Client, der dieses Skript angefordert hat, schon lange keine Verbindung mehr zum Server hat.

Syntax:

Response.IsClientConnected ( )

Response.AddHeader

Mit der AddHeader-Methode fügen Sie einen eigenen HTML-Header ein. In diesen HTML-Header können Sie nun einen Wert schreiben. Diese Methode fügt einen neuen HTTP-Header zu einer Antwort eines Kunden- Browsers hinzu. Sie können damit keinen vorhandenen Header mit demselben Namen überschreiben. Haben Sie einmal einen Header hinzugefügt, können Sie ihn nicht mehr entfernen.

Syntax:

Response.AddHeader Name, Wert

Der Parameter Name gibt den Namen des neuen HTML-Headers an. Im Parameter Wert speichern Sie den ersten Wert, der im neuen HTML-Header vorhanden sein soll.

Response.Redirect

Mit der Methode Response.Redirect wird der Browser beim Aufruf von einer Seite auf eine andere, vorher festgelegte Seite umgeleitet. Dies dient zur Verbreitung und Bekanntmachung einer Seite. So können Sie zum Beispiel mehrere Startseiten mit verschiedenen URL programmieren, die alle auf die gleiche Hauptseite verweisen. Andere Möglichkeiten, diese Methode zu nützen, sind ein Weiterleiten auf eine andere Seite, wenn ein Fehler aufgetreten ist. Auch könnte man zwei Hauptseiten erstellen, die einmal auf den Netscape Navigator und einmal auf den Internet Explorer optimiert sind. So wird dem Benutzer immer eine einwandfrei laufende Webseite präsentiert.

Syntax:

Response.Redirect URL

Der Parameter URL gibt die Seite an, zu der der Browser umgeleitet wird.

Beispiel:

Wenn Sie in das Formularfeld einen Text eingegeben haben und diesen mit der Schaltfläche bestätigen, werden Sie auf eine andere Seite umgeleitet.

Das Beispiel ist auf der CD zum Buch enthalten.

Kapitel 17 Interaktive Webseiten mit XHTML und ASP

```
<!DOCTYPE html PUBLIC "-//W3C//DTD XHTML 1.0
Strict//EN" "DTD/xhtml1-strict.dtd">
<%@ LANGUAGE=VBSCRIPT %>
<html xmlns=»http://www.w3.org/TR/xhtml1">
<head> <title>XHTML-Seite mit ASP</title> </head>
<body>
<h1>XHTML-Seite mit ASP-Code (Response.Redirect)</h1>
<form method="Post">
  <p><input type="text" name="Eingabe" size="25"> Geben
  Sie einen Text ein. </p>
  <p><input type="submit" value="Auf andere Seite
  umleiten"></p>
</form>
<%
  Dim Variable
If Request.Form.Count > 0 Then
  Variable = Request.Form("Eingabe")
  Response.Write "<i>Sie werden auf eine andere Seite
  umgeleitet. </i>" & Variable
  Response.Redirect
  "http://localhost/Server_Variablen.asp"
Else
  Response.Write "<i>Da keine Eingabe erfolgte, kann
  keine Seitenumleitung stattfinden.</i>"
End IF
%>
</body></html>
```

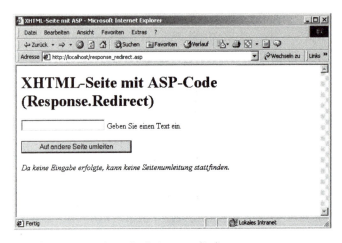

Abbildung 17.19: Die Methode Response.Redirect

Response.End

Mit der Methode Response.End veranlassen Sie den Server, die Verarbeitung des Skripts zu beenden. Danach ist das aktuelle Ergebnis an den Browser zurückzugeben. Die Methode Response.End ruft normalerweise Response.Flush, um den Buffer zum Kundenbrowser zu schicken. Der restliche Inhalt der Datei wird nicht verarbeitet.

Syntax:

Response.End

Das Server-Objekt

Mit den Server.Objekten haben Sie auf verschiedene Methoden und Eigenschaften des Servers Zugriff. Da diese genau einer Gruppe zugeordnet werden, könnte kann man sie grob als Dienstleistungen bezeichnen.

Syntax:

Server.Eigenschaft/Methode

Methoden	
Server.CreateObject	Mit Server.CreateObject können Sie auf ActiveX-Objekte zugreifen und somit den ASP-Sprachumfang um neue Funktionen erweitern.
Server.Execute	Ruft eine ASP-Datei auf und verarbeitet sie.
Server.GetLastError	Die GetLastError-Methode gibt ein ASP-Error-Objekt zurück. In diesem wird der aufgetretene Fehler beschrieben.
Server.HTMLEncode	Hier wird Text in XHTML-konformes Format umgewandelt.
Server.MapPath	Server.MapPath ordnet den virtuellen Verzeichnissen die physikalisch vorhandenen Verzeichnisse auf der Festplatte des Webservers zu.
Server.Transfer	Hier werden allen gesammelten Daten an eine andere ASP-Datei geschickt.
Server.UrlEncode	Hier wird eine Zeichenfolge so codiert, dass sie für URL-Ausgaben in einem Browser ausgegeben werden kann.
Eigenschaften	
Server.ScriptTimeout	Gibt die längste Zeitspanne an, die ein ASP-Skript zur Abarbeitung benötigen darf.

Tabelle 17.6: Die Server-Objekte in ASP

Server.CreateObject

Mit dem Server.Create-Object haben Sie die Möglichkeit zusätzliche Funktionen zu ASP hinzuzufügen. Sie können so zum Beispiel auf weitere ASP-Komponenten zugreifen.

Syntax:

Server.CreateObject(Programm)

Der Parameter Programm gibt den Typ des zu erstellenden Objekts an. Dabei hat der Parameter folgendes Format: Zuerst kommt der Anbieter, dann die Komponente und zuletzt die Version.

Name	Beschreibung
AdRotator	Hiermit kann ein Werbebanner nach einer gewissen Zeit ausgewechselt werden
Browser.Capabilities	Hiermit können Sie die Art und die Version des Browsers ermitteln, der auf den Server zugreift
ContentLinking	Erstellt ein Inhaltsverzeichnis für Webseiten
ContentRotator	Hiermit können XHTML-Inhaltsverzeichnisse auf dem Webbrowser automatisch ausgewechselt werden
Counters	Hiermit können Counters verwaltet werden
Datenbankzugriff	Damit kann auf Datenbanken zugegriffen werden, die über den ADO-Standard verfügen
Dateizugriff	Erlaubt den Zugriff auf Dateien
IIS-Protokollierung	Ermöglicht das Lesen der Aktivitäten, die der Webservers mitgeschrieben hat
MyInfo	In diesem Objekt befinden sich die Daten des Seitenadministrators
Page Counter	Gibt die Anzahl der Seitenaufrufe an
Permission Checker	Ermittelt, ob ein Webbenutzer eine Leseberechtigung für eine Datei hat
Status	Gibt Informationen über den Serverstatus aus
Tools	Damit können Sie anspruchsvolle Funktionen in Webseiten integrieren

Tabelle 17.7: Installierbare Komponenten für das ASP-Server-Objekt

| Kapitel 17 | Interaktive Webseiten mit XHTML und ASP |

Beispiel:

In der Prozedur wird nach der Dimensionierung der Variablen eine neue Instanz des Objekts Scripting.FileSystemObject erzeugt. Mögliche Fehler werden mit On Error Resume Next abgefangen. Der Variablen Pfad wird der zu untersuchende Laufwerkbuchstabe und Ordner aus dem ermittelten Webpfad übergeben. Mit der Methode GetFolder wird dieser Ordner in die Variable Ordner übernommen. Nun werden mit der Eigenschaft Files die Namen der Dateien ausgelesen, die in der Variablen sind. Dies geschieht mit Hilfe einer For...Each-Schleife. Diese Liste von Dateien wird am Bildschirm ausgegeben.

Das Beispiel ist auf der CD zum Buch enthalten.

```
<!DOCTYPE html PUBLIC "-//W3C//DTD XHTML 1.0
Strict//EN" "DTD/xhtml1-strict.dtd">
<%@ LANGUAGE=VBSCRIPT %>
<html xmlns=»http://www.w3.org/TR/xhtml1">
<head> <title>XHTML-Seite mit ASP</title> </head>
<body>
<h1>XHTML-Seite mit ASP-Code (Server.CreateObject)</h1>
<%
On Error Resume Next
 Dim fso, Ordner, FileName, OrdnerInhalt, FileListe,
 Pfad, Ausgabe
  drive = Request.QueryString("drive")
  webpath =
   lcase(Request.ServerVariables("APPL_PHYSICAL_PATH"))
  if drive="" then drive = webpath
  Set fso =
   Server.CreateObject("Scripting.FileSystemObject")
```

```
    Pfad = webpath
    Set Ordner = fso.GetFolder(Pfad)
     Set OrdnerInhalt = Ordner.Files
      For Each FileName in OrdnerInhalt
        FileListe = FileListe & FileName.name
        FileListe = FileListe & vbcrlf
      Next
      Ausgabe = "Alle Dateien, die im Verzeichnis " & Pfad
      & " enthalten sind: " & vbcrlf & FileListe
%>
<p><%=Ausgabe%></p>
</body></html>
```

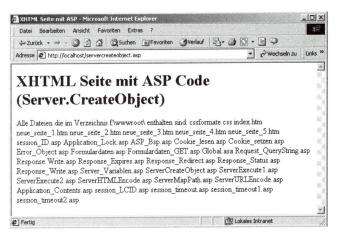

Abbildung 17.20: Das Server.CreateObject

Server.Execute

Mit Server.Execute können Sie eine ASP-Datei aufrufen, die dann so verarbeitet wird, als wäre sie Teil des aufrufenden ASP-Skripts. Server.Execute ist vergleichbar mit einem Prozeduraufruf in vielen Programmiersprachen.

Syntax:

Server.Execute(Pfad)

Der Parameter Pfad enthält eine Zeichenfolge, die den Speicherort der auszuführenden ASP-Datei angibt.

Beispiel:

In der ersten ASP-Datei (*ServerExecute1.asp*) wird nach der Überschrift und nach der Belegung der Variablen Ausgabe die zweite ASP-Datei (*ServerExecute2.asp*) aufgerufen. Nachdem diese ASP-Datei ausgeführt wurde, wird die erste ASP-Datei zu Ende geführt.

Erste Server.Execute ASP-Datei, die dann die zweite ASP-Datei (Server.Execute2.asp) aufruft.

Das Beispiel ist auf der CD zum Buch enthalten.

```
<!DOCTYPE html PUBLIC "-//W3C//DTD XHTML 1.0
Strict//EN" "DTD/xhtml1-strict.dtd">
<%@ LANGUAGE=VBSCRIPT %>
<html xmlns=»http://www.w3.org/TR/xhtml1">
<head> <title>XHTML-Seite mit ASP</title> </head>
<body>
<h1>XHTML-Seite mit ASP-Code (Server.Execute1)</h1>
<%
On Error Resume Next
 Dim Ausgabe
  Ausgabe = "Dies ist die erste ASP-Datei. "
```

```
Server.Execute ("ServerExecute2.asp")
%>
<p><%=Ausgabe%></p>
</body></html>
```

Zweite Server.Execute ASP-Datei, die von der zweiten ASP-Datei (Server.Execute1.asp) aufgerufen wird.

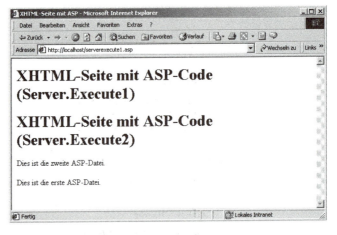

Abbildung 17.21: Das Sever-Objekt Server.Execute

Das Beispiel ist auf der CD zum Buch enthalten.

```
<!DOCTYPE html PUBLIC "-//W3C//DTD XHTML 1.0
Strict//EN" "DTD/xhtml1-strict.dtd">
<%@ LANGUAGE=VBSCRIPT %>
<html xmlns=»http://www.w3.org/TR/xhtml1">
<head> <title>XHTML-Seite mit ASP</title> </head>
```

```
<body>
<h1>XHTML-Seite mit ASP-Code (Server.Execute2)</h1>
<%
On Error Resume Next
 Dim  Ausgabe
  Ausgabe =  "Dies ist die zweite ASP-Datei. "
%>
<p><%=Ausgabe%></p>
</body></html>
```

Server.GetLastError

Server.GetLastError gibt ein ASP-Error-Objekt zurück, das den Fehler beschreibt, der aufgetreten ist. Diese Beschreibung des Fehlers ist nur abrufbar, bevor die ASP-Datei den Inhalt an den Browser gesendet hat.

Syntax:

```
Server.GetLastError ()
```

Server.HTMLEncode

Das Server-Objekt Server.HTMLEncode wandelt einen angegebenen Text in ein XHTML-konformes Format um. Alle Sonderzeichen und Umlaute werden so für eine XHTML-Ausgabe umgewandelt. So kann es nicht passieren, dass plötzlich XHTML-Steuerzeichen, die eigentlich normaler Text sein sollten, falsch interpretiert werden. Man kann auch sagen, dass der Text in XHTML-Kodierung umgewandelt wird.

Syntax:

```
Server.HTMLEncode( Zeichenfolge )
```

Der Parameter Zeichenfolge gibt den zu Kodierenden Text oder die Zeichenfolge an.

Beispiel:

Zuerst geben Sie einen Text in das Formularfeld ein. Nach Betätigung der Schaltfläche wird der Text, den Sie zuvor eingegeben haben, in

XHTML-konformen Text umgewandelt. Geben Sie keinen Text ein, so wird Ihnen das mitgeteilt.

Das Beispiel ist auf der CD zum Buch enthalten.

```
<!DOCTYPE html PUBLIC "-//W3C//DTD XHTML 1.0
Strict//EN" "DTD/xhtml1-strict.dtd">
<%@ LANGUAGE=VBSCRIPT %>
<html xmlns=»http://www.w3.org/TR/xhtml1">
<head> <title>XHTML-Seite mit ASP</title> </head>
<body>
<h1>XHTML-Seite mit ASP-Code (Server.HTMLEncode)</h1>
<form method="Post">
  <p><input type="text" name="Eingabe" size="50"> Geben
    Sie einen Text oder eine Zeichenfolge ein. </p>
  <p><input type="submit" value="Text kodieren"></p>
</form>
<%
  Dim Variable, CodeText
If Request.Form.Count > 0 Then
  Variable = Request.Form("Eingabe")
  CodeText =
  Server.HTMLEncode(Server.HTMLEncode(Variable))
  Response.Write «<i>Ihr kodierter Text lautet: </i>» &
  CodeText
Else
  Response.Write "<i>Da keine Eingabe erfolgte, kann
  kein Text kodiert werden.</i>"
```

```
End IF

%>

</body></html>
```

Abbildung 17.22: Das Server.Objekt Server.HTMLEncode

Server.MapPath

Mit Server.MapPath können Sie einen virtuellen Pfad, so wie Sie ihn im URL-Feld des Browser zu Gesicht bekommen, in den physikalisch reellen Pfad umwandeln. Dieser Pfad gibt dann die Datei an, wo sie auf der Festplatte des Webservers zu finden ist.

Syntax:

```
Server.MapPath( Pfad )
```

Der Parameter Pfad gibt den relativen oder virtuellen Pfad an, der dann einem physischen Verzeichnis auf der Festplatte des Webservers zugeordnet werden soll. Wenn der Parameter mit (/) oder (\) beginnt, gibt die Server.MapPath einen kompletten Pfad mit Laufwerksbezeichnung zurück. Wird der Parameter Pfad nicht mit einem Schrägstrich begonnen, gibt Server.MapPath einen Pfad zurück, der relativ zum Verzeichnis der ASP-Datei ist, von der die Server.MapPath aufgerufen wurde.

Beispiel:

Zuerst geben Sie einen Text in das Formularfeld ein. Nach Betätigung der Schaltfläche wird der physikalische Pfad der Datei, die Sie zuvor eingegeben haben, ausgegeben. Es muss dabei eine *htm-*, *html-* oder *asp-*Datei sein, die sich im localhost des Webservers befindet.

Das Beispiel ist auf der CD zum Buch enthalten.

```
<!DOCTYPE html PUBLIC "-//W3C//DTD XHTML 1.0
Strict//EN" "DTD/xhtml1-strict.dtd">
<%@ LANGUAGE=VBSCRIPT %>
<html xmlns=»http://www.w3.org/TR/xhtml1">
<head> <title>XHTML-Seite mit ASP</title> </head>
<body>
<h1>XHTML-Seite mit ASP-Code (Server.MapPath)</h1>
<form method="Post">
  <p><input type="text" name="Eingabe" size="50"> Geben
  Sie eine Datei ein, die sich im Localhost dieses
  Webservers befindet.
  <p>
  <p><input type="submit" value="Verzeichnis
  bestimmen"></p>
</form>
<%
  Dim Variable, RealerPfad
If Request.Form.Count > 0 Then
  Variable = Request.Form("Eingabe")
  RealerPfad = Server.MapPath(Variable)
  Response.Write "<i>Diese Datei liegt im Webserver
```

```
      hier: </i>" & Realer Pfad
Else
   Response.Write "<i>Da keine Eingabe erfolgte, kann
   kein Pfad ausgegeben werden.</i>"
End IF
%>
</body></html>
```

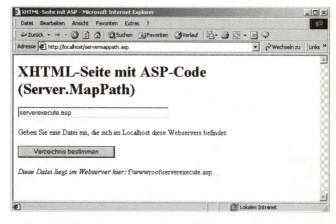

Abbildung 17.23: Einen physikalischen Pfad anhand der URL oder des Dateinamens ermitteln

Server.Transfer

Durch die Server.Transfer-Methode haben Sie die Möglichkeit, sämtliche Informationen, die für die Verarbeitung von der ASP-Datei gesammelt wurden, an eine andere ASP-Datei zu senden. Dabei werden auch alle Zustandsinformationen aller Objekte, die sich in dieser ASP-Datei befinden, mit übertragen. Es bleiben somit alle Variablen und Objekte, die Sie in der ASP-Datei verwendet haben, erhalten.

Syntax:

Server.Transfer (Pfad)

Der Parameter Pfad gibt den Pfad der ASP-Datei an, an die Informationen geschickt werden sollen.

Server.UrlEncode

Das Server-Objekt Server.URLEncode wendet auf eine angegebene Zeichenfolge URL-Kodierungsregeln an.

Syntax:

Server.URLEncode(Zeichenfolge)

Der Parameter Zeichenfolge gibt den zu kodierenden Text oder die Zeichenfolge an.

Beispiel:

Zuerst geben Sie eine URL in das Formularfeld ein. Nach Betätigung der Schaltfläche wird der Text, den Sie zuvor eingegeben in eine kodierte Zeichenfolge umgewandelt. Geben Sie keinen Text ein, so wird Ihnen das mitgeteilt.

Das Beispiel ist auf der CD zum Buch enthalten.

```
<!DOCTYPE html PUBLIC "-//W3C//DTD XHTML 1.0
Strict//EN" "DTD/xhtml1-strict.dtd">
<%@ LANGUAGE=VBSCRIPT %>
<html xmlns=»http://www.w3.org/TR/xhtml1">
<head> <title>XHTML-Seite mit ASP</title> </head>
<body>
<h1>XHTML-Seite mit ASP-Code (Server.URLEncode)</h1>
<form method="Post">
  <p><input type="text" name="Eingabe" size="50"> Geben
  Sie eine komplette URL an. </p>
```

```
    <p><input type="submit" value="URL kodieren"></p>
  </form>
  <%
    Dim Variable, CodeText
  If Request.Form.Count > 0 Then
    Variable = Request.Form("Eingabe")
    CodeText = Server.URLEncode(Variable)
    Response.Write «<i>Ihre kodierte URL lautet: </i>» &
    CodeText
  Else
    Response.Write "<i>Da keine Eingabe erfolgt kann
    keine URL kodiert werden.</i>"
  End IF
  %>
</body></html>
```

Abbildung 17.24: Eine URL kodieren

Server.ScriptTimeout

Mit Server.ScriptTimeout geben Sie die maximale Zeit an, die ein Skript zum Ausführen benötigen darf, bevor es beendet wird. Dabei wird aber nicht die Zeit gezählt, die das Skript während einer Verarbeitung benötigt.

Syntax:

Server.ScriptTimeout = Sekunden

Der Parameter Sekunden gibt die Anzahl der Sekunden an, bis das Skript ausgeführt werden kann. Ist diese Zeit verstrichen und das Skript noch nicht abgearbeitet, wird es durch den Server beendet. Der Standardwert ist dabei 90 Sekunden.

Das Application-Objekt

Mit dem Application-Objekt haben Sie die Möglichkeit, globale Variablen zur Verfügung zu stellen. Nun können Sie allen Benutzern Informationen zu einer ASP-Anwendung zugänglich machen. Aus diesen Variablen, die Sie mit dem Application-Objekt erstellt haben, können mehrere Webseiten-Benutzer gleichzeitig Informationen erhalten. Um diese Variablen allen Benutzern zugänglich machen zu können, müssen sie in so genannten GLOBAL.ASA-Dateien definiert werden. Diese Dateien werden dann im Wurzelverzeichnis des Webservers gespeichert. Da das jeweilige Application-Objekt von mehreren Benutzern gleichzeitig verwendet werden kann, muss das Application-Objekt mit den Methoden Lock und Unlock gesichert werden, um zu verhindern, dass eine Eigenschaft von mehreren Benutzern gleichzeitig geändert wird. In der folgenden Tabelle werden Ihnen alle Auflistungen und Methoden, die mit dem Application-Objekt möglich sind, kurz erklärt. Danach wird anhand eines Beispiels das Arbeiten mit globalen Variablen mit Hilfe des Application-Objekts erklärt.

Auflistungen	
Application.Contents	Gibt eine oder mehrere globale Variablen aus
Application.StaticObjects	Hiermit können Sie den Wert oder die Werte einer oder aller Application-Objekte, die in dem jeweiligen Gültigkeitsbereich vorhanden sind, auslesen

Methoden	
Application.ContensRemove	Entfernt eine Variable
Application.ContensRemoveAll	Löscht alle Variablen
Application.Lock	Diese Methode verhindert, dass andere Clients die Variablen ändern können
Application.Unlock	Diese Methode ermöglicht, dass andere Clients die Variablen ändern können

Tabelle 17.8: Das Application-Objekt

Application

Um globale Variablen für alle ASP-Dateien Ihres Projekts verwenden zu können, müssen Sie diese Variablen ins Wurzelverzeichnis Ihres Webservers speichern, in dem Ihr Projekt läuft. Die Datei muss unter dem Namen GLOBAL.ASA abgespeichert werden, damit sie von allen ASP-Programmen gefunden wird, die zu diesem Projekt gehören.

Syntax:

Application(Variablenname) = Variableninhalt

Der Parameter Variablenname legt den Namen der Variablen fest und der Parameter Variableninhalt gibt den Inhalt der Variablen wieder.

Beispiel:

Speichern Sie dieses Beispiel unter dem Namen GLOBAL.ASA im Wurzelverzeichnis ab. Die Variable lGlobaleVariable steht nun allen ASP-Dateien in diesem Projekt zur Verfügung.

Das Beispiel ist auf der CD zum Buch enthalten.

```
<script LANGUAGE=VBSCRIPT runat ="SERVER">
```

```
sub Application_OnStart
        Application("1GlobaleVariable") = "Erste globale
   Variable"
   End sub
</script>
```

Application.Contents

Haben Sie das oben genannte Beispiel in das Wurzelverzeichnis Ihres Webservers abgelegt, können Sie nun mit XHTML-Seiten und ASP-Code auf diese globalen Variablen zugreifen.

Syntax:

Application.Contents(Schlüssel)

Der Parameter Schlüssel gibt den Namen der Variablen an, die aufgerufen und angezeigt werden soll.

Beispiel:

In diesem Beispiel wird der Text, mit dem vorher die globale Variable 1GlobaleVariable belegt wurde, ausgelesen und am Bildschirm ausgegeben.

Das Beispiel ist auf der CD zum Buch enthalten.

```
<!DOCTYPE html PUBLIC "-//W3C//DTD XHTML 1.0
Strict//EN" "DTD/xhtml1-strict.dtd">
<%@ LANGUAGE=VBSCRIPT %>
<html xmlns=»http://www.w3.org/TR/xhtml1">
<head> <title>XHTML-Seite mit ASP</title> </head>
<body>
<h1>XHTML-Seite mit ASP-Code
  (Application.Contents)</h1>
<%
```

```
   Dim Ausgabe
         Ausgabe = Application.Contents("1GlobaleVariable")
%>
<p><%=Ausgabe%></p>
</body></html>
```

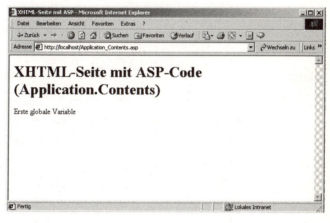

Abbildung 17.25: Globale Variablen auslesen

Application.Lock und Application.Unlock

Um eine globale Variable verändern zu können, muss Sie erst mit der Methode Application.Lock zum Schreiben freigegeben werden. Sie ermöglichen damit einen schreibenden Zugriff auf die Variable, weil in dieser Zeit keine andere ASP-Datei darauf zugreifen kann. Somit ist gewährleistet, dass nicht mehrere Benutzer gleichzeitig eine Variable ändern können. Der Nachteil von globalen Variablen liegt darin, dass diese Verfügbarkeit für alle ASP-Dateien im Projekt auch Ressourcen des Webservers an sich bindet. Für normale Aufgaben sollten Sie daher keine globalen Variablen einsetzen.

Syntax:

Application.Lock

Application.Unlock

Beispiel:

Nach dem Starten der Datei wird der Inhalt der globalen Variablen ausgelesen und im Browser ausgegeben. Danach geben Sie eine Zeichenfolge in das Formularfeld ein. Nach Betätigung der Schaltfläche wird der Text, den Sie zuvor eingegeben haben in die globale Variable geschrieben. Nach dem Starten der Datei wird Ihnen der Text ausgegeben, der in der globalen Variable gespeichert ist.

Das Beispiel ist auf der CD zum Buch enthalten.

```
<!DOCTYPE html PUBLIC "-//W3C//DTD XHTML 1.0
Strict//EN" "DTD/xhtml1-strict.dtd">
<%@ LANGUAGE=VBSCRIPT %>
<html xmlns=»http://www.w3.org/TR/xhtml1">
<head> <title>XHTML-Seite mit ASP</title> </head>
<body>
<h1>XHTML-Seite mit ASP-Code (Application.Lock)</h1>
<form method="Post">
  <p><input type="text" name="Eingabe" size="50"></p>
  <p> Geben Sie einen Text ein, der in der Variable,
      gespeichert werden soll. </p>
  <p><input type="submit" value="Text übernehmen"></p>
</form>
<%              ,
  Dim Ausgabe1, Ausgabe2, Variable
  Ausgabe1 = Application.Contents("1GlobaleVariable")
```

Kapitel 17   Interaktive Webseiten mit XHTML und ASP

```
      Response.Write "<p><i> Variableninhalt vorher:
      </i></p>" & Ausgabe1
  If Request.Form.Count > 0 Then
      Variable = Request.Form("Eingabe")
      Application.Lock
      Application.Contents("1GlobaleVariable") = Variable
      Application.Unlock
      Ausgabe2 = Application.Contents("1GlobaleVariable")
      Response.Write "<p><i> Variableninhalt nachher:
      </i></p>" & Ausgabe2
  End IF
  %>
  </body></html>
```

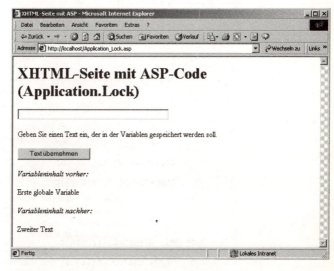

Abbildung 17.26: Globale Variablen verändern

Das Session-Objekt

Mit dem Session-Objekt haben Sie die Möglichkeit, Informationen zu speichern. Diese Informationen beziehen sich immer auf eine bestimmte Benutzersitzung (user-session). Diese Variablen, die in einem Session-Objekt gespeichert werden, bleiben solange erhalten, wie sich der Benutzer der Webseite auf Ihrem Webserver befindet. Erst wenn er die Webseite in seinem Browser wieder schließt, wird das Session-Objekt für diesen Benutzer wieder gelöscht.

Dabei übernimmt der Webserver die Koordination des Session-Objekts ganz automatisch. Er erstellt ein Session-Objekt, wenn ein Benutzer die erste Webseite des Projektes anfordert. Hat der Benutzer alle Webseiten des Projektes wieder geschlossen, wird das Session-Objekt für diese Sitzung wieder gelöscht.

Das Session-Objekt wird dazu verwendet, um Benutzerdaten zu speichern. Ob dies nun für den Benutzer selbst relevante Daten sind oder ob es sich um Daten handelt, die nur dem Betreiber der Webseite zugute kommen, ist dabei dem Betreiber des ASP-Projekts überlassen. Zum Beispiel möchte ein Benutzer keine Grafiken angezeigt bekommen. Diese Information wird nun im Session-Objekt gespeichert. Alle Möglichkeiten des Session-Objekts werden Ihnen nun in der nachfolgenden Tabelle kurz näher gebracht.

Auflistungen	
Session.Contents	Diese Auflistung enthält alle Elemente, die für eine Sitzung eingerichtet wurden.
Session.StaticObjects-Auflistung	Diese Auflistung enthält alle Objekte, die mit <OBJECT>-Tags im Gültigkeitsbereich des jeweiligen Session-Objekts erstellt wurden.
Eigenschaften	
Session.CodePage	Bei dieser Eigenschaft handelt es sich um die Angabe des CodePages für den Zeichensatz, Zahlen usw. Dieser kann bei verschiedenen Sprachen voneinander abweichen.

Eigenschaften	
Session.LCID	Diese Eigenschaft legt den Gebietsschemabezeichner fest. der das Anzeigen von dynamischen Inhalten, wie Währungsbezeichnung oder die Schreibweise der Uhrzeit festlegt
Session.SessionID	Diese Eigenschaft gibt die Bezeichnung der Sitzung zurück. Dieser vom Server generierter Bezeichner, ist ein einmaliger Wert für jede Sitzung.
Session.Timeout	Diese Eigenschaft gibt (in Minuten) das Zeitlimit an, in der das Session-Objekt aktiv ist. Wird vom Benutzer innerhalb dieser festgelegten Zeit keine Seite aktualisiert oder neu angefordert, wird diese Sitzung beendet.
Methoden	
Session.Abandon	Diese Methode löscht alle Objekte, die in einem Session-Objekt gespeichert sind
Session.ContentsRemove	Diese Methode löscht ein bestimmtes Element aus der Contents-Auflistung
Session.ContentsRemoveAll	Diese Methode löscht alle Elemente aus der Contents-Auflistung

Tabelle 17.9: Das Session-Objekt

Nun werden noch einige Beispiele für den Einsatz des Session-Objekts näher besprochen.

Session.LCID

Mit der Eigenschaft Session.LCID legen Sie die für jedes Land verschiedenen Datums- und Zahlenformate fest. Durch diese Eigenschaft haben Sie die Möglichkeit, die ASP-Seiten in Abhängigkeit von der Sprache des Webservers zu machen. Somit gewährleisten Sie, dass die Seite die Zahlen- und Datumsformate in der länderspezifischen Darstellung auch wirklich zeigt.

Syntax:

Session.LCID(=LCID)

Der Schlüssel LCID gibt einen gültigen Gebietsschemenbezeichner an. Der Wert wird als hexadezimaler Wert eingetragen.

Beispiel:

Die aktuelle Systemzeit wird in verschiedenen spezifischen Ländereinstellungen ausgegeben.

Das Beispiel ist auf der CD zum Buch enthalten.

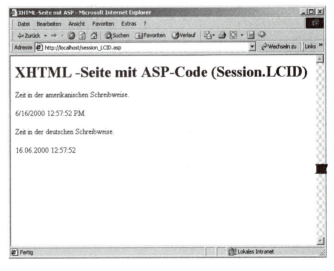

Abbildung 17.27: Die Eigenschaft Session.LCID

```
<!DOCTYPE html PUBLIC "-//W3C//DTD XHTML 1.0
Strict//EN" "DTD/xhtml1-strict.dtd">
<%@ LANGUAGE=VBSCRIPT %>
```

```
<html xmlns=»http://www.w3.org/TR/xhtml1">
<head> <title>XHTML-Seite mit ASP</title> </head>
<body>
<h1>XHTML-Seite mit ASP-Code (Session.LCID)</h1>
<%
Session.LCID = "&h0409"
Response.Write  "<p> Zeit in der amerikanischen
 Schreibweise. </p>" & Now()
Session.LCID = "&h0407"
Response.Write  "<p> Zeit in der deutschen
 Schreibweise. </p>" & Now()
%>
</body></html>
```

Session.SessionID

Diese Eigenschaft gibt die Bezeichnung der Session zurück. Dies ist ein eindeutiger Zahlenwert vom Datentyp Long, der vom Server generiert wird, wenn die Sitzung erstellt wird. Dies ist nötig, damit der Webserver nicht Daten von Benutzern speichert, die schon lange nicht mehr auf den Webserver zugreifen.

Der Wert, der hierbei vom Server vergeben wird, kann immer wieder den gleichen Wert annehmen. Wird eine Sitzung beendet, wird zwar der Bezeichner gelöscht, den Wert, den dieser Bezeichner bekommen hat, kann beim nächsten Mal eine andere Session bezeichnen.

Syntax:

Session.SessionID

Beispiel:

Zuerst wird im Listing eine Session erzeugt, indem Sie einen Text in das Formularfeld eingeben. Danach wird der Name, die ID und der in der Session gespeicherte Text ausgegeben.

Das Beispiel ist auf der CD zum Buch enthalten.

```
<!DOCTYPE html PUBLIC "-//W3C//DTD XHTML 1.0
Strict//EN" "DTD/xhtml1-strict.dtd">
<%@ LANGUAGE=VBSCRIPT %>
<html xmlns=»http://www.w3.org/TR/xhtml1">
<head> <title>XHTML-Seite mit ASP</title> </head>
<body>
<h1>XHTML-Seite mit ASP-Code (Session.Timeout)</h1>
<form method="Post">
  <p><input type="text" name="Eingabe" size="25"> Geben
   Sie den zu speichernden Text ein. </p>
  <p><input type="submit" value="Session-Daten
   auslesen."
</form>
<%
  If Request.Form.Count > 0 Then
  Session("Text")= Request.Form("Eingabe")
  Response.Write "<p><i>Die Session ID lautet:
   </i></p>" & Session.SessionID
  Response.Write "<p><i>Der Inhalt der Session lautet:
   </i></p>" &  Session("Text")
 Else
  Session("Text")= "Sie haben keinen Text eingegeben."
  Response.Write "<p><i>Die Session ID lautet:
   </i></p>" & Session.SessionID
  Response.Write "<p><i>Da keine Eingabe erfolgte, wurde
   ein Standardtext in der Session
   gespeichert.</i></p>" &  Session("Text")
```

```
End IF
%>
</body></html>
```

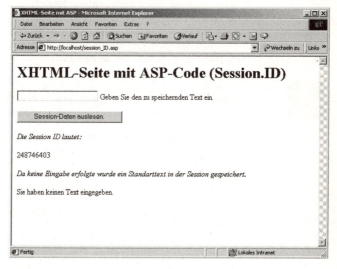

Abbildung 17.28: Die Eigenschaft Session.Session.ID

Session.TimeOut

Mit dieser Eigenschaft geben Sie das Zeitlimit an, das dem Session-Objekt dieser Anwendung zugewiesen wird. Wird vom Benutzer innerhalb dieser von Ihnen festgelegten Zeit keine Seite aktualisiert oder aufgerufen, wird die Sitzung beendet und alle Session-Informationen gelöscht.

Syntax:

Session.Timeout [= Minuten]

Der Parameter Minuten gibt die Anzahl der Minuten an, die eine Sitzung ohne Aktivitäten von Seiten des Benutzers bestehen kann, bevor sie durch den Server automatisch beendet wird. Die Standardeinstellung ist in diesem Fall 20 Minuten.

Beispiel:

In diesem Beispiel werden Sie aufgefordert, einen Text in ein Formularfeld einzugeben. Nach Betätigen der Schaltfläche wird dieser Text in der Session "Text" abgespeichert und auf eine zweite Seite umgeleitet, die Ihnen Daten und Inhalt des Session-Objekts anzeigt. Nach einer Minute, in der die Seite keinerlei Eingaben vom Benutzer erfährt, wird der Inhalt dieser Session wieder gelöscht.

Das Beispiel ist auf der CD zum Buch enthalten.

```
<!DOCTYPE html PUBLIC "-//W3C//DTD XHTML 1.0
Strict//EN" "DTD/xhtml1-strict.dtd">
<%@ LANGUAGE=VBSCRIPT %>
<html xmlns=»http://www.w3.org/TR/xhtml1">
<head> <title>XHTML-Seite mit ASP</title> </head>
<body>
<h1>XHTML-Seite mit ASP-Code (Session.Timeout1)</h1>
<form method="Post">
  <p><input type="text" name="Eingabe" size="25"> Geben
  Sie den zu speichernden Text ein. </p>
  <p><input type="submit" value="Session-Daten
  einlesen."
</form>
<%
  Session.Timeout = 1
  Session("Text")= Request.Form("Eingabe")
If Session("Text") <> "" Then
  Response.Redirect
```

Kapitel 17 Interaktive Webseiten mit XHTML und ASP

```
            "http://localhost/session_timeout2.asp"
        End IF
    %>
</body></html>
```

Das Beispiel ist auf der CD zum Buch enthalten.

Abbildung 17.29: Eingabe des zu speichernden Textes

```
<!DOCTYPE html PUBLIC "-//W3C//DTD XHTML 1.0
Strict//EN" "DTD/xhtml1-strict.dtd">
<%@ LANGUAGE=VBSCRIPT %>
<html xmlns=»http://www.w3.org/TR/xhtml1">
<head> <title>XHTML Seite mit ASP</title> </head>
```

```
<body>
<h1>XHTML Seite mit ASP Code (Session.Timeout2)</h1>
<%
   Response.Write "<p><i>Die Session-ID
     lautet:</i></p>" & Session.SessionID
   Response.Write "<p><i>Das Timeout dieser Session
     beträgt: </i></p>" & Session.Timeout
   Response.Write "<p><i>Der Inhalt der Session lautet:
     </i></p>" &  Session("Text")
 %>
</body></html>
```

Nach Betätigung der Schaltfläche werden Sie auf eine andere Seite umgeleitet. Hier werden Ihnen die ID-Nummer, die Verfallzeit und der Inhalt der Session angezeigt.

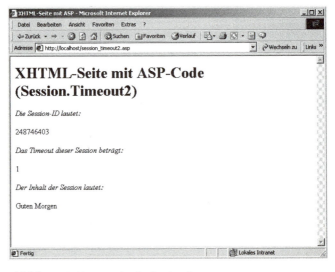

Abbildung 17.30: Ausgabe der Session-Daten

Wenn Sie nun nach einer Minute oder länger diese Seite aktualisieren lassen, wird der Inhalt und der Timeout der Variablen gelöscht. Danach wird Ihnen der Standard-Timeout einer Session angezeigt - dieser beträgt 20 Minuten.

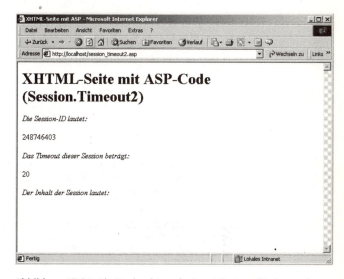

Abbildung 17.31: Die Session ist nach einer Minute gelöscht worden

Einzig die Session.ID ist noch die Gleiche, da es sich immer noch um die gleiche Sitzung handelt, d.h., der Browser wurde nicht geschlossen und wieder neu geöffnet.

KAPITEL 18

VBScript – Die Skriptsprache für ASP

ASP wird erst durch Skriptsprachen so richtig flexibel. Es kann entweder JScript oder VBScript eingesetzt werden. Da VBScript auch in Office-Versionen vertreten ist und einen großen Verbreitungsgrad besitzt, wird in diesem Kapitel VBScript als ASP-Skriptsprache vorgestellt.

VBScript – Die Skriptsprache für ASP

Allgemeines zu VBScript

Als Skriptsprache für ASP-Programme kann entweder JavaScript oder VBScript eingesetzt werden. VBScript ist dabei sehr leicht zu erlernen, da es sehr nah an Visual Basic und Visual Basic for Applications angelehnt ist. Da diese beiden Programmiersprachen eine hohe Verbreitung genießen, wird sich auch VBScript in ASP-Programmen vor JavaScript behaupten können. Auch in diesem Buch wird VBScript zur ASP-Programmierung verwendet. Natürlich kann auch JavaScript eingesetzt werden, falls Sie dieser Skriptsprache mächtig sind. Für alle anderen, die sich noch mit keiner dieser beiden Skriptsprachen beschäftigt haben, folgt nun eine Einführung in VBScript.

Einführung und Grundsätzliches zu VBScript

In diesem Kapitel werden die grundlegenden Kenntnisse von VBScript näher gebracht, die zur Programmierung für ASP in XHTML-Seiten nötig sind. Zuerst erhalten Sie eine Einführung in die Grundlagen von VBScript. Anschließend werden Ihnen Variablen, Befehle, Eigenschaften, Systemfunktionen, Schleifen und Funktionen näher gebracht. Die ausführbaren Beispiele finden Sie auf der beiliegenden Buch-CD.

Sie sind mit ASP und VBScript in der Lage komplexe Eingabeformulare, Bestellformulare etc. zu realisieren. Auch die Anbindung einer Webseite an eine Datenbank kann erstellt werden. Durch den Zugriff auf Dateien, den Ihnen VBScript bietet, haben Sie die Möglichkeit, wichtige Daten direkt auf die Festplatte des jeweiligen Benutzers zu schreiben. Dies ist z.B. für Online-Bestellungen interessant, weil so dem Besteller seine Bestelldaten nochmals lokal auf seiner Festplatte hinterlegt werden können. Für den Umgang mit Dateien bietet Ihnen VBScript eine Vielzahl von Eigenschaften an. Näheres zu den Anwendungsmöglichkeiten, Anweisungen, Eigenschaften, Schleifen usw. wird Ihnen im jeweiligen Abschnitt aufgezeigt.

VBScript wird in der Windows-Familie bereits von Windows 98 und Windows 2000 verstanden. Bei älteren Windows-Versionen müssen Sie sich die erforderlichen Updates besorgen. Die URL hierfür ist:

www.microsoft.com/scripting/windowshost/download/en/x86/wsh.exe.

Falls Sie bereits Erfahrung in der Programmierung von Visual Basic oder Visual Basic for Applications (enthalten in Excel, Access und Word) haben, fällt Ihnen der Umgang mit VBScript sicherlich leicht. Dies soll aber niemanden abhalten, der noch keine Erfahrungen mit Programmiersprachen gemacht hat. Auch Sie werden sich mit VBScript bald vertraut gemacht haben und so eigene ASP-Projekte programmieren können.

Microsofts *Visual Basic Script* ist eine an Visual Basic angelehnte Scriptsprache. Sie können VBScript im Gegensatz zu Visual Basic nicht kompilieren.

Variablen in VBScript

Variablen sind, wie bei allen Programmiersprachen, Platzhalter für Ergebnisse, Eingaben usw. Vergeben Sie für Variabelnnamen sinnvolle Namen. Hier gilt: Aussagekräftige Variablennamen erhöhen die Übersichtlichkeit und Lesbarkeit eines Programms. Verwenden Sie z.B. *Wochentag* und nicht *WT*.

Dim

Variablen werden in VBScript mit der Anweisung Dim deklariert. Es ist auch möglich, Variablen ohne die Deklaration Dim einzusetzen. In diesem Fall spricht man von einer *impliziten Deklaration*. Die Variablen, die so verwendet werden, bekommen, wie alle Datentypen in VBScript, automatisch den Variablentyp Variant zugewiesen. Variablen vom Typ Variant können sehr viele verschiedene Datentypen enthalten. Es können zum Beispiel Datumsangaben, Zeichenketten, Zahlen, Zeitangaben oder Boolsche Werte angenommen werden. Zeichenketten werden in Anführungszeichen gesetzt und Datumsangaben werden in Doppelkreuze geschrieben. Datumsangaben erfolgen immer auf die amerikanische Art: zuerst der Tag, dann der Monat und zum Schluss das Jahr. Die verschiedenen Zeichenketten oder Zahlen, die ein Variant-Datentyp annehmen kann, erkennt der Interpreter automatisch und führt die richtige Operation aus. Tritt dennoch ein Fehler auf, wird die Fehlermeldung *Typen unverträglich* ausgegeben. Sie sollten sich aber angewöhnen, alle verwendeten Variablen in einer Funktion am Anfang zu deklarieren. Durch diese Ordnung vermeiden Sie Fehler, die sich bei einer wilden Programmierung einschleichen können. So bewahren Sie den Überblick über alle Variablennamen, die eingesetzt wurden. Variablennamen dürfen nicht mit einem VBScript-Schlüsselwort identisch sein. Die Anzahl der Zeichen, die ein Variablenname haben darf, ist auf 255 begrenzt. Werden Variablen innerhalb einer Private-Prozedur oder -Funktion deklariert, können Sie auch nur in dieser aufgerufen werden (eine Prozedur enthält eine Reihe von Anweisungen und Methoden). Variablen, die Sie global in der VBScript-Programmierung definieren, gelten in allen Prozeduren und Funktionen. Dies geschieht, wenn Sie Variablen auf Skriptebene definieren.

Syntax:

```
Dim Name
```

Beispiel:

```
Dim Wochentag, Woche, Tag
```

Array

Die Funktion Array gibt einen Wert vom Typ Variant zurück, der ein Datenfeld enthält. Ein Array wird benötigt, um mehrere Werte in eine Variable zu schreiben. Das hierzu benötigte Argument Dimension enthält eine Liste von Werten. Diese Werte des Arguments sind mit Kommata getrennt. Wird kein Argument angegeben, wird ein Datenfeld mit dem Argument Null erstellt. Ansonsten können Sie durch Angabe des Indexes das jeweilige Array mit einem Wert vom Typ Variant belegen.

Syntax:

```
Dim Arrayname (Anzahl)
```

Definiert das Array Arrayname, in das Anzahl Elemente passen.

Beispiele:

```
Dim Tag(30)
```

Eine Definition eines eindimensionalen statischen *Arrays* mit Platz für 31 Elemente.

```
Dim Kalender(7,8)
```

Eine Definition eines zweidimensionalen statischen *Arrays* mit 8 Reihen und 9 Zeilen. Es finden 72 Elemente in diesem Array Platz.

```
Dim Jahreszahl(3,3,3)
```

Eine Definition eines dreidimensionalen *statischen Arrays*. Es finden 64 Elemente in diesem Array Platz.

```
Dim Jahrzehnte()
```

Eine Definition eines dynamischen *Arrays*. Im Unterschied zu statischen *Arrays* wird bei der Deklaration kein Wert angegeben, sodass ein dynamisches *Array* verschiedene Größen annehmen kann.

```
ReDim Jahrzehnte(20)
```

Um dynamische *Arrays* in ihrer Größe zu ändern, verwenden Sie die Anweisung ReDim.

```
Redim Jahrzehnte(20)
...
Redim Preserve Jahrzehnte(28)
```

Wenn Sie ein dynamisches Array vergrößern wollen und der Inhalt des Arrays nicht verloren gehen darf, so verwenden Sie das Wort Preserve nach der Anweisung ReDim. Wird ein Array mit der Anweisung ReDim Preserve verkleinert, gehen natürlich Daten verloren.

VarType

Um Datentypen genauer zu unterscheiden, gibt es in VBScript 17 andere Datentypen, die so genannten *Subtypen*, die alle in einem Variant-Typ enthalten sein dürfen. Der Subtyp einer Variant-Variablen wird mit VarType ausgelesen. Das Bestimmen des Datentyps dient zur Bearbeitung und zum Auslesen von Informationen des Datentyps.

Konstante	Rückgabewert	Beschreibung
Empty	0	Die Variable ist nicht initialisiert, sie enthält keine Zeichenkette
Null	1	Die Variable enthält keinen gültigen Datenwert
Integer	2	Die Variable enthält ganze Zahlen im Bereich von −32.768 bis 32.767
Long	3	Die Variable enthält ganze Zahlen im Bereich von −2.147.483.648 bis 2.147.483.648
Single	4	Die Variable enthält Gleitkommazahlen mit einfacher Genauigkeit im Bereich von -3,402823E38 bis -1,401298E-45 für negative Werte; 1,401298E-45 bis 3,402823E38 für positive Werte
Double	5	Die Variable enthält eine Gleitkommazahl mit doppelter Genauigkeit von 8 Bytes -1,79769313486232E308 bis -4,94065645841247E-324 für negative Werte; 4,94065645841247E-324 bis 1,79769313486232E308 für positive Werte
Currency	6	Die Variable enthält eine skalierte Ganzzahl von 8 Bytes -922.337.203.685.477,5808 bis 922.337.203.685.477,5807
Date	7	Die Variable enthält Datumsangaben vom 1. Januar 100 bis 31. Dezember 9999
String	8	Die Variable enthält eine Zeichenkette von der Länge 0 bis ca. 2 Milliarden
Automations OLE Object	9	Die Variable enthält einen beliebigen Verweis auf ein Objekt vom Typ *Object*
Error	10	Die in der Variable enthaltenen Variablen haben einen Fehler erzeugt
Boolean	11	Die Variable enthält entweder True oder False

Konstante	Rückgabewert	Beschreibung
Variant	12	Die Variable enthält eine Zeichenkette mit variabler Länge, wird nur bei Arrays verwendet
DataObject	13	Die Variable enthält ein Nicht-Automations-OLE-Object
Byte	17	Die Variable enthält ganze Zahlen im Bereich von 0 bis 255
Array	8192	Die Variable enthält ein Array

Tabelle 18.1: VB-Konstantennamen, die eine Variable in VBScript beschreibt

Der Rückgabewert, den der Datentyp angibt, welcher in der Variablen enthalten ist, wird mit der Funktion VarType ermittelt. Dieser Rückgabewert gibt eine ganze Zahl zurück. Die einzelnen Werte, die VarType annehmen kann, entnehmen Sie bitte der Tabelle 1.

Syntax:

Rueckgabewert = VarType(Variant)

IsArray, IsDate, IsEmpty, IsNull, IsNumeric, IsObject

Zur Bestimmung der Datentypen einer Variablen können auch noch folgende Funktionen verwendet werden. Diese Funktionen können in Schleifen usw. zur genauen Abfrage nach bestimmten Datentypen eingesetzt werden. Die Funktion IsNull wird dazu verwendet, um abzufragen, ob ein Benutzer eine Eingabe getätigt hat oder nicht.

Funktion	Variablentyp, der bestimmt werden kann
IsArray	Die Variable enthält ein Array
IsDate	Die Variable enthält ein Datum
IsEmpty	Die Variable ist leer

Funktion	Variablentyp, der bestimmt werden kann
IsNull	Die Variable enthält keinen gültigen Wert
IsNumeric	Die Variable enthält einen Zahlenwert
IsObject	Die Variable enthält ein Objekt

Tabelle 18.2: Funktionen zum Bestimmen des Datentyps einer Variablen

Syntax:

Ergebnis = Funktion(Variable)

Als Ergebnis kann True oder False zu Stande kommen.

Const

Konstanten dienen dazu, Werte, die Sie in Ihrem Programm benötigen, festzulegen. Dies sollte am Anfang der Prozedur oder der Funktion geschehen, um ihr leichtes Auffinden zu gewährleisten. Ein weiterer Vorteil von Konstanten ist, dass bei einer Wertänderung nur ein Wert verändert werden muss.

> Konstanten, die in Ihrem VBScript vorhanden sind, sollten Sie mit *Const* am Anfang Ihrer Funktion deklarieren. Durch die zentrale Lage aller Konstanten erhöhen Sie die Lesbarkeit Ihres Programms. Falls Sie Werte von Konstanten ändern müssen, können Sie dies dann auf einmal zentral durchführen.

Je nachdem, ob Sie den Befehl Public oder Private voranstellen, sind die Variablen *global* oder *lokal* verwendbar. Bei der Voranstellung von Public gelten Konstanten im gesamten Skriptbereich, bei der Verwendung von Private sind sie nur lokal einsetzbar.

Syntax:

[Public|Private] Const KonstName [Typ] = Ausdruck

Die Syntax der Const-Anweisung besteht aus folgenden Teilen:

Teil	Beschreibung
Public	Dieser Teil ist nicht erforderlich. Es werden Konstanten im jeweiligen Modul deklariert. Diese Konstanten stehen dann in allen Modulen zur Verfügung. In Prozeduren darf das Schlüsselwort Public nicht verwendet werden.
Private	Dieser Teil ist nicht erforderlich. Es werden Konstanten im jeweiligen Modul deklariert. Diese Konstanten stehen dann nur in dem Modul zur Verfügung, in dem sie deklariert wurden. In Prozeduren darf das Schlüsselwort Public nicht verwendet werden.
KonstName	Dieser Teil ist erforderlich. Er gibt den Namen der Konstanten an. Der Konstantenname darf kein Name einer Funktion oder Anweisung usw. sein.
Typ	Dieser Teil ist nicht erforderlich. Hier wird der Datentyp der Konstanten angegeben. Es sind folgende Variablentypen zulässig: Byte, Boolean, Integer, Long, Currency, Single, Double, Decimal (zur Zeit nicht unterstützt), Date, String oder Variant. Für jede deklarierte Variable muss ein separater As-Typabschnitt verwendet werden, in dem für jede Variable der entsprechende Datentyp festgelegt wird.
Ausdruck	Dieser Teil ist erforderlich. Dieser Wert kann eine andere Konstante sein. Auch eine beliebige Kombination, die beliebige arithmetische oder logische Operatoren enthält, ist möglich.

Tabelle 18.3: Beschreibung der Const-Anweisungsteile

Beispiel:

Public Const Wochentag = "Montag"

Die globale Variable Wochentag wird mit Montag belegt.

Set

Mit der Anweisung Set wird einer Variablen oder einer Eigenschaft ein *Objektverweis* zugewiesen. Das heißt, dass die neuen *Referenzen* eines Objekts geklärt werden. Durch die Zuweisung einer neuen Referenz mit der Anweisung Set wird kein neues Objekt deklariert. Durch die Anweisung Set weisen Sie einer Variablen einen Objektverweis zu. Es wird keine Kopie des Objekts erzeugt, sondern ein Verweis darauf erstellt.

Syntax:

Set ObjektVar = {[new] objektausdr | nothing}

Die Syntax der Set-Anweisung besteht aus folgenden Teilen:

Teil	Beschreibung
ObjektVar	Dieser Teil ist erforderlich. Er gibt den Namen der Variablen an. Der Variablenname darf kein Name einer Funktion oder Anweisung usw. sein.
New	Dieser Teil ist nicht erforderlich. Mit dem Wort New ist ein implizites Erstellen eines Objekts möglich. Wird das Schlüsselwort New mit Set verwendet, wird eine neue Instanz der Klasse erstellt. Neue Instanzen von integrierten Datentypen können nicht mit dem Schlüsselwort New erstellt werden. Dies gilt auch für die Erstellung abhängiger Objekte.
ObjektAusdr	Dieser Teil ist erforderlich. Er gibt den Namen eines Objekts desselben Typs an eine andere deklarierte Variable desselben Objekttyps oder eine Funktion bzw. Methode zurück.
Nothing	Dieser Teil ist nicht erforderlich. Das Schlüsselwort Nothing hebt die Zuordnung von ObjektVar zu einem anderen bestimmten Objekt auf. Wird ObjektVar Nothing zugewiesen, werden alle Ressourcen des zuvor referenzierten Objekts freigegeben. Dies ist aber nur dann der Fall, wenn das Objekt von keiner anderen Variablen referenziert wird.

Tabelle 18.4: Syntaxteile der Setanweisung

Beispiel:

Zuerst werden zwei Variablen definiert. Danach wird der Variablen Objekt ein Verweis auf die Variable Objekt1 zugewiesen, sodass beide auf das gleiche Objekt verweisen. Zum Schluss wird das Objekt auf Nothing gesetzt, sodass es wieder frei ist.

```
Dim Objekt, Objekt1
Set Objekt = Objekt1
Set Objekt = Nothing
```

Operatoren

In VBScript stehen Ihnen drei Arten von *Operatoren* zur Verfügung, um Variablen und Konstanten zu bearbeiten. *Operatoren* dienen dazu, Werte durch Rechenoperationen zu verändern oder um Werte miteinander vergleichen zu können. Die nachfolgenden Tabellen zeigen Ihnen alle möglichen *Operator*-Gruppen, die zur Verfügung stehen. Wie bei mathematischen *Operatoren*, in denen eine Punkt-Rechenoperation vor einer Strichoperation ausgeführt wird, gibt es auch bei den *Operatoren* in VBScript eine Hierarchie. So ist gewährleistet, dass die Reihenfolge, in der die *Operatoren* ausgeführt werden, festgelegt ist. Durch Setzen von Klammern kann wie in der Mathematik die Reihenfolge der Abarbeitung verändert werden. Auch bei den *Operator*-Arten ist eine Hierarchie vorhanden. Arithmetische *Operatoren* kommen vor den logischen und vor den Vergleichsoperatoren.

Arithmetische Operatoren:

Beschreibung	Symbol / Zeichen
Exponent	^
Negation	-
Multiplikation	*
Division	/
Integer-Division	\
Modulo	Mod
Addition	+
Subtraktion	-
Zeichenketten addieren	&

Tabelle 18.5: Arithmetische Operatoren in VBScript

Beispiel anhand des Exponent-Operators:

Syntax:

Ergebnis = Zahl^exponent

Beispiel:

Dim Ergebnis

Ergebnis = 3^3

Vergleichsoperatoren:

Beschreibung	Symbol / Zeichen
Gleich	=
Ungleich	<>
Kleiner als	<
Größer als	>
Kleiner gleich	<=
Größer gleich	>=
Objektgleichheit	is

Tabelle 18.6: Vergleichsoperatoren in VBScript

Bei Vergleichen kann das daraus resultierende Ergebnis True oder False annehmen.

Beispiel anhand des Objektgleichheit- Operators:

Syntax:

Ergebnis = object1 Is object2

Logische Operatoren:

Beschreibung	Symbol / Zeichen
Negation	Not
Und	And
Oder	Or
Exklusiv Oder	Xor
Gleichheit	Eqv
Implikation	Imp

Tabelle 18.7: Logische Operatoren in VBScript

Bei logischen Operatoren kann das daraus resultierende Ergebnis True oder False annehmen.

Beispiel anhand des logischen Operators Eqv:

Syntax:

Result = expression1 Eqv expression2

Äquivalente Operatoren:

Wert von expression1	Wert von expression2	Result
True	False	False
True	True	True
False	True	False
False	False	True

Tabelle 18.8: Wertetabelle für einen äquivalenten Operator

Prozeduren

Sub

In Sub-Prozeduren werden einzelne oder eine Reihe von Operationen durchgeführt. Diese Operationen können von Ihnen frei definiert werden. Es wird jedoch kein Wert zurückgegeben. Mit dem Schlüsselwort Sub leiten Sie eine Prozedur ein. Am Ende steht ein End Sub, um die Prozedur zu schließen. Eine Verschachtelung von Prozeduren ist nicht möglich. Um eine Prozedur vor dem Ende zu verlassen, wird Exit Sub verwendet. Wollen Sie eine Prozedur von verschiedenen Stellen aus aufrufen, müssen Sie die Prozedur als Public Sub deklarieren. Prozeduren, die nur lokal verwendet werden, heißen Private Sub.

Syntax:

```
[Public|Private] Sub Name (Arglist)
 Anweisungen
 Exit Sub
 Anweisungen
End Sub
```

Beispiel:

```
<!DOCTYPE html PUBLIC "-//W3C//DTD XHTML 1.0
 Strict//EN">
<%@ LANGUAGE=VBSCRIPT %>
<html xmlns="http://www.w3.org/TR/xhtml1">
 <head>
<title>Titel</title>
 <%
  Public Sub TestProzedur
   Anweisungen
   Exit Sub
```

```
Anweisungen
End Sub
%>
</head>
<body>
</body>
</html>
```

Funktionen

Wie Sub-Prozeduren enthalten auch Function-Prozeduren einzelne Operationen oder eine Reihe von Operationen. Diese Operationen sind natürlich von Ihnen frei wählbar. Die Werte der Argumente, die von der Funktion übergeben werden, können geändert werden. Function-Prozeduren sind eigenständig. Im Gegensatz zu einer Sub-Prozedur kann eine Function-Prozedur auf der rechten Seite eines Ausdrucks verwendet werden. Dadurch besteht die Möglichkeit, den Rückgabewert der Function-Prozedur (wie den Rückgabewert einer integrierten Funktion, also zum Beispiel Sqr, Cos oder Chr) weiterzuverarbeiten. Eine Funktion wird immer mit End Function beendet. Soll durch ein bestimmtes Ereignis die Funktion schon früher verlassen werden (zum Beispiel durch eine If..Then..Else-Abfrage), geschieht dies mit Exit Function.

Function-Prozeduren sind im Normalfall öffentlich, wenn sie nicht explizit mit Public oder Private festgelegt werden. Mit dem Argument Static gehen die Werte der lokalen Variablen zwischen zwei Aufrufen nicht verloren. Wird Static nicht angegeben, so bleiben die Werte lokaler Variablen zwischen den Aufrufen einer Funktion nicht erhalten. Eine Verschachtelung von Funktionen ist nicht möglich. In Arglist ist die Variablenliste mit den Argumenten, die beim Aufruf an die Function-Prozedur übergeben werden, enthalten. Mehrere Variablen werden durch Kommas voneinander getrennt. Nach dem Argument Arglist können Sie nun noch den Datentyp angeben, der von der Funktion zurückgegeben wird. Zulässige Typen sind: Byte, Boolean, Integer, Long, Currency, Single, Double, Date, String (abgesehen von Zeichenfolgen fester Länge), Object, Variant oder ein beliebiger benutzerdefinierter Typ.

Syntax:

```
Public oder Private Static Function Name (ArgListe) Typ
  Anweisungen
  Name = Ausdruck
  Exit Function
  Anweisungen
  Name = Ausdruck
End Function
```

Beispiel:

```
<!DOCTYPE html PUBLIC "-//W3C//DTD XHTML 1.0
 Strict//EN">
<html xmlns=»http://www.w3.org/TR/xhtml1">
<head>
<title>Titel</title>
 <%
   Public Function TestFunktion(Variable1, Variable2)
     Anweisungen
     Exit Function
     Anweisungen
   End Function
 %>
</head>
<body>
</body>
</html>
```

Schleifen und Vergleiche in VBScript

For ... Next

Die For...Next-Schleife ist eine klassische *Zählschleife*. Durch eine Konstante hat diese Schleife eine festgesetzte Anzahl von Durchläufen. Durch die Verwendung einer Konstanten zur Festlegung der Schleifendurchläufe findet man sich bei späteren Änderungen der Schleife besser zurecht. For...Next-Anweisungen werden verwendet, um einen Block von Anweisungen eine bestimmte Anzahl von Wiederholungen ausführen zu lassen. In der Schleife wird eine Zählervariable verwendet, deren Wert mit jedem Schleifendurchlauf erhöht oder verringert wird. Die Schleife muss immer mit Next geschlossen werden.

Sie können die Schleife beim Erreichen eines bestimmten Werts mit Exit verlassen.

Mit dem Schlüsselwort Step können Sie die Zählervariable um den angegebenen Wert erhöhen oder verringern. Bei jedem Schleifendurchlauf wird die Zählervariable um den angegebenen positiven Wert erhöht. Bei Verwendung eines negativen Step können Sie die Zählervariable auf einen bestimmten Wert verringern.

Syntax:

For Variable = start To ende step Schrittweite

  Anweisungen

Next

Beispiel:

Eine Variable wird mit der Zahl 0 belegt. Danach wird durch eine For...Next-Schleife diese Variable bei jedem Durchlauf um 15 erhöht. Die Schleife wird fünf Mal durchlaufen und jedes Mal erfolgt eine Bildschirmausgabe mit dem momentanen Wert der Variablen.

Das Beispiel ist auf der CD zum Buch enthalten.

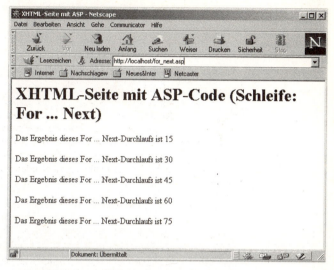

Abbildung 18.1: Die Schleife For...Next in VBScript

```
<!DOCTYPE html PUBLIC "-//W3C//DTD XHTML 1.0
 Strict//EN">
<%@ LANGUAGE=VBSCRIPT %>
<html xmlns="http://www.w3.org/TR/xhtml1">
<head><title>XHTML-Seite mit ASP</title></head>
<body>
<h1>XHTML-Seite mit ASP-Code (Schleife: For ... Next)
</h1>
<%
 'Ab hier beginnt der ASP-Code
 Dim Zahl1, Ergebnis, I
  Ergebnis = 0
  Zahl1 = 15
```

```
I = 1
For I = 1 to 5
Ergebnis = Ergebnis + Zahl1 %> <p> <%
Response.Write "Das Ergebnis dieses For ... Next-
Durchlaufs ist " & Ergebnis %> </p> <%
Next
%>
</body></html>
```

Do-While

Die Do-While-Schleife wiederholt eine oder mehrere Anweisungen, bis eine Bedingung den Wert True erhält. Diese Schleife kann für das Erkennen von Eingaben usw. verwendet werden. Wird der Wert True schon vor dem Starten der Schleife von einer Bedingung angenommen, wird die Schleife nicht gestartet. Mit Exit Do kann die Schleife verlassen werden. Das Verlassen der Schleife wird durch ein vorher definiertes Ereignis ausgelöst. Um ein korrektes Arbeiten der Do-While-Schleife zu ermöglichen, muss diese mit Loop abgeschlossen werden.

Syntax:

```
Do While Bedingung
  Anweisungen
  Exit Do
  Anweisungen
Loop
```

Beispiel:

In diesem Beispiel wird eine Variable Zahl mit dem Wert 150 belegt. Nun wird die Zahl bei jedem Schleifendurchlauf um den Wert der Variablen I gemindert. Diese wiederum wird bei jedem Durchlauf um 2 erhöht. Das Meldungsfenster wird als Anweisung in der Schleife platziert. Bei jedem Durchlauf wird in dem Meldungsfenster der Wert der Zahl ausgegeben. Solange die Zahl einen Wert hat, der größer als 10 ist, wird die Schleife durchlaufen. Sie müssen das Meldungsfenster jedes Mal bestätigen, bevor Sie die Webseite verlassen können.

| Kapitel 18 | VBScript – Die Skriptsprache für ASP |

Das Beispiel ist auf der CD zum Buch enthalten.

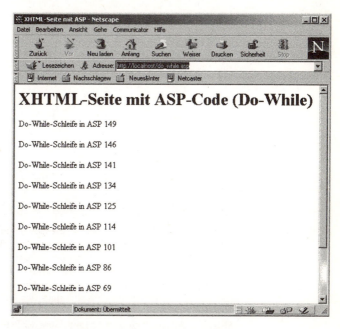

Abbildung 18.2: Die Schleife Do-While in VBScript

```
<!DOCTYPE html PUBLIC "-//W3C//DTD XHTML 1.0
 Strict//EN">
<%@ LANGUAGE=VBSCRIPT %>
<html xmlns="http://www.w3.org/TR/xhtml1">
<html xmlns="http://www.w3.org/TR/xhtml1">
<head> <title>XHTML-Seite mit ASP</title> </head>
<body>
```

```
<h1>XHTML-Seite mit ASP-Code (Do-While)</h1>
Dim Ausgabe, Zahl, I
   Zahl = 150
   I = 1
   Do While Zahl > 10
    Zahl = Zahl - I
    I = I + 2
    Ausgabe = "Do-While-Schleife in ASP " & Zahl
    %><p><%=Ausgabe%></p><%
   Loop
%>
</body></html>
```

If...Then...Else (Abfrage zur Befehlsverzweigung)

Mit der Abfrage If...Then...Else werden Bedingungen geprüft und in Abhängigkeit des Ergebnisses auf verschiedene Befehle verzweigt. Bei einfachen Unterscheidungen benutzen Sie die If...Then...Else-Befehlsfolge. Bei komplexeren Differenzierungen besitzt die Befehlsfolge die Form If...Then...ElseIf...ElseIf usw. Für mehrstufige Auswahlmöglichkeiten sollten Sie allerdings den Befehl Select Case anwenden. Wird die Befehlsfolge If...Then...Else nicht in einer Zeile abgeschlossen, so ist ein End If am Schluss der Befehlsstruktur nötig, um diese abzuschließen.

Syntax:

If Bedingung Then Anweisungen Else Anweisungen

Alternativ können Sie die Blocksyntax verwenden:

If Bedingung-1 Then

  Anweisungen

 ElseIf Bedingung-2 Then

  Anweisungen

```
ElseIf Bedingung-3 Then

  Anweisungen

Else

Else Anweisungen

End If
```

Beispiel:

In der If...Then...Else-Abfrage wird abgefragt, welche Schaltfläche Sie gedrückt haben. Wenn Sie *OK* anklicken, ist die Then-Bedingung erfüllt, da der Rückgabewert gleich 1 ist. Wenn dies nicht der Fall ist, wird der Befehl Else abgearbeitet. Für jeden Fall wird ein Meldungsfenster angezeigt mit dem Hinweis, welche Schaltfläche Sie gedrückt haben. Die Schleife wird wiederholt, wenn Sie die in HTML erstellten Schaltflächen betätigen.

Das Beispiel ist auf der CD zum Buch enthalten.

```
<!DOCTYPE html PUBLIC "-//W3C//DTD XHTML 1.0
 Strict//EN">
<%@ LANGUAGE=VBSCRIPT %>
<html xmlns="http://www.w3.org/TR/xhtml1">
<head> <title>XHTML-Seite mit ASP</title> </head>
<body>
<h1>XHTML-Seite mit ASP-Code (If Then Else)</h1>
<form method="POST">
  <p><input type="text" name="Eingabe" size="5"> Eins
   oder etwas anderes eingeben.</p>
  <p><input type="submit" value="Abfrage"></p>
</form>
<%
  Dim Eingabe, Ausgabe
```

```
    Eingabe = Request.Form("Eingabe")
    If Eingabe = "Eins" Then
     Ausgabe = "Sie haben Eins geschrieben."
    Else
     Ausgabe = "Sie haben keine Eins geschrieben."
    End if
%>
<p><%=Ausgabe%></p>
</body></html>
```

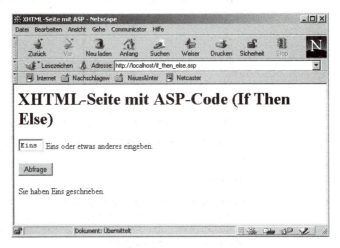

Abbildung 18.3: Die Abfrage If...Then...Else in VBScript

Select Case (Abfrage bei vielen Auswahlmöglichkeiten)

Mit der Select Case-Anweisung können Sie auf viele verschiedene Verzweigungen reagieren. So ist es möglich, auf jede Bedingung anders zu reagieren. Die Anzahl der Case-Anweisungen ist nicht begrenzt. Bei der Select Case-Anweisung wird ein Ausdruck nur einmal zu Beginn der Kontrollstruktur geprüft. Durch diese Art der Anweisung Select Case können komplexe Abfragen mit vielen verschiedenen Verzweigungen durchgeführt werden. Nach dem Login kann z.B. auf verschiedene Benutzerebenen verzweigt werden.

Wenn Sie einen Ausdruck mit vielen unterschiedlichen Werten vergleichen wollen, sollten Sie die Select Case-Anweisung als Alternative zur If...Then...Else-Abfrage einsetzen.

Syntax:

Select Case Ausdruck

 Case Prüfwert1, Prüfwert2 oder Prüfwert1 – Prüfwert5

  Befehl, der ausgeführt wird, wenn der Prüfwert

  für den Ausdruck wahr ergibt.

 Case Prüfwert6

  Befehl, der ausgeführt wird, wenn der Prüfwert

  für den Ausdruck wahr ergibt.

 Case Else

  Befehl, der ausgeführt wird, wenn keiner der vorherigen

  Prüfwerte für den Ausdruck wahr ergeben hat.

End Select

Beispiel:

In diesem Select Case-Ausdruck wird die Variable Fahrer mit dem Namen Schumacher belegt. Danach wird geprüft, ob dieser Name bekannt ist. Wenn dies der Fall ist, wird der entsprechende Case-Ausdruck (Team) dafür ausgegeben.

Das Beispiel ist auf der CD zum Buch enthalten.

<!DOCTYPE html PUBLIC "-//W3C//DTD XHTML 1.0

 Strict//EN">

<%@ LANGUAGE=VBSCRIPT %>

```
<html xmlns="http://www.w3.org/TR/xhtml1">
<head><title>XHTML-Seite mit ASP</title></head>
<body>
<h1>XHTML-Seite mit ASP-Code (Select Case)</h1>
<%
Dim Fahrer, Team
Fahrer = "Schumacher"
SELECT CASE Fahrer
        CASE "Schumacher"
            Team = "Ferrari"
        CASE "Frenzen"
            Team = "Jordan"
        CASE "Wurz"
            Team = "Benetton"
        CASE ELSE
            Team = ""
END SELECT
if Team="" then
        Ausgabe = "Der Fahrer " & Fahrer & " ist leider nicht
 bekannt."
else
        Ausgabe = "Der Fahrer " & Fahrer & " fährt beim Team
 " & Team & "."
end if
%>
<p><%=Ausgabe%></p>
</body></html>
```

Kapitel 18 VBScript – Die Skriptsprache für ASP

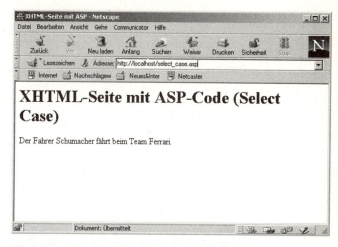

Abbildung 18.4: Die Abfrage Select Case in VBScript

Datum- und Zeit-Funktionen

Date, Time, Now

Die Funktion Date gibt einen Wert vom Typ Variant (Date) zurück. Dieser Wert enthält das aktuelle Systemdatum. Somit kann eine Datumsangabe für den Benutzer am Bildschirm ausgegeben werden. Auch ein Berechnen von Zeitabständen, vom momentanen Zeitpunkt ausgerechnet, ist mit diesen Funktionen realisierbar. Neben der Jahre, und Monatsangabe wird auch der dazugehörige Tag mit angegeben.

Syntax:

Date

Die Funktion Time gibt einen Wert vom Typ Variant (Date) zurück. Dieser Wert enthält die aktuelle Systemzeit. Mit dieser Systemzeit können Berechnungen über eine Zeitdauer hinweg durchgeführt werden.

Syntax:

Time

Die Funktion Now gibt einen Wert vom Typ Variant (Date) zurück. Dieser Wert enthält das aktuelle Datum und die aktuelle Zeit aus den Einstellungen für das Systemdatum und die Systemzeit, die auf Ihrem Computer eingestellt sind. Somit sind die Werte der vorangegangenen Funktionen in der Funktion Now vereint.

Syntax:

Now

DateAdd

Mit der Funktion DateAdd können Sie ein bestimmtes Zeitintervall zu einem Datum addieren. Sie können mit DateAdd z.B. ein Datum berechnen, das 200 Tage in der Zukunft liegt, oder den Liefertermin einer Bestellung errechnen. Durch Einstellung des Arguments interval geben Sie an, welche Dimension der Ausdruck Number annimmt. Sie können Jahre, Tage usw. verwenden. Alle Möglichkeiten des Arguments interval entnehmen Sie bitte der folgenden Tabelle.

Die Funktion DateAdd gibt einen Wert vom Typ Variant (Date) zurück. Zu diesem Wert wird ein Zeitintervall hinzuaddiert.

Syntax:

DateAdd(interval, number, date)

Das Argument interval hat die folgenden Einstellungen:

Einstellung	Beschreibung
yyyy	Jahr
q	Quartal
m	Monat
y	Tag des Jahrs
d	Tag
w	Wochentag
ww	Woche

Kapitel 18   VBScript – Die Skriptsprache für ASP

Einstellung	Beschreibung
h	Stunde
n	Minute
s	Sekunde

Tabelle 18.9: Das Argument interval für die Funktionen DateAdd und DateDiff

Beispiel:

Zuerst werden Variablen für die einzelnen Zeiten deklariert. Der Variablen Datum wird das aktuelle Datum zugewiesen. Die Variable TagePlus wird mit der Anzahl der Tage belegt, die addiert werden sollen. Nun wird der Intervalltyp mit "d" angegeben und das Ergebnis in die Variable Ergebnis geschrieben. Danach wird das Datum ausgegeben, welches wir in 365 Tagen haben.

Das Beispiel ist auf der CD zum Buch enthalten.

```
<!DOCTYPE html PUBLIC "-//W3C//DTD XHTML 1.0
 Strict//EN">
<%@ LANGUAGE=VBSCRIPT %>
<html xmlns="http://www.w3.org/TR/xhtml1">
<head><title>XHTML-Seite mit ASP</title></head>
<body>
<h1>XHTML-Seite mit ASP-Code (DateAdd)</h1>
<%
   Dim Ausgabe, Datum, TagePlus, Ergebnis
   Datum = Date
   TagePlus = 365
   Ergebnis = DateAdd("d", TagePlus, Datum)
```

```
    Ausgabe = "In 365 Tagen haben wir
    das Datum: " & Ergebnis
%>
<p><%=Ausgabe%></p>
</body></html>
```

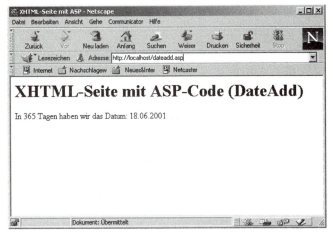

Abbildung 18.5: DateAdd und ASP

DateDiff

Mit der Funktion DateDiff können Sie bestimmen, wieviel Zeit zwischen zwei Terminen liegt. Sie können mit DateDiff die Anzahl der Tage zwischen zwei Terminen oder die Anzahl der Monate, Wochen, Tage zwischen dem heutigen Tag und dem Jahresende berechnen. Natürlich kann mit dieser Funktion auch das Alter einer Person berechnet werden. Sie müssen hierfür nur von der momentanen Jahreszahl das Geburtsjahr abziehen.

Die Funktion DateDiff gibt einen Wert vom Typ Variant (Long) zurück. Dieser Wert gibt die Anzahl der Zeitintervalle zwischen zwei bestimmten Terminen an.

Syntax:

DateDiff(intervall, date1, date2, firstdayofweek, firstweekofyear)

Die Einstellungen für das Argument interval entnehmen Sie bitte der Tabelle im Abschnitt DateAdd. Für die Argumente date1 und date2 verwenden Sie zwei Termine, mit denen die Berechnungen durchgeführt werden sollen.

Das Argument firstdayofweek hat folgende Einstellungen:

Konstante	Wert	Beschreibung
vbUseSystem	0	Die NLS-API-Einstellung wird verwendet
vbSunday	1	Sonntag (Voreinstellung)
vbMonday	2	Montag
vbTuesday	3	Dienstag
vbWednesday	4	Mittwoch
vbThursday	5	Donnerstag
vbFriday	6	Freitag
vbSaturday	7	Samstag

Tabelle 18.10: Das Argument firstdayofweek

Das Argument firstweekofyear hat folgende Einstellungen:

Konstante	Wert	Beschreibung
vbUseSystem	0	Die NLS-API-Einstellung wird verwendet
vbFirstJan1	1	Anfang in der Woche mit dem 1. Januar (Voreinstellung)

Konstante	Wert	Beschreibung
vbFirstFourDays	2	Anfang in der ersten Woche, die mindestens vier Tage im neuen Jahr enthält
vbFirstFullWeek	3	Anfang in der ersten vollständigen Woche des Jahrs

Tabelle 18.11: Das Argument firstweekofyear

Beispiel:

Zuerst werden Variablen für die einzelnen Zeiten deklariert. Die Variable Datum wird mit dem eingegebenen Datum belegt. Nun wird noch der Intervalltyp mit "d" für Tage angegeben und der errechnete Wert wird in die Variable Ergebnis geschrieben. Jetzt kann in dem Meldungsfenster ausgegeben werden, wie viele Tage es noch bis zum eingegebenen Datum sind.

Das Beispiel ist auf der CD zum Buch enthalten.

```
<!DOCTYPE html PUBLIC "-//W3C//DTD XHTML 1.0
 Strict//EN">
<%@ LANGUAGE=VBSCRIPT %>
<html xmlns="http://www.w3.org/TR/xhtml1">
<head><title>XHTML-Seite mit ASP</title></head>
<body>
<h1>XHTML-Seite mit ASP-Code (DateDiff)</h1>
<form method="POST">
  <p><input type="text" name="Eingabe" size="15"> Geben
    Sie ein Datum ein.</p>
  <p><input type="submit" value="Tage berechnen."></p>
</form>
<%
```

```
            Dim Ausgabe, Datum, Eingabe, Ergebnis
            Eingabe = Request.Form("Eingabe")
            Datum = Date
            Ergebnis = DateDiff("d", Datum, Eingabe)
            Ausgabe = "Noch " & Ergebnis & " Tage bis zum
            angegebenen Datum."
%>
<p><%=Ausgabe%></p>
</body></html>
```

Abbildung 18.6: Die DateDiff-Funktion in VBScript

DatePart

Die Funktion DatePart gibt einen Wert vom Typ Variant (Integer) zurück. Dieser Wert enthält einen bestimmten Teil eines angegebenen Datums. Mit der Funktion DatePart können Sie ein Datum auswerten und einen vorher definierten Zeitausdruck zurückgeben. So kann mit

DatePart z.B. der Tag der Woche berechnet werden. Sie haben somit die Möglichkeit, einen Liefertermin genau festzulegen (unter Berücksichtigung der Wochenendtage). Wenn Ihnen z.B. ein Bestelldatum bekannt ist, können Sie genau die Arbeitstage zwischen zwei Zeitpunkten errechnen.

Syntax:

DatePart(interval, date, firstdayofweek, fFirstweekofyear)

Die Einstellungen für das Argument interval entnehmen Sie bitte der Tabelle im Abschnitt DateAdd. Für das Argument date verwenden Sie die Termine, mit denen die Berechnungen durchgeführt werden sollen. Für das Argument firstdayofweek finden Sie die Einstellungen in der Tabelle 9 und für das Argument firstweekofyear in der Tabelle 10.

Beispiel:

Zuerst werden Variablen für die einzelnen Zeiten deklariert. Die Variable Datum wird mit dem aktuellen Datum belegt. Die Variable Jahr3000 wird mit dem 01.01.3000 belegt. Nun wird noch der Intervall-Typ mit "d" für Tage angegeben und das Ergebnis wird in die Variable Ergebnis geschrieben. Jetzt kann in dem Meldungsfenster ausgegeben werden, wie viele Tage es noch bis zum Jahr 3000 sind.

Das Beispiel ist auf der CD zum Buch enthalten.

```
<!DOCTYPE html PUBLIC "-//W3C//DTD XHTML 1.0
Strict//EN">
<%@ LANGUAGE=VBSCRIPT %>
<html xmlns="http://www.w3.org/TR/xhtml1">
<head><title>XHTML-Seite mit ASP</title></head>
<body>
<h1>XHTML-Seite mit ASP-Code (DatePart)</h1>
<%
    Dim Ausgabe, Datum, Jahr3000, Ergebnis
    Datum = Date
```

```
            Jahr3000 = #01-01-3000#
            Ergebnis = DateDiff("d", Datum, Jahr3000)
            Ausgabe = "Bis zum Jahr 3000 sind es
            noch " & Ergebnis & " Tage."
    %>
    <p><%=Ausgabe%></p>
    </body></html>
```

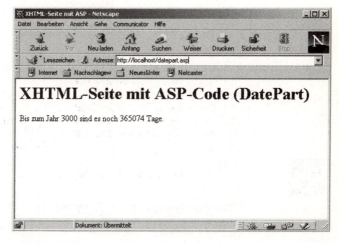

Abbildung 18.7: Die DatePart-Funktion in ASP

Second, Minute, Hour, Day, Weekday, Month, Year

Diese Funktionen geben einen Wert vom Typ Variant (Integer) zurück, der die Sekunde, Minute, Stunde, den Tag, Wochentag, Monat oder das Jahr als ganze Zahl im jeweils gültigen Bereich angibt. Diese Funktionen werden zum Bestimmen einen Wochentags aus einem bestimmten Datum heraus verwendet. Auch kann die Zeit berechnet werden, die ein Besucher auf einer Webseite verbracht hat. Diese Möglichkeit kann bei der Abrechnung von kostenpflichtigen Webseiten verwendet werden.

Syntax:

Second(Time)

Die Funktion Second gibt einen Wert vom Typ Variant (Integer) zurück, der die Sekunden in der Minute als ganze Zahl im Bereich von 0 bis 59 angibt. Hiermit können Sie zum Beispiel ermitteln, wie viele Sekunden in einem kompletten Zeitausdruck enthalten sind.

Syntax:

Minute(time)

Die Funktion Minute gibt einen Wert vom Typ Variant (Integer) zurück, der die Minute in der Stunde als ganze Zahl im Bereich von 0 bis 59 angibt. Hiermit können Sie zum Beispiel ermitteln, wie viele Minuten in einem kompletten Zeitausdruck enthalten sind.

Syntax:

Day(date)

Die Funktion Day gibt einen Wert vom Typ Variant (Integer) zurück, der den Tag des Monats als ganze Zahl im Bereich von 1 bis 31 angibt.

Syntax:

Weekday(date, [firstdayofweek])

Die Funktion Weekday gibt einen Wert vom Typ Variant (Integer) zurück, der den Wochentag als ganze Zahl angibt. Diese Funktion dient zum Bestimmen eines Wochentags aus einem Datum heraus.

Das Argument firstdayofweek hat folgende Einstellungen:

Konstante	Wert	Beschreibung
vbUseSystem	0	NLS-API-Einstellung wird verwendet
vbSunday	1	Sonntag (Voreinstellung)
vbMonday	2	Montag
vbTuesday	3	Dienstag

Konstante	Wert	Beschreibung
vbWednesday	4	Mittwoch
vbThursday	5	Donnerstag
vbFriday	6	Freitag
vbSaturday	7	Samstag

Tabelle 18.12: Das Argument firstdayofweek

Die Funktion Weekday kann einen der folgenden Werte zurückgeben:

Konstante	Wert	Beschreibung
vbSunday	1	Sonntag
vbMonday	2	Montag
vbTuesday	3	Dienstag
vbWednesday	4	Mittwoch
vbThursday	5	Donnerstag
vbFriday	6	Freitag
vbSaturday	7	Samstag

Tabelle 18.13: Das Argument für die Funktion Weekday

Beispiel:

In diesem Beispiel wird die Funktion Weekday verwendet, um den Wochentag aus einem angegebenen Datum zu ermitteln.

```
Dim Datum1, Wochentag1

Datum1 = #11. März 2000#   ' Datum zuweisen.

Wochentag1 = Weekday(Datum1)   ' Wochentag1 enthält 7, da Datum1
einen Samstag darstellt.
```

Zeichen oder Zeichenketten in Texten suchen oder vergleichen

Um Sätze, Texte oder Zeichenfolgen nach bestimmten Zeichen oder Zeichenfolgen zu durchsuchen, bietet Ihnen VBScript die entsprechenden Funktionen an. Sie können Zeichen oder Zeichenfolgen auf der linken und rechten Seite entfernen. Auch mitten aus einem Text kann eine Zeichenfolge entfernt werden. Sie haben die Möglichkeit nach einer Zeichenkette zu filtern oder zwei Zeichenfolgen miteinander zu vergleichen. Diese Funktionen haben den Nutzen, dass Sie auf Eingaben oder ausgelesene Daten des Benutzers reagieren können, um entsprechende Prozeduren oder Funktionen zu starten.

Instr

Die Funktion InStr gibt einen Wert vom Typ *Variant (Long)* zurück, der die Position des ersten Auftretens einer Zeichenfolge innerhalb einer anderen Zeichenfolge angibt. In string1 wird der Inhalt von string2 gesucht. Bei Erfolg wird die erste Position angegeben, in der die Zeichenfolge gefunden wurde. Soll die Suche nicht von Anfang an gestartet werden, kann optional der Startpunkt der Suche angegeben werden. Das Argument compare braucht nicht angegeben zu werden. Es legt die Art des Zeichenfolgenvergleichs fest. Es kann den Wert 0 oder 1 enthalten. Der Wert 0 (die Voreinstellung) führt zu einem binären Vergleich. Der Wert 1 führt zu einem Textvergleich ohne Berücksichtigung der Groß-/Kleinschreibung.

Syntax:

InStr(start, string1, string2, compare)

> Sie müssen beachten, dass die Funktion Instr zwischen Groß- und Kleinschreibung unterscheidet. Um alle Buchstaben durchsuchen zu können (egal, ob groß- oder kleingeschrieben), verwenden Sie zusätzlich die Lcase- oder UCase-Funktion.

Beispiel:

Der Text, der in ein Eingabefenster eingegeben wird, wird mit der Instr-Funktion auf das Suchzeichen "H" durchsucht. Wird der zu suchende Buchstabe gefunden, wird dies mit einem Meldungsfenster mitgeteilt. Ist hingegen das zu suchende Zeichen nicht vorhanden, wird das zweite Meldungsfenster dargestellt.

Das Beispiel ist auf der CD zum Buch enthalten.

```
<!DOCTYPE html PUBLIC "-//W3C//DTD XHTML 1.0
 Strict//EN">
<%@ LANGUAGE=VBSCRIPT %>
<html xmlns=»http://www.w3.org/TR/xhtml1">
<head> <title>XHTML-Seite mit ASP</title> </head>
<body>
<h1>XHTML-Seite mit ASP-Code (Instr)</h1>
<form method="POST">
  <p><input type="text" name="Eingabe" size="15"> Geben
   Sie einen Namen ein.</p>
  <p><input type="submit" value="Nach H suchen."></p>
</form>
<%
   Dim Eingabe, Ausgabe, Pos
   Eingabe = Request.Form("Eingabe")
   Suchtext = "H"
          Pos = Instr(Eingabe, Suchtext)
  If Pos > 0 Then
   Ausgabe = "Guten Tag, Frau/Herr " & Eingabe & ", in
   Ihrem Namen ist ein H enthalten."
  Else
   Ausgabe = "In Ihrem Namen ist kein H enthalten."
```

```
End if
%>
<p><%=Ausgabe%></p>
</body></html>
```

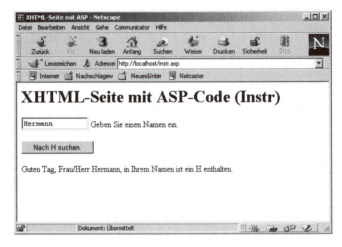

Abbildung 18.8: Die InStr-Funktion in VBScript

Filter

Mit der Funktion Filter können Sie ein eindimensionales Array nach einer angegebenen Zeichenkette durchsuchen. Sie können nur Arrays durchsuchen, die Zeichenketten enthalten. Der Wert des Arguments include ist True, wenn das Suchzeichen in dem Array gefunden wurde. Er ist False, wenn die Zeichenketten zurückgegeben werden, in denen das Suchzeichen nicht enthalten ist. Mit dem Parameter compare geben Sie die Art an, in der verglichen werden soll.

Syntax:

```
Filter(array, value, include[, compare)
```

Konstante	Wert	Beschreibung
vbBinaryCompare	0	Binärer Vergleich
vbTextcompare	1	Textvergleich

Tabelle 18.14: Werte, die das Argument Compare annehmen kann

Left

Die Funktion Left gibt einen Wert vom Typ Variant (String) zurück. Dieser Wert ist eine bestimmte Anzahl von Zeichen ab dem ersten (linken) Zeichen einer Zeichenfolge. Die Funktion ist nützlich, um aus einer Zeichenkette einen Teil der Zeichen auszugeben. Sie haben zum Beispiel die Möglichkeit, Anreden wie Herr oder Frau aus einer Zeichenkette auszulesen, um das Geschlecht einer Person festzustellen.

Syntax:

Left(string, length)

Beispiel:

Sie können mit der Funktion Left aus einer Anrede herausfinden, ob es sich um einen Mann oder eine Frau handelt. Nach der Dimensionierung der Variablen geben Sie einen Namen über ein Eingabefenster ein. Über die Funktion Left werden nun die ersten vier Zeichen des eingegebenen Namens zurückgegeben. Je nachdem, ob der Name mit Herr oder Frau beginnt, wird eine Unterscheidung getroffen und ein anderer Text ausgewählt. Jetzt wird ausgegeben, ob es sich um eine Frau oder einen Mann handelt.

Das Beispiel ist auf der CD zum Buch enthalten.

```
<!DOCTYPE html PUBLIC "-//W3C//DTD XHTML 1.0
 Strict//EN">
<%@ LANGUAGE=VBSCRIPT %>
<html xmlns="http://www.w3.org/TR/xhtml1">
<head> <title>XHTML-Seite mit ASP</title> </head>
```

```
<body>
<h1>XHTML-Seite mit ASP-Code (Left)</h1>
<p>Geben Sie einen Namen mit der Anrede Herr oder Frau
 ein:</p>
<form method="POST">
  <p><input type="text" name="Eingabe" size="30"> Name
mit Anrede</p>
  <p><input type="submit" value="Geschlecht
 bestimmen"></p>
</form>
<%
Dim Eingabe, Anrede, Ausgabe
Eingabe = Request.Form("Eingabe")
Anrede = Left(Eingabe, 4)
  Select Case Anrede
    Case "Frau"
      Ausgabe = "Guten Tag, Sie haben einen
Frauennamen eingegeben."
    Case "Herr"
      Ausgabe = "Guten Tag, Sie haben einen
Maennernamen eingegeben."
    Case Else
      Ausgabe = "Guten Tag, Sie haben einen Namen
 ohne Frau oder Herr eingegeben."
    End Select
%>
<p><%=Ausgabe%></p>
</body></html>
```

| Kapitel 18 | VBScript – Die Skriptsprache für ASP | 587 |

Abbildung 18.9: Die Left-Funktion in VBScript

Right

Die Funktion Right gibt einen Wert vom Typ Variant (String) zurück. Dieser Wert ist eine bestimmte Anzahl von Zeichen ab dem ersten (rechten) Zeichen einer Zeichenfolge. Diese Funktion ist nützlich, um aus einer Zeichenkette einen Teil der Zeichen auszugeben. Sie haben zum Beispiel die Möglichkeit, den Nachnamen aus einer Zeichenkette auszulesen, um ihn dann weiterverarbeiten zu können.

Syntax:

Right(string, length)

Mid

Die Funktion Mid gibt einen Wert vom Typ Variant (String) zurück. Dieser Wert enthält eine bestimmte Anzahl von Zeichen aus einer Zeichenfolge. Benötigt wird dieser Befehl, um zum Beispiel aus einem kompletten Namen (z.B. Herr Hermann Meier) den Vornamen, der sich hinter der Anrede Herr befindet, auszulesen.

Syntax:

Mid(string, start[, length])

Beispiel:

In diesem Beispiel wird aus einem Namen, der über ein Eingabefenster eingegeben wurde, ausgelesen, ob es sich um eine Frau oder einen Mann handelt. Zusätzlich wird über die Funktion Mid der erste Name nach der Anrede aus der Zeichenkette erkannt und mit Hilfe eines Meldungsfensters ausgegeben. Je nachdem, ob es sich in der Anrede um eine Frau oder einen Mann handelt, wird über eine Select Case-Anweisung ein anderer Text auf den Bildschirm ausgegeben. In dieser Select Case-Anweisung werden drei Fälle berücksichtigt. Es wird zwischen den Anreden Frau, Herr oder keine von beiden unterschieden.

Das Beispiel ist auf der CD zum Buch enthalten.

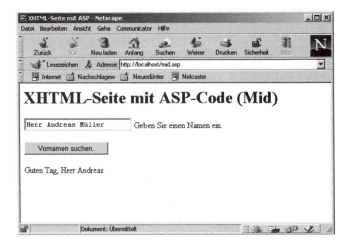

Abbildung 18.10: Die Mid-Funktion in VBScript

Kapitel 18 — VBScript – Die Skriptsprache für ASP

```asp
<!DOCTYPE html PUBLIC "-//W3C//DTD XHTML 1.0
 Strict//EN">
<%@ LANGUAGE=VBSCRIPT %>
<html xmlns="http://www.w3.org/TR/xhtml1">
<head> <title>XHTML-Seite mit ASP</title> </head>
<body>
<h1>XHTML-Seite mit ASP-Code (Mid)</h1>
<form method="POST">
  <p><input type="text" name="Eingabe" size="25"> Geben
   Sie einen Namen ein.</p>
  <p><input type="submit" value="Vornamen suchen."></p>
</form>
<%
   Dim Eingabe, Ausgabe, Pos, Namen, Auswahl, Ausgabe
   Eingabe = Request.Form("Eingabe")
   Suchtext = " "
   Pos = Instr(5, Eingabe, Suchtext)
    If Pos > 0 Then
      Namen = Mid(Eingabe, 5, (Pos+3))
   End if
   Auswahl = Left(Eingabe, 4)
    Select Case Auswahl
     Case "Frau"
      Ausgabe = "Guten Tag, Frau " & Namen
     Case "Herr"
      Ausgabe = "Guten Tag, Herr " & Namen
     Case Else
```

```
    Ausgabe = "Guten Tag, " & Eingabe & " Sie haben

       einen Namen ohne Anrede eingegeben."
   End Select
%>
<p><%=Ausgabe%></p>
</body></html>
```

StrComp

Die Funktion StrComp vergleicht zwei Ausdrücke miteinander und gibt einen logischen Wert zurück. Mit dieser Funktion können Sie zum Beispiel Eingaben, die der Benutzer macht oder die Sie von seinem System bekommen, mit festgelegten Ausdrücken vergleichen, um danach die erforderlichen Prozeduren durchführen zu lassen.

Syntax:

StrComp(string1, string2, compare)

Argument	Beschreibung
string1	Dieses Argument ist erforderlich. Es kann sich um eine Zeichen oder Ziffernkette handeln. Auch sind alle Leerzeichen und Trennzeichen möglich.
string2	Dieses Argument ist erforderlich. Es kann sich um eine Zeichen oder Ziffernkette handeln. Auch sind alle Leerzeichen und Trennzeichen möglich.
compare	Dieses Argument ist optional. Es gibt an, ob der Vergleich binär durchgeführt wird oder ob ein Textvergleich stattfindet.

Tabelle 18.15: Die Argumente der Funktion StrComp

Beispiel:

In diesem Beispiel werden die Zeichenfolgen, die in zwei Eingabefelder eingegeben werden, miteinander verglichen. Führt der Vergleich zu einem positiven Ergebnis, so wird an die Variable Ergebnis eine 0 weitergegeben. Durch eine If...Then...Else-Abfrage werden die zwei Möglichkeiten bei diesem Vergleich ausgewertet. Das jeweilige Ergebnis wird Ihnen durch ein Meldungsfenster mitgeteilt. Die Prozedur wird durch Betätigen der *OK*-Schaltfläche bei der Ergebnisausgabe beendet.

Das Beispiel ist auf der CD zum Buch enthalten.

```
<!DOCTYPE html PUBLIC "-//W3C//DTD XHTML 1.0
 Strict//EN">
<%@ LANGUAGE=VBSCRIPT %>
<html xmlns="http://www.w3.org/TR/xhtml1">
<head> <title>XHTML-Seite mit ASP</title> </head>
<body>
<h1>XHTML-Seite mit ASP-Code (StrComp)</h1>
<form method="POST">
  <p><input type="text" name="Eingabe1" size="25">
  Geben Sie einen Text ein.</p>
  <p><input type="text" name="Eingabe2" size="25">
  Geben Sie noch einen Text ein.</p>
  <p><input type="submit" value="Vergleichen."></p>
</form>
<%
   Dim Eingabe1, Eingabe2, Ausgabe, Pos, Namen, Auswahl
   Eingabe1 = Request.Form("Eingabe1")
   Eingabe2 = Request.Form("Eingabe2")
   Ergebnis = StrComp(Eingabe1, Eingabe2)
    Select Case Ergebnis
    Case 0
      Ausgabe = "Beide Eingaben waren gleich."
```

```
    Case 1
        Ausgabe = " Beide Eingaben waren unterschiedlich."
    End Select
%>
<p><%=Ausgabe%></p>
</body></html>
```

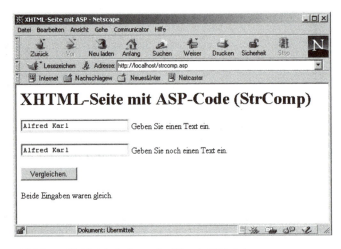

Abbildung 18.11: Die StrComp-Funktion in VBScript

Funktionen zur Formatierung von Zeichenfolgen

Um Zeichenfolgen und Texte zu bearbeiten, stehen Ihnen in VBScript unzählige Funktionen zur Verfügung. So können Kleinbuchstaben in Großbuchstaben und umgekehrt geändert werden. Sie können Leerzeichen in Texten entfernen oder Leerzeichen zwischen Wörtern oder Zeichen einfügen. Auch das Verbinden von Zeichenketten miteinander ist möglich. Falls es notwendig ist, Zeichen beliebig oft zu wiederholen, so hält VBScript auch hierfür eine Funktion bereit. Durch das Umdrehen einer Zeichenkette haben Sie die Möglichkeit, Texte zu verschlüsseln. Wenn Zeichen durch andere ersetzt werden müssen, können Sie ebenfalls auf eine entsprechende VBScript-Funktion zurückgreifen.

LCase

Mit der LCase-Funktion werden alle Großbuchstaben einer Zeichenkette in Kleinbuchstaben gewandelt. Alle Kleinbuchstaben und andere Zeichen bleiben unverändert. Diese Funktion kann dazu benutzt werden, um bei Zeichenfolgenvergleichen immer nach Kleinbuchstaben zu vergleichen. Dies ist nötig, weil VBScript bei Textvergleichen zwischen Groß- und Kleinbuchstaben unterscheidet und somit bei einem Vergleich immer nach Groß- und Kleinbuchstaben verglichen werden müsste. Bei Eingaben in Eingabefeldern kann so mit einem Suchdurchlauf nach bestimmten Buchstaben und Wörtern gesucht werden. Wenn bei einer Anrede (Frau oder Herr) durch Eingabefehler nicht der erste Buchstabe großgeschrieben wurde (z.B. fRau), hätten Sie sonst bei einem Zeichenvergleich kein positives Suchergebnis.

Syntax:

LCase(string)

Beispiel:

Im Beispiel zur InStr-Funktion wird nur nach einem Klein- oder Großbuchstaben gesucht. Möchte man nun wissen, ob ein Buchstabe (egal, ob Klein, oder Großbuchstabe) vorhanden ist, kann man die zu durchsuchende Zeichenkette mit der LCase-Funktion in Kleinbuchstaben umwandeln. Nun kann nach einem Kleinbuchstaben gesucht werden, da die LCase-Funktion alle Großbuchstaben in Kleinbuchstaben konvertiert hat. Der Text, der in ein Eingabefenster eingegeben wird, wird mit der Funktion LCase in Kleinbuchstaben umgewandelt. Danach wird mit der Funktion InStr auf das Suchzeichen m durchsucht. Wird der zu suchende Buchstabe gefunden, so wird der Sucherfolg in einem Meldungsfenster mitgeteilt. Ist hingegen das zu suchende Zeichen nicht vorhanden, wird das zweite Meldungsfenster dargestellt.

Das Beispiel ist auf der CD zum Buch enthalten.

```
<!DOCTYPE html PUBLIC "-//W3C//DTD XHTML 1.0
 Strict//EN">
<%@ LANGUAGE=VBSCRIPT %>
<html xmlns="http://www.w3.org/TR/xhtml1">
<head><title>XHTML-Seite mit ASP</title></head>
<body>
<h1> XHTML-Seite mit ASP-Code (LCase) </h1>
<p>Geben Sie Ihren Namen ein:</p>
<form method="POST">
  <p><input type="text" name="Eingabe" size="30"></p>
  <p><input type="submit" value="Buchstabe
 bestimmen"></p>
</form>
<%
   Dim Eingabe, Ausgabe, Text2, Pos, Suchtext
   Eingabe = Request.Form("Eingabe")
   Text2 = LCase(Eingabe)
   Suchtext = "m"
  Pos = Instr(Text2, Suchtext)
  if Pos > 0 Then
   Ausgabe = "Guten Tag Frau/Herr " & Eingabe & "
   ,in Ihrem Namen ist ein M enthalten."
  Else
   Ausgabe = "In Ihrem Namen ist kein M enthalten."
   End if
%>
<p><%=Ausgabe%></p>
</body> </html>
```

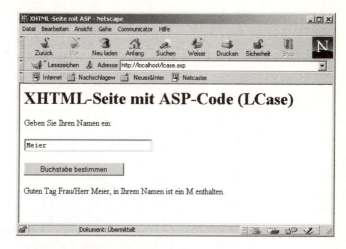

Abbildung 18.12: Die LCase-Funktion in ASP

UCase

Mit der Ucase-Funktion werden alle Kleinbuchstaben einer Zeichenkette in Großbuchstaben umgewandelt. Alle Großbuchstaben und anderen Zeichen bleiben unverändert. Diese Funktion kann dazu benutzt werden, um bei Zeichenfolgenvergleichen immer nach Großbuchstaben zu vergleichen. Dies ist nötig, weil VBScript zwischen Groß- und Kleinbuchstaben unterscheidet und somit bei einem Vergleich immer nach Groß- und Kleinbuchstaben verglichen werden müsste. Als Anwendungsmöglichkeit gelten die gleichen, wie sie bei der Lcase-Funktion beschrieben wurden.

Syntax:

UCase(string)

LTrim, RTrim, Trim

Mit den Trim-Funktion entfernen Sie überflüssige Leerzeichen aus Zeichenketten. Die Funktion LTrim entfernt alle Leerzeichen am linken Ende der Zeichenkette. Durch die Funktion RTrim werden alle

Leerzeichen am rechten Ende der Zeichenkette entfernt. Wird nur Trim ohne jeden Zusatz verwendet, werden an beiden Enden die Leerzeichen entfernt. Mit diesen Funktionen kann man durch das Entfernen der Leerzeichen Eingaben, die ein Benutzer macht, nachbearbeiten.

Syntax:

LTrim(string)

RTrim(string)

Trim(string)

Beispiel:

In diesem Beispiel werden aus einer Zeichenfolge (String), die über ein Eingabefeld eingegeben wurde, die Leerzeichen an den Enden entfernt. Je nachdem wo sich die Leerzeichen befinden, wird durch eine Select Case-Abfrage entweder die LTrim- oder die RTrim-Funktion aufgerufen. Wenn die Prozedur an beiden Enden Leerzeichen vorfindet, so werden beide Schleifen nacheinander abgearbeitet und alle Leerzeichen an den Enden entfernt. Je nachdem, wo sich die Leerzeichen befinden und welche Funktion aufgerufen wird, bekommt der Benutzer dies in einem Meldungsfenster mitgeteilt.

Das Beispiel ist auf der CD zum Buch enthalten.

```
<!DOCTYPE html PUBLIC "-//W3C//DTD XHTML 1.0
 Strict//EN">
<%@ LANGUAGE=VBSCRIPT %>
<html xmlns="http://www.w3.org/TR/xhtml1">
<head><title>XHTML-Seite mit ASP</title></head>
<body>
<h1>XHTML-Seite mit ASP-Code (Trim)</h1>
<form method="POST">
  <p><input type="text" name="Eingabe" size="25"> Geben
   Sie einen Text mit Leerzeichen ein.</p>
```

```
      <p><input type="submit" value="Leerzeichen
      entfernen."></p>
    </form>
    <%
      Dim Eingabe, Ausgabe, Pos, Text2, Laenge, Suchtext
      Eingabe = Request.Form("Eingabe")
      Laenge = Len(Eingabe)
      Suchtext = " "
      For i = 1 to Laenge
       Pos = Instr(i, Eingabe, Suchtext)
      Select Case Pos
       Case 1
         Text2 = LTrim(Eingabe)
         Ausgabe = "Die Funktion LTrim wurde aufgerufen."
         & Text2 & " ."
       Case Laenge
          Text2 = RTrim(Eingabe)
         Ausgabe = "Die Funktion RTrim wurde aufgerufen."
         & Text2 & " ."
        End Select
      Next
    %>
    <p><%=Ausgabe%></p>
    </body></html>
```

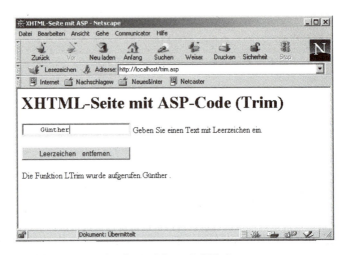

Abbildung 18.13: Die Trim-Funktionen in VBScript

Split

Die Funktion Split trennt eine Zeichenkette anhand eines vorher festgelegten Trennzeichens. Die einzeln abgetrennten Zeichenketten werden in einem eindimensionalen Array zurückgegeben. In dem Argument Ausdruck geben Sie die zu trennende Zeichenkette an. Das Trennzeichen folgt nun, bevor Sie die Anzahl der Trennzeichen angeben. Das letzte Argument gibt an, wie der Vergleich durchgeführt wird (binärer oder Textvergleich).

Syntax:

Split(expression, delimiter, count, compare)

Argument	Beschreibung
expression	Dieses Argument ist erforderlich. Es kann sich um eine Zeichen- oder Ziffernkette handeln. Auch sind alle Leer- und Trennzeichen möglich. Wird in diesem Argument kein Zeichen angegeben, so wird ein leeres Array ausgegeben.

Argument	Beschreibung
delimiter	Dieses Argument ist optional. Wenn Sie jedoch kein Trennzeichen angeben, wird der eingegebene Ausdruck komplett zurückgegeben.
count	Dieses Argument ist optional. Es gibt an, wie viele Trennzeichen gesucht werden sollen.
compare	Dieses Argument ist optional. Es gibt an, ob der Vergleich binär durchgeführt wird oder ob ein Textvergleich stattfindet.

Tabelle 18.16: Die Argumente der Funktion Split

Benutzereingaben und Benutzerdaten auswerten

Um Eingaben, die ein Benutzer auf Ihrer Webseite tätigt, auszuwerten, stellt Ihnen VBScript verschiedene Funktionen zur Verfügung. So ist es Ihnen möglich, zu unterscheiden, ob es sich um eine Zahlen- oder Texteingabe handelt. Sie können einzelne Eingaben zusammenfassen, von eingegebenen Zahlenwerten den Absolutwert anzeigen lassen und bestimmen, welche Skriptsprachen der vom Benutzer verwendete Browser versteht. Auch bei einer Überschreitung der Länge des einzugebenden Textes kann dies anhand einer Funktion erkannt werden.

Abs

Die Abs-Funktion gibt einen Wert zurück, der den gleichen Typ wie der übergebene Wert hat, und ist der Absolutwert der Zahl, die angegeben wurde. Das heißt, es wird nur der eigentliche Wert der Zahl gesehen, ohne Vorzeichen. Für Berechnungen, die einen negativen oder positiven Zahlenwert zurückgeben können, kann so der absolute Betrag des Ziffernausdrucks ermittelt werden.

Syntax:

Abs(number)

Für das Argument number können Sie einen beliebigen zulässigen numerischen Ausdruck eintragen. Wenn die eingegebene Zahl den Wert 0 enthält, wird 0 zurückgegeben.

Der Absolutwert einer Zahl ist deren Wert ohne Vorzeichen. Diese Funktion wird bei der Berechnung von Zeitabständen oder sich wiederholenden Zeitabständen benötigt.

Asc

Die Funktion Asc gibt einen Wert vom Typ Integer zurück. Dieser Wert entspricht dem Zeichencode des ersten Buchstabens, der in dem Argument Zeichenfolge enthalten ist. Sie können so zum Beispiel herausfinden, ob es sich um eine Text- oder Zahlenfolge handelt, die von einem Benutzer eingegeben wurde.

Syntax:

Asc(string)

Das Argument string darf ein beliebiger gültiger Zeichenfolgenausdruck sein. Ein Laufzeitfehler tritt auf, wenn die Zeichenfolge keine Zeichen enthält.

Chr

Die Funktion Chr gibt einen Wert vom Typ String zurück. Dieser Wert gibt das Zeichen an, das dem angegebenen Zeichen-Code zugeordnet ist. Diese Funktion kann man sich für einen Zeilenumbruch zu Nutze machen. Oft ist es auch hilfreich, Sonderzeichen so darzustellen.

Syntax:

Chr(charcode)

Das erforderliche Argument charcode ist ein Wert vom Typ Long, der ein Zeichen festlegt.

Die Funktion Chr ist das Gegenstück zu der Funktion Asc. Mit Chr geben Sie ein Zeichen zu einem Code aus und mit Asc ermitteln Sie den Code zu einem Zeichen.

Join

Die Zeichenketten-Funktion Join verbindet Elemente, die in einem eindimensionalen Array enthalten sind. Optional kann ein Trennzeichen, das zwischen den Zeichenketten eingefügt wird, angegeben werden. Dadurch haben Sie die Möglichkeit, verschiedene Eingabetexte, die in Arrays abgespeichert wurden, zu einem Text zusammenzufügen.

Syntax:

Join (list, [, delimiter])

Beispiel:

Im nachfolgenden Beispiel wird ein eindimensionales Array (list) mit verschiedenen Wörtern gefüllt. Danach werden diese Wörter durch die Funktion Join zusammengefasst und in einem Meldungsfenster ausgegeben. Wird kein delimiter in der Funktion Join angegeben, wird automatisch ein Leerzeichen verwendet.

Das Beispiel ist auf der CD zum Buch enthalten.

```
<!DOCTYPE html PUBLIC "-//W3C//DTD XHTML 1.0
 Strict//EN">
<%@ LANGUAGE=VBSCRIPT %>
<html xmlns="http://www.w3.org/TR/xhtml1">
<head><title>XHTML-Seite mit ASP</title></head>
<body>
<h1><XHTML-Seite mit ASP-Code (Join)</h1>
<%
    Dim Array1(4), Ausgabe
    Array1(0) = "Diese"
    Array1(1) = "Wörter"
    Array1(2) = "wurden"
```

```
Array1(3) = "zusammengefügt."
Ausgabe = Join(Array1)
```
%>

`<p><%=Ausgabe%></p>`

`</body></html>`

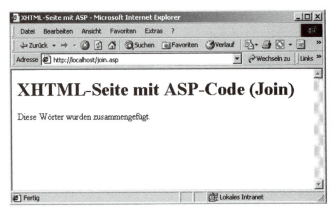

Abbildung 18.14: Die Join-Funktion in VBScript

Systemfunktionen in VBScript

Mit *Systemfunktionen* in VBScript haben Sie Zugriff auf Ordner, Verzeichnisse, Registry usw. Das Betriebssystem des Anwenders kann mit VBScript manipuliert und zerstört werden. Um diese Funktionen nutzen zu können, muss das in Windows 98 und Windows 2000 enthaltene *WSH (Windows Scripting Host)* installiert sein. Haben Sie Windows Scripting Host unter Windows 98 noch nicht installiert, wählen Sie im *Start*-Menü *Einstellungen* und öffnen das Modul *Software*. Nun wählen

Sie im Register *Setup* aus der angebotenen Liste der Hilfsprogramme *WSH*, das sich unter *Zubehör* befindet. Nach erfolgreicher Installation stehen Ihnen nun die nachfolgend erklärten Funktionen zur Verfügung. Für Windows-95- und -NT-User bietet Microsoft ein kostenloses Download von WSH. Die URL lautet: *www.microsoft.com/scripting/ windowshost/download/en/x86/wsh.exe.*

Um den Windows Scripting Host nur für sichere Anwendungen zur Verfügung zu stellen, schalten Sie *unsichere ActiveX-Komponenten* aus. Diese Eigenschaften finden Sie im *Internet Explorer* unter *Sicherheitseinstellungen*. Hier wählen Sie bei *Initialisieren und Ausführen von ActiveX-Steuerelementen* die Markierung *Fragen* an. Somit ist gewährleistet, dass keine Systemfunktion ohne Ihr Wissen ausgeführt wird. Diese Funktionen sind besonders in einem Intranet interessant, wo der Zugriff auf die Verzeichnisse der Benutzer eher gestattet bzw. benötigt wird als im Internet.

CreateObject

Die CreateObject-Funktion ist die wichtigste Funktion, um den Zugriff auf das jeweilige Betriebssystem zu realisieren. Diese Funktion erzeugt eine neue Instanz eines Objekts.

Syntax:

```
Set Instanz = CreateObject(Klasse)
```

Die Objekt-Klasse wird mit Klasse angegeben, zum Beispiel Scripting.FilesSystemObject. Um die Instanz auf die Klasse wieder zurückzunehmen, verwenden Sie Folgendes:

Syntax:

```
Set Instanz = Nothing
```

Um diese Funktion nutzen zu können, stehen Ihnen in VBScript viele verschiedene Funktionen und Eigenschaften zur Verfügung.

Text und Zeichenfolgen aus Dateien lesen oder in Dateien schreiben

AtEndOfLine

Die Eigenschaft AtEndOfLine ist Wahr, wenn der Zeiger des TextStream-Objekts auf ein Zeilenende zeigt. Ist dies nicht der Fall, wird Falsch als Wert zurückgegeben. Mit dieser Eigenschaft sind Sie in der Lage, Textdateien, Systemdateien, Ini-Dateien, Log-Dateien usw. auszulesen. Die Eigenschaft AtEndOfLine liest aber immer nur eine Zeile ein. Ob Sie nun die erlangten Daten dem Benutzer im Browserfenster darstellen oder ob Sie sich diese Daten auf Ihre E-Mail-Adresse leiten, bleibt ganz Ihnen überlassen. Sie können auch Dateien der Benutzer gezielt auslesen, z.B. Daten aus einem Online-Bestellformular.

Syntax:

Object.AtEndOfLine

Die AtEndOfLine-Eigenschaft kann nur abgefragt werden, wenn das entsprechende TextStream-Objekt bereits zum Lesen geöffnet wurde. Ist dies nicht der Fall, wird ein Fehler ausgegeben.

Beispiel:

Nach der Dimensionierung der Variablen wird eine neue Instanz des Objekts Scripting.FileSystemObject erzeugt. Dann wird mit diesem Objekt die Datei AUTOEXEC.BAT ausgelesen, die sich auf dem Laufwerk D befindet. Nun wird bis zum Ende der ersten Zeile Zeichen für Zeichen in eine Variable geschrieben. Nachdem das Ende der Zeile erreicht wurde, wird der gelesene Zeichenfolgenausdruck im Browserfenster ausgegeben.

Das Beispiel ist auf der CD zum Buch enthalten.

```
<!DOCTYPE html PUBLIC "-//W3C//DTD XHTML 1.0
 Strict//EN">
<%@ LANGUAGE=VBSCRIPT %>
```

Kapitel 18 — VBScript – Die Skriptsprache für ASP

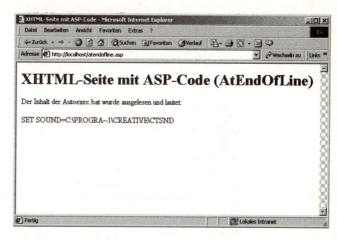

Abbildung 18.15: Die Eigenschaft AtEndofLine in VBScript

```
<html xmlns="http://www.w3.org/TR/xhtml1">
<head><title>XHTML-Seite mit ASP-
Code</title></head></h1>
<h1><XHTML-Seite mit ASP-Code (AtEndOfLine)</h1>
<%
 Dim fs, autoexec, Inhalt, Ausgabe
 Set fs = CreateObject("Scripting.FileSystemObject")
  Set autoexec = fs.OpenTextFile("d:\autoexec.bat")
   Do While autoexec.AtEndOfLine <> True Inhalt =
      Inhalt & autoexec.Read(1)
      Loop
  autoexec.Close
 Ausgabe = "Der Inhalt der Autoexec.bat wurde
ausgelesen und lautet:"
```

```
%>
<p><%=Ausgabe%></p>
<p><%=Inhalt%></p>
</body></html>
```

AtEndofStream

Die Eigenschaft AtEndofStream gibt den Wert Wahr zurück, wenn der Zeiger eines TextStream-Objekts auf das Textende zeigt. Ist dies nicht der Fall, wird Falsch als Wert zurückgegeben. Im Gegensatz zu der Eigenschaft AtEndOfLine liest die Eigenschaft AtEndofStream einen kompletten Zeichenfolgenausdruck einer Datei ein. Die sich daraus ergebenden Möglichkeiten sind die gleichen wie bei der Eigenschaft AtEndOfLine.

Syntax:

Object.AtEndOfStream

> Die AtEndOfStream-Eigenschaft kann nur abgefragt werden, wenn das entsprechende TextStream-Objekts bereits zum Lesen geöffnet wurde. Ist dies nicht der Fall, wird ein Fehler ausgegeben.

Beispiel:

Nach der Dimensionierung der Variablen wird eine neue Instanz des Objekts Scripting.FileSystemObject erzeugt. Nun wird mit diesem Objekt die Textdatei CONFIG.SYS ausgelesen. Danach wird bis zum Ende des Textes Zeichen für Zeichen in eine Variable geschrieben. Nachdem das Ende des Textes erreicht wurde, wird der gelesene Zeichenfolgenausdruck im Browserfenster ausgegeben.

> Das Beispiel ist auf der CD zum Buch enthalten.

```
<!DOCTYPE html PUBLIC "-//W3C//DTD XHTML 1.0
 Strict//EN">
<%@ LANGUAGE=VBSCRIPT %>
```

| Kapitel 18 | VBScript – Die Skriptsprache für ASP |

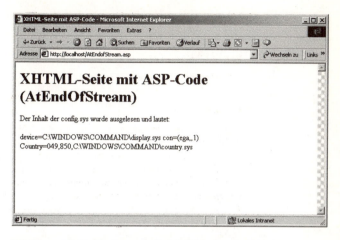

Abbildung 18.16: Die Eigenschaft AtEndOfStream in VBScript

```
<html xmlns="http://www.w3.org/TR/xhtml1">
<head><title>XHTML-Seite mit ASP-
 Code</title></head></h1>
<h1>XHTML-Seite mit ASP-Code (AtEndOfStream)</h1>
<%
 Dim fs, autoexec, Inhalt, Ausgabe
 Set fs = CreateObject("Scripting.FileSystemObject")
  Set config = fs.OpenTextFile("d:\ config.sys")
    Do While config.AtEndOfStream <> True Inhalt =
       Inhalt & config.ReadLine
       Loop
  config.Close
 Ausgabe = "Der Inhalt der config.sys wurde
 ausgelesen und lautet:"
```

```
%>
<p><%=Ausgabe%></p>
<p><%=Inhalt%></p>
</body></html>
```

Column

Mit der Eigenschaft Column wird der Wert zurückgegeben, auf welcher Stelle der Textzeiger beim Lesen eines TextStream-Objekts steht. Die Eigenschaft dient nur zum Lesen dieses Werts. Sie sind somit in der Lage, beim Lesen einer Datei, die über mehrere Zeilen Text enthält, genau zu bestimmen, wo sich der Lesezeiger befindet. Dadurch ist gewährleistet, bestimmte Zeichen auszulesen. Die Verwendung eines Lesezeigers wird vor allem beim Speichern von Datensätzen in einer Textdatei benötigt. Solche Datensätze können z.B. Besucher einer Webseite oder der Kundenstamm eines Online-Bestellwesens sein.

Syntax:

Object.column

Beispiel:

In der Prozedur wird nach der Dimensionierung der Variablen eine neue Instanz des Objekts Scripting.FileSystemObject erzeugt. Mögliche Fehler werden mit On Error Resume Next abgefangen. Nun wird mit der Methode OpenTextFile eine Textdatei mit dem Namen *Beispiel.txt* erstellt und auf dem Laufwerk C: abgespeichert. Danach wird in diese Text-Datei ein Satz geschrieben. Zuletzt wird dieser Text ausgelesen und mit Hilfe der Column-Eigenschaft kann festgelegt werden, wo sich der Zeiger auf dem zu lesenden Satz befindet. Diese Position des Zeigers wird dann im Browserfenster ausgegeben. Da sich der Zeiger auf dem letzten Platz des Satzes befindet, kennzeichnet er die Anzahl der Buchstaben des Textes.

Das Beispiel ist auf der CD zum Buch enthalten.

```
<!DOCTYPE html PUBLIC "-//W3C//DTD XHTML 1.0
 Strict//EN">
<%@ LANGUAGE=VBSCRIPT %>
<html xmlns="http://www.w3.org/TR/xhtml1">
<head><title>XHTML-Seite mit ASP-
 Code</title></head></h1>
<h1>XHTML-Seite mit ASP-Code (Column)</h1>
<%
 On Error Resume Next
 Dim Fso, F, Ergebnis, Ausgabe
 Set Fso = CreateObject("Scripting.FileSystemObject")
 Set F = Fso.OpenTextFile("c:\Beispiel.txt", 2, True)
  F.Write Hallo, ich könnte ein Trojaner sein. Wissen
  Sie, wie viele Buchstaben in diesem Text enthalten
  sind?"
  F.Close
 Set F = Fso.OpenTextFile("c:\Beispiel.txt", 1)
 Ergebnis = F.ReadLine
 Ergebnis = F.Column
 Ausgabe = "Es sind " & Ergebnis & " Buchstaben im
  Beispiel.txt enthalten."
%>
<p><%=Ausgabe%></p>
<p><%=Inhalt%></p>
</body></html>
```

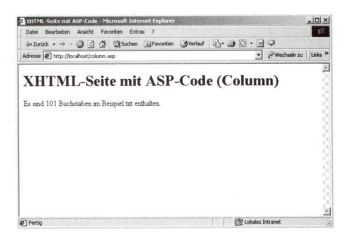

Abbildung 18.17: Die Eigenschaft Column in VBScript

Line

Die Eigenschaft Line gibt die aktuelle Zeilennummer einer Textdatei wieder. Das ist vor allem beim Auswerten des Inhalts von Dateien nützlich, in denen z.B. Bestelldaten oder Ereignisse gespeichert werden. Solche Ereignisse können z.B. der letzte Besuch oder die letzte Änderung einer Webseite sein. Nach dem Öffnen einer Textdatei ist dieser Wert 1. Sie haben die Möglichkeit, mit diesem Befehl in einer längeren Datei genau zu bestimmen, in welcher Zeile sich der Lesezeiger befindet.

Syntax:

Object.Line

Das Objekt muss ein TextStream-Objekt sein, damit ein Wert zurückgegeben werden kann.

Beispiel:

Nach der Dimensionierung der Variablen wird eine neue Instanz des Objektes Scripting.FileSystemObject erzeugt. Mögliche Fehler werden mit On Error Resume Next abgefangen. Nun wird mit diesem Object die Beispiel-Datei *Bestellung.txt* erstellt. Der Schreibvorgang wird durch die Zahl 2 hinter der Pfadangabe ausgelöst. In diese *Bestellung.txt*-Datei wird mit der Methode Write ein drei Zeilen langer Text in die Datei geschrieben. Nun wird dieser Text bis zum Ende gelesen und in die Variable Inhalt geschrieben. Mit der Eigenschaft Line ermittelt die Prozedur, wie viele Zeilen sich im Text befinden. Zum Schluss wird Ihnen der Wert des Lesezeigers mitgeteilt.

Das Beispiel ist auf der CD zum Buch enthalten.

```
<!DOCTYPE html PUBLIC "-//W3C//DTD XHTML 1.0
 Strict//EN">
<%@ LANGUAGE=VBSCRIPT %>
<html xmlns="http://www.w3.org/TR/xhtml1">
<head><title>XHTML-Seite mit ASP-
 Code</title></head></h1>
<h1>XHTML-Seite mit ASP-Code (Line)</h1>
<%
 On Error Resume Next
 Dim fso, Beispiel, Inhalt, Znummer, Ausgabe
  Set fso = CreateObject("Scripting.FileSystemObject")
  Set Beispiel = fso.OpenTextFile("c:\Bestellung.txt",
  2, True)
   Beispiel.write "Hallo, ich bin eine Bestellung." &
    vbCrLF & "Alle Daten in Ordnung?"
    & vbCrLF & "Alle bestellten Artikel werden am Montag
     versandt."
  Set Beispiel = fso.OpenTextFile("c:\ Bestellung.txt",
  1)
 Inhalt = Beispiel.ReadAll
```

```
    Znummer = Beispiel.Line
    Ausgabe =  "Die Datei Bestellung.txt hat " & Znummer
    & " Zeilen."
%>
<p><%=Ausgabe%></p>
<p><%=Inhalt%></p>
</body></html>
```

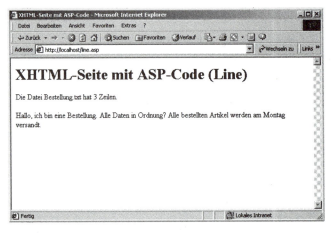

Abbildung 18.18: Die Eigenschaft Line in VBScript

Informationen aus Dateien und Ordnern auslesen und bei Bedarf ändern

Attribute

Mit der Eigenschaft Attribute können die Attribute einer Datei oder eines Ordners gelesen oder geschrieben werden. Es gibt neun verschiedene *Dateiattribute*, die in nachfolgender Tabelle genauer erklärt werden. Es ist auch möglich, mehrere Attribute einer Datei gleichzeitig zu setzen. Es werden hierfür nur die Werte addiert. Sie sind somit in der Lage, sich Informationen über den Benutzer Ihrer Webseite zu verschaffen. Sie können ihm auch versteckte Dateien auf sein System laden oder Cookies auf seiner Festplatte verstecken, indem Sie das Attribut Hidden setzen. Sie sehen, Ihrer Kreativität sind keine Grenzen gesetzt. Daten, die über das Internet vom Benutzer gesendet werden, können so für ihn lokal auf seiner Festplatte gespeichert werden, auch wenn eine Datei per Schreibschutz unbeabsichtigt gesichert wurde.

Syntax:

Object.Attributes

Object.Attributes = neueAttribute

Konstante	Wert	Beschreibung
Normal	0	Normale Datei. Keine Attribute gesetzt.
Read Only	1	Nur Lesen
Hidden	2	Versteckte Datei. Attribute sind Lesen / Schreiben.
System	4	System-Datei. Attribute sind Lesen / Schreiben
Volume	8	Laufwerksbezeichner. Attribut ist Lesen.
Directory	16	Verzeichnis oder Ordner. Attribut ist Lesen.
Archive	32	Archiv. Attribute sind Lesen / Schreiben.
Alias	64	Link oder Querverweis. Attribut ist Lesen.
Compressed	128	Komprimiert. Attribute sind Lesen / Schreiben.

Tabelle 18.17: Konstanten und Werte der Eigenschaft Attribute

Beispiel:

Nach der Dimensionierung der Variablen wird eine neue Instanz des Objekts Scripting.FileSystemObject erzeugt. Nun wird mit der Methode GetObject auf diese Textdatei zugegriffen. Jetzt wird über die Eigenschaft Attribute bestimmt, ob das schreibgeschützte Bit gesetzt ist. Je nachdem, ob es gesetzt ist oder nicht, werden unterschiedliche Texte ausgegeben. Nach jeder Aktualisierung der ASP-Seite im Browser wird nun das schreibgeschützte Bit gesetzt oder gelöscht.

Das Beispiel ist auf der CD zum Buch enthalten.

```
<!DOCTYPE html PUBLIC "-//W3C//DTD XHTML 1.0
 Strict//EN">
<%@ LANGUAGE=VBSCRIPT %>
<html xmlns=»http://www.w3.org/TR/xhtml1">
<head><title>XHTML-Seite mit ASP-
 Code</title></head></h1>
<h1>XHTML-Seite mit ASP-Code (Attribute)</h1>
<%
 Dim FileName1, fso, Daei2, AttributeR, AttributeF
  FileName1 = «c:\winzip.log»
  Set fso = CreateObject("Scripting.FileSystemObject")
  Set Datei2 = fso.GetFile(FileName1)
   If Datei2.attributes and 1 Then
      Datei2.attributes = Datei2.attributes = 0
      %>
      <p> "Alle Attribute wurden gelöscht." </p>
      <%
    Else
      Datei2.attributes = Datei2.attributes + 1
```

```
        %>
        <p> "Das Archivbit Schreibgeschützt wurde
            gesetzt." </p>
        <%
    End if
%>
</body></html>
```

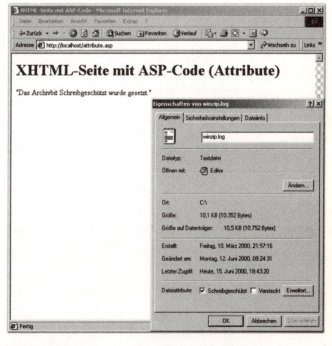

Abbildung 18.19: Die Eigenschaft Attribute in VBScript

AvailableSpace

Die Eigenschaft AvailableSpace gibt den verfügbaren Speicherplatz des angesprochenen Laufwerks zurück. Die Eigenschaft AvailableSpace kann nur gelesen werden. Als Objekt muss ein Laufwerk angegeben werden. Sie können diese Eigenschaft dazu verwenden, um dem Benutzer Informationen über seine Laufwerkskapazitäten zu geben. Wenn sich der Benutzer der Webseite eine angebotene Datei von Ihnen herunterladen möchte, können Sie ihm mitteilen, dass sein Festplattenspeicher zu knapp bemessen ist usw.

Syntax:

Object.AvailableSpace

Beispiel:

Zuerst wird durch eine Abfrage festgestellt, ob eine Eingabe vorliegt oder ob der voreingestellte Wert genommen werden soll. Nun wird der Laufwerksbuchstabe übergeben, dessen Informationen ausgelesen werden sollen. Falls ein Fehler auftritt, wird dieser mit On Error Resume Next abgefangen.

In dem Code wird nach der Dimensionierung der Variablen eine neue Instanz des Objekts Scripting.FileSystemObject erzeugt. Nun wird mit der Methode GetDrive auf das Laufwerk, dessen Namen der Funktion übergeben wurde, zugegriffen. Jetzt wird mit der Eigenschaft AvailableSpace der freie Speicherplatz des Laufwerks bestimmt. Nun werden all diese Informationen über das Laufwerk im Browserfenster ausgegeben.

Das Beispiel ist auf der CD zum Buch enthalten.

```
<!DOCTYPE html PUBLIC "-//W3C//DTD XHTML 1.0
 Strict//EN">
<%@ LANGUAGE=VBSCRIPT %>
<html xmlns=»http://www.w3.org/TR/xhtml1">
<head> <title>XHTML-Seite mit ASP</title> </head>
<body>
<h1>XHTML-Seite mit ASP-Code (AvailableSpace)</h1>
```

Kapitel 18 — VBScript – Die Skriptsprache für ASP

Abbildung 18.20: Die Eigenschaft AvailableSpace in VBScript

```
<form method=»POST»>
  <p><input type="text" name="Eingabe" size="5"> Geben
  Sie einen Laufwerksbuchstaben ein (Voreinstellung
  C:).</p>
  <p><input type="submit" value="LW-Daten"></p>
</form>
<%
On Error Resume Next
  Dim fso, LW, Infos, Ausgabe
  drvpath = Request.Form("Eingabe")
  If drvpath = "" then drvpath = "C:"
  Set fso = CreateObject("Scripting.FileSystemObject")
  Set LW = fso.GetDrive(drvPath)
   Infos = "Drive " & UCase(drvPath) & " Name =  "
   Infos = Infos & LW.VolumeName  & " "
```

```
    Infos = Infos & «Available Space: « &
    FormatNumber(LW.AvailableSpace/1024, 0)
    Infos = Infos & « KBytes»
    Ausgabe = Infos
%>
<p><%=Ausgabe%></p>
</body></html>
```

DateCreated

Die Eigenschaft DateCreated ist eine Nur-Lese-Eigenschaft. Mit dieser Eigenschaft kann bestimmt werden, wann ein Ordner oder eine Datei erzeugt wurde. Wann wurde ein Betriebssystem erstellt? Sie sehen, den Informationen, die Sie über einen Benutzer Ihrer Webseite bekommen können, sind keine Grenzen gesetzt. Über das Erstellungsdatum einer Datei oder eines Ordners können Rückschlüsse auf das Installationsdatum des Betriebssystems gezogen werden.

Syntax:

Object.DateCreated

Als Objekt muss eine Datei oder ein Ordner angegeben werden.

Beispiel:

In der Prozedur wird nach der Dimensionierung der Variablen eine neue Instanz des Objekts Scripting.FileSystemObject erzeugt. Mögliche Fehler werden mit On Error Resume Next abgefangen. Nun wird mit der Methode GetFile auf die Datei *autoexec.bat* oder die vom Benutzer eingegebene Datei zugegriffen. Jetzt wird mit der Eigenschaft DateCreated das Datum an die Variable Datum1 übergeben, an dem die Datei erstellt wurde. Dann wird dieses Datum mit dem Namen der Datei im Browserfenster ausgegeben.

Das Beispiel ist auf der CD zum Buch enthalten.

```
<!DOCTYPE html PUBLIC "-//W3C//DTD XHTML 1.0
 Strict//EN">
<%@ LANGUAGE=VBSCRIPT %>
<html xmlns=»http://www.w3.org/TR/xhtml1">
<head> <title>XHTML-Seite mit ASP</title> </head>
<body>
<h1>XHTML-Seite mit ASP-Code (DateCreated)</h1>
<form method="POST">
  <p><input type="text" name="Eingabe" size="25"> Geben
   Sie eine Datei an (Voreinstellung
   c:\autoexec.bat:).</p>
  <p><input type=»submit» value=»LW-Daten»></p>
</form>
<%
  On Error Resume Next
  Dim fso, f, Datum1, file1, Ausgabe
  File1 = Request.Form("Eingabe")
  If File1 = "" then File1 = "c:\autoexec.bat"
  Set fso = CreateObject("Scripting.FileSystemObject")
  Set f = fso.GetFile(file1)
  Datum1 =  f.DateCreated
  Ausgabe= "Die Datei "& File1 & " wurde am " & Datum1
 & " erstellt."
%>
<p><%=Ausgabe%></p>
</body></html>
```

Abbildung 18.21: Die Eigenschaft DateCreated in VBScript

DateLastAccessed

Die Eigenschaft DateLastAccessed ist eine Nur-Lese-Eigenschaft. Mit dieser Eigenschaft kann auch bestimmt werden, wann ein Ordner oder eine Datei angelegt wurde. Mit diesen Informationen kann bestimmt werden, wie lange ein Benutzer mit welchen Programmen schon arbeitet. Werden Programme, die als Demo bestimmt sind, länger benutzt als erlaubt? Jetzt können Sie dies ausspionieren und den Anwender darauf aufmerksam machen.

Syntax:

Object.DateLastAccessed

Als Objekt muss eine Datei oder ein Ordner angegeben werden.

Beispiel:

In der Prozedur wird nach der Dimensionierung der Variablen eine neue Instanz des Objekts Scripting.FileSystemObject erzeugt. Mögliche Fehler werden mit On Error Resume Next abgefangen. Nun wird mit der Methode GetFile auf die Datei *autoexec.bat* oder die vom Benutzer eingegebene Datei zugegriffen. Jetzt wird mit der Eigenschaft DateLastAccessed das Datum an die Variable Datum1 übergeben, wann auf die Datei das letzte Mal zugegriffen wurde. Das ermittelte Datum wird am Bildschirm ausgegeben.

Das Beispiel ist auf der CD zum Buch enthalten.

```
<!DOCTYPE html PUBLIC "-//W3C//DTD XHTML 1.0
 Strict//EN">
<%@ LANGUAGE=VBSCRIPT %>
<html xmlns=»http://www.w3.org/TR/xhtml1">
<head> <title>XHTML-Seite mit ASP</title> </head>
<body>
<h1>XHTML-Seite mit ASP-Code (DateLastAccessed)</h1>
<form method="POST">
  <p><input type="text" name="Eingabe" size="25"> Geben
  Sie eine Datei an (Voreinstellung
  c:\autoexec.bat:).</p>
  <p><input type=»submit» value=»LW-Daten»></p>
</form>
<%
   On Error Resume Next
  Dim fso, f, Datum1, file1, Ausgabe
  File1 = Request.Form("Eingabe")
  If File1 = "" then File1 = "c:\autoexec.bat"
  Set fso = CreateObject("Scripting.FileSystemObject")
  Set f = fso.GetFile(file1)
  Datum1 =  f. DateLastAccessed
  Ausgabe= "Auf die Datei "& File1 & " wurde am " &
  Datum1 & " das letzte Mal zugegriffen."
```

```
%>
<p><%=Ausgabe%></p>
</body></html>
```

Abbildung 18.22: Die Eigenschaft DateLastAccessed in VBScript

DateLastModified

Die Eigenschaft DateLastModified ist eine Nur-Lese-Eigenschaft. Mit dieser Eigenschaft kann bestimmt werden, wann das letzte Mal ein Ordner oder eine Datei geändert wurde. Sie können bestimmen, mit welchen Dateien zuletzt gearbeitet wurde. Sie können im Prinzip ein Anwendungsprofil über die Benutzung von Programmen Ihres Webseitenbenutzers erstellen. Suchen Sie nach allen Dateien, die innerhalb des letzten Tages geändert wurden, und schon bekommen Sie die Liste, über die Sie die Aktivitäten des Benutzers bestimmen können. Werden Daten in einer Datei regelmäßig beim Besuch Ihrer Webseite verändert oder hinzugefügt, können Sie so den Zeitpunkt ermitteln, wann der letzte Zugriff auf Ihre Webseite erfolgt ist.

Syntax:

Object.DateLastModified

Als Objekt muss eine Datei oder ein Ordner angegeben werden.

Drive

Die Eigenschaft Drive dient dazu, den Laufwerksbuchstaben zu einer Datei oder einem Ordner auszulesen. So können Sie bestimmen, auf welcher Festplatte oder auf welchem Laufwerk sich Dateien oder Ordner befinden. Diese Funktion kann auch durch eine Kombination aus der Eigenschaft Path und der Funktion Left realisiert werden.

Syntax:

Object.Drive

Als Objekt muss eine Datei oder ein Ordner angegeben werden.

Beispiel:

In der Prozedur wird nach der Dimensionierung der Variablen eine neue Instanz des Objekts Scripting.FileSystemObject erzeugt. Mögliche Fehler werden mit On Error Resume Next abgefangen. Nun wird mit der Methode GetFile auf die Datei *autoexec.bat* oder die angegebene Datei zugegriffen. Jetzt wird mit der Eigenschaft Drive der Buchstabe des Laufwerks, in dem sich die Datei befindet, an die Variable LW übergeben. Diese Variable LW wird nun über das Browserfenster am Bildschirm ausgegeben.

Das Beispiel ist auf der CD zum Buch enthalten.

```
<!DOCTYPE html PUBLIC "-//W3C//DTD XHTML 1.0
 Strict//EN">
<%@ LANGUAGE=VBSCRIPT %>
<html xmlns=»http://www.w3.org/TR/xhtml1">
<head> <title>XHTML-Seite mit ASP</title> </head>
<body>
<h1>XHTML-Seite mit ASP-Code (Drive)</h1>
```

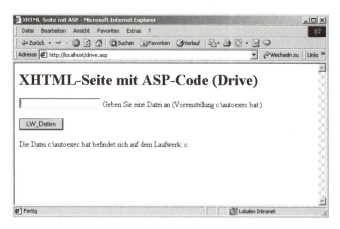

Abbildung 18.23: Die Eigenschaft Drive in VBScript

```
<form method="POST">
  <p><input type="text" name="Eingabe" size="25"> Geben
   Sie eine Datei an (Voreinstellung
   c:\autoexec.bat:).</p>
  <p><input type=»submit» value=»LW-Daten»></p>
</form>
<%
  On Error Resume Next
  Dim fso, f, LW, File1, Ausgabe
  File1 = Request.Form("Eingabe")
  If File1 = "" then File1 = "c:\autoexec.bat"
  Set fso = CreateObject("Scripting.FileSystemObject")
  Set f = fso.GetFile(File1)
  LW =  f.Drive
  Ausgabe= "Die Datei "& File1 & " befindet sich
```

```
    auf dem Laufwerk: " & LW
%>
<p><%=Ausgabe%></p>
</body></html>
```

Drives

Die Eigenschaft Drives dient dazu, alle Laufwerke auszulesen, auf die das lokale Betriebssystem zugreifen kann. Diese Eigenschaft können Sie dazu nutzen, um auch auf anderen Laufwerken Cookies oder andere Dateien auf allen Laufwerken des Benutzers abzulegen. Sie haben so auch Zugriff auf Netzlaufwerke, die während des Startvorgangs vom Betriebssystem mit eingebunden wurden. Jetzt ist Ihnen bekannt, auf welchen Laufwerken Sie überall Daten abspeichern können. Die meisten Online-Bestellungen geben dem Besteller nicht die Möglichkeit, die Bestelldaten auch für sich selbst abzuspeichern. So können Sie ihm noch eine Auswahl aller möglichen Laufwerke geben, auf denen die Daten gespeichert werden können.

Syntax:

Object.Drives

Als Objekt muss FileSystemObject angegeben werden.

Beispiel:

In der Prozedur wird nach der Dimensionierung der Variablen eine neue Instanz des Objekts Scripting.FileSystemObject erzeugt. Mögliche Fehler werden mit On Error Resume Next abgefangen. Mit der Eigenschaft Drives werden alle Laufwerke in die Variable BSystem geschrieben. Nun wird mit einer For...Each-Schleife jedes Laufwerk, welches den Zugriff durch das aktuelle Betriebssystem gewährt, ausgelesen. Jetzt werden mit Hilfe der Eigenschaft DriveLetter die einzelnen Laufwerksbuchstaben mit zwei Leerzeichen und einem Bindestrich getrennt. Diese Laufwerkliste wird nun am Bildschirm ausgegeben. Durch Betätigen der Schaltfläche OK wird die Prozedur beendet.

Das Beispiel ist auf der CD zum Buch enthalten.

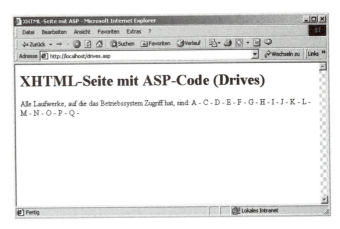

Abbildung 18.24: Die Eigenschaft Drives in VBScript

```
<!DOCTYPE html PUBLIC "-//W3C//DTD XHTML 1.0
 Strict//EN">
<%@ LANGUAGE=VBSCRIPT %>
<html xmlns=»http://www.w3.org/TR/xhtml1">
<head> <title>XHTML-Seite mit ASP</title> </head>
<body>
<h1>XHTML-Seite mit ASP-Code (Drives)</h1>
<%
  On Error Resume Next
  Dim fso, LW, BSystem, LWListe, Ausgabe
    Set fso = CreateObject("Scripting.FileSystemObject")
    Set BSystem = fso.Drives
    For Each LW in BSystem
      LWListe = LWListe & LW.DriveLetter & " - "
    Next
```

```
            Ausgabe = "Alle Laufwerke, auf die das
            Betriebssystem Zugriff hat, sind: " & LWListe
%>
<p><%=Ausgabe%></p>
</body></html>
```

DriveType

Die Eigenschaft `DriveType` dient dazu, den Typ des angegebenen Laufwerks zu bestimmen. Es gibt fünf verschiedene Arten, die man hierbei unterscheidet (siehe Beispiel). So können Sie vorbeugen, dass Sie nicht schreibend auf ein CD-Laufwerk zugreifen. Oder auch bei Wechseldatenträgern muss davon ausgegangen werden, dass sich kein Medium darin befindet. Mit dieser Eigenschaft haben Sie die Möglichkeit, solche Fehlermeldungen im Vorfeld zu unterbinden. Sie können auch bei Wechsellaufwerken den Benutzer darauf hinweisen, dass sich ein Medium im Laufwerk befinden muss.

Syntax:

Object.DriveType

Als Objekt muss ein Laufwerk angegeben werden.

Beispiel:

In der Prozedur wird nach der Dimensionierung der Variablen eine neue Instanz des Objekts `Scripting.FileSystemObject` erzeugt. Mögliche Fehler werden mit `On Error Resume Next` abgefangen. Mit der Methode `GetDrive` wird der Laufwerksbuchstabe C: in die Variable LW übernommen. Nun wird mit einer `Select...Case`-Abfrage der Rückgabewert der Eigenschaft `DriveType` verglichen. Je nachdem, welche Ziffer durch die Eigenschaft `DriveType` zurückgegeben wird, bekommt die Variable LWTyp einen anderen Text zugewiesen. Mit Hilfe eines Meldungsfensters wird dieser Laufwerktyp am Bildschirm ausgegeben.

Das Beispiel ist auf der CD zum Buch enthalten.

```
<!DOCTYPE html PUBLIC "-//W3C//DTD XHTML 1.0
 Strict//EN">
<%@ LANGUAGE=VBSCRIPT %>
<html xmlns=»http://www.w3.org/TR/xhtml1">
<head> <title>XHTML-Seite mit ASP</title> </head>
<body>
<h1>XHTML-Seite mit ASP-Code (DriveType)</h1>
<form method="POST">
  <p><input type="text" name="Eingabe" size="25"> Geben
   Sie einen LW-Buchstaben an (Voreinstellung
   c:).</p>
  <p><input type="submit" value="LW-Daten"></p>
</form>
<%
On Error Resume Next
  Dim fso, LW, LWTyp, Pfad, Ausgabe
  Set fso = CreateObject("Scripting.FileSystemObject")
  Pfad = Request.Form("Eingabe")
  If Pfad = "" then Pfad = "c:"
  Set LW = fso.GetDrive(Pfad)
   Select Case LW.DriveType
     Case 0: LWTyp = "Unbekanntes LW"
     Case 1: LWTyp = "Austauschbares LW"
     Case 2: LWTyp = "Hard-Disk"
     Case 3: LWTyp = "Netzwerk-LW"
     Case 4: LWTyp = "CD-ROM-LW"
     Case 5: LWTyp = "RAM-Disk"
```

```
    End Select
    Ausgabe = "Drive " & LW.DriveLetter & ": - " &
    LWTyp
%>
<p><%=Ausgabe%></p>
</body></html>
```

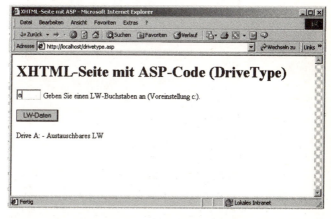

Abbildung 18.25: Die Eigenschaft DriveType in VBScript

Files

Die Eigenschaft Files gibt alle Dateien zurück, die ein Ordner enthält. Andere Ordner, die als Unterordner enthalten sind, werden nicht ausgegeben. Sie können zum Beispiel in dem Ordner HISTORY die letzten URLs Ihres Benutzers auslesen und sich damit ein Bild über seine Internet-Aktivitäten machen. Auch schon vorhandene Dateien, die Sie vorher auf diesem Ordner gespeichert haben, sind so auszulesen.

Syntax:

Object.Files

Das Objekt muss ein Folder Objekt sein, damit die Eigenschaft ordnungsgemäß ausgeführt werden kann.

Beispiel:

In der Prozedur wird nach der Dimensionierung der Variablen eine neue Instanz des Objekts Scripting.FileSystemObject erzeugt. Mögliche Fehler werden mit On Error Resume Next abgefangen. Der Variablen Pfad wird der zu untersuchende Laufwerksbuchstabe und Ordner angegeben. Mit der Methode GetFolder wird dieser Ordner in die Variable Ordner übernommen. Nun werden mit der Eigenschaft Files die Namen der Dateien ausgelesen, die in der Variablen sind. Dies geschieht mit Hilfe einer For...Each-Schleife. Diese Liste von Dateien wird dann am Bildschirm ausgegeben.

Das Beispiel ist auf der CD zum Buch enthalten.

```
<!DOCTYPE html PUBLIC "-//W3C//DTD XHTML 1.0
 Strict//EN">
<%@ LANGUAGE=VBSCRIPT %>
<html xmlns=»http://www.w3.org/TR/xhtml1">
<head> <title>XHTML-Seite mit ASP</title> </head>
<body>
<h1>XHTML-Seite mit ASP-Code (Files)</h1>
<form method="POST">
  <p><input type="text" name="Eingabe" size="25"> Geben
   Sie einen LW-Buchstaben und Ordner an
   (Voreinstellung
   c:).</p>
  <p><input type="submit" value="LW-Daten"></p>
</form>
<%
On Error Resume Next
 Dim fso, Ordner, FileName, OrdnerInhalt, FileListe,
```

Kapitel 18 VBScript – Die Skriptsprache für ASP

```
    Pfad, Ausgabe
    Set fso = CreateObject("Scripting.FileSystemObject")
    Pfad = Request.Form("Eingabe")
    If Pfad = "" then Pfad = "c:\"
    Set Ordner = fso.GetFolder(Pfad)
    Set OrdnerInhalt = Ordner.Files
    For Each FileName in OrdnerInhalt
      FileListe = FileListe & FileName.name
      FileListe = FileListe & chr(10)
    Next
    Ausgabe = "Alle Dateien, die im Verzeichnis " & Pfad
    & " enthalten sind: " & chr(10) & FileListe
%>
<p><%=Ausgabe%></p>
</body></html>
```

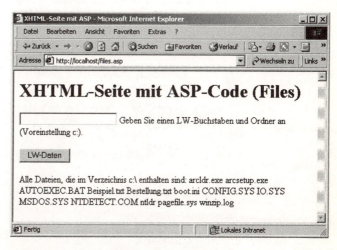

Abbildung 18.26: Die Eigenschaft Files in VBScript

FileSystem

Die Eigenschaft FileSystem gibt den Typ des Dateisystems auf dem angegebenen Datenträger zurück. Es wird zwischen FAT, FAT32, NFVS und CDFS unterschieden. Mit dieser Eigenschaft haben Sie die Möglichkeit, im Vorfeld zu unterscheiden, auf welche Datenträger der Zugriff mit dem Betriebssystem möglich ist und auf welche nicht.

Syntax:

Object.FileSystem

Das Objekt muss ein Laufwerk-Objekt sein, um das Dateisystem zurückgeben zu können.

Beispiel:

In der Prozedur wird nach der Dimensionierung der Variablen eine neue Instanz des Objekts Scripting.FileSystemObject erzeugt. Mögliche Fehler werden mit On Error Resume Next abgefangen. Der Variablen HD wird der zu untersuchende Laufwerksbuchstabe angegeben. Mit der Methode GetDrive wird dieser Laufwerksbuchstabe in die Variable LW übernommen. Nun wird mit der Eigenschaft FileSystem der Name des Dateisystems ausgelesen, das sich auf dem angegebenen Laufwerk befindet. Dieses Ergebnis wird am Bildschirm ausgegeben.

Das Beispiel ist auf der CD zum Buch enthalten.

```
<!DOCTYPE html PUBLIC "-//W3C//DTD XHTML 1.0
 Strict//EN">
<%@ LANGUAGE=VBSCRIPT %>
<html xmlns=»http://www.w3.org/TR/xhtml1">
<head> <title>XHTML-Seite mit ASP</title> </head>
<body>
<h1>XHTML-Seite mit ASP-Code (FileSystem)</h1>
<form method="POST">
  <p><input type="text" name="Eingabe" size="25"> Geben
  Sie einen LW-Buchstaben und Ordner an
```

```
      (Voreinstellung
      c:).</p>
      <p><input type="submit" value="LW-Daten"></p>
   </form>
   <%
   On Error Resume Next
   Dim fso, LW, HD, Ausgabe
     Set fso = CreateObject("Scripting.FileSystemObject")
     Pfad = Request.Form("Eingabe")
     If Pfad = "" then Pfad = "c:\"
     Set LW = fso.GetDrive(Pfad)
     Ausgabe =  "Das Laufwerk " & LW & " benutzt das
     Dateisystem: " & LW.FileSystem
   %>
   <p><%=Ausgabe%></p>
   </body></html>
```

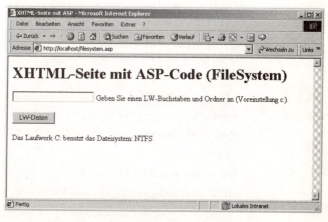

Abbildung 18.27: Die Eigenschaft FileSystem in VBScript

FreeSpace

Die Eigenschaft `FreeSpace` ermittelt den verfügbaren Speicherplatz eines Laufwerks. Der freie Speicherplatz wird in Bytes ausgegeben. Um den Speicher in überschaubarer Größe darstellen zu können, sollte man das Ergebnis mit der Funktion FormatNumber bearbeiten. So haben Sie die Möglichkeit, den Besucher Ihrer HTML-Seite darauf aufmerksam zu machen, wenn ein Laufwerk für die Daten, die er von Ihnen laden will, nicht mehr genügend freien Speicher aufweist.

Syntax:

Object.FreeSpace

Das Objekt muss eine Laufwerks-Objekt sein, um den freien Speicherplatz zurückgeben zu können.

Beispiel:

In der Prozedur wird nach der Dimensionierung der Variablen eine neue Instanz des Objekts Scripting.FileSystemObject erzeugt. Mögliche Fehler werden mit On Error Resume Next abgefangen. Der Variablen HDEingabe wird der zu untersuchende Laufwerksbuchstabe angegeben. Mit der Methode GetDrive wird dieser Laufwerksbuchstabe an die Variable HD weitergegeben. Jetzt wird mit der Eigenschaft VolumeName die vollständige Laufwerkbezeichnung ermittelt. Mit der Eigenschaft FreeSpace bekommt man nun den freien Speicherplatz des Laufwerks mitgeteilt, der noch mit der Funktion FormatNumber in die Einheit MBytes umgewandelt wird. Mit Hilfe eines Meldungsfensters wird dieses Ergebnis am Bildschirm ausgegeben. Durch Betätigen der Schaltfläche *OK* wird die Prozedur beendet.

Das Beispiel ist auf der CD zum Buch enthalten.

```
<!DOCTYPE html PUBLIC "-//W3C//DTD XHTML 1.0
Strict//EN">
<%@ LANGUAGE=VBSCRIPT %>
<html xmlns=»http://www.w3.org/TR/xhtml1">
<head> <title>XHTML-Seite mit ASP</title> </head>
```

```
<body>
<h1>XHTML-Seite mit ASP-Code (FreeSpace)</h1>
<form method="POST">
  <p><input type="text" name="Eingabe" size="25"> Geben
  Sie einen LW-Buchstaben an (Voreinstellung
  c:).</p>
  <p><input type="submit" value="LW-Daten"></p>
</form>
<%
  On Error Resume Next
  Dim fso, HDEingabe, HD, Fspeicher, Ausgabe
  Set fso = CreateObject("Scripting.FileSystemObject")
  HDEingabe = Request.Form("Eingabe")
  If HDEingabe = "" then HDEingabe = "c:"
  Set HD = fso.GetDrive(HDEingabe)
  FSpeicher = "Das Laufwerk " & HDEingabe & " "
  FSpeicher = FSpeicher & HD.VolumeName & " "
  FSpeicher = FSpeicher & "hat einen verfügbaren
  Speicher von: " &
  FormatNumber(HD.FreeSpace/1048576, 0)
  FSpeicher = FSpeicher & " MBytes"
  Ausgabe = FSpeicher
%>
<p><%=Ausgabe%></p>
</body></html>
```

Abbildung 18.28: Die Eigenschaft FreeSpace in VBScript

IsReady

Die Eigenschaft IsReady gibt Wahr zurück, wenn das angesprochene Laufwerk verfügbar ist. Ist dies nicht der Fall, wird Falsch zurückgegeben. Falls beim Benutzer Ihrer Webseite Daten auf einem Diskettenlaufwerk gespeichert werden sollen, können Sie vorher prüfen, ob sich in diesem Laufwerk ein Medium befindet. Das ist vor allem dann interessant, wenn Sie ein Bestellformular in Ihre Webseite integriert haben oder Bestellungen über eine Internet-Datenbank abwickeln. Ist kein Datenträger eingelegt, können Sie den Benutzer entsprechend darauf hinweisen. Dadurch werden unnötige Fehler vermieden.

Syntax:

Object.IsReady

> Für wechselbare Medien und CD-ROM-Laufwerke gibt die Eigenschaft IsReady nur dann *Wahr* zurück, wenn sich ein Datenträger darin befindet und dieser bereit zum Lesen oder Schreiben ist.

Beispiel:

In der Prozedur wird nach der Dimensionierung der Variablen eine neue Instanz des Objekts Scripting.FileSystemObject erzeugt. Mögliche Fehler werden mit On Error Resume Next abgefangen. Zuerst wird der Variablen Pfad ein Laufwerksbuchstabe zugewiesen. Mit der Methode GetDrive wird das Laufwerk A: oder das vom Benutzer eingegebene LW in die Variable LW übernommen. Nun wird mit einer If...Then...Else-Abfrage ermittelt, ob dieses Laufwerk bereit ist oder nicht. Mit Hilfe eines Textes wird die Bereitschaft des LW am Bildschirm ausgegeben.

Das Beispiel ist auf der CD zum Buch enthalten.

```
<!DOCTYPE html PUBLIC "-//W3C//DTD XHTML 1.0
 Strict//EN">
<%@ LANGUAGE=VBSCRIPT %>
<html xmlns=»http://www.w3.org/TR/xhtml1">
<head> <title>XHTML-Seite mit ASP</title> </head>
<body>
<h1>XHTML-Seite mit ASP-Code (IsReady)</h1>
<form method="POST">
  <p><input type="text" name="Eingabe" size="25"> Geben
   Sie einen LW-Buchstaben an (Voreinstellung
   a:).</p>
  <p><input type="submit" value="LW_Daten"></p>
</form>
<%
 On Error Resume Next
 Dim fso, LW, LWTyp, Pfad, Ergebnis
 Set fso = CreateObject("Scripting.FileSystemObject")
 Pfad = Request.Form("Eingabe")
```

```
    If Pfad = "" then Pfad = "a:"
    Set LW = fso.GetDrive(Pfad)
    If LW.IsReady Then
     Ausgabe = Pfad & "   " & "Laufwerk ist bereit."
    Else
     Ausgabe = Pfad & "   " & "Laufwerk ist nicht
      bereit."
    End If
 %>
<p><%=Ausgabe%></p>
</body></html>
```

Abbildung 18.29: Die Eigenschaft IsReady in VBScript

IsRootFolder

Die Eigenschaft IsRootFolder gibt Wahr zurück, wenn das angegebene Laufwerk das Stammverzeichnis ist. Ist dies nicht der Fall, wird Falsch zurückgegeben. Diese Eigenschaft können Sie dafür verwenden, um herauszufinden, auf welchem Laufwerk sich das Stammverzeichnis befindet.

Syntax:

Object.IsRootFolder

Das Objekt muss ein Laufwerk-Objekt sein.

Name

Die Eigenschaft Name liest den Namen einer Datei oder eines Ordners. Man kann mit dieser Eigenschaft auch Dateien und Ordner umbenennen. Damit sind Sie in der Lage, dem Benutzer eines Formulars beim Speichern von Bestelldaten einen standardmäßigen Dateipfad vorzuschlagen. Setzen Sie eine Namensänderung einer Datei nur dann ein, wenn Sie sicher sind, keine wichtigen Daten zu vernichten. Auch ist mit einer unüberlegten Namensänderung ein ganzes Betriebssystem zum Erliegen zu bringen. Denken Sie zum Beispiel an Systemdateien.

Syntax:

Object.Name

Das Objekt muss ein File- oder Folder-Objekt sein, damit die Eigenschaft einen Wert zurückgegeben kann.

Um auf eine Datei oder einen Ordner schreibend zugreifen zu können, wird folgende Syntax verwendet:

Syntax:

Object.Name = NeuerName

ParentFolder

Die Eigenschaft ParentFolder gibt den übergeordneten Ordner der angegebenen Datei oder des angegebenen Ordners zurück. Mit dieser Eigenschaft ist es möglich, eine Verzeichnisstruktur beim Benutzer der Webseite aufzuzeigen.

Syntax:

Object.ParentFolder

Das Objekt muss ein `File`- oder `Folder`-Objekt sein, damit die Eigenschaft einen Wert zurückgeben kann.

Path

Die Eigenschaft `Path` gibt den Pfad der angegebenen Datei, des Ordners oder des angegebenen Laufwerks zurück. Es werden alle Ordner und der Laufwerksbuchstabe zurückgegeben, in dem sich die Datei befindet.

Syntax:

`Object.Path`

Das Objekt muss ein `File`-, `Folder`- oder `Drive`-Objekt sein, damit die Eigenschaft einen Wert zurückgeben kann.

SerialNumber

Die Eigenschaft `SerialNumber` gibt die Seriennummer eines Laufwerks als Wert zurück. Mit dieser Nummer sind Sie in der Lage, einen Benutzer Ihrer Webseite immer wiederzuerkennen. Da die Seriennummer des Laufwerks eindeutig ist, kann Sie zu Vergleichszwecken verwendet werden. Auf diese Weise kann es nicht zu Verwechslungen kommen. Jetzt ist jeder Kunde nicht nur durch sein Login zu identifizieren, und dies beugt Verwechslungen vor.

Syntax:

`Object.SerialNumber`

Das Objekt muß ein `Drive`-Objekt sein, damit die Eigenschaft einen Wert zurückgeben kann.

Beispiel:

In der Prozedur wird nach der Dimensionierung der Variablen eine neue Instanz des Objekts `Scripting.FileSystemObject` erzeugt. Mögliche Fehler werden mit `On Error Resume Next` abgefangen. Mit der Methode `GetDrive` wird der Laufwerksbuchstabe C: in die Variable LW übernommen. Durch die Eigenschaft `SerialNumber` wird die Seriennummer des Laufwerks bestimmt. Mit Hilfe eines Textes wird die Seriennummer am Bildschirm ausgegeben.

Das Beispiel ist auf der CD zum Buch enthalten.

```
<!DOCTYPE html PUBLIC "-//W3C//DTD XHTML 1.0
 Strict//EN">
<%@ LANGUAGE=VBSCRIPT %>
<html xmlns=»http://www.w3.org/TR/xhtml1">
<head> <title>XHTML-Seite mit ASP</title> </head>
<body>
<h1>XHTML-Seite mit ASP-Code (SerialNumber)</h1>
<form method="POST">
  <p><input type="text" name="Eingabe" size="25"> Geben
   Sie einen LW-Buchstaben an (Voreinstellung
   a:).</p>
  <p><input type="submit" value="LW-Daten"></p>
</form>
<%
 On Error Resume Next
  Dim fso, LW, LWTyp, Pfad, Ergebnis
  Set fso = CreateObject("Scripting.FileSystemObject")
  Pfad = Request.Form("Eingabe")
   If Pfad = "" then Pfad = "a:"
   Set LW = fso.GetDrive(Pfad)
    Ausgabe = "Das LW " & Pfad & " hat die SN:" &
     LW.SerialNumber
 %>
<p><%=Ausgabe%></p>
</body></html>
```

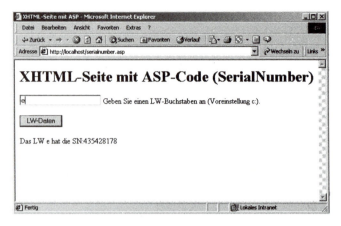

Abbildung 18.30: Die Eigenschaft SerialNumber in VBScript

ShareName

Die Eigenschaft ShareName gibt den Freigabenamen des angegebenen Laufwerks zurück. Sie erhalten die Namen, mit dem die Laufwerke für ein Netzwerk bezeichnet wurden. Dies kann Rückschlüsse auf deren Inhalt zulassen.

Syntax:

Object.ShareName

> Das Objekt muss ein Drive-Objekt sein, damit die Eigenschaft einen Wert zurückgeben kann. Ist das angegebene Laufwerk kein Netzlaufwerk, wird eine leere Zeichenfolge zurückgegeben.

Size

Die Eigenschaft Size gibt die Größe einer oder aller Dateien in einem Ordner inklusive aller Unterordner und Dateien wieder. Über die Größe eines Ordners oder einer Datei kann man Rückschlüsse auf die benötigte Zeit ziehen, die erforderlich ist um diese Dateien zu durchsuchen oder zu übertragen.

Syntax:

Object.Size

Das Objekt muss ein File- oder Folder-Objekt sein, damit die Eigenschaft einen Wert zurückgeben kann.

Beispiel:

In der Prozedur wird nach der Dimensionierung der Variablen eine neue Instanz des Objekts Scripting.FileSystemObject erzeugt. Mögliche Fehler werden mit On Error Resume Next abgefangen. Mit der Methode GetFolder wird der Ordner Temp im Laufwerk C: in die Variable LW übernommen. Durch die Eigenschaften Name und Size wird nun der Ordnername und dessen Größe in Bytes bestimmt.

Das Beispiel ist auf der CD zum Buch enthalten.

```
<!DOCTYPE html PUBLIC "-//W3C//DTD XHTML 1.0
 Strict//EN">
<%@ LANGUAGE=VBSCRIPT %>
<html xmlns=»http://www.w3.org/TR/xhtml1">
<head> <title>XHTML-Seite mit ASP</title> </head>
<body>
<h1>XHTML-Seite mit ASP-Code (Size)</h1>
<form method="POST">
  <p><input type="text" name="Eingabe" size="15"> Geben
  Sie einen LW-Buchstaben an (Voreinstellung
  C:\temp).</p>
  <p><input type=»submit» value=»LW_Daten»></p>
</form>
<%
On Error Resume Next
    Dim fso, LW, Pfad, Ausgabe
```

```
   Set fso = CreateObject("Scripting.FileSystemObject")
   Pfad = Request.Form("Eingabe")
    If Pfad = "" then Pfad = "C:\temp"
    Set LW = fso.GetFolder(Pfad)
    Ausgabe = "Die Dateien im Ordner " & UCase(LW.Name)
    & " benötigen " & LW.size & " Bytes."
  %>
<p><%=Ausgabe%></p>
</body></html>
```

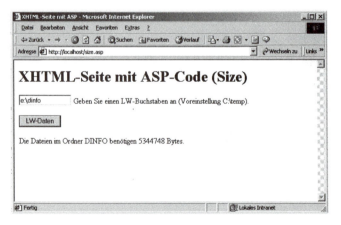

Abbildung 18.31: Die Eigenschaft Size in VBScript

Type

Die Eigenschaft Type gibt den Dateityp einer Datei oder eines Ordners zurück. Durch diese Eigenschaft kann zwischen *txt, sys, bat, mdb, doc* usw. unterschieden werden. Dadurch können Rückschlüsse gezogen werden, mit welchen Programmen auf dem Betriebssystem gearbeitet wird. Auch wieder eine Art, jemanden auszuspionieren. So können nur

Dateien mit einer bestimmten Endung ausgelesen werden (z.B. nur alle *.txt-Dateien).

Syntax:

Object.Type

Das Objekt muss ein File- oder Folder-Object sein, damit die Eigenschaft einen Wert zurückgeben kann.

Beispiel:

In der Prozedur wird nach der Dimensionierung der Variablen eine neue Instanz des Objekts Scripting.FileSystemObject erzeugt. Mögliche Fehler werden mit On Error Resume Next abgefangen. Mit der Methode GetFolder wird der Ordner Temp im Laufwerk C: in die Variable LW übernommen. Durch die Eigenschaften Name und Type wird nun der Ordnername und dessen Typ bestimmt. Diese Daten werden dann am Bildschirm ausgegeben.

Das Beispiel ist auf der CD zum Buch enthalten.

```
<!DOCTYPE html PUBLIC "-//W3C//DTD XHTML 1.0
 Strict//EN">
<%@ LANGUAGE=VBSCRIPT %>
<html xmlns=»http://www.w3.org/TR/xhtml1">
<head> <title>XHTML-Seite mit ASP</title> </head>
<body>
<h1>XHTML-Seite mit ASP-Code (Type)</h1>
<form method="POST">
  <p><input type="text" name="Eingabe" size="15"> Geben
   Sie einen LW-Buchstaben an (Voreinstellung
   C:\temp).</p>
  <p><input type=»submit» value=»LW-Daten»></p>
</form>
<%
```

```
On Error Resume Next
  Dim fso, LW, Pfad, Ausgabe
  Set fso = CreateObject("Scripting.FileSystemObject")
  Pfad = Request.Form("Eingabe")
   If Pfad = "" then Pfad = "C:\temp"
   Set LW = fso.GetFolder(Pfad)
   Ausgabe = "Die Datei im Ordner " & UCase(LW.Name)
   & " ist ein/e " & LW.Type
 %>
<p><%=Ausgabe%></p>
</body></html>
```

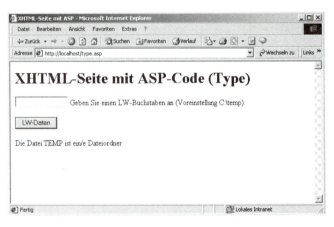

Abbildung 18.32: Die Eigenschaft Type in VBScript

VolumeName

Die Eigenschaft VolumeName gibt den Namen eines Laufwerks zurück. Es kann auch ein neuer Name für ein Laufwerk geschrieben werden.

Auch diese Eigenschaft kann Rückschlüsse über den Laufwerkinhalt geben. Darüber hinaus können Sie auch durch Ändern des Laufwerknamens ein Sicherheitsrisiko aufzeigen, ohne einen Schaden dabei anzurichten.

Syntax:

Object.VolumeName

Das Objekt muss ein Drive-Object sein, damit die Eigenschaft einen Wert zurückgeben kann.

Um auf einen Laufwerknamen schreibend zugreifen zu können, wird folgende Syntax verwendet.

Syntax:

Object.VolumeName = NeuerVolumeName

TEIL IV

Tipps, Tricks und Tuning

Wenn Sie sich an ein Webprojekt wagen, sollten Sie einige Regeln beachten. Dazu finden Sie in diesem Kapitel einen Leitfaden von der Planung bis zur regelmäßigen Aktualisierung Ihrer Webseite. Auch einige Tipps und Tricks zum Einbau in Ihre Webseite fehlen nicht.

KAPITEL 19

Allgemeine Regeln und Tipps fürs eigene Webprojekt

Um fürs eigene Webprojekt gut gerüstet zu sein, sollten Sie einige Regeln beachten; damit können Sie sich Ärger und Arbeit im Nachhinein sparen.

Allgemeine Regeln und Tipps fürs eigene Webprojekt

Erstellen Sie ein Konzept

Wie auch beim Hausbau sollten Sie am Anfang einen *Plan* machen, damit Sie, bevor Sie mit der eigentlichen Programmierarbeit Ihrer Webseite anfangen, einen Überblick haben, wie Ihr fertiges Webprojekt aussehen soll. Wie auch beim Hausbau brauchen Sie zuerst Material für Ihre Webseite. Dazu gehören zum Beispiel Texte, Bilder, Infos, Zitate, Artikeldaten usw. Zuerst sammeln Sie also Ihr benötigtes *Material* für Ihre Webseite. Erst wenn Sie Ihr Material zusammengetragen haben, sollten Sie mit der eigentlichen Programmierarbeit beginnen. Haben Sie nämlich Ihr Material gesammelt, wissen Sie den ungefähren Platzbedarf der einzelnen Komponenten. So können Sie anhand einer Skizze das Aussehen und die Aufteilung Ihres Webprojekts erstellen. Denn nur wenn Sie das eigentliche Layout Ihres Webs schon auf Papier haben, können Sie sich über die technischen Details, die dazu notwendig sind, Gedanken machen.

- Was wollen Sie mit Ihrer Seite bezwecken (zum Beispiel Informationen weitergeben, Produkte anpreisen)?
- Welche Daten werden vom Kunden abgerufen (denken Sie an die Volumengebühr Ihres Providers)?
- Welche Surfer (Kunden) soll Ihre Webseite ansprechen?
- Welche Browserarten wollen Sie ansprechen?
- Wie viel Speicherplatz stellt Ihnen Ihr Internetprovider zur Verfügung?
- Wie oft muss Ihre Seite aktualisiert werden (nur eine aktuelle Seite ist eine gute Seite)?
- Welche technischen Mittel haben Sie zur Erstellung Ihrer Seite zur Verfügung?

- Welche Grafiken wollen Sie darstellen (denken Sie an die Größe)?
- Welche Verweise auf andere Seiten sollen enthalten sein (nicht alle Links sind erlaubt)?
- Welche Skriptsprachen wollen Sie einsetzen (wo haben Sie die meiste Erfahrung)?

Anregungen aus dem WWW

Sehen Sie sich auf Webseiten um, die ein gleiches oder ähnliches Webprojekt, wie Sie es möchten, schon betreiben. Damit können Sie sich Anregungen und Ideen für die Gestaltung Ihrer Webseite holen. Hier können Sie Fehler, die andere gemacht haben, von Anfang an vermeiden und gute Ideen und Ausarbeitungen in Ihre Webseite mit übernehmen und nachmachen. Kopieren Sie aber nicht einfach eine komplette Webseite und ändern nur noch den Namen. Dies kann dann leicht vor Gericht enden. Setzen Sie Suchmaschinen ein, um die für Sie interessanten Themen im WWW herauszufiltern. Sie wissen ja, dass es im Internet fast nichts gibt, was es nicht schon gibt. Also, surfen Sie im Internet und speichern Sie gefundene gute Seiten auf Ihrer Festplatte ab, damit Sie sie sich später in Ruhe offline ansehen können.

Suchmaschinen richtig einsetzen

Um eine *Suchmaschine* effizient einsetzen zu können, müssen Sie sich erst im Klaren sein, unter welchen Stichwörtern Sie suchen möchten. Dabei können mehrere Stichwörter mit dem Und-Zeichen verbunden werden. Auch eine Eingrenzung in verschiedenartige Sprachen der Webseiten, die Ihnen die Suchmaschine anzeigen soll, ist möglich.

Die großen Suchmaschinen haben auch meistens eine Hilfe mit eingebaut, die erklärt, wie man die Suchmaschine richtig bedient. Dabei sollten Sie Ihre Suche so weit wie möglich eingrenzen, da Sie sonst Hunderte oder Tausende von Seiten angezeigt bekommen, auf die Ihre gesuchten Stichwörter passen.

Die gefundenen Seiten sollten Sie nach verschiedenen Gesichtspunkten betrachten. Zuerst sollte ein akzeptabler Ladevorgang der Seite vorliegen. Auch ein gutes Inhaltsverzeichnis dient dazu, sich im kompletten Web zurechtzufinden. Dieses Inhaltsverzeichnis sollte von jeder Seite aus erreichbar sein, damit gewährleistet ist, von jeder Seite aus zum gewünschten Thema springen zu können. Das Design sollte gut abgestimmt und nicht zu aufwendig sein. Denn nur Seiten, die Sie von Ihren technischen Möglichkeiten her auch realisieren können, sollten Sie zur Inspiration in Betracht ziehen.

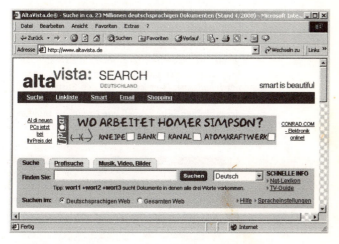

Abbildung 19.1: Eine der größten deutschen Suchmaschinen

Geben Sie Ihrer Webseite einen aussagekräftigen Titel

Ein guter *Titel* für Ihre Webseite sollte zum Domainnamen passen und kurz erläutern, worum es sich in ihrem Web handelt. Mittlerweile wird es zwar immer schwieriger, sich einen guten Namen zu sichern, da die meisten guten Domainnamen schon vergeben sind. Die einzige Möglichkeit, sich doch noch einen gewünschten Namen reservieren zu lassen, besteht darin, dass Sie auf andere Endungen als ».de« ausweichen. Als Alternativen haben Sie ja noch ».com«, ».net« oder die verschiedenen internationalen Endungen. Sie haben mittlerweile viele Webseiten im WWW, wo Sie sich über die noch verfügbaren Domainnamen informieren können. Sie sollten sich einen nicht zu langen, einprägsamem Namen auswählen. Dieser kann dann vom Internetbesucher als Bookmark wieder richtig zugeordnet werden, so weiß jeder, was ihn hinter dem Titel erwartet. Der Titel gibt so an, in welcher Qualität die Seite geschrieben wurde. Nichts sagende Texte wie »Meine tolle Homepage« lösen beim Betrachter nur Rätselraten über den Inhalt der Seite aus. Auch manche Suchmaschinen verwenden den Titel als Suchkriterium. Je aussagekräftiger Ihr Titel ist, umso öfter werden Sie in den Suchmaschinen gefunden.

Der Inhalt Ihrer Webseite sollte von jeder Seite aus erreichbar sein

Wenn Ihre Webseite eine große Zahl an Seiten oder verschiedene Rubriken enthält, verschafft man dem Besucher einen Überblick anhand einer *Inhaltsseite*. Hier kann man den Surfer mit kurzen Beschreibungen auf die gesuchte Seite oder Rubrik lotsen. Natürlich sollte man von jeder einzelnen Seite schnell wieder auf die Inhaltsangabe aller Seiten gelangen, um so nicht wertvolle Onlinezeit zu verschwenden.

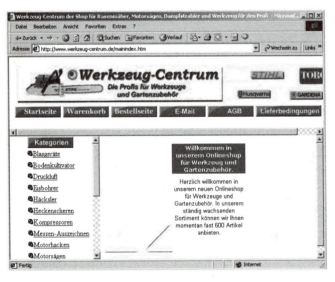

Abbildung 19.2: Alle Seiten sind immer erreichbar

Wird Ihre Webseite zu unübersichtlich, fügen Sie eine Seite mit dem Überblick über die einzelnen Themen und Rubriken ein. Von dieser

Inhaltsseite aus kann natürlich auf alle Seiten zugegriffen werden. Durch *Listenfelder* kann eine große Anzahl an Wörtern (Seiten) auf engstem Raum zur Auswahl angeboten werden.

Als gutes Beispiel für ein Inhaltsverzeichnis einer Homepage kann man sich die Homepage von Talknet anschauen. Hier ist es immer möglich jede Rubrik der Homepage sofort anzusteuern, ohne dass man erst umständlich über andere Seiten zum Ziel geführt wird.

Verwenden Sie ein einheitliches Navigationskonzept für Ihre Webseiten

Mit der Anzahl Ihrer Webseiten verschwindet die Übersichtlichkeit für den Betrachter. Eine klare *Navigation* entscheidet daher darüber, ob sich ein Besucher auf Ihren Webseiten zurechtfindet. Es sollte möglich sein, von jeder Seite aus alle anderen Seiten Ihrer Webseiten zu besuchen. Nur so erhält der Benutzer der Webseite die Möglichkeit, immer einen Überblick über Ihr Webangebot zu haben.

Die Gestaltung Ihrer Webseite sollte so sein, dass jeder Surfer zu allen Ihren Seiten gelotst wird. Das Inhaltsverzeichnis sollte sich auf jeder Seite Ihrer Homepage wiederfinden, um ein Anwählen eines jeden Punkts immer zu gewährleisten. Es ist üblich, das Inhaltsverzeichnis auf der linken Seite zu platzieren. Für den Betrachter Ihrer Homepage sind die darauf folgenden Seiten immer wieder bekannt, sodass er sie der gesamten Homepage zuordnen kann. Würden Sie jeder Seite eine komplett neue Gestaltung geben, wäre es schlecht nachvollziehbar, ob man sich nun noch auf der gleichen Homepage befindet oder mittlerweile auf einer anderen Seite gelandet ist.

Geben Sie allen Ihren Seiten das gleiche Design

Ist Ihr Webprojekt aus mehreren Einzelseiten aufgebaut, sollten alle Seiten im gleichen *Design* aufgebaut sein. Dies gelingt Ihnen zum Beispiel mit einem Frame zur Navigation (der auf der linken Seite aufgebaut ist), gleichem Hintergrund und wiederkehrenden Symbolen. Dadurch erreichen Sie, dass sich ein Besucher Ihrer Webseite besser zurechtfindet, und Ihre Firmensymbole oder -logos prägen sich besser bei ihm ein. Bevor Sie verschiedene Designmöglichkeiten testen, sollten Sie Ihre alten Seiten sichern, damit Sie die verschiedenen Designarten gegenüberstellen können.

Durch das wiederkehrende Design auf Ihren einzelnen Webseiten lassen Sie Ihr Webprojekt als Ganzes erscheinen und nicht als Flickwerk einzelner Seiten. Ein weiterer Vorteil besteht darin, dass sich gleiche Logos und der immer wiederkehrende Hintergrund beim Benutzer einprägen.

Baustellenschilder haben auf einer Webseite nichts zu suchen

Nachdem Sie Ihren Domainnamen und Speicherplatz für Ihre Webpräsenz bei Ihrem Provider bekommen haben, können Sie schon einen kurzen Text ins WWW stellen, damit jeder, der auf Ihre neu entstehende Webseite kommt, genau weiß, was ihn in Zukunft erwartet. Vermeiden Sie aber halbfertige Webseiten bereits für die Öffentlichkeit zugänglich zu machen. Wenn auf Ihrer ersten Seite nach dem Logo gleich ein Baustellenschild platziert ist, spiegelt das nicht Ihren Arbeitswillen wider, sondern verärgert nur den Besucher. Webseiten, die ständig komplett geändert werden, schrecken jeden Betrachter ab und er wird diese Seiten meiden. Falls eine Rubrik noch nicht fertig ist, lassen Sie sie komplett weg. Kündigen Sie nur kurz an, was und in welcher Zeit hier zu finden sein wird.

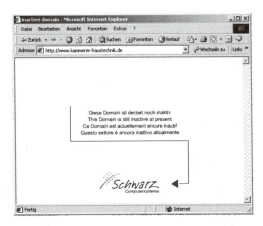

Abbildung 19.3: Hier wird auf eine noch nicht fertige Homepage hingewiesen. Das ist richtig, da keine halbfertige Seite dargestellt wird

Verwenden Sie auf Ihrer Webseite nicht zu viele speicherintensive Grafiken

Die von Ihnen verwendeten *Grafiken* auf Ihrer Webseite sollten nicht zu groß und farbintensiv sein. Jede aufwendige Grafik verlängert die Ladezeit Ihrer Webseite erheblich. Ihre Webseite soll dem Besucher Informationen bereitstellen und kein Bilderbuch sein. Vermeiden Sie grafische Höchstleistungen, die zeigen, wozu Ihr Computer fähig ist. Denken Sie immer daran, dass Sie Ihre optischen Leckerbissen auch noch als Download zur Verfügung stellen können. Stellen Sie wenn möglich lieber Miniaturansichten von Grafiken in Ihr Web. Diese können dann vom Benutzer durch einen Doppelklick darauf in ihrer ganzen Größe geladen werden. So bieten Sie auch Besuchern mit schwächeren Modems einen zügigen Seitenaufbau.

Würden Sie bereits auf Ihrer Startseite zum Beispiel eine aufwendige Grafik platzieren, so sieht der Internetserver beim Öffnen Ihrer Startseite nur eine leere Seite, bis die Grafik geladen ist. Dies kann dazu führen, dass der Besucher Ihre Seite sofort wieder verlässt.

Möchten Sie aber auf eine große Grafik nicht verzichten, teilen Sie diese in mehrere kleine Einzelbilder auf. So werden dem Betrachter während des Ladevorgangs bereits die einzelnen Teilstücke der Grafik angezeigt. Ist die komplette Grafik dann geladen, ist kein Unterschied mehr festzustellen, ob es sich um eine große Grafik oder mehrere kleine Grafiken handelt.

Grafiken, die Sie als Links verwenden, sollten mit Texthinweisen versehen werden

Möchten Sie Grafiken als *Links* einsetzen, dann sollten Sie wahlweise auch noch einen aussagefähigen *Text* als Link zur Verfügung stellen. Denn nur so ist auch gewährleistet, dass jeder Besucher Ihrer Webseite auch die Links als solche erkennt. Sie können auch eine allgemeine Beschreibung auf Ihrer Webseite platzieren, in der Sie Ihren Besucher auf die Links hinter den Bildern hinweisen. Dafür sind Ihnen auch die Betrachter dankbar, deren Browser nur Text darstellen. Es gibt auch Webserver, die ihre Grafikausgabe abgeschaltet haben. Diese würden dann nicht auf die Links kommen die Sie auf Ihrer Webseite anbieten.

Außerdem kann ein Text zum Bild ein guter Hinweis sein. Nicht jeder weiß sofort welches Thema ein Bild darstellen soll. Außerdem erscheint der Alternativtext schon im Browser, bevor die Grafik vollständig geladen wurde.

Die Ladezeit nicht unnötig durch große Bilder verlängern

Da eine Webseite so schnell wie möglich geladen werden soll, verwenden Sie nur *komprimierte* Grafiken. Auch sollte die Farbtiefe, mit der Sie Ihre Grafiken darstellen, nicht 36 Bit sein. Verwenden Sie lieber k*leine Bilder im GIF- oder JPEG-Format*. Dadurch hat Ihre Webseite immer noch ein gutes Aussehen und die Ladezeit der Seite ist erträglicher. Um den Betrachter vor leeren Flächen zu bewahren, vermeiden Sie zu große Grafiken. Bis diese dem Betrachter dargestellt werden, kann es leicht passieren, dass er Ihre Seite schon wieder verlassen hat. Wenn unbedingt große Grafiken in Ihrem Web vorkommen müssen, weisen Sie den Benutzer auf die lange Ladezeit hin oder Sie können auch ein großes Bild in mehrere Stücke aufteilen, um so den Besucher Ihrer Seite nicht zu lange vor einem leeren Bildschirm sitzen zu lassen. Denn die einzelnen Bildabschnitte werden so schneller geladen und vom Betrachter gesehen.

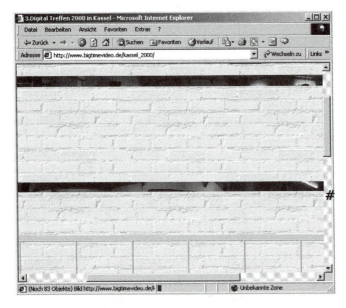

Abbildung 19.4: Die Ladezeit der Grafik dauert viel zu lange

Außerdem sollte ein Bild nicht alleine auf einer Webseite stehen, sondern bieten Sie immer auch noch Text auf Ihrer Webseite an. Testen Sie die verschiedenen Möglichkeiten der Grafiken mit verschiedenen Modemgeschwindigkeiten durch, um sie auch für langsamere Modems annehmbar zu machen.

Für neue Grafiken keine alten Namen verwenden

Wenn Sie neue Grafiken in Ihrer Webseite einbauen, verwenden Sie hierfür auch neue Namen. Dies gilt auch für vorhandene Grafiken, die aktualisiert werden. Dies ist zwar mit einem gewissen Aufwand verbunden, da das ganze Programm überarbeitet werden muss. Es ist aber für eine korrekte Darstellung unabdingbar. Hat ein Besucher Ihre Seite schon öfter aufgerufen, kann es vorkommen, dass der Browser nicht die neue aktuelle Grafik lädt, sondern die alte Grafik aus dem Browsercache. Bei einem kurzen Blick auf Ihre Seite wird dem Surfer die neue Grafik verwehrt. Erst wenn er die Schaltfläche *Aktualisieren* drückt, wird die neue Grafik geladen.

Achten Sie auf Qualität bei den eingesetzten Grafiken

Vermeiden Sie zu dunkle Grafiken, Farbfehler durch schlechte Scans, also kurz gesagt: Grafiken, die zuerst noch bearbeitet werden müssten. Um die Qualität Ihrer Grafiken zu verbessern, sollten Sie die Einstellung *Anti Aliasing* im verwendeten Grafikprogramm einstellen.
Es gibt genügend Bildbearbeitungsprogramme um gute Grafiken zu erstellen. Nutzen Sie diese. Lassen Sie lieber mangelhafte Fotos weg, bevor Sie Ihre Besucher damit konfrontieren.

Wählen Sie eine passende Hintergrundgrafik aus

Die Grafik für den *Hintergrund* sollte einfach, aber trotzdem originell sein. Nur für reine Textdarstellung ist ein weißer Hintergrund akzeptabel. Für alle anderen Webs sollten Sie eine Grafik für den Hintergrund aussuchen. Für die Feinarbeit zum Bearbeiten einer Grafik verwenden Sie ein Bildbearbeitungsprogramm. Hier stehen Ihnen alle Mittel und Wege zur Verfügung, die Sie zur Bearbeitung des Bilds brauchen. Haben Sie einen Scanner, lassen sich verblüffend gute Ergebnisse erzielen. Sie werden erstaunt sein, wie gut sich zum Beispiel Papier, das vorher zerknüllt war, als Hintergrundbild eignet. Nun färben Sie das Papier zuvor ein und es ergeben sich verschiedene Farbnuancen. Experimentieren

Sie herum und Sie werden überrascht sein, wie sich das Aussehen verändern kann, wenn Dinge eingescannt werden.

Sie sollten aber immer darauf achten, dass Sie nicht zu viel Speicher verbrauchen und dass Ihr gewähltes Hintergrundbild im Zusammenhang mit Ihrer Webseite steht.

Platzieren Sie nicht zuviel Dynamik auf Ihrer Webseite

Vermeiden Sie zu viele blinkende Texte auf Ihrer Seite. Lassen Sie nur eine Neuigkeit oder den wichtigsten Link blinken. Ein Betrachter soll nur auf wichtige Texte hingewiesen werden. Setzen Sie Prioritäten, nur die absoluten Highlights sollten Sie auch hervorheben. So bleibt eine Seite für den Betrachter auch überschaubar. Wenn alles blinkt, ist plötzlich nichts mehr wichtig und nicht umgekehrt. Das Gleiche gilt für blinkende Links. Lassen Sie also nur Ihr absolutes Top-Thema blinken und sonst nichts.

Wenn Sie mit einer animierten GIF-Grafik auf etwas Besonderes aufmerksam machen wollen, ist dies okay. Blinkt, dreht und bewegt sich aber der ganze Bildschirminhalt, wird kein Betrachter das eigentlich Wichtige mehr finden. Die Übersichtlichkeit der Seite leidet darunter.

Beschränken Sie Animationen auf Ihrer Webseite auf das Nötigste. Nur dann kann sich ein Besucher auf das Wesentliche konzentrieren und es auch finden.

Achten Sie auf die Darstellungsweisen der verschiedenen Browser

Schreiben Sie nicht nur für einen bestimmten *Browser*. Bedenken Sie auch, dass nicht jeder das neuste Betriebssystem mit dem neuesten Browser verwendet. Sollten Sie es dennoch nicht vermeiden können, dass Sie nur für einen Browser Ihr Web schreiben, lassen Sie den Benutzer es wissen, mit welchem Browser sich Ihre Seite optimal darstellen lässt. Geben Sie dem Benutzer den Hinweis, welche Ausgaben oder Programme sein Browser nicht ausführen kann.

Programmieren Sie Ihre Webseiten so, dass Sie Funktionen, Sprachen oder Tags, die nicht alle Browser interpretieren können, abfangen, ohne dass der Browser eine Fehlermeldung ausgibt. Dies gilt besonders für XHTML-Seiten, die Java- oder VBScript-Prozeduren oder -Funktionen enthalten.

Vergessen Sie das Tag <noscript> bei JavaScript nicht

Wenn Sie in Ihrem Web JavaScript-Programme verwenden, denken Sie auch an Besucher, deren Browser JavaScript nicht ausführen können oder diese JavaScript-Funktionen gesperrt haben. Hierfür verwenden Sie das Tag <noscript>. Denn sonst können nur die Internetbesucher in den Genuss Ihrer Seite kommen, die einen JavaScript-fähigen Browser benutzen.

Verwenden Sie nicht die neueste Technik

Meinen Sie, dass neue Techniken vieles vielleicht schöner oder besser aussehen lassen, dann bedenken Sie aber auch, dass es auch noch viele Besucher mit älteren Browsern gibt. Diese können Ihre technisch aktuelle Seite gar nicht darstellen. Die Seite ist dann entweder nicht darstellbar oder der Besucher bekommt es mit Fehlermeldungen ohne Ende zu tun. Schalten Sie die neuen Funktionen bei der Verwendung von Browsern einer früheren Generation einfach ab. Damit können Sie jedem gerecht werden ohne jemanden zu benachteiligen.

Verwenden Sie die neuesten Techniken nur dann in Ihrem Web, wenn auch ältere Browser damit arbeiten können. Überprüfen Sie in Ihren Skripten, welche Browserversion der Besucher benutzt, und reagieren Sie darauf mit verschiedenen Programmaufrufen so werden Sie jedem gerecht. Denken Sie immer daran, dass Sie möglichst viele Besucher ansprechen wollen.

Ihre Webseiten sollten auf verschiedene Bildschirmauflösungen angepasst sein

Entwerfen Sie Ihre Webseite nicht nur für eine *Bildschirmauflösung*. Testen Sie Ihre Webseiten mit verschiedenen Bildschirmauflösungen. Es gibt noch genügend Websurfer, die keinen 17-Zoll-Bildschirm besitzen. Auch an eine Darstellung auf Laptops oder Notebooks sollte gedacht werden. Probieren Sie Ihre Webseiten deshalb mit verschiedenen Auflösungen, bevor Sie sie ins Internet stellen.

Zu viele Farben lassen einen Text unlesbar werden

Wenn Sie eine gute *Lesbarkeit* Ihres Textes nicht unnötig aufs Spiel setzen wollen, vermeiden Sie es, jeden Buchstaben in einer anderen Fontfarbe darzustellen. Wählen Sie immer einen guten *Kontrast* zwischen

Text und Hintergrund. Dies erleichtert und verbessert die Lesbarkeit und Übersicht Ihrer Seite.

Denken Sie also daran: Ein guter Kontrast zwischen Text und Hintergrund ist für Ihre Webseite unbedingt erforderlich. Nur wenn Ihr Text lesbar ist, kann er für einen Besucher auch von Nutzen sein. Wenn nur einige Wörter durch Farbe in einem Absatz hervorgehoben werden, ist dies okay.

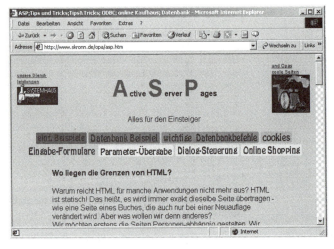

Abbildung 19.5: Hier sind etwas zu viele Farben verwendet worden

Die Statuszeile des Browsers gehört dem Browser

Die *Statuszeile* im Browser sollte nicht für Newsticker oder Laufschriften verwendet werden. Haben Sie nämlich Texte oder andere Zeichen, die Sie in der Statuszeile des Browsers verwenden, verwehren diese Texte dem Browser, Ihnen Mitteilungen über die Ladezeit zu geben. Wenn Sie Laufschriften verwenden möchten, dann nur auf den Webseiten. Auch andere Mitteilungen können so nicht mehr ausgegeben werden. So bleibt Ihrem Besucher so mancher Hinweis des Browsers vorenthalten wie zum Beispiel so mancher Link, der dem Benutzer nicht angezeigt wird, weil er beim Überstreifen mit dem Mauszeiger nicht in der Statuszeile angezeigt wird.

Verwenden Sie interne Links zur Navigation

Verweisen Sie auf neue Seiten und wichtige Gliederungspunkte am Anfang Ihrer Seite. Durch eine gute Navigationsstruktur erhöhen Sie die Übersichtlichkeit Ihres Webs. So kann der Betrachter schnell und ohne großen Suchaufwand zum gewünschten Punkt Ihrer Webseiten gelangen. Auch ein Verweis auf die Inhaltsseite Ihres Webs gehört zum guten Ton einer jeden Webseite (besonders bei umfangreichen Seitenzahlen).

Die Farbe aufgerufener Hyperlinks verändern

Um für den Besucher Ihrer Webseite schon besuchte *Hyperlinks* zu kennzeichnen, ändern Sie die *Farbe* bereits aufgerufener Links gegenüber den Links, die noch nicht vom Benutzer aufgerufen wurden. Damit hat der Benutzer einen Überblick über die Verweise, die er schon aufgerufen hat.

Lassen Sie also die Farbe von schon aufgerufenen Links nicht gleich, sondern ändern Sie diese nach einem Aufruf ab. Die Besucher Ihrer Homepage werden es Ihnen danken, dass Sie nicht immer auf schon gesehene Links klicken.

Großbuchstaben für Links nicht verwenden

Sie werden sagen, Windows- und DOS-Betriebssysteme unterscheiden doch nicht *zwischen Groß- und Kleinschreibung*. Dies ist auch richtig, aber wenn Sie Ihre Seiten auf einen Server schicken, könnte dies ein UNIX-Server sein. Dann kommt es sehr wohl darauf an, ob auf eine Seite mit »*Test.html*« oder mit »*test.html*« verwiesen wird. Denn ein UNIX-System unterscheidet Groß- und Kleinschreibung sehr wohl. Wird nun auf eine Seite mit Großbuchstaben verwiesen, kann der Server sie nicht finden, weil sie ja in dieser Schreibweise nicht vorhanden ist.

Teilen Sie dem Seitenbesucher mit, was ihn hinter Ihren Links erwartet

Die *Links* auf Ihrer Webseite sollten kurze Hinweise enthalten. So kann der Websurfer im Voraus entscheiden, ob sich für ihn verwertbare Informationen auf den Seiten befinden. Er kann sich ein Aufrufen der für ihn unwichtigen Seiten sparen. Ihre Link-Verweise sollten Sie zusammengefasst an einer Stelle präsentieren, so können Sie inhaltlich ähnliche Links mit Überschriften versehen.

Sparen Sie dem Websurfer kostbare Zeit: Dokumentieren Sie Ihre Links. Dadurch kann vor dem eigentlichen Laden der neuen Webseite abgeschätzt werden, ob diese für den Besucher interessant ist oder nicht.

Hyperlinks immer wieder kontrollieren

Überprüfen Sie die Verweise auf Ihrer Seite in regelmäßigen Abständen. Alle *Hyperlinks*, die sich auf Ihre Seiten und Dateien beziehen, sollten überprüft werden. Dabei sollten Sie nach verlorenen Hyperlinks suchen. Hyperlinks, die nicht mehr vorhanden sind, sollten sofort entfernt werden. Für einen kurzen Kommentar, warum der Hyperlink entfernt wurde (falls bekannt), ist Ihnen sicher jeder Besucher dankbar. Andere Hyperlinks, die sich geändert haben, sollten auf den neuesten Stand gebracht werden. Es gibt nichts Ärgerlicheres als die Fehlermeldung, dass eine Seite nicht gefunden wurde. Überprüfen Sie deshalb alle Ihre Hyperlinks auf Funktion.

Die Überprüfung der Hyperlinks auf Ihrer Webseite gehört zur regelmäßigen Wartung und Überprüfung der Seite dazu. Nur so kann dem Besucher der Seite auch eine Aktualität vermittelt werden.

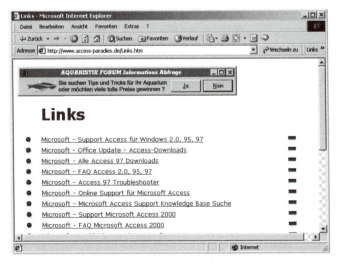

Abbildung 19.6: Hyperlinks sollten immer wieder kontrolliert werden

Aktualisierte Links sollten mit kurzen Verweisen gekennzeichnet werden

Wenn Sie eine Auflistung mehrerer Links auf Ihrer Homepage haben, pflegen Sie diese Links auch. Dazu gehört nicht nur die Überprüfung der Links, ob sie überhaupt noch vorhanden sind, sondern auch eine Überprüfung der Links auf Änderungen oder Neuigkeiten. Markieren Sie zum Beispiel neue Links mit dem Datum, an dem sie hinzugefügt wurden. Die Links können auch mit *update* gekennzeichnet werden, wenn sich die dazugehörige Webseite geändert hat. So kann jeder Besucher Ihrer Homepage sofort erkennen, welche Links er wieder anwählen muss um alle Neuigkeiten lesen zu können.

Bei einer Aufzählung vieler Links sind Änderungen, neue oder aktualisierte Links für einen Besucher leichter zu finden, wenn Sie diese mit entsprechenden Wörtern oder Datumsangaben kennzeichnen.

Aktualisieren Sie Ihr Web regelmäßig

Nur aktuelle Informationen und Neuigkeiten in Ihrem Web lassen das Interesse der Webseitenbesucher nicht einschlafen. Möchten Sie viele Besucher auf Ihrem Web begrüßen, müssen Sie ihnen auch etwas bieten. Ein Hinweis, dass Ihre Webseite das letzte Mal vor einem Jahr aktualisiert wurde, vertreibt sicherlich jeden Besucher. Auch nur oberflächliche Aktualisierungen bringen da nichts, denn nichts ist kurzlebiger als die Computerbranche. Dies gilt im Internet genauso wie in jedem anderen Computerbereich.

Ruhen Sie sich also nicht auf einer einmal erstellten Seite aus, bringen Sie neues Wissen und aktuelle Informationen so schnell wie möglich auf Ihre Webseite. Nichts ärgert Besucher mehr als alte Informationen und Daten.

Normale Schriftarten verwenden

Bei der Auswahl Ihrer *Schriftarten* sollten Sie daran denken, dass der Browser, der diese darstellen soll, auf die installierten Fonts im Betriebssystem zurückgreift. Sind die von Ihnen verwendeten Schriftarten dort nicht vorhanden, kommt es zu einer falschen Darstellung Ihrer Seite. Verwenden Sie Standardfonts und nicht die Vielzahl exotischer Schriften, die Ihnen Ihr Betriebssystem anbietet. Bei den Standardfonts, die in Frage kommen, kann man zwischen drei verschiedenen unterscheiden:

- ✓ *Serifenschrift:* z.B. Times, Serif, Georgia
- ✓ *Serifenlose Schrift:* z.B. Helvetica, Swiss, SunSans-Regular
- ✓ *Schreibmaschinenschrift:* Courier New, Courier

Verwenden Sie deshalb nur Standardfonts für Ihre Webseite. Nicht jeder hat CorelDraw und Zusatzfonts auf seinem Betriebssystem installiert. Sie wollen ja nicht nur für einen kleinen, ausgewählten Kreis ein Web entwerfen.

Zu viele Fenster verwirren den Besucher

Überhäufen Sie Ihre Besucher nicht mit einer Flut von sich öffnenden Fenstern. Belassen Sie es bei maximal zwei Fenstern, die Sie mit Ihrer Webseite öffnen. Auch wenn Sie damit mehr Werbepartner unterbringen würden, verlieren Sie dadurch Besucher, die Ihre Seite nicht mehr anwählen, da sie von der Flut der Fenster verunsichert werden.

Wenn sich beim Laden Ihrer Webseite plötzlich noch ein paar andere Fenster öffnen, wird ein Besucher angesichts der Unübersichtlichkeit der vielen Seiten alles schnell wieder schließen. Deshalb achten Sie auch bei Werbepartnern darauf, dass diese nicht noch unzählige Browserfenster öffnen.

Achten Sie auf eine ansprechende Optik Ihres Webs

Ihre Webseite sollte nicht zu einfach, sprich: schwarz-weiß sein. Genauso übertrieben wäre auch die Verwendung der gesamten Farbpalette. Finden Sie den goldenen Mittelweg, der Ihrer Seite einen guten Kontrast verleiht. *Versuchen Sie Ihre Seite mit wenigen Farben und gutem Kontrast optisch aufzuwerten.* Verwenden Sie Farbe um Text und Grafiken ein für den Besucher ansprechendes Aussehen zu verleihen.

Wenn Sie Ihren Domainnamen wechseln, sollten Sie einen Verweis auf die neue URL geben

Vor dem Umzug Ihrer Seite auf einen neuen Server geben Sie diesen Umstand bekannt. *Seien Sie immer präsent im WWW. Geben Sie Ihren Standort an.* Sie können auch eine Weiterleitung auf die neue Seite programmieren. Hierbei müssen Sie dem Betrachter nur einen kurzen Hinweistext anzeigen, dass er automatisch umgeleitet wird. Auch eine

E-Mail an alle Bekannten oder Kunden kann die neue URL-Adresse bekannt machen. Nur so haben Sie die Gewähr, immer gefunden zu werden.

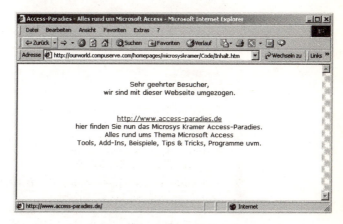

Abbildung 19.7: Automatische Weiterleitung zur neuen Domain

Lassen Sie den Besucher schon auf der Startseite wissen, was er auf Ihrer Homepage vorfindet

Beim Surfen im WWW findet man immer wieder Webseiten, die Rätselraten beim Betrachter auslösen. Auf diesen Webseiten ist nicht zu erkennen, um welches Thema es sich auf der entsprechenden Seite handelt. Geben Sie daher eine kurze Einführung in das Thema Ihrer Homepage. Platzieren Sie auf der ersten Seite Ihrer Homepage ein Inhaltsverzeichnis Ihrer Seiten und Themen (falls vorhanden).

So erkennt jeder Besucher sofort, was er auf Ihrer Homepage vorfinden wird. Auf die Anfangsseite einer jeden Homepage gehört darum eine genaue und kurze Beschreibung, die den Besucher der Seite wissen lässt, was er hier vorfindet. Dieses Problem tritt auch auf, wenn auf der ersten Webseite nur eine Grafik platziert wird und keinerlei Text. Ist kein Zusammenhang zwischen Grafik und Thema der Homepage zu finden, kann das den Betrachter zum Verlassen der Seite bewegen.

Abbildung 19.8: Hier erfährt der Benutzer sofort, was ihn auf dieser Webseite erwartet

Haben Sie Werbebanner oder Werbeseiten in Ihrem Web, sollten diese nicht zu schnell geladen werden

Erscheint eine Werbeseite, die mit einer Startseite geladen wird, schneller als diese, besteht die Gefahr, dass ein Besucher den Aufbau Ihrer Homepage nicht mehr abwartet, sondern sein Interesse der Werbung widmet. Ihre Startseite sollte deshalb schnell geladen werden können, um auf jeden Fall vor der Werbung zu erscheinen. Wenn Ihr Werbepartner es gestattet, sollten Sie die Webebanner mit einer Zeitverzögerung anzeigen lassen. Somit haben Sie auf jeden Fall die Gewissheit, das Ihre Webseite als Erstes erscheint.

Melden Sie Ihr Web bei Suchmaschinen an

Möchten Sie Ihre Webseite im Internet bekannt machen, lassen Sie sich bei einer oder mehreren *Suchmaschinen* registrieren. Das können Sie entweder manuell bei jeder Suchmaschine einzeln machen oder Sie beauftragen eine Firma damit. Sie haben hier die Möglichkeit zwischen verschiedenen Angeboten. Die reichen zum Beispiel von 20 bis zu 1500 Suchmaschinen, in die Sie Ihr Web eintragen lassen können. Da jede Suchmaschine Internetseiten nach verschiedenen Kriterien einstuft, sollten Sie die Stellen, die für die Suchmaschinen relevant sind, sorgfältig auswählen. Die Registrierung sollte in so vielen verschiedenen Suchmaschinen wie möglich durchgeführt werden, da nicht jeder Internetsurfer die gleiche Suchmaschine verwendet.

Zur Steuerung der Suchmaschinen wird das Tag <meta> verwendet. Jede Suchmaschine sucht in diesem Tag nach der Häufigkeit des gesuchten Begriffs. Sie speichern unter diesem HTML-Tag jene Kennwörter ab, die den Inhalt Ihrer Homepage charakterisieren. Benutzen Sie die gleichen Stichwörter nicht zu oft; das erhöht zwar die Trefferquote der Suchmaschine und Ihre Seite wird bei einer Suche weiter nach vorne gestellt. Falls Sie aber ein Schlüsselwort zu häufig verwenden, werden Sie aus der Datenbank der Suchmaschine geworfen.

Wählen Sie treffende Kennwörter für Ihre Homepage aus, damit Sie im WWW gefunden werden. Gehen Sie die Suche von verschiedenen Richtungen an und geben Sie hierfür auch unterschiedliche Begriffe an.

KAPITEL 20

Beispiele zum direkten Einsatz ins eigene Webprojekt

In diesem Kapitel finden Sie einige fertige Lösungen für Aufgaben, die bei der Erstellung eines Webprojekts auftreten können. Die Programmteile können Sie leicht nach Ihren Bedürfnissen anpassen und dann in Ihre Webseiten integrieren.

Beispiele zum direkten Einsatz ins eigene Webprojekt

Verschiedene Browser erkennen

Da es ein Problem werden kann, wenn Sie Funktionen verwenden, die *Browser* der älteren Generation nicht ausführen können, ist es hilfreich, in diesem Fall zu erkennen, welchen Browser der Besucher Ihrer Seite benutzt. So haben Sie die Möglichkeit Fehlermeldungen des Browsers, der die Funktion noch nicht ausführen kann, abzufangen und es dem Besucher Ihrer Seite mitzuteilen. Wenn Sie Funktionen in Ihr Web einbauen, die nur von den neuesten Browsern verarbeitet werden können, bietet sich die Überprüfung der benutzten Browserversion geradezu an.

Beispiel:

Nach der Deklaration der Variablen wird der Browsername und die Browserversion mit vorgegebenen Konstanten verglichen. Ist einer der beiden Vergleiche positiv, wird ein Meldungsfenster mit dem jeweiligen Text ausgegeben.

Das Beispiel ist auf der CD zum Buch enthalten.

```
<!DOCTYPE html PUBLIC "-//W3C//DTD XHTML 1.0
 Strict//EN">
<html xmlns="http://www.w3.org/TR/xhtml1">
<head> <title>XHTML-Seite mit JavaScript-Code </title>
<h1>XHTML-Seite mit Browserabfrage</h1>
<script language="JavaScript">
<!-
    function BrowserAbfrage(){
        browser = navigator.appName;
```

```
            version = parseInt(navigator.appVersion);
            if (browser=="Microsoft Internet Explorer" &&
            version>=4){
                alert('Sie haben einen Internet Explorer ab
                Version 4');
            }
            if (browser=="Netscape" && version>=4){
                alert('Sie haben einen Navigator ab Version
                    4');
            }
        }
        // -></script>
    </head>
    <body onLoad="BrowserAbfrage()">
    </body>
</html>
```

Abbildung 20.1: Browser erkennen und darauf reagieren

News-Ticker in JavaScript

Wenn Sie auf Ihrer Webseite einen Text hervorheben möchten, bietet sich ein *Ticker* dazu ganz gut an. Sie haben dafür zwar die Möglichkeit das Tag <marquee> einzusetzen, dieses Tag funktioniert aber nur mit dem Internet Explorer von Microsoft.

Wenn Sie einen Ticker benötigen, der auf verschiedenen Browsern funktioniert, müssen Sie eine Skriptsprache zu Hilfe nehmen. Der Tikker, den wir Ihnen hier vorstellen, ist in JavaScript programmiert und kann von Ihnen in Ihre XHTML-Seite eingesetzt werden.

Beispiel:

Der Text, der dann als Ticker in einem Eingabefeld angezeigt wird, wird der Variablen *»msg«* zugewiesen. Der Variablen *»text«* weisen Sie so viele Leerzeichen zu, wie vor dem eigentlichen Text dargestellt werden sollen. Diese Leerzeichen bestimmen also die Zeit, die vergeht, bis der erste Buchstabe dargestellt wird. Die Funktion wird alle 100 Millisekunden aufgerufen. Dabei wird der erste Buchstabe in die Mitte des Eingabefelds geschrieben und wandert dann mit jedem weiteren Buchstaben bis zum rechten Rand. Die schon geschriebenen Buchstaben werden zum linken Rand geschoben. Nun werden alle weiteren Buchstaben des Ticker-Textes zuerst am rechten Rand dargestellt. Der erste Aufruf erfolgt mit dem Laden des bodys der XHTML-Seite.

Das Beispiel ist auf der CD zum Buch enthalten.

```
<!DOCTYPE html PUBLIC "-//W3C//DTD XHTML 1.0
 Strict//EN">
<html xmlns="http://www.w3.org/TR/xhtml1">
<head> <title>XHTML-Seite mit JavaScript-Code </title>
<h1>XHTML-Seite mit News-Ticker in JavaScript</h1>
<script language="JavaScript">
<!-
i=0
```

```
msg="   Dies ist ein Ticker in JavaScript, der im
 Internet Explorer und im Netscape Navigator
 funktioniert.   "
text="                                             "
 + msg
laenge=text.length
function ticker()
{
        document.Tickerfeld.fenster.value=text.substring(i,50
 +i);
        i++;
        if (i==laenge) i=0;
        id=setTimeout("ticker()",100)
}
// -->
</script>
</head>
<body onLoad="ticker()">
<center>
<form name="Tickerfeld">
<input type="text" name="fenster" size=45>
</form>
</center>
</body>
</html>
```

Abbildung 20.2: Ticker in JavaScript

Formulardaten auslesen

Wollen Sie Benutzerdaten auf Ihrer Webseite abfragen, werden Sie dies am einfachsten über ein *Formular* machen. Diese vom Benutzer eingegebenen Daten müssen Ihnen natürlich zukommen. Das können Sie so realisieren, dass die Daten nach der Eingabe vom Benutzer als E-Mail versendet werden. Möchten Sie aber noch weitere Informationen über den Absender bekommen, können Sie mit JavaScript Daten in versteckte Formularelemente schreiben. Dieser Inhalt der versteckten Felder wird dann mit den offiziellen Eingaben an Ihre E-Mail-Adresse gesendet.

Das Verstecken des Elements wird durch die Verwendung des Attributs type=hidden erreicht. Durch die Zuweisung eines Namens wird dieses Feld dann für Javascript ansprechbar.

Beispiel:

Zuerst wird ein Formular erstellt, in dem sich vier Eingabefelder befinden. In eines dieser Formularfelder geben Sie die gewünschte E-Mail-Adresse ein. An diese E-Mail-Adresse werden dann die Formulareingaben geschickt. Das Versenden wird durch die Schaltfläche *Absenden* gestartet. Die entsprechende JavaScript-Funktion startet das jeweilig installierte E-Mail-Programm und die im EingabeFormular eingegebenen Daten werden übermittelt.

Das Beispiel ist auf der CD zum Buch enthalten.

```
<!DOCTYPE html PUBLIC "-//W3C//DTD XHTML 1.0
 Strict//EN">
<html xmlns="http://www.w3.org/TR/xhtml1">
<head> <title>XHTML-Seite mit JavaScript-Code </title>
<h1>XHTML-Seite, die Daten übermittelt</h1>
<script language="JavaScript">
<!—
 function senden()
 {
 document.EingabeFormular.agent.value =
 navigator.userAgent;
 }
 //—>
</script>
</head>
<body>
<form method="post" action=mailto:test@t-online.de
 name =" EingabeFormular ">
    Nachname:<br>
    <input name="Feld1"><br>
    Vorname:<br>
    <input name="Feld2"><br>
    Wohnort:<br>
    <input name="Feld3"><br>
```

```
            E-Mail-Adresse:<br>
            <input name="Feld4"><br>
            <input type=hidden name="agent"><br>
            <input type=submit value="Absenden">
            <onSubmit="return senden()">
      </form>
   </body>
</html>
```

Abbildung 20.3: Daten per E-Mail versenden

Mit Tabellen Texte positionieren

Damit Sie verschiedene Texte exakt auf einer Seite positionieren können, nehmen Sie einfach eine Tabelle zur Hilfe. So können Sie verschiedene Textabschnitte genau auf der Browserseite platzieren.

Beispiel:

Als Erstes wird die Ausrichtung der Tabelle in der Seitenmitte definiert. Nun wird eine Tabelle ohne Rahmen erstellt. Die Beschriftung der Tabelle erstreckt sich über alle Spalten und ist zentriert ausgerichtet. Die drei Texte werden nun in die einzelnen Zellen geschrieben. Unter diese Texte wird nun noch eine Beschriftung gesetzt.

Das Beispiel ist auf der CD zum Buch enthalten.

```
<!DOCTYPE html PUBLIC "-//W3C//DTD XHTML 1.0
 Strict//EN">
<html xmlns="http://www.w3.org/TR/xhtml1">
<head> <title>XHTML-Seite</title>
<h1>XHTML-Seite mit einer Textausrichtung in einer
 Tabelle </h1>
</head>
<body><center>
  <table border = 0>
  <tr>
   <th colspan=3 align="center" height=30>Texte mit
   einer Tabelle ausrichten.
   </th>
  </tr>
  <tr>
   <td align="center">
   Dieser Text wird nun links positioniert.
   <td align="center">
   Dieser Text ist in der Mitte positioniert.
   <td align="center">
```

```
        Dieser Text ist rechts positioniert.
      </td>
    </tr>
    <tr>
      <td align="center" height=30>links
      <td align="center">mittig
      <td align="center">rechts
      </td>
    </tr>
  </table>
</center>
</body>
</html>
```

Abbildung 20.4: Texte mit Hilfe einer Tabelle ausrichten

TEIL V

Anhang

Im letzten Teil des Buches finden Sie eine Übersicht über die wichtigsten Fachbegriffe sowie über die im Buch behandelten Befehle.

ANHANG
Glossar

Glossar

Active Server Pages (ASP)

Ein Dokument, welches Skriptbefehle (VBScript) enthält. Die Skriptbefehle können von ASP-kompatiblen Webservern interpretiert und ausgeführt werden. Dem Benutzer des Dokuments (Client) wird das Dokument als HTML-Seite angezeigt.

ActiveX-Steuerelemente

Softwarekomponenten, die auf eine von Microsoft definierte einheitliche Schnittstelle zugreifen können. Damit sind diese Steuerelemente vielfach in unterschiedlichen Umgebungen einsetzbar. Dabei können die Steuerelemente wie auch die Software, in der sie implementiert werden, auf unterschiedlichen Programmiersprachen beruhen (z.B. C, C++ und Visual Basic).

Applet

Ein Applet ist ein in Java geschriebenes Programm, das als Datei in eine HTML-Seite eingebunden und ausgeführt werden kann.

ASCII

ASCII ist die Abkürzung für *American Standard Code for Information Interchange*. Dahinter verbirgt sich ein auf 8 Bit basierendes Kodierungsschema, mit dem bis zu 256 Zeichen ein numerischer Wert zugewiesen wird. Die Zeichen können z.B. aus Buchstaben, Satzzeichen, Steuerzeichen und anderen Sonderzeichen bestehen.

Attribut

Ein Zuweisungswert, der im Zusammenhang mit HTML-Tags verwendet wird. Damit erfolgt die Zuweisung von Eigenschaften an ein mit Tags formatiertes Element einer Webseite. In FrontPage können Sie diese Eigenschaften innerhalb von Dialogfeldern bearbeiten und zuweisen.

Bit

Ein Bit stellt eine rechnerische Einheit im Binärsystem dar. Ein Bit kann nur zwei Zustände darstellen, 0 und 1.

BMP

Das Standardformat für Grafikdateien auf einem Windows-kompatiblen Computer. Bitmapgrafiken unterstützen 24-Bit-Farben und eignen sich damit zur Darstellung hochauflösender Bilder. Dafür benötigen Grafikdateien mit diesem Format einen relativ großen Speicherplatz.

Browser

Ein Browser ist ein eigenständiges Programm zum Interpretieren von HTML-Dateien. Inzwischen haben sich die Browser von zwei Herstellern besonders durchgesetzt, der Netscape Navigator von der Firma Netscape und der Internet Explorer von Microsoft.

Byte

Die nach Bit nächstgrößte Recheneinheit im Binärsystem. Ein Byte enthält 8 Bit und kann 256 verschiedene Zustände darstellen.

Cascading Style Sheets (CSS)

Eine vom World-Wide-Web-Consortium verabschiedete HTML-Spezifikation. Mit Style Sheets können für HTML-Dokumente Formatvorlagen erstellt werden. Diese Formatvorlagen enthalten Informationen zum Erscheinungsbild einer Seite und der darin enthaltenen Elemente. Außerdem ist mit Hilfe von Style Sheets ein genaues Positionieren von Elementen eines HTML-Dokuments möglich. Nach den Plänen des W3C werden CSS bei XHTML die Positionierung und Formatierung von Elementen in Webdokumenten übernehmen.

CGI

(*Common Gateway Interface*). Eine Standardschnittstelle, mit der auf dem Webservern und Webbrowsern Programme oder Skripten ausgeführt werden können. CGI wird z.B. bei der Verarbeitung von Formularen verwendet, wobei der Webbrowser Formulardaten an ein

CGI-Skript auf dem Server sendet, das Skript die Daten in eine Datenbank einfügt und die Ergebnisse in Form einer Webseite zurücksendet.

Client

Ein Computer, der auf Netzwerkressourcen innerhalb eines LAN (*Local Area Network, lokales Netzwerk*) oder im Internet zugreift. Die Netzwerkressourcen werden auf der anderen Seite von dem Server bereitgestellt.

Dateityp

Darunter versteht man das Format einer Datei. Das Format wird über die Dateinamenerweiterung gekennzeichnet. Über das Dateiformat wird die zu einer Datei gehörende Anwendung ermittelt und mit dieser die Datei geöffnet.

Dynamic HTML (DHTML)

Eine Erweiterung von HTML, mit der die Elemente einer Webseite dynamisch dargestellt werden können. In FrontPage können Sie die Symbolleiste *DHTML-Effekte* verwenden, um Seitenelementen Effekte hinzuzufügen, ohne dass Sie hierfür über Programmierkenntnisse verfügen müssen. Um solche Effekte selbst zu erstellen, müssen Sie auf eine Programmiersprache wie z.B. JavaScript zurückgreifen.

Element

Ein Element ist ein Bestandteil einer HTML-Datei und stellt einen abgeschlossenen Bereich dar. Ein Element kann aus Text, Grafik oder auch einem Multimedia-Objekt bestehen.

E-Mail

Dokumente, die als elektronische Post über ein LAN oder das Internet versendet werden. Moderne E-Mail-Programme ermöglichen auch das Formatieren dieser Dokumente (z.B. als HTML-Dokument).

FAQ

(*Frequently Asked Questions, häufig gestellte Fragen*). Ein Dokument, in dem allgemeine Fragen und Antworten zu einem bestimmten Thema gesammelt werden. Diese Dokumente werden häufig als Ergänzung zu Dokumentationen verwendet, da der Leser hier direkte Antworten und Lösungsvorschläge auf häufig vorkommende Probleme findet.

Firewall

Mit einem Firewall werden Netzwerke gegen den Zugriff Unbefugter abgeschirmt. Viele Provider setzen diese Technik zum Schutz ihrer Server ein.

FTP

(*File Transfer Protocol*). Ein Übertragungsprotokoll zum Übertragen von Dateien über das Internet. Im Gegensatz zum HTTP-Protokoll kann hier der Dateitransfer in beide Richtungen, also Server-Client und Client-Server, stattfinden.

GIF

(*Graphics Interchange Format*). Ein häufig verwendetes Grafikformat im World Wide Web. Das Format eignet sich zum verlustfreien Komprimieren von Grafikdateien. Dafür ist hier die Anzahl der verwendeten Farben auf 256 beschränkt. Außerdem ist es möglich, mehrere Grafiken innerhalb einer Datei zu speichern und damit animierte Grafiken zu erzeugen sowie Grafiken mit transparentem Hintergrund darzustellen.

Homepage

Allgemeiner Begriff für ein HTML-Dokument, welches als Zugangsseite zu einer Anzahl von Webseiten und anderer Dateien im World Wide Web dient. In der Regel erhält diese Seite den Namen *INDEX.HTM* oder *DEFAULT.HTM*. Damit wird der Besucher beim Zutritt zu dem Web vom Server automatisch auf diese Seite geleitet.

HTML

(*HyperText Markup Language*). Die allgemeine Programmiersprache zum Erstellen von Webdokumenten. Dabei werden Elementen der

Seite, welche aus Text oder z.B. Grafiken bestehen können, Formate zugewiesen. Die Zuweisung der Formate erfolgt über so genannte Tags. Die Tags werden vom Webbrowser interpretiert und die dazugehörigen Elemente der Seite dementsprechend im Browserfenster dargestellt. HTML wird seit der Version 4 nicht mehr weiterentwickelt und von XHTML abgelöst.

HTTP

(*HyperText Transfer Protocol*). Ein Protokoll zum Übertragen von Daten im Internet. Dateien können mit diesem Protokoll nur in eine Richtung (Server-Client) übertragen werden. Das Protokoll bietet keine hohe Sicherheit beim Übertragen der Daten. Das betrifft die Überwachung der Vollständigkeit der übertragenen Daten ebenso wie die Sicherheit gegenüber unbefugten Personen.

Hyperlink

Darunter versteht man einen Verweis zu einem anderen Dokument oder einer Grafik innerhalb eines LAN, des WWW oder auch auf einen lokalen Rechner. Mit der Aktivierung des Hyperlinks wird das Ziel im Browserfenster angezeigt. Erst mit Hyperlinks war es möglich, innerhalb des WWW komfortabel zwischen Seiten und verschiedenen Websites zu navigieren.

Internet

Dies ist eher ein allgemeiner Begriff, der den weltweiten Verbund aus Computern und Netzwerken bezeichnet. Dieser Zusammenschluss wird zur Kommunikation zwischen den einzelnen Teilnehmern verwendet. Außerdem wird das Internet zum Anbieten von Informationen und z.B. zur Errichtung virtueller Büros und Warenhäuser verwendet. Zur Kommunikation innerhalb des Internets ist ein gemeinsames Übertragungsprotokoll notwendig. Dazu wird das TCP/IP-Protokoll verwendet. Außerdem benötigt jeder Teilnehmer eine eindeutige Kennung, welche als IP-Adresse bezeichnet wird.

Intranet

Ein lokal begrenztes Netzwerk, das zur Verarbeitung von Informationen innerhalb eines Unternehmens oder einer Organisation dient. Gerade in größeren Institutionen und Einrichtungen werden Intranets zur Realisierung von so genannten papierlosen Büros eingesetzt. Dies ist übrigens einer der Gründe für die Übernahme des HTML-Formats als Dokumentenstandard in Office 2000. Die Kommunikation erfolgt in Intranets über Anwendungen, die auch im Internet zum Einsatz kommen, also z.B. Webseiten, Webbrowser, FTP-Sites und E-Mail.

IP-Adresse

Eindeutige Kennung eines jeden Teilnehmers im Internet. Diese Kennung besteht aus einer mehrstelligen Zahlenfolge. Während Server über eine feste IP-Adresse verfügen, erfolgt beim Client (dem Besucher des Internets) eine dynamische Vergabe dieser Zahlenfolge.

Java

Eine plattformunabhängige Programmiersprache, die von Sun Microsystems entwickelt wurde und an die Syntax von C++ angelehnt ist. Die mit Java entwickelten Programme können nicht als selbst ausführende Dateien weitergegeben werden, sondern benötigen immer einen Interpreter. Dazu wird im WWW der Webbrowser verwendet. Java wurde lange Zeit als große Konkurrenz zu Microsoft-Programmen angesehen, was jedoch von Microsoft unter Ausnutzung seines Monopols und intensiver Eigenentwicklungen abgeschwächt wurde.

Java-Applet

Ein mit Java entwickelter Programmbaustein, der z.B. in eine Webseite eingebunden und vom Webbrowser geladen und ausgeführt wird. Alle modernen Browser sind heute in der Lage, Java-Code zu interpretieren. Java-Applets dienen in der Regel zur dynamischen Anzeige von Werbeflächen, Multimedia-Anwendungen, Animationen oder Spielen.

JavaScript

JavaScript wurde von Netscape entwickelt, um Webseiten zusätzliche Funktionen zu verleihen. Im Gegensatz zu Java verfügt JavaScript lediglich über einen stark eingeschränkten Befehlssatz, sodass damit keine unsicheren Aktionen auf dem Rechner des Benutzers ausgeführt werden können. JavaScript ist leichter zu erlernen als Java oder eine objektorientierte Sprache wie C++. Der Grundgedanke von Netscape war hier die Entwicklung einer plattformunabhängigen Sprache, die schnell und einfach erlernt werden kann. Auch hier hat Microsoft den Versuch unternommen, mit einer Eigenentwicklung (JScript) die Nutzer an die eigene Plattform zu binden.

JPEG

(*Joint Photographics Experts Group*). Ein Format, mit dem sich der Speicherbedarf von Grafikdateien stark reduzieren lässt. Bei der Komprimierung in diesem Format sinkt jedoch die Qualität der Grafiken mit zunehmendem Grad der Komprimierung. Dafür lassen sich damit Grafiken mit großer Farbtiefe speichern, womit sich dieses Format besonders zur Komprimierung von fotorealistischen Bildern eignet.

LINUX

Ein frei verfügbares Betriebssystem, welches als sehr stabil und sicher gilt. Da in der letzten Zeit die kryptische Handhabung durch eine Windows-ähnliche Oberfläche erleichtert wurde, gilt es zunehmend als Konkurrent zu Microsoft Windows. Wegen seiner hohen Sicherheit, was auch für das Abwehren von Hackerangriffen gilt, wird es oft als Webserver eingesetzt.

MIME-Typ

(*Multipurpose Internet Mail Extensions*-Typ). Eine bei Übertragungsprotokollen verwendete Zusatzinformation, welche auf eine Anwendung verweist, mit der ein Browser eine übertragene Datei darstellen kann.

Modem

Mit Hilfe eines Modems werden die digitalen Signale des Rechners in analoge Signale umgewandelt. Damit sind Sie in der Lage, über eine Telefonleitung die Verbindung mit einem Netzwerk aufzunehmen.

Netiquette

Darunter ist eine Art Internet-Knigge zu verstehen. Gerade in Newsgroups herrschen strenge Höflichkeitsregeln, die Netiquette. Diese wurden eingeführt, da sich manche Teilnehmer wegen der Anonymität im Internet gegenüber anderen Nutzern recht ungeniert benehmen.

Netscape

Die Firma Netscape entwickelte den ersten Browser, der zeitweise eine massenhafte Verbreitung fand und eine marktbeherrschende Position einnahm. Inzwischen hat Microsoft mit seinem Internet Explorer diese Vorherrschaft stark eingeschränkt.

Netzwerk

Ein Zusammenschluss von mehreren Rechnern auf lokaler oder globaler Ebene. Dabei können die Teilnehmer an diesem Netzwerk über unterschiedliche Ausführungsrechte auf anderen Rechnern verfügen.

Peer to Peer

Eine Netzwerkstruktur, die wegen ihres unkomplizierten Aufbaus vor allem in kleineren Netzwerken verwendet wird. Bei dieser Struktur kann jeder Teilnehmer direkt mit einem anderen Teilnehmer des Netzwerkes in Verbindung treten.

PERL

(***Practical Extraction and Report Language***). Mit dieser Programmiersprache wurden bisher vor allem CGI-Programme realisiert.

POP3

Das ist die Abkürzung für das so genannte *Post Office Protocol*. Damit wird ein einheitlicher Zugriff auf elektronische Postfächer, unabhängig vom Provider und dem E-Mail-Programm, ermöglicht.

Relationale Datenbank

Die Bezeichnung für ein Datenbankverwaltungssystem. Dabei erfolgt die Anordnung der Daten in Zeilen und Spalten, die zueinander in einer Beziehung stehen, wie sie jeweils vom relationalen Modell vorgegeben wird. In Office-Anwendungen findet oft die relationale Datenbank Microsoft Access Verwendung. Diese erleichtert dem Benutzer mit zahlreichen Assistenten die komfortable Erstellung von Beziehungen zwischen den Tabellen, in denen die Daten abgelegt sind.

Server

Ein zentraler Computer, der zur Bereitstellung von Diensten in einem Netzwerk verwendet wird. Im World Wide Web befindet sich der Server beim Provider, von wo der Benutzer die benötigten Dienste anfordert. Der Server wird unter anderem auch als Host bezeichnet.

SGML

(*Standard Generalized Markup Language*). Aus dieser Programmiersprache wurde HTML abgeleitet.

Shareware

Unter Shareware versteht man Programme, die für eine bestimmte Zeit (z.B. 30 Tage) kostenlos getestet werden können. Erst wenn sich der Benutzer nach dem Ablauf der Frist für eine weitere Anwendung entscheidet, ist ein relativ geringer Kaufpreis zu entrichten.

Skript

Darunter versteht man einen Programmcode, der von einem Programm direkt ausgeführt wird. Dabei ist das vorherige Kompilieren des Codes nicht erforderlich. In HTML-Dateien finden unter anderem die Skriptsprachen VBScript und JavaScript Verwendung.

Startseite

Darunter versteht man die erste Seite eines Webs, zu der ein Besucher standardmäßig geleitet wird. In der Regel erhält diese Seite den Namen *INDEX.HTM*. Bei Projekten, welche mit Frames arbeiten, ist die Startseite die Seite, die zu Beginn als Hauptseite in einem Frame angezeigt wird.

Tag

Unter einem Tag ist ein HTML-Befehl zu verstehen. Ein Tag wird immer zwischen zwei spitzen Klammern angegeben.

TCP

(*Transmission Control Protocol*). Eine Protokollart, mit der die Übertragung von Daten in Netzwerken realisiert wird. Das TCP-Protokoll wird vor allem bei einfachen Peer-to-Peer-Netzwerken unter Windows95 und im Internet verwendet. Das Protokoll überprüft die gesendeten und empfangenen Datenpakete und fordert fehlende oder fehlerhafte Pakete erneut an.

Übergeordnete Seite

Eine Seite in einem Web, die über eine Navigation mit einer oder mehreren untergeordneten Seiten verknüpft wurde. Zur Navigation zu den untergeordneten Seiten stehen dem Benutzer Hyperlinks zur Verfügung.

UNIX

Eines der ältesten multitaskingfähigen Betriebssysteme, welches eine sichere Netzwerkanbindung gewährleistet. Trotz seines hohen administrativen Aufwands und eines hohen Anspruchs an das Fachwissen des zuständigen Administrators wird es wegen seiner hohen Stabilität immer noch oft als Netzwerkserver eingesetzt.

URL

(*Uniform Resource Locator*). Eine Zeichenkette, mit der die Internetadresse einer Website im World Wide Web angegeben wird, mit den auf die Site oder die Ressource zugegriffen wird. Bei der Angabe der URL wird immer die verwendete Protokollart vorangestellt. Am häufigsten erfolgt die Angabe des HTTP-Protokolls, also z.B. *http://...*

Visual Basic

Eine von Microsoft entwickelte Programmiersprache, die auf Basic beruht. Das Ziel bei der Entwicklung war eine leicht zu erlernende Programmiersprache, bei der auf einfache Weise auf in Windows vorhandene Ressourcen zurückgegriffen werden kann. Mit der Verwendung dieser Ressourcen als Bausteine im Gesamtprogramm spart der Anwender viel Zeit bei der Entwicklung von Programmen mit einer Windows-kompatiblen Oberfläche.

Visual Basic for Applications (VBA)

Eine Makrosprache, die auf Microsoft Visual Basic basiert. Mit dieser Makrosprache lassen sich Windows-Anwendungen auf einfache Weise erweitern. Aufgrund der gestiegenen Anforderungen wurde VBA jedoch inzwischen teilweise durch die vollständige Implementierung von Visual Basic in verschiedene Anwendungen abgelöst (z.B. Office 2000).

World Wide Web (WWW)

Darunter versteht man alle weltweit verfügbaren Ressourcen, die über das Internet erreichbar sind. Die Ressourcen sind auf den Webservern gespeichert, welche von dem Benutzer über die verschiedenen Protokollarten angesprochen werden. Die Webserver werden nicht direkt erreicht, sondern der Benutzer wird über verschiedene Knoten mit dem Zielserver verbunden. Dabei ist es ohne weiteres möglich, dass eine Verbindung zu einem örtlich nahen Webserver auf dem Umweg über einen anderen Kontinent erfolgt.

World Wide Web Consortium (W3C)

Dieses Konsortium besteht aus kommerziellen und im Bildungsbereich tätigen Institutionen und überwacht die Entwicklung und Standardisierung von im WWW verwendeten Techniken. Das W3C verabschiedet unter anderem den jeweils gültigen Standard von HTML. Leider finden die hier getroffenen Entscheidungen nicht immer auf die gleiche Weise Verwendung in den Browsern, sodass der HTML-Programmierer selbst auf die Kompatibilität seines Codes achten muss.

WYSIWYG

Hinter dieser Abkürzung verbirgt sich eine Arbeitsweise mit visuell orientierten Programmoberflächen. Der Ausdruck steht für *What You See Is What You Get* und bedeutet, dass Sie das Ergebnis Ihrer Arbeit sofort sehen. Während Sie bei textorientierten Programmen das Ergebnis Ihrer Arbeit lediglich in einem Vorschaumodus sehen können, wird hier jeder ausgeführte Arbeitsschritt sofort interpretiert und angezeigt.

XHTML

XHTML ist der Nachfolger von HTML und weist in seiner ersten Version 1.0 nur wenige Unterschiede zu HTML auf. Mit XHTML sollen die bisherigen Unzulänglichkeiten von HTML in Bezug auf die Strukturierung von Daten beseitigt werden. XHTML weist Gemeinsamkeiten aus HTML und XKL auf.

XML

XML wurde entwickelt um Daten besser strukturieren zu können. Mit XML lassen sich jedoch keine Elemente einer Webseite darstellen oder formatieren, dazu ist eine weitere Auszeichnungssprache wie z.B. XSL oder CSS notwendig.

XSL

XSL dient zur Formatierung von Elementen eines Webdokuments und übernimmt in XML-Dokumenten die gleichen Aufgaben, die bei HTML-Dokumenten von CSS erfüllt werden.

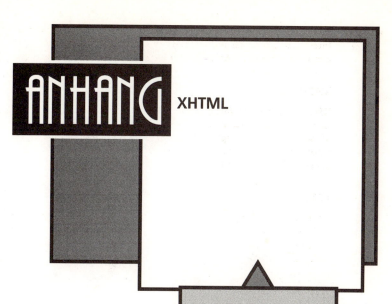

ANHANG XHTML

B

XHTML

Allgemeine Tags

Tags/Attribute	Beschreibung
`<html></html>`	Definiert eine HTML-Datei
`<head></head>`	Definiert den Kopf der HTML-Datei
`<title></title>`	Enthält den Titel der HTML-Datei
`<body></body>`	Definiert den Hauptbereich der HTML-Datei
`alink="..."`	Definiert die Standardfarbe der aktivierten Verweise
`background="..."`	Fügt ein Hintergrundbild ein
`bgcolor="..."`	Definiert die Hintergrundfarbe
`link="..."`	Definiert die Standardfarbe der Verweise
`text="..."`	Definiert die Textfarbe
`vlink="..."`	Definiert die Standardfarbe der besuchten Verweise
`<base />`	Definiert die Angabe der Quelle einer HTML-Datei
`href="..."`	Die URL der HTML-Datei
`<meta />`	Definiert einen Bereich für Zusatzinformationen
`content="..."`	Enthält die Meta-Informationen
`name="..."`	Bezeichnung der Meta-Informationen

Schriftarten

Tag/ Attribute	Beschreibung
`<basefont>`	Definiert die Größe der Standardschrift – nur aus Kompatibilitätsgründen vorhanden
`size="..."`	Legt die Größe der Standardschrift fest
`<font></font>`	Definiert die Schriftart – nur aus Kompatibilitätsgründen vorhanden
`color="..."`	Bestimmt die Textfarbe
`face="..."`	Legt die Schriftart fest
`size="..."`	Legt die Schriftgröße fest

Textausrichtung

Tag/ Attribute	Beschreibung
` `	Erzwingt einen Zeilenumbruch
`<nobr />`	Erstellt einen Bereich ohne möglichen Zeilenumbruch
`<p></p>`	Definiert einen neuen Absatz
`align="(left | center | right)"`	Bestimmt die Ausrichtung des Absatzes

Textformate

Tag	Beschreibung
`<adress></adress>`	Definiert eine Internetadresse
`<b></b>`	Fett
`<big></big>`	Größerer Text
`<cite></cite>`	Zitate

Tag	Beschreibung
`<code></code>`	Formatierung von Listings
`<del></del>`	Bezeichnet Text, der inzwischen ungültig ist
`<dfn></dfn>`	Formatierung von Beispieltexten
`<em></em>`	Kursiv
`<h1></h1>`, `<h2></h2>`, `<h3></h3>`, `<h4></h4>`, `<h5></h5>`, `<h6></h6>`	Überschriften der Größenordnung 1-6
`<i></i>`	Kursiv
`<ins></ins>`	Bezeichnet Text, der neu eingefügt wurde
`<kbd></kbd>`	Benutzereingaben
`<pre></pre>`	Vorformatierter Text
`<q></q>`	Längere Zitate
`<s></s>`	Durchgestrichen
`<samp></samp>`	Formatierung von Beispieltexten
`<small></small>`	Kleinerer Text
`<strong></strong>`	Fett
`<sub></sub>`	Tiefergestellter Text
`<sup></sup>`	Hochgestellter Text
`<tt></tt>`	Teletype
`<u></u>`	Unterstrichen
`<valign></valign>`	Vertikale Ausrichtung der Überschrift
`<var></var>`	Variablen

Sonstige Textgestaltung

Tag/Sonderzeichen	Beschreibung
`<!-> <->`	Fügt einen nicht sichtbaren Kommentar ein
` `	Verhindert einen Umbruch innerhalb eines Worts

Listen

Tag/Attribute	Beschreibung
`<ol></ol>`	Definiert eine sortierte Liste (numerisch oder alphabetisch)
`start="..."`	Bestimmt den Startwert der Nummerierung
`type="(A | a | I | i)"`	Definiert einen Listentyp
`value="..."`	Legt einen Wert innerhalb der Nummerierung fest
`<ul></ul>`	Definiert eine unsortierte Liste (Aufzählungsliste)
`type="(circle | disc | square)"`	Definiert einen Listentyp
`<li></li>`	Definiert ein Element einer Liste
`<dl></dl>`	Definiert eine Definitionsliste
`compact="compact"`	Erzwingt die kompakte Darstellung der Liste
`<dd></dd>`	Definiert einen Listeneintrag
`<dt></dt>`	Definiert einen Listeneintrag

Tabellen

Tag/Attribute	Beschreibung
`<table></table>`	Definiert eine Tabelle
`align="(left | center | right)"`	Legt die Ausrichtung der Tabelle fest
`bgcolor="..."`	Definiert eine Hintergrundfarbe
`border="..."`	Legt fest, ob die Tabelle einen Rahmen erhält
`bordercolordark="..."`	Definiert eine Farbe für mehrfarbige Rahmen
`bordercolorlight="..."`	Definiert eine Farbe für mehrfarbige Rahmen
`cellpadding="..."`	Legt den Abstand zwischen Zelleninhalt und Zellenrand fest
`cellspacing="..."`	Legt die Stärke der Gitternetzlinien fest
`frame="( void | above | below | hsides | vsides | lhs | rhs | box | border )"`	Legt fest, welche Seiten des Außenrahmens angezeigt werden
`height="..."`	Bestimmt die Höhe der Tabelle
`noflow="noflow"`	Verhindert einen Zeilenumbruch innerhalb einer Zelle
`rules="(none | cols | rows | groups)"`	Legt fest, welche Gitternetzlinien angezeigt werden
`width="..."`	Bestimmt die Breite der Tabelle
`<th></th>`	Definiert eine Zelle im Tabellenkopf
`align="(top | left | bottom | right)"`	Legt die horizontale Ausrichtung des Inhalts fest
`bgcolor="..."`	Legt die Hintergrundfarbe für eine Zelle fest
`height="..."`	Bestimmt die Höhe der Zelle

Tag/Attribute	Beschreibung
nowrap="nowrap"	Verhindert einen Zeilenumbruch innerhalb der Zelle
rowspan="..."	Legt die Anzahl der zu verbindenden Zellen fest
valign="(top | middle | bottom | baseline)"	Legt die vertikale Ausrichtung des Inhalts fest
width="..."	Bestimmt die Breite der Zelle
<caption></caption>	Die Beschriftung der Tabelle
align="(top | left | bottom | right)"	Die Ausrichtung der Tabellenüberschrift
<tr></tr>	Definiert eine Zeile einer Tabelle
align="(top | left | bottom | right)"	Legt die horizontale Ausrichtung des Inhalts fest
nowrap="nowrap"	Verhindert einen Zeilenumbruch innerhalb der Zelle
valign="(top | middle | bottom | baseline)"	Legt die vertikale Ausrichtung des Inhalts fest
<td></td>	Definiert eine Zelle in einer Tabellenspalte
align="(top | left | bottom | right)"	Legt die horizontale Ausrichtung des Inhalts fest
bgcolor="..."	Legt die Hintergrundfarbe für eine Zelle fest
colspan="..."	Legt die Anzahl der zu verbindenden Zellen fest
height="..."	Bestimmt die Höhe der Zelle
nowrap="nowrap"	Verhindert einen Zeilenumbruch innerhalb der Zelle
rowspan="..."	Legt die Anzahl der zu verbindenden Zellen fest

Tag/Attribute	Beschreibung
valign="(top | middle | bottom | baseline)"	Legt die vertikale Ausrichtung des Inhalts fest
width="..."	Bestimmt die Breite der Zelle
`<col>`	Erzwingt eine Gruppierung der Tabellenzeilen
char="char"	Erzwingt die Ausrichtung der Tabelleninhalte an einem Dezimalzeichen
`<span />`	Erstellt einen Bereich für eine Formatierung innerhalb der Tabelle
width="..."	Bestimmt die Breite einer Spalte
`<colgroup />`	Erzwingt eine Gruppierung der Tabellenzeilen
char="char"	Erzwingt die Ausrichtung der Tabelleninhalte an einem Dezimalzeichen
width="..."	Bestimmt die Breite einer Spalte
`<thead></thead>`	Definiert den Tabellenkopf
`<tbody></tbody>`	Definiert den Tabellenkörper
`<tfoot></tfoot>`	Definiert den Tabellenfuß

Verweise

Tag/Attribute	Beschreibung
`<a></a>`	Definiert einen Verweis innerhalb der Seite oder im WWW
alink="..."	Definiert die Standardfarbe des aktivierten Verweises
href="..."	Die URL des Verweisziels
hreflang="..."	Beschreibt die Landessprache des Verweisziels
link="..."	Definiert die Standardfarbe des Verweises

Tag/Attribute	Beschreibung
name="..."	Definiert ein Sprungziel innerhalb einer Seite
rel="..."	Beschreibt das Verhältnis zwischen der aktuellen Datei und dem Verweisziel
rev="..."	Beschreibt das Verhältnis zwischen der aktuellen Datei und dem führenden Verweisziel
tabindex="..."	Legt die Tabulatorreihenfolge fest
target="..."	Der Name des Framefensters des Sprungziels
type="..."	Bestimmt den Dateityp des Sprungziels
vlink="..."	Definiert die Standardfarbe des besuchten Verweises

Grafiken

Tag/Attribute	Beschreibung
`<img>`	Definiert eine eingebundene Grafik
align="(top | middle | bottom)"	Legt die Ausrichtung des folgenden Textes und der Beschriftung fest
alt="..."	Enthält einen Alternativtext, falls die Grafik nicht oder noch nicht geladen wurde
border="..."	Legt fest, ob die Grafik über einen Rahmen verfügt
hcpace="..."	Der horizontale Abstand zu weiteren Elementen
height="..."	Die Höhe der Grafik
lowsrc="..."	Die URL einer während des Ladevorgangs anzuzeigenden Alternativgrafik mit geringerer Farbtiefe
name="..."	Legt einen eindeutigen Name der Grafik fest

Tag/Attribute	Beschreibung
src="..."	Enthält die URL der Grafik
vsace="..."	Der vertikale Abstand zu weiteren Elementen
width="..."	Die Breite der Grafik

Client-Side-ImageMaps

Tag/Attribute	Beschreibung
<map></map>	Definiert eine ImageMap
<area />	Definiert einen anklickbaren Bereich
coords="..."	Beschreibt die Koordinaten der verknüpften Bereiche
href="..."	Definiert die URL eines Sprungziels
ismap="..."	Legt fest, dass die Grafik als ImageMap vom Server verwaltet wird
name="..."	Legt einen eindeutigen Name der eingebundenen Grafik fest
nohref ="nohref"	Erklärt eine Fläche als nicht aktivierbar
shape="(circle | rect | polygon)"	Beschreibt die geometrische Form eines Bereichs
usemap="..."	Kennzeichnet eine Grafik als Client-Side-ImageMap

Formulare

Tag/ Attribute	Beschreibung
<form></form>	Definiert ein Formular
action="..."	Legt fest, was mit den Formulardaten geschieht, wenn das Formular abgesendet wird

Tag/ Attribute	Beschreibung
method="(get | post)"	Ausführungsart beim Versenden der Formulardaten
name="..."	Name des Formulars
<input />	Definiert ein Eingabefeld
disable	Das Eingabefeld ist deaktiviert
maxlength="..."	Bestimmt die maximale Eingabelänge
name="..."	Der Name des Eingabefelds
readonly ="readonly"	Legt fest, dass keine Eingaben möglich sind
size="..."	Legt die Länge des Eingabefelds in Zeichen fest
tabindex="..."	Legt die Tabulatorreihenfolge fest
type="(reset | submit | text | hidden | image | send file)"	Bestimmt den Typ des Eingabefelds
value="..."	Standardtext des Eingabefelds
<textarea></textarea>	Definiert ein mehrzeiliges Eingabefeld
cols="..."	Bestimmt die Breite des Elements in Zeichen
name="..."	Der Name des Eingabefelds
rows="..."	Bestimmt die Höhe des Elements in Zeilen
wrap="(off | virtual | physical)"	Ermöglicht einen Zeilenumbruch
<select></select>	Definiert eine Auswahlliste
multiple ="multiple "	Ermöglicht eine Mehrfachauswahl bei Auswahlfeldern
name="..."	Der Name der Auswahlliste
selected ="selected"	Legt eine standardmäßig markierte Auswahl fest

Tag/ Attribute	Beschreibung
size="..."	Die Anzahl der sichtbaren Zeilen der Liste
value="..."	Legt einen Rückgabewert für einen Eintrag fest
`<option />`	Definiert ein Auswahlfeld
checked ="checked"	Selektiert ein Element
name="..."	Enthält den Namen des Elements
type="(checkbox | radio)"	Legt den Typ des Elements fest
value="..."	Der Wert des Elements bei der Übertragung der Formulardaten
`<fieldset></fieldset>`	Ermöglicht die Gruppierung von Elementen eines Formulars
`<legend> </legend>`	Legt die Überschrift für eine Gruppe von Elementen eines Formulars fest
align="(top | bottom | left | center | right)"	Bestimmt die Ausrichtung der Überschrift

Frames

Tag/ Attribute	Beschreibung
`<frameset></frameset>`	Definiert einen Framebereich
`<noframes></noframes>`	Ermöglicht alternative Angaben
border="..."	Legt fest, ob ein Rand sichtbar ist
bordercolor="..."	Bestimmt die Farbe des Rands
cols="..."	Legt die Anzahl der vertikalen Elemente fest
framespacing="..."	Bestimmt die Rahmenstärke
name="..."	Bestimmt den Namen eines Frames

Tag/ Attribute	Beschreibung
`rows="..."`	Legt die Anzahl der horizontalen Elemente fest
`src="..."`	Definiert die Adresse der Seite
`<frame></frame>`	Definiert einen Frame
`marginheight="..."`	Legt den Mindestabstand zwischen dem Inhalt und dem Fensterrand fest
`marginwidth="..."`	Legt den Mindestabstand zwischen dem Inhalt und dem Fensterrand fest
`name="..."`	Legt einen Namen für den Frame fest
`noresize="noresize"`	Legt fest, ob die Rahmenposition veränderbar ist
`scrolling="(yes | auto | no)"`	Legt fest, ob das Fenster über Rollbalken verfügt
`src="..."`	Gibt die URL der Framedatei an
`target="(_self | blank | _parent | top)"`	Bestimmt einen Zielframe für einen Verweis innerhalb eines Frames
`<iframe></iframe>`	Definiert einen eingebetteten Frame
`frameborder="..."`	Legt fest, ob der Frame einen Rand besitzt
`height="..."`	Bestimmt die Höhe des eingebetteten Frames
`marginheight="..."`	Legt den Mindestabstand zwischen dem Inhalt und dem Fensterrand fest
`marginwidth="..."`	Legt den Mindestabstand zwischen dem Inhalt und dem Fensterrand fest
`name="..."`	Bestimmt den Namen eines eingebetteten Frames
`scrolling="(auto | yes | no)"`	Bestimmt, ob der eingebettete Frame über Rollbalken verfügt
`src="..."`	Gibt die URL des eingebetteten Frames an
`width="..."`	Bestimmt die Breite des eingebetteten Frames

Weitere Möglichkeiten

Tag/Attribute	Beschreibung
`<hr></hr>`	Definiert eine horizontale Trennlinie
`align="(left | center | right)"`	Richtet die Trennlinie horizontal aus
`color="..."`	Legt die Farbe der Trennlinie fest
`noshade="noshade"`	Erzeugt eine eindimensionale Trennlinie
`size="..."`	Legt die Höhe der Trennlinie fest
`width="..."`	Bestimmt die Breite der Trennlinie
`<div></div>`	Legt einen gemeinsamen Bereich fest
`align="(left | center | right | justify)"`	Richtet den gemeinsamen Bereich innerhalb der Seite aus
`<span></span>`	Legt einen gemeinsamen Bereich fest
`align="(left | center | right | justify)"`	Richtet den gemeinsamen Bereich innerhalb der Seite aus
`<script>/<script>`	Definiert einen Bereich für eine Skriptsprache
`<noscript></noscript>`	Definiert einen Alternativbereich für eine Skriptsprache
`language="..."`	Beschreibt die Art der Skriptsprache
`<button />`	Definiert eine Schaltfläche
`name="..."`	Der Name der Schaltfläche
`value="..."`	Die Beschriftung der Schaltfläche
`<style></style>`	Definiert Style-Sheet-Angaben
`type="..."`	Beschreibt den Typ der Style Sheets

Multimedia und sonstige Objekte

Tag/Attribute	Beschreibung
`<embed />`	Bindet eine Multimedia-Datei ein
`<noembed></noembed>`	Definiert einen alternativen Bereich für die Multimedia-Datei
`autostart="..."`	Legt fest, ob die Multimedia-Ausgabe automatisch beginnt
`border="..."`	Legt fest, ob die Multimedia-Datei einen Rahmen erhält
`height="..."`	Legt die Höhe der Multimedia-Ausgabe fest
`hspace="..."`	Bestimmt den horizontalen Abstand zu den benachbarten Elementen
`loop="..."`	Legt die Anzahl der Wiederholungen fest
`src="..."`	Gibt die URL der Multimedia-Datei an
`vspace="..."`	Bestimmt den vertikalen Abstand zu den benachbarten Elementen
`width="..."`	Legt die Breite der Multimedia-Ausgabe fest
`<bgsound />`	Definiert eine eingebundene Multimedia-Datei
`loop="..."`	Legt die Anzahl der Wiederholungen der Datei fest
`src="..."`	Definiert den Pfad einer Quelldatei
`<applet></applet>`	Bindet ein Applet ein
`alt="..."`	Stellt einen Alternativtext zur Verfügung
`class="..."`	Definiert einen eindeutigen Namen für das Applet
`code="..."`	Der Name der Applet-Datei
`codebase="..."`	Die URL eines Verzeichnisses, in dem sich die Datei befindet

Tag/Attribute	Beschreibung
`<object />`	Definiert ein ActiveX-Steuerelement
`border="..."`	Bestimmt, ob das Steuerelement einen Rahmen erhält
`classid="..."`	Enthält die verwendete GUID
`codetype="..."`	Der Media-Typ
`height="..."`	Höhe des Steuerelements
`hspace="..."`	Horizontaler Abstand zum nächsten Element
`id="..."`	Der Name des Steuerelements
`vspace="..."`	Vertikaler Abstand zum nächsten Element
`width="..."`	Breite des Steuerelements
`<param>`	Definiert einen Übergabeparameter für das Applet
`name="..."`	Der Name des Übergabeparameters
`value="..."`	Der Wert des Übergabeparameters

Sonderzeichen

Zeichen	HTML	Unicode	Zeichen	HTML	Unicode
	` `	` `	Ð	`&ETH;`	`&#208;`
¡	`&iexcl;`	`&#161;`	Ñ	`&Ntilde;`	`&#209;`
¢	`&cent;`	`&#162;`	Ò	`&Ograve;`	`&#210;`
£	`&pound;`	`&#163;`	Ó	`&Oacute;`	`&#211;`
¤	`&curren;`	`&#164;`	Ô	`&Ocirc;`	`&#212;`
¥	`&yen;`	`&#165;`	Õ	`&Otilde;`	`&#213;`
¦	`&brvbar;`	`&#166;`	Ö	`&Ouml;`	`&#214;`

Zeichen	HTML	Unicode	Zeichen	HTML	Unicode
§	&sect;	&#167;	×	&times;	&#215;
¨	&uml;	&#168;	Ø	&Oslash;	&#216;
©	&copy;	&#169;	Ù	&Ugrave;	&#217;
ª	&ordf;	&#170;	Ú	&Uacute;	&#218;
«	&laquo;	&#171;	Û	&Ucirc;	&#219;
¬	&not;	&#172;	Ü	&Uuml;	&#220;
-	&shy;	&#173;	Ý	&Yacute;	&#221;
®	&reg;	&#174;	Þ	&THORN;	&#222;
¯	&macr;	&#175;	ß	&szlig;	&#223;
°	&deg;	&#176;	à	&agrave;	&#224;
±	&plusmn;	&#177;	á	&aacute;	&#225;
²	&sup2;	&#178;	â	&acirc;	&#226;
³	&sup3;	&#179;	ã	&atilde;	&#227;
´	&acute;	&#180;	ä	&auml;	&#228;
µ	&micro;	&#181;	å	&aring;	&#229;
¶	&para;	&#182;	æ	&aelig;	&#230;
·	&middot;	&#183;	ç	&ccedil;	&#231;
¸	&cedil;	&#184;	è	&egrave;	&#232;
¹	&sup1;	&#185;	é	&eacute;	&#233;
º	&ordm;	&#186;	ê	&ecirc;	&#234;
»	&raquo;	&#187;	ë	&euml;	&#235;
¼	&frac14;	&#188;	ì	&igrave;	&#236;
½	&frac12;	&#189;	í	&iacute;	&#237;

Anhang B — XHTML

Zeichen	HTML	Unicode	Zeichen	HTML	Unicode
¾	&frac34;	&#190;	î	&icirc;	&#238;
¿	&iquest;	&#191;	ï	&iuml;	&#239;
À	&Agrave;	&#192;	ð	&eth;	&#240;
Á	&Aacute;	&#193;	ñ	&ntilde;	&#241;
Â	&Acirc;	&#194;	ò	&ograve;	&#242;
Ã	&Atilde;	&#195;	ó	&oacute;	&#243;
Ä	&Auml;	&#196;	ô	&ocirc;	&#244;
Å	&Aring;	&#197;	õ	&otilde;	&#245;
Æ	&AElig;	&#198;	ö	&ouml;	&#246;
Ç	&Ccedil;	&#199;	÷	&divide;	&#247;
È	&Egrave;	&#200;	ø	&oslash;	&#248;
É	&Eacute;	&#201;	ù	&ugrave;	&#249;
Ê	&Ecirc;	&#202;	ú	&uacute;	&#250;
Ë	&Euml;	&#203;	û	&ucirc;	&#251;
Ì	&Igrave;	&#204;	ü	&uuml;	&#252;
Í	&Iacute;	&#205;	ý	&yacute;	&#253;
Î	&Icirc;	&#206;	þ	&thorn;	&#254;
Ï	&Iuml;	&#207;	ÿ	&yuml;	&#255;

CSS

Schriftformate

Attribut	Beschreibung
font:"..."	Bestimmt die Schrift
font-family:"..."	Bestimmt die Schriftfamilie
font-size:"..."	Bestimmt die Schriftgröße
font-style:"..."	Bestimmt den Schriftstil
font-variant:"..."	Bestimmt eine abgehobene Schriftart
font-weigth:"..."	Bestimmt die Schriftstärke
color:"..."	Bestimmt die Schriftfarbe. Möglich ist eine Zeichenkette, die eine Farbe im RGB-Format beschreibt

Abstände und Ausrichtungen für Text

Attribut	Beschreibung
letter-spacing:"..."	Bestimmt den Abstand zwischen Buchstaben
line-height:"..."	Bestimmt die Zeilenhöhe
text-align: (left | center | right | justify)	Bestimmt die horizontale Ausrichtung von Text
text-decoration: (underline | overline | line-through | blink | none)	Stellt Text gemeinsam mit Linien dar
text-ident:"..."	Bestimmt die Einrückung von Text

Attribut	Beschreibung
`text-transform:"..."`	Erzwingt die Groß- und Kleinschreibung von Text
`vertical-align: (top | middle | bottom | baseline | sub | super | text-top | text-bottom)`	Erzwingt die vertikale Ausrichtung
`word-spacing:"..."`	Bestimmt den Abstand zwischen Wörtern

Allgemeine Abstände

Attribut	Beschreibung
`margin:"..."`	Bestimmt den allgemeinen Abstand zum nächsten Element
`margin-bottom:"..."`	Bestimmt den unteren Abstand zum nächsten Element
`margin-left:"..."`	Bestimmt den linken Abstand zum nächsten Element
`margin-right:"..."`	Bestimmt den rechten Abstand zum nächsten Element
`margin-top:"..."`	Bestimmt den oberen Abstand zum nächsten Element

Rahmen

Attribut	Beschreibung
`border-bottom-width:"..."`	Bestimmt die untere Rahmenbreite
`border-color:"..."`	Bestimmt die Rahmenfarbe. Möglich ist eine Zeichenkette, die eine Farbe im RGB-Format beschreibt

Attribut	Beschreibung
border-left-width:"..."	Bestimmt die linke obere Rahmenbreite
border-right-width:"..."	Bestimmt die rechte obere Rahmenbreite
border-style:(none | dotted | dashed | solid | double | groove | ridge | inset | outset)	Bestimmt den Rahmenstil
border-top-width:"..."	Bestimmt die obere Rahmenbreite
border-width:"..."	Bestimmt die allgemeine Rahmenhöhe
padding:"..."	Bestimmt den allgemeinen Innenabstand
padding-bottom:"..."	Bestimmt den allgemeinen unteren Innenabstand
padding-left:"..."	Bestimmt den allgemeinen linken Innenabstand
padding-right:"..."	Bestimmt den allgemeinen rechten Innenabstand
padding-top:"..."	Bestimmt den allgemeinen oberen Innenabstand

Listen

Attribut	Beschreibung
list-style:"..."	Bestimmt den Listenstil
list-style-image:"..."	Legt ein benutzerdefiniertes Listenzeichen fest
list-style-position:(inside | outside)	Bestimmt das Verhältnis von Einträgen und Listenzeichen

Attribut	Beschreibung
list-style-type: (decimal | lower-roman | upper-roman | lower-alpha | upper-alpha | disc | circle | square | none)	Bestimmt den Typ der Listenzeichen

Hintergründe und Farben

Attribut	Beschreibung
background-attachement: (scroll | fixed)	Bestimmt das Verhalten des Hintergrunds beim Rollen
Background-color:"..."	Bestimmt die Hintergrundfarbe Möglich ist eine Zeichenkette, die eine Farbe im RGB-Format beschreibt
background-image:"..."	Legt ein Hintergrundbild fest
background-position: (top | center | middle | bottom | left | right)	Bestimmt die Hintergrundposition
background-repeat: (repeat | repeat-x | repeat-y | no-repeat)	Bestimmt die Wiederholung des Hintergrunds

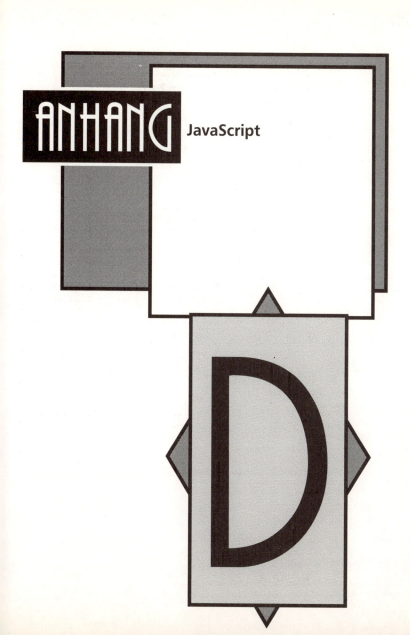

ANHANG

JavaScript

D

JavaScript

Anweisungen

Bedingte Anweisungen

if...else

```
if (Bedingung)
{ Anweisungen1
}
else
{ Anweisungen2
{
```

Führt einen oder zwei Anweisungsblöcke in Abhängigkeit von einer Bedingung aus.

Fallunterscheidung

switch

```
switch(Auswertung)
{ case "Fall1": Anweisung1
break;
case "Fall2": Anweisung2
break;
case "Fall3": Anweisung3
break;
default: Anweisung4
break;
}
```

Führt eine beliebige Anzahl von Anweisungsblöcken in Abhängigkeit von dem Ergebnis einer Auswertung aus.

Schleifen

while

```
while(Bedingung)
{ Anweisungen
}
```

Führt einen Anweisungsblock aus, solange eine Bedingung erfüllt ist. Die Überprüfung der Bedingung erfolgt vor jedem Ausführen des Anweisungsblocks.

for

```
for (Start; Bedingung; Wert)
{ Anweisungen
}
```

Führt Anweisungen in Abhängigkeit einer Zählvariablen aus. Der Zustand der Zählvariablen wird vor jedem Durchlauf überprüft.

do...while

```
do
{ Anweisungen
}
while(Bedingung)
```

Führt einen Anweisungsblock aus, solange eine Bedingung erfüllt ist. Die Überprüfung der Bedingung erfolgt nach jedem Ausführen des Anweisungsblocks.

Operatoren

Vergleiche

Operator	Beschreibung
==	gleich
!=	ungleich
<	kleiner

Operator	Beschreibung
<=	kleiner gleich
>	größer
>=	größer gleich

Mathematische Operatoren

Operator	Beschreibung
+	Addition
-	Subtraktion
*	Multiplikation
/	Division
%	Modulo
++	Auto-Inkrement
--	Auto-Dekrement

Logische Operatoren

Operator	Beschreibung
||	Logisches UND
&&	Logisches ODER

Ereignis-Handler

Ereignis	Verwendbar bei	Beschreibung
onAbort	Grafiken	Tritt ein, wenn das Laden einer Grafik unterbrochen wird
onBlur	Fenster, Frames, Formulare	Tritt ein, wenn der Benutzer ein aktiviertes Element verlässt
onChange	Eingabefelder	Tritt ein, wenn ein Eingabefeld einen neuen Wert erhält
onClick	Auswahlfelder, Schaltflächen, Elemente eines Dokuments	Tritt ein, wenn der Benutzer mit der Maus auf ein Element klickt
onDblClick	Auswahlfelder, Schaltflächen, Elemente eines Dokuments	Tritt ein, wenn der Benutzer mit der Maus auf ein Element einen Doppelklick ausführt
onDragdrop	Fenster	Tritt bei einer Drag&Drop-Aktion ein
onError	Grafiken, Fenster	Tritt ein, wenn beim Ladevorgang ein Fehler auftritt
onFokus	Fenster, Frames, Formulare	Tritt ein, wenn der Benutzer ein Element aktiviert
onKeydown	Grafiken, Verweise, Eingabefelder	Tritt beim Niederdrücken einer Taste ein
onKeypress	Grafiken, Verweise, Eingabefelder	Tritt ein, während eine Taste betätigt bleibt
onKeyup	Grafiken, Verweise, Eingabefelder	Tritt ein, wenn eine betätigte Taste losgelassen wird
onLoad	Dokumente	Tritt beim Laden der HTML-Datei ein
onMousedown	Schaltflächen, Verweise, Dokumente	Tritt beim Betätigen der Maustaste ein
onMousemove	Verweise	Tritt ein, wenn sich der Mauszeiger über ein Element bewegt

Ereignis	Verwendbar bei	Beschreibung
onMouseout	Verweise	Tritt ein, wenn die Maus ein Element verlässt
onMouseover	Verweise	Tritt ein, während sich der Mauszeiger über einem Element befindet
onMouseup	Schaltflächen, Verweise	Tritt ein, wenn eine betätigte Maustaste losgelassen wird
onReset	Formulare	Tritt beim Zurücksetzen einer Formulareingabe ein
onSelect	Eingabefelder, Dokumente	Tritt beim Markieren von Text ein
onSubmit	Formulare	Tritt beim Absenden der Formulardaten ein
onUnload	Dokument, Frame	Tritt beim Verlassen einer HTML-Datei ein
onResize	Fenster, Frames	Tritt bei einer Größenänderung ein

Objekte

Eigenschaften und Methoden des Window-Objekts

Eigenschaften	Beschreibung
closed	Ermittelt, ob ein Fenster geschlossen ist
defaultStatus	Ermittelt/bestimmt den Standardtext der Statuszeile
innerHeight	Ermittelt/bestimmt die Höhe des sichtbaren Anzeigebereichs
innerWidth	Ermittelt/bestimmt die Breite des sichtbaren Anzeigebereichs
locationbar	Ermittelt, ob eine URL-Adresszeile vorhanden ist
menubar	Ermittelt, ob eine Menüleiste vorhanden ist

Eigenschaften	Beschreibung
name	Ermittelt/bestimmt den Namen des Fensters
opener	Ermittelt/bestimmt das Fenster des aktuellen Dokuments
outerHeight	Ermittelt/bestimmt die Höhe des Fensters
outerWidth	Ermittelt/bestimmt die Breite des Fensters
pageXOffset	Ermittelt die X-Position des Dokuments innerhalb des Fensters
pageYOffset	Ermittelt die Y-Position des Dokuments innerhalb des Fensters
personalbar	Ermittelt, ob eine Personalbar-Leiste vorhanden ist
scrollbars	Ermittelt, ob Rollbalken vorhanden sind
status	Ermittelt/bestimmt den Inhalt der Statuszeile
statusbar	Ermittelt, ob eine Statuszeile vorhanden ist
toolbar	Ermittelt, ob eine Werkzeugleiste vorhanden ist

Methoden	Beschreibung
alert	Gibt ein Meldungsfenster aus
blur	Nimmt den Fokus von einem Fenster
captureEvents	Lenkt die Ereignisse im aktuellen Fenster um
clearInterval	Beendet eine zeitliche Anweisungsfolge
clearTimeout	Timeout abbrechen
close	Schließt ein Fenster
confirm	Gibt ein Dialogfenster mit zwei Schaltflächen aus
find	Sucht Text im aktuellen Fenster
focus	Setzt den Fokus auf ein Fenster

Methoden	Beschreibung
handleEvent	Übergibt ein Ereignis an ein Element
home	Ruft die Startseite auf
moveBy	Verschiebt ein Fenster von einer Position
moveTo	Verschiebt ein Fenster zu einer Position
open	Öffnet ein neues Fenster
print	Druckt den Inhalt des Fensters aus
prompt	Gibt ein Eingabefenster aus
releaseEvents	Beendet die Überwachung eines Ereignisses
resizeBy	Verändert die Größe eines Fensters um einen Wert
resizeTo	Verändert die Größe eines Fensters auf einen Wert
routeEvent	Gibt ein Ereignis weiter
scrollBy	Rollt das Dokument im Fenster um einen Wert
scrollTo	Rollt das Dokument im Fenster zu einer Position
setInterval	Beginnt eine zeitliche Anweisungsfolge
setTimeout	Führt eine Anweisung zeitlich verzögert aus
stop	Beendet den Ladevorgang einer Seite

Eigenschaften und Methoden des Document-Objekts

Eigenschaften	Beschreibung
alinkColor	Ermittelt/bestimmt die Farbe für aktive Verweise
bgColor	Ermittelt/bestimmt die Hintergrundfarbe des Dokuments
charset	Ermittelt/bestimmt den verwendeten Zeichensatz
cookie	Ermittelt/bestimmt eine beim Benutzer gespeicherte Information

Eigenschaften	Beschreibung
applets	Ermittelt die in dem Dokument enthaltenen Applets
forms	Ermittelt die in dem Dokument enthaltenen Grafiken
images	Ermittelt die in dem Dokument enthaltenen Formulare
defaultCharset	Ermittelt/bestimmt den verwendeten Zeichensatz
fgColor	Ermittelt/bestimmt die verwendete Textfarbe
lastModified	Ermittelt den Zeitpunkt der letzten Änderung am Dokument
linkColor	Ermittelt/bestimmt die Farbe für Verweise
referrer	Ermittelt die zuletzt besuchte Seite
title	Ermittelt den Titel der Datei
URL	Ermittelt die URL der Datei
vlinkColor	Ermittelt/bestimmt die Farbe für besuchte Verweise

Methoden	Beschreibung
captureEvents	Lenkt die Ereignisse im Dokument um
close	Schließt das Dokument
getSelection	Ermittelt den vom Benutzer selektierten Text
handleEvent	Übergibt ein Ereignis an ein Element
open	Öffnet ein Dokument
releaseEvents	Beendet ein Ereignis
routeEvent	Gibt ein Ereignis weiter
write	Gibt Text im Dokument aus
writeln	Gibt Text zeilenweise im Dokument aus

Eigenschaften und Methoden des History-Objekts

Eigenschaften	Beschreibung
current	Ermittelt die aktuelle URL
length	Ermittelt die Anzahl der History-Einträge
next	Ermittelt den nächsten Eintrag der History-Liste
previous	Ermittelt den vorherigen Eintrag der History-Liste

Methoden	Beschreibung
back	Führt einen Sprung zum vorherigen Eintrag der History-Liste aus
forward	Führt einen Sprung zum nächsten Eintrag der History-Liste aus
go	Führt einen Sprung zu einem Eintrag der History-Liste aus

Eigenschaften und Methoden des Location-Objekts

Eigenschaften	Beschreibung
hash	Ermittelt/bestimmt den Ankernamen einer URL
host	Ermittelt/bestimmt den Server- und Domain-Namen oder die IP-Adresse
hostname	Ermittelt/bestimmt den Server-Namen und die Port-Nummer
href	Ermittelt/bestimmt die URL
pathname	Ermittelt/bestimmt den Pfadnamen innerhalb der URL
port	Ermittelt/bestimmt die Port-Nummer
protocol	Ermittelt/bestimmt das verwendete Protokoll

Methoden	Beschreibung
reload	Erzwingt das erneute Laden einer URL
replace	Überschreibt eine URL der History-Liste

Eigenschaften des Image-Objekts

Eigenschaften	Beschreibung
border	Ermittelt, ob die Grafik einen Rahmen enthält
complete	Ermittelt, ob die Grafik geladen wurde
height	Ermittelt die Höhe einer Grafik
hspace	Ermittelt den horizontalen Abstand einer Grafik zum nächsten Element
length	Ermittelt die Anzahl der Grafiken im Dokument
name	Ermittelt den Namen einer Grafik
src	Ermittelt/bestimmt den Pfad einer Grafik
vspace	Ermittelt den vertikalen Abstand einer Grafik zum nächsten Element
width	Ermittelt die Breite einer Grafik

Methoden des Date-Objekts

Methoden	Beschreibung
getDate	Ermittelt den aktuellen Monatstag
getDay	Ermittelt den aktuellen Wochentag
getHours	Ermittelt die Stunde der aktuellen Uhrzeit
getMinutes	Ermittelt die Minute der aktuellen Uhrzeit
getMonth	Ermittelt den aktuellen Monat

Methoden	Beschreibung
getSeconds	Ermittelt die Sekunde der aktuellen Uhrzeit
getTime	Ermittelt die aktuelle Uhrzeit
getYear	Ermittelt das aktuelle Jahr
parse	Ermittelt die seit dem 1.1.1970 verstrichenen Millisekunden
setDate	Bestimmt den aktuellen Monatstag
setHours	Bestimmt die aktuelle Stunde
setMinutes	Bestimmt die aktuelle Minute
setSeconds	Bestimmt die aktuelle Sekunde
setTime	Bestimmt die aktuelle Zeit
setYear	Bestimmt das aktuelle Jahr
UTC	Ermittelt die seit dem 1.1.1970 vergangene GMT-Zeit

Methoden und Eigenschaften des Navigator-Objekts

Eigenschaften	Beschreibung
appCodeName	Ermittelt den Codenamen des Browsers
appName	Ermittelt den Namen des Browsers
appVersion	Ermittelt die Version des Browsers
language	Ermittelt die unterstützte Landessprache des Browsers
platform	Ermittelt die Plattform, auf der der Browser läuft
userAgent	Ermittelt die HTTP-Kennung des Browsers

Methode	Beschreibung
javaEnabled	Ermittelt, ob der Browser Java unterstützt

Eigenschaften des Screen-Objekts

Eigenschaften	Beschreibung
availHeight	Ermittelt die verfügbare Bildschirmhöhe
availWidth	Ermittelt die verfügbare Bildschirmbreite
height	Ermittelt die Bildschirmhöhe
width	Ermittelt die Bildschirmbreite
pixelDepth	Ermittelt die aktuelle Anzahl von Pixeln zur Darstellung einer Farbe
colorDepht	Ermittelt die aktuelle Farbtiefe

Eigenschaften und Methoden des String-Objekts

Eigenschaften	Beschreibung
length	Ermittelt die Länge einer Zeichenkette

Methoden	Beschreibung
anchor	Stellt eine Zeichenkette als Verweis dar
big	Stellt eine Zeichenkette als größeren Text dar
blink	Stellt eine Zeichenkette als blinkenden Text dar
bold	Stellt eine Zeichenkette als fetten Text dar
charAt	Ermittelt ein Zeichen an einer bestimmten Position einer Zeichenkette
fixed	Stellt eine Zeichenkette als Teletyper-Text dar
fontcolor	Stellt eine Zeichenkette mit einer bestimmten Schriftfarbe dar
fontsize	Stellt eine Zeichenkette mit einer bestimmten Schriftgröße dar
fromCharCode	Stellt eine Zeichenkette als Latin-1-Zeichenkette dar

Methoden	Beschreibung
indexOf	Ermittelt ein Zeichen an einer Position einer Zeichenkette
italics	Stellt eine Zeichenkette mit kursivem Text dar
lastIndexOf	Ermittelt die letzte Position eines Zeichens in einer Zeichenkette
small	Stellt eine Zeichenkette mit kleinem Text dar
split	Teilt eine Zeichenkette in mehrere Bestandteile auf
strike	Stellt eine Zeichenkette mit durchgestrichenem Text dar
sub	Stellt eine Zeichenkette mit tiefgestelltem Text dar
substr	Ermittelt einen Bereich einer Zeichenkette ab einer bestimmten Position
substring	Ermittelt einen Teil einer Zeichenkette
sup	Stellt eine Zeichenkette mit hochgestelltem Text dar
toLowerCase	Stellt eine Zeichenkette mit ausschließlich kleinen Zeichen dar
toUpperCase	Stellt eine Zeichenkette mit ausschließlich großen Zeichen dar

Eigenschaften und Methoden des Math-Objekts

Eigenschaften	Beschreibung
E	Ermittelt die Eulersche Konstante
LN2	Ermittelt den natürlichen Logarithmus von 2
LN10	Ermittelt den natürlichen Logarithmus von 10
LOG2E	Ermittelt den Logarithmus von 2
LOG10E	Ermittelt den Logarithmus von 10

Eigenschaften	Beschreibung
PI	Ermittelt die Konstante PI
SQRT1_2	Ermittelt die Quadratwurzel aus 0,5
SQRT2	Ermittelt die Quadratwurzel aus 2

Methoden	Beschreibung
abs	Ermittelt den positiven Wert
acos	Ermittelt den Arcus Cosinus
asin	Ermittelt den Arcus Sinus
atan	Ermittelt den Arcus Tangens
ceil	Ermittelt die nächsthöhere ganze Zahl
cos	Ermittelt den Cosinus
exp	Ermittelt den Exponentialwert
floor	Ermittelt die nächstniedrigere ganze Zahl
log	Ermittelt den natürlichen Logarithmus
max	Ermittelt die größere von zwei Zahlen
min	Ermittelt die kleinere von zwei Zahlen
pow	Ermittelt den Exponenten
random	Ermittelt eine Zufallszahl zwischen 0 oder 1
round	Rundet eine Zahl
sin	Ermittelt den Sinus
sqrt	Ermittelt die Quadratwurzel
tan	Ermittelt den Tangens

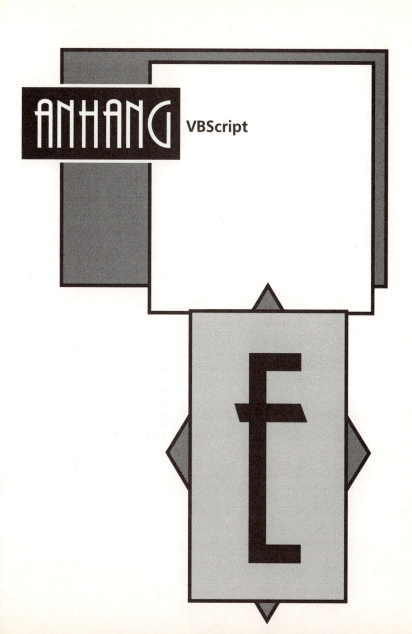

VBScript

Anweisungen

Anweisung	Beschreibung
Const	Die Anweisung Const legt Werte fest, die in einem Programm benötigt werden
Dim	Die Anweisung Dim deklariert Variablen
Exit Do	Die Anweisung Exit Do verlässt die Do-Schleife
For...Next	Die For...Next-Anweisung wiederholt eine Gruppe von Anweisungen entsprechend einer angegebenen Anzahl von Durchläufen
Function	Die Anweisung Function enthält einzelne Operationen oder eine Reihe von Operationen
If...Then...Else	Die Anweisung If...Then...Else führt eine Gruppe von Anweisungen in Abhängigkeit von einem Wert eines Ausdrucks aus
On Error Resume Next	Die Anweisung On Error Resume Next legt fest, dass bei einem Fehler mit der nächsten Anweisung fortzufahren ist
ReDim	Die Anweisung ReDim weist einen Speicherplatz einer Variablen (erneut) zu
RTrim	Die Funktion RTrim entfernt alle Leerzeichen am rechten Ende der Zeichenkette
Set	Die Anweisung Set weist eine Objektreferenz zu

Eigenschaften von Objekten

Eigenschaft	Beschreibung
AtEndOfLine	Die Eigenschaft AtEndOfLine ist true, wenn der Zeiger des TextStream-Objekts auf ein Zeilenende zeigt
AtEndOfStream	Die Eigenschaft AtEndofStream gibt den Wert true zurück, wenn der Zeiger eines TextStream-Objekts auf das Textende zeigt
Attribute	Mit der Eigenschaft Attribute kann das Attribut einer Datei oder eines Ordners gelesen oder geschrieben werden
AvailableSpace	Die Eigenschaft AvailableSpace gibt den verfügbaren Speicherplatz des angesprochenen Laufwerks zurück
Column	Mit der Eigenschaft Column wird der Wert zurückgegeben, auf welcher Stelle der Textzeiger beim Lesen eines TextStream-Objekts steht
DateLastAccessed	Die Eigenschaft DateLastAccessed ist eine Nur-Lese-Eigenschaft. Mit dieser Eigenschaft kann ermittelt werden, wann ein Ordner oder eine Datei angelegt wurde
DateLastModified	Die Eigenschaft DateLastModified ist eine Nur-Lese-Eigenschaft. Mit dieser Eigenschaft kann ermittelt werden, wann das letzte Mal ein Ordner oder eine Datei geändert wurde
DateCreated	Die Eigenschaft DateCreated ist eine Nur-Lese-Eigenschaft. Mit dieser Eigenschaft kann bestimmt werden, wann ein Ordner oder eine Datei erzeugt wurde
Drive	Die Eigenschaft Drive dient dazu, zu einer Datei oder einem Ordner den Laufwerksbuchstaben auszulesen
Drives	Die Eigenschaft Drives dient dazu, alle Laufwerke, auf die das lokale Betriebssystem zugreifen kann, auszulesen

Eigenschaft	Beschreibung
DriveType	Die Eigenschaft DriveType dient dazu, den Typ des angegebenen Laufwerks zu bestimmen
FreeSpace	Die Eigenschaft FreeSpace ermittelt den verfügbaren Speicherplatz eines Laufwerks
IsReady	Die Eigenschaft IsReady gibt Wahr zurück, wenn das angesprochene Laufwerk verfügbar ist
IsRootFolder	Die Eigenschaft IsRootFolder gibt Wahr zurück, wenn das angegebene Laufwerk das Stammverzeichnis ist
Line	Die Eigenschaft Line gibt die aktuelle Zeilennummer einer Textdatei wieder
Name	Die Eigenschaft Name liest den Namen einer Datei oder eines Ordners
SerialNumber	Die Eigenschaft SerialNumber gibt die Seriennummer eines Laufwerks als Wert zurück
ShareName	Die Eigenschaft ShareName gibt den Freigabenamen des angegebenen Laufwerks zurück
Size	Die Eigenschaft Size gibt die Größe einer oder aller Dateien in einem Ordner inklusive aller Unterordner und Dateien wieder
Type	Die Eigenschaft Type gibt den Dateityp einer Datei oder eines Ordners zurück
Path	Die Eigenschaft Path gibt den Pfad der angegebenen Datei, des Ordners oder des angegebenen Laufwerks zurück
ParentFolder	Die Eigenschaft ParentFolder gibt den übergeordneten Ordner der angegebenen Datei oder des angegebenen Ordners zurück
VolumeName	Die Eigenschaft VolumeName gibt den Namen eines Laufwerks zurück

Funktionen

Funktion	Beschreibung
Abs	Die Funktion Abs gibt den Absolutwert einer Zahl zurück
Array	Die Funktion Array gibt einen Wert vom Typ Variant zurück, der ein Datenfeld enthält
Asc	Die Funktion Asc gibt einen Wert vom Typ Integer zurück. Dieser Wert entspricht dem Zeichencode des ersten Buchstabens, der in dem Argument Zeichenfolge enthalten ist
Chr	Die Funktion Chr gibt einen Wert vom Typ String zurück. Dieser Wert gibt das Zeichen an, das dem angegebenen Zeichencode zugeordnet ist
CreateObject	Die Funktion CreateObject erzeugt eine neue Instanz eines Objekts
Filter	Die Funktion Filter durchsucht ein eindimensionales Array nach einer angegebenen Zeichenkette
InputBox	Die Funktion InputBox ermöglicht es, Text oder Zahlen in eine Eingabeaufforderung in einem Dialogfeld einzugeben
InStr	Die Funktion InStr liefert die Position des ersten Zeichens des zu suchenden Strings innerhalb der Suchzeichenfolge
IsArray	Die Funktion IsArray liefert einen Boolschen Wert, der angibt, ob eine Variable *Variant* ein Array enthält
IsDate	Die Funktion IsDate liefert einen Boolschen Wert, der angibt, ob eine Variable Variant ein Datum enthält
IsEmpty	Die Funktion IsEmpty liefert einen Boolschen Wert, der angibt, ob eine Variable Variant leer ist
IsNull	Die Funktion IsNull liefert einen Boolschen Wert, der angibt, ob eine Variable *Variant* keinen gültigen Wert liefert
IsNumeric	Die Funktion IsNumeric liefert einen Boolschen Wert, der angibt, ob eine Variable Variant einen Zahlenwert enthält
IsObject	Die Funktion IsObject liefert einen Boolschen Wert, der angibt, ob eine Variable Variant ein Objekt enthält

Funktion	Beschreibung
Join	Die Zeichenkettenfunktion Join verbindet Elemente, die in einem eindimensionalen Array enthalten sind
LCase	Mit der LCase-Funktion werden alle Großbuchstaben einer Zeichenkette in Kleinbuchstaben umgewandelt
Left	Die Funktion Left liefert die angegebene Anzahl von Zeichen vom linken Teil einer Zeichenfolge
Len	Die Funktion Len gibt die Anzahl der Zeichen in einer Zeichenfolge zurück oder es werden die zum Speichern einer Variablen erforderlichen Bytes zurückgegeben
LTrim	Die Funktion LTrim entfernt alle Leerzeichen am linken Ende der Zeichenkette
Mid	Die Funktion Mid enthält eine bestimmte Anzahl von Zeichen aus einer Zeichenfolge
MsgBox	Die Funktion MsgBox zeigt eine Meldung in einer Dialogbox an. In der MsgBox werden zusätzlich Schaltflächen angezeigt, die je nach Auswahl des Benutzers verschiedene Integer-Werte zurückgeben
Replace	Die Funktion Replace gibt eine Zeichenfolge zurück, in der vorher definierte Zeichen durch andere ersetzt wurden
Right	Die Funktion Right liefert die angegebene Anzahl von Zeichen vom rechten Teil einer Zeichenfolge zurück
ScriptEngine	Die Funktion ScriptEngine gibt einen String zurück, in dem die momentan benutzte Skriptsprache enthalten ist
Space	Mit der Funktion Space haben Sie die Möglichkeit, zwischen zwei Zeichenketten eine vorher definierte Anzahl an Leerzeichen einzufügen
Split	Die Funktion Split trennt eine Zeichenkette anhand eines vorher festgelegten Trennzeichens
StrComp	Die Funktion StrComp vergleicht zwei Ausdrücke miteinander und gibt einen logischen Wert zurück

Funktion	Beschreibung
StrReverse	Die Funktion StrReverse vertauscht die Reihenfolge der Zeichen einer ihr übergebenen Zeichenkette
String	Die Funktion String wiederholt ein angegebenes Zeichen
Sub	Die Funktion Sub deklariert Prozeduren, die keinen Rückgabewert liefern
Trim	Die Funktion Trim entfernt an beiden Enden die Leerzeichen
UCase	Mit der UCase-Funktion werden alle Kleinbuchstaben einer Zeichenkette in Großbuchstaben umgewandelt
VarType	Die Funktion VarType liest den Subtyp einer Variant-Variable aus

Funktionen (Zeit)

Funktion	Beschreibung
Date	Die Funktion Date gibt einen Wert vom Typ Variant (Date) zurück. Dieser Wert enthält das aktuelle Systemdatum
DateSerial	Die Funktion DateSerial gibt einen Wert vom Typ Variant (Date) zurück. Dieser Wert enthält die angegebene Jahres-, Monats- und Tageszahl
DateValue	Die Funktion DateValue gibt einen Wert vom Typ Variant (Date) zurück. Für das Argument Datum setzen Sie einen Zeichenfolgenausdruck ein, der ein Datum beschreibt
Day	Die Funktion Day gibt einen Wert vom Typ Variant (Integer) zurück, der den Tag als ganze Zahl im gültigen Bereich angibt
DateAdd	Mit der Funktion DateAdd können Sie ein bestimmtes Zeitintervall zu einem Datum addieren
DateDiff	Mit der Funktion DateDiff können Sie bestimmen, wieviel Zeit zwischen zwei Terminen liegt

Funktion	Beschreibung
DatePart	Die Funktion DatePart gibt einen Wert vom Typ Variant (Integer) zurück. Dieser Wert enthält einen bestimmten Teil eines angegebenen Datums
DateSerial	Die Funktion DateSerial gibt einen Wert vom Typ Variant (Date) zurück. Dieser Wert enthält die angegebene Jahres-, Monats- und Tageszahl
DateValue	Die Funktion DateValue wandelt eine Zeichenfolge in ein Datum um
Hour	Die Funktion Hour gibt einen Wert vom Typ Variant (Integer) zurück, der die Stunden als ganze Zahl im gültigen Bereich angibt
Now	Die Funktion Now gibt einen Wert vom Typ Variant (Date) zurück. Dieser Wert enthält das aktuelle Datum und die aktuelle Zeit aus den Einstellungen für das Systemdatum
Minute	Die Funktion Minute gibt einen Wert vom Typ Variant (Integer) zurück, der die Minuten als ganze Zahl im gültigen Bereich angibt
Month	Die Funktion Month gibt einen Wert vom Typ Variant (Integer) zurück, der die Monate als ganze Zahl im gültigen Bereich angibt
Second	Die Funktion Second gibt einen Wert vom Typ Variant (Integer) zurück, der die Sekunden als ganze Zahl im gültigen Bereich angibt
Time	Die Funktion Time gibt einen Wert vom Typ Variant (Date) zurück. Dieser Wert enthält die aktuelle Systemzeit
Weekday	Die Funktion Weekday gibt einen Wert vom Typ Variant (Integer) zurück, der den Wochentag als ganze Zahl angibt
Year	Die Funktion Year gibt einen Wert vom Typ Variant (Integer) zurück, der das Jahr als ganze Zahl angibt

Literale

Funktion	Beschreibung
Nothing	Das Literal Nothing entfernt eine Referenz und gibt Speicher frei
Null	Das Literal Null kennzeichnet den Zustand ungültiger Daten. Im Gegensatz dazu kennzeichnet Empty, dass noch keine Daten zugewiesen wurden

Operatoren (mathematische)

Operator	Beschreibung
+	Addiert zwei Zahlen oder zwei Zeichenausdrücke
&	Verbindet zwei String-Ausdrücke miteinander
/	Führt eine Division zweier Zahlen durch und liefert ein Gleitpunktergebnis
\	Führt eine Division zweier Zahlen durch und liefert ein ganzzahliges Ergebnis
^	Potenziert eine Zahl mit einem Exponenten
*	Multipliziert zwei Zahlen miteinander

Operatoren (logische)

Operator	Beschreibung
Not	Der Operator Not negiert einen angegebenen Ausdruck

Schleifen

Operator	Beschreibung
Do...Loop	Die Do...Loop-Schleife wiederholt eine oder mehrere Anweisungen, bis eine Bedingung den Wert true hat oder bis eine Bedingung den Wert true erhält
While...Wend	Die While...Wend-Schleife wiederholt eine oder mehrere Anweisungen, bis eine Bedingung den Wert true hat oder bis eine Bedingung den Wert true erhält

Vergleiche

Vergleiche	Beschreibung
=	Vergleicht, ob zwei Ausdrücke zueinander gleich sind, oder gibt das Ergebnis einer Operation aus
>	Vergleicht, ob der Zahlenwert auf der linken Seite größer als der Zahlenwert auf der rechten Seite ist
<	Vergleicht, ob der Zahlenwert auf der rechten Seite größer als der Zahlenwert auf der linken Seite ist
>=	Vergleicht, ob der Zahlenwert auf der linken Seite größer oder gleich ist als der Zahlenwert auf der rechten Seite
<=	Vergleicht, ob der Zahlenwert auf der rechten Seite größer oder gleich ist als der Zahlenwert auf der linken Seite
<>	Vergleicht zwei Ausdrücke miteinander auf Ungleichheit

Index

A
a 709
Abfrage
    JavaScript 398
Abs
    VBScript 748
abs 742
acos 742
action 158, 711
Active Server Pages 689
ActiveX-Steuerelemente 689
AddHeader 512
adress 704
alert 734
align 42, 52, 86, 704, 707, 708, 710, 713, 715
alink 703, 709
alinkColor 735
alt 134, 710, 716
anchor() 740
And
    VBScript 558
Animierte Grafiken 339, 340
Anker 121
Anweisung
    JavaScript 395
appCodeName 739
apples 736
Applet 217, 689
applet 716
Application-Objekt 528
appName 739
appVersion 739
Arbeitsumgebung 312

area 711
Array
    JavaScript 380
    VBScript 549, 552, 748
Asc
    VBScript 600, 748
ASCII 689
asin 742
ASP 157, 471
atan 742
AtEndOfLine
    VBScript 604, 746
AtEndOfStream
    VBScript 606, 746
Attribute 288, 689
    VBScript 612, 746
Aufzählungsliste 107
Aufzählungszeichen 107
Ausdruck 239
Ausrichten 52
Auswahlliste 171
Automations OLE Object
    VBScript 551
autostart 716
AvailableSpace
    VBScript 616, 746
availHeight 740
availWidth 740
AVI 214

B
b 704
back 737
background 703

background-attachement 726
background-color 726
background-image 265, 726
background-position 726
background-repeat 726
base 703
basefont 704
Basisverzeichnis 331
Benutzereingaben
  VBScript 599
Bereiche 273
bgcolor 99, 703, 707, 708, 735
bgsound 216, 716
big 704
big() 740
Bildformate 131
Bildqualität 337
Bildressourcen 309
BinaryRead 502
Bit 690
blink() 740
blur 734
BMP 690
Body 34
body 703
bold() 740
bolder 239
Boolean
  VBScript 551
border 140, 710, 713, 716, 717, 738
border-bottom-width 724
border-color 724
border-left-width 725
border-right-width 725
border-style 262, 725
border-top-width 725
border-width 725
bordercolor 713
bordercolordark 707

bordercolorlight 707
br 49, 704
Browser 690
Buffer 510
button 715
Byte 690
  VBScript 552

C

CacheControl 508
caption 86, 708
captureEvents 734, 736
ceil 742
cellpadding 81, 707
cellspacing 78, 707
CGI 157, 219, 690
char 709
charAt() 740
charse 735
Checkbox 168, 169
checked 171, 713
Chr
  VBScript 600, 748
cite 704
class 716
classid 717
Clear 511
clearInterval 734
clearTimeout 734
Client 691
close 734, 736
closed 733
code 217, 705, 716
codebase 217, 716
codetype 717
col 709
colgroup 709
color 203, 704, 715, 723
colorDepht 740

cols 81, 165, 712, 713
colspan 70, 708
Column
   VBScript 608
compact 706
complete 738
confir 734
Const
   VBScript 553
content 703
Contents 530
Cookie 472, 486
cookie 735
coords 711
cos 742
Counter 219
Create 515
CreateObject
   VBScript 603, 748
CSS 225
CSS-Versionen 226
Currency
   VBScript 551
current 737

D

DataObject
   VBScript 552
Date
   VBScript 551, 571, 750
DateAdd
   VBScript 572, 750
DateCreated
   VBScript 618
DateDiff
   VBScript 574, 750
Dateityp 691
DateLastAccessed
   VBScript 620
DateLastModified
   VBScript 622
Datenbank 290, 696
Dateninsel 305
Datentypen
   JavaScript 376
DatePart
   VBScript 577, 751
DateSerial
   VBScript 750, 751
DateValue
   VBScript 750, 751
Datum- und Zeit-Funktionen
   VBScript 571
Day
   VBScript 579, 750
dd 110, 706
defaultCharset 736
defaultStatus 733
Definitionsliste 109
del 705
Design 657
dfn 705
Dialogfelder
   alert 444
   confirm 445
   prompt 447
Dim
   VBScript 548
disable 712
div 205, 715
   CSS 274
dl 109, 706
Do-While 730
   VBScript 564
Document-Objekt
   complete 454
   lastModified 441
   length 455

name 457
referrer 440
src 458
title 441
URL 442
write 437
Dokument 439
Double
   VBScript 551
Drag&Drop 319
Drive
   VBScript 623
Drives
   VBScript 625
DriveType
   VBScript 627
dt 109, 706
DTD 29, 282

E
E 741
E-Mail 158, 691
Eigenschaften
   JavaScript 365
Eigenschaften und Methoden 733
Eingabeelement 155
Einrücken 259
Elemente 286, 691
Elementgruppen 175
em 238, 705
embed 214, 716
enctype 159
End 514
Entities 59, 296
Entity 209
Eqv
   VBScript 558
Ereignis
   JavaScript 372, 402

Ereignishandler 732
Error 481
   VBScript 551
ex 238
Execute 519
exp 742
Expires 506
ExpiresAbsolute 507

F
face 704
Fallunterscheidung
   JavaScript 399
Farbe
   festlegen in HTML 213
   Grundfarben 211
   RGB-Farben 210
   Schriftfarbe 46
   transparenter Hintergrund 347
Farbwerte 210
Feedback 163
Fehlersuche 319
fgColor 736
fieldset 176, 713
Files
   VBScript 629
FileSystem
   VBScript 632
Filter
   VBScript 584, 748
find 734
Firewall 692
fixed() 740
floor 742
Flush 511
focus 734
font 44, 704, 723
font-family 242, 248, 723
font-size 723

font-style 248, 723
font-variant 723
font-weight 248
fontcolor() 740
fontsize() 740
for 730
For-Next
   VBScript 562
form 158, 711
Formatieren 242
Formatierung von Zeichenfolgen
   VBScript 592
forms 736
Formular 153, 491
Frame 181, 714
   horizontal 186
   Rahmen 190
   verschachtelt 188
   vertikal 184
frame 80, 707
Frameborder 190
frameborder 714
frameset 182, 713
framespacing 713
FreeSpace
   VBScript 634
fromCharCode() 740
FTP 318, 328, 692
Funktionen
   JavaScript 366
   VBScript 560

G
GET 493
get 159
getDate 738
getDay 738
getHours 738
GetLastError 521
getMinutes 738
getMonth 738
getSeconds 739
getSelection 736
getTime 739
getYear 739
GIF 339
Global.asa 528
go 737
Grafik 131, 661
   Animierte Grafiken 344
   ausrichten 135
   Größenangabe 140
   ImageMap 144
Grafiken fürs Web 342
Grafikformat 337
groups 81
Grundgerüst 29, 160

H
handleEvent 735, 736
hash 737
hcpace 710
head 703
Header 32
height 140, 707, 708, 710, 714, 716, 717, 738, 740
Hervorheben 54
Hintergrund 661
Hintergrundbild 265
History-Objekt
   back 461
   forward 461
   length 460
home 735
Homepage-Assistenten 327
host 737
hostname 737

Hour
  VBScript 579, 751
hr 203, 715
href 703, 709, 711, 737
hreflang 709
hspace 137, 716, 717, 738
HTML 692
html 703
HTMLEncode 521
HTTP 328, 693
Hyperlink 665, 693

I
i 705
id 717
If Then Else
  VBScript 566
if...else 729
iframe 196, 714
IIS 328
ImageMap 144
images 736
img 131, 710
Imp
  VBScript 558
indexOf() 741
Inhaltstyp 288
innerHeight 733
innerWidth 733
input 160, 712
InputBox
  VBScript 748
ins 705
InStr
  VBScript 582, 748
Integer
  VBScript 551
Interlaced 339
Internet 693

Interpreter 323, 355
Intranet 693
IP-Adresse 694
is
  VBScript 557
IsArray
  VBScript 552, 748
IsClientConnected 511
IsDate
  VBScript 552, 748
IsEmpty
  VBScript 552, 748
ismap 711
IsNull
  VBScript 552, 748
IsNumeric
  VBScript 552, 748
IsObject
  VBScript 552, 748
IsReady
  VBScript 636
IsRootFolder
  VBScript 638
italics() 741

J
Java 355
Java-Applet 694
javaEnabled 739
JavaScript 355, 663
Join
  VBScript 601, 749
JPEG 695
JPG 338
JPG-Format 337, 341

K
kbd 705
Klangdateien 214

Klassen 235
Kommentare 289
  CSS 241
Kompression 337
Kontrollstrukturen 387

L

Ladezeit 660
language 715, 739
large 240
larger 239
lastIndexOf() 741
lastModified 736
LCase
  VBScript 593, 749
LCID 535
Left
  VBScript 585, 749
legend 176, 713
Len
  VBScript 749
length 737, 738, 740
letter-spacing 723
li 111, 706
lighter 239
Line
  VBScript 610
line-height 723
link 232, 703, 709
linkColor 736
Links 665
LINUX 695
list-style 269, 725
list-style-image 271, 725
list-style-position 725
list-style-type 726
Liste 107, 268
Listenfeld 172
Listenzeichen 271
LN10 741

LN2 741
locationbar 733
Lock 531
log 742
LOG10E 741
LOG2E 741
Logische Operatoren 731
Long
  VBScript 551
loop 716
lowsrc 710
LTrim
  VBScript 595, 749

M

map 144, 711
MapPath 523
margin 256, 257, 724
margin-bottom 724
margin-left 724
margin-right 724
margin-top 724
marginheight 192, 714
marginwidth 192, 714
Maßeinheiten 238
Material
  Tipps und Tricks 653
Mathematische Operatoren 731
max 742
maxlength 163, 712
medium 240
menubar 733
MessageBox 359
meta 33, 703
method 712
Methoden
  JavaScript 364
Mid
  VBScript 587, 749
min 742

Minute
  VBScript 579, 751
Mod
  VBScript 556
Modem 695
Month
  VBScript 579, 751
moveBy 735
moveTo 735
MsgBox
  VBScript 749
Multimedia 214
multiple 172, 712

N
Name
  VBScript 639
name 33, 159, 163, 703, 710, 711, 712, 713, 714, 715, 717, 734, 738
Namensraum 302
Namensregel 289
Navigationskonzept 657
Netiquette 695
Netscape 696
Netzwerk 696
next 737
nobr 49, 704
noembed 214, 716
noflow 707
noframes 184, 189, 713
nohref 711
none 78, 81
noresize 714
noscript 715
noshade 203, 715
Not
  VBScript 558
Now
  VBScript 571

nowrap 708
Nummerierte Listen 111

O
object 717
Objekte 480
  JavaScript 364
ol 269, 706
OLE 214
On Error Resume Next
  VBScript 745
onAbort 403, 732
onBlur 404, 732
onChange 405, 732
onClick 406, 732
onDblClick 406, 732
onDragdrop 732
onError 732
onFocus 409, 732
onKeydown 732
onKeypress 732
onKeyup 732
onLoad 411, 732
onMousedown 732
onMousemove 732
onMouseout 412, 733
onMouseover 733
onMouseup 733
onMousover 413
onReset 414, 733
onResize 733
onSelect 733
onSubmit 417, 733
onUnload 419, 733
open 735, 736
opener 734
Operatoren 730, 731
  JavaScript 383
  VBScript 556

option 713
Or
  VBScript 558
outerHeight 734
outerWidth 734

P

p 49, 704
padding 254, 725
padding-bottom 725
padding-left 725
padding-right 725
padding-top 725
pageXOffset 734
pageYOffset 734
param 717
ParentFolder
  VBScript 639
parse 739
Path
  VBScript 640
pathname 737
Peer to Peer 696
Perl 157, 696
Personal Web Server 324
Pfadangabe 285
PHP 323
PI 742
pixelDepth 740
platform 739
Plugin 214
POP3 696
port 737
POST 493
post 159
pow 742
pre 56, 705
previous 737

print 735
Private Sub
  VBScript 559
Projektüberwachung 313
prompt 735
protocol 737
Prozeduren
  VBScript 559
PWS 323
px 238

Q

q 705
Qualitätsverluste 342
QueryString 495

R

radio 169
Radiobutton 168
Rahmen 263
Randabstand 252
random 742
readonly 712
Redirect 512
referrer 736
rel 710
releaseEvents 735, 736
reload 738
Replace
  VBScript 749
replace 738
Request 485
reset 166
resizeBy 735
resizeTo 735
Response-Objekt 502
return 369
rev 710

rgb 241
Right
   VBScript 587, 749
round 742
routeEvent 735, 736
rows 81, 165, 712, 714
rowspan 72, 708
RTrim
   VBScript 595
rules 80, 707

S
s 705
samp 705
Schaltfläche 166
Schleifen 730
   JavaScript 388
Schnittstelle 364
Schriftarten 667
Schriftfamilie 45, 242
Schriftfarbe 45
Schriftgewicht 248
Schriftgröße 44, 246
Schriftstil 244
Screen-Objekt
   colorDepth 451
   height 452
   width 452
script 358, 715
Script Engine
   VBScript 749
ScriptTimeout 528
scrollbars 734
scrollBy 735
scrolling 196, 714
scrollTo 735
Second
   VBScript 579, 751
select 171, 712

Select Case
   VBScript 568
selected 172, 712
SerialNumber
   VBScript 640
Server 697
Server.Objekt 514
ServerVariables 499
Session 473
Session-Objekt 534
SessionID 537
Set
   VBScript 554
setDate 739
setHours 739
setInterval 735
setMinutes 739
setSeconds 739
setTime 739
setTimeout 735
setYear 739
SGML 697
shape 711
ShareName
   VBScript 642
Shareware 697
Sicherheit 356
sin 742
Single
   VBScript 551
Size
   VBScript 642
size 162, 704, 712, 713, 715
Skript 697
Skriptsprache 323
small 240, 705
small() 741
smaller 239
SMTP-Server 328

Sonderzeichen 58, 59, 207
Space
   VBScript 749
Spalten 66
span 709, 715
Speicherplatz 311
Split
   VBScript 598, 749
split() 741
Sprachversion 356
sqrt 742
SQRT1_2 742
SQRT2 742
src 131, 711, 714, 716, 738
Standardeinstellungen 331
start 113, 706
Startseite 697
   Tipps und Tricks 669
Status 508
status 734
statusbar 734
Statusleiste 432
Statuszeile 664
Stilelement 209
stop 735
StrComp
   VBScript 590, 749
strike() 741
String
   VBScript 551, 750
strong 705
StrReverse
   VBScript 750
style 715
Sub
   VBScript 559, 750
sub 705
sub() 741

submit 166
substr() 741
substring() 741
Suchmaschine 220, 654
   Tipps und Tricks 671
sup 705
sup() 741
Surfen im WWW 654
switch 729
Systemfunktionen
   VBScript 602

T
Tabelle
   Gitternetzlinien 80
   Rahmenfarbe 99
   Spalten verbinden 70
   Tabellenfarbe 99
   Tabellenrahmen 77
   unsichtbare Tabellen 91
Tabellengröße 74
Tabellenrand 78
tabindex 175, 710, 712
table 65, 707
Tag 698
tan 742
target 194, 710
tbody 84, 709
TCP 698
td 66, 708
Text 41
text 703
text-align 723
text-decoration 260, 723
text-ident 723
text-transform 724
textarea 163, 712
Textbereich 49

Textdekoration 260
Textfeld 160
  einzeilig 160
  mehrzeilig 163
tfoot 84, 709
th 707
thead 84, 709
Thick 240
thin 240
Time
  VBScript 571, 751
TimeOut 539
Titel Ihrer Webseite
  Tipps und Tricks 655
title 34, 703, 736
toLowerCase() 741
toolbar 734
TotalBytes 502
toUpperCase() 741
tr 66, 708
Transfer 525
Transparente Farben 340
Trim
  VBScript 595, 750
tt 705
Type
  VBScript 644
type 111, 166, 706, 710, 712, 713, 715

U

u 705
Überschrift 42
UCase
  VBScript 595, 750
ul 269, 706
Unicode 61
UNIX 698
URL 698, 736
URLEncode 526

usemap 711
userAgent 739
UTC 739

V

valign 705, 707, 708, 709
value 163, 169, 706, 712, 713, 715, 717
var 705
Variablen
  JavaScript 373
  VBScript 548
Variant
  VBScript 552
VarType
  VBScript 550, 750
vertical-align 724
Verweis 267
  Anker 121
  HTML 117
  Sprungmarke 121
  Sprungziel 121
Verzeichnisname 132
Visual Basic 548
Visual JavaScript 357
vlink 703, 710
vlinkColor 736
VolumeName
  VBScript 646
vorward 737
vsace 711
vspace 137, 716, 717, 738

W

Wasserzeichen 350
Webpublishing-Assistent 327
Webserver 323, 473
Weekday
  VBScript 579, 751
Werbebanner 670

while 730
While ... Wend
  VBScript 753
width 140, 707, 708, 709, 711, 714, 715, 716, 717, 738, 740
Window-Objekt
  blur 429
  captureEvents 425
  close 431
  closed 423
  defaultStatus 433
  focus 429
  locationbar 427
  menubar 428
  open 420
  setTimeout 435
  status 435
word-spacing 724
World Wide Web 699
wrap 712
Write 504
write 736
writeln 736
Wurzelelement 303
WYSIWYG 699

X
x-large 240
XHTML 19, 700
XML 279, 700
Xor
  VBScript 558
XSL 700
xx-small 240

Y
Year
  VBScript 579, 751

Z
Zeichen oder Zeichenfolgen durchsuchen
  VBScript 582
Zeichenabstand 251
Zeichenketten
  charAt 465
  indexOf 466
  lastindexOf 466
  length 463
  substr 467
  substring 467
Zeilen 66
Zeilenhöhe 257
Zeilenumbruch 49
Zelleninhalt 81
Zielgruppe 310

DAS bhv TASCHENBUCH: DIE PREISWERTE ALTERNATIVE!

Java Script

Michael Seeboerger-Weichselbaum

768 Seiten  Nr. 1 der Top-Ten-Computerbücher

JavaScript ist eine Programmiersprache, die durch die Einfachheit ihrer Handhabung besticht. Mit JavaScript können Sie sehr schnell faszinierende Effekte auf Ihre Homepage bringen. Verständlich, umfassend und praxisnah erarbeitet der bekannte Autor und Seminarleiter Michael Seeboerger-Weichselbaum mit Ihnen diese moderne und praktische Programmiersprache.

TEIL I: INSTALLATION & ERSTE SCHRITTE
JavaScript, HTML, Java, ECMA Script, JScript und andere Skriptsprachen im Vergleich, HTML-Crashkurs

TEIL II: TECHNIKEN UND PRAXIS
Das erste Skript; Dialogboxen & Fenster; Passwortschutz; Browser; Grafiken; Sounds; Banner & Laufschriften; Formulare; Theorie der objektorientierten Programmierung

TEIL III: KNOW-HOW FÜR FORTGESCHRITTENE
Arrays und Datenbanken, DHTML, Layer im Netscape Communicator und im Internet Explorer, Channels

TEIL IV: TIPPS, TRICKS UND TUNING
Unterschiede zwischen den Browsern und Betriebssystemen, visuelle Entwicklung von JavaScript, weitere Tools

TEIL V: ANHANG
Komplette Befehlsreferenz der aktuellen JavaScript-Version; HTML-Sonderzeichen; Farbtabellen, Überspielen von Web-Seiten, Web-Adressen zu JavaScript, Suchmaschinen, Glossar

ISBN 3-8287-5020-6   inkl. CD-ROM

DM	29,90
öS	218,00
sFr	27,50

bhv Verlags GmbH • Novesiastraße 60 • 41564 Kaarst • Fax: 0 21 31 / 765-101 • http://www.bhv.net